금융의 연금술

금융의 연금술

일러두기

1. 단행본은 겹낫표(『』), 영화는 홑낫표(「」), 잡지나 신문은 겹화살괄호(《》)로 표기했다. 국내에 번역 출간된 단행본은 국내판 제목만 표기했으며, 국내에 출간되지 않았거나 절판된 경우에는 번역한 제목과 원제를 병기했다.
2. ○로 표시한 주석은 저자의 것이며, ●로 표시한 주석은 역자와 편집자의 것이다.
3. 기울임체(이탤릭)로 표시한 부분은 원서를 따랐다.

금융의 연금술

The Alchemy of Finance

전 세계
3대 투자 거장
조지 소로스가
남긴 유일한
주식 투자 바이블

조지 소로스
송이루 옮김
홍진채 해제

"투자 실력이 늘기 위해서는 '공부-적용-개선'의 피드백 과정을 거쳐야 하는데, 투자 초보자들은 공부한 내용들을 실제 투자에 적용하는 과정에서 많은 어려움을 마주한다. 가장 큰 어려움은 주식시장이 펀더멘털을 그대로 반영하는 것이 아니라 수많은 다른 요인들 및 참여자들의 인식까지 반영하면서 가격을 형성시키는 곳이기 때문에 발생한다. 그리고 시장은 단순히 가격뿐만 아니라 펀더멘털에도 영향을 미친다. 소로스의 『금융의 연금술』은 바로 이 부분에 대한 이해도를 높여주는 책이다. 『금융의 연금술』은 단순한 투자 이론서나 매매 설명서가 아니라 인간 인식의 결함, 가격-펀더멘털의 관계, 그리고 시장 불안정성 등을 통해 투자자들이 금융 시장을 보는 방식을 재구성해 주는 인지모델 해설서라고 할 수 있다. 이 책에서 이야기하는 시장의 재귀성을 잘 이해한다면 투자 공부 피드백 과정은 더 완성도가 높아지고, 인식과 현실 사이의 간극이 메워짐에 따라 투자 실력은 더 실전적이 될 수 있을 것이다."

— 와이민(하나금융투자 애널리스트)

목 차

1부   이론

2부   역사적 관점

— 홍진채(라쿤자산운용 대표)

자연과학이 되고자 했던 사회과학

뉴턴역학의 탄생과 그 뒤를 이은 계몽주의는 인간의 이성에 대한 전례 없는 자신감을 부여했다. 자연의 법칙이 수식과 원리로 설명될 수 있다면, 인간 또한 신이나 지배계층의 인도 없이 스스로 질서를 만들고 운명을 개척할 수 있다는 믿음이 싹텄다. 새로운 기계와 발명품이 삶을 변화시키고, 새로운 학문이 감춰진 세계의 비밀을 드러내면서 '세상은 이해 가능하며, 이해 가능하므로 설계할 수 있다'는 관념이 지식인의 세계를 장악했다.

역사, 경제, 금융 역시 이 인식의 흐름에서 자유롭지 않았다. 마르크스는 헤겔의 변증법을 차용해 역사가 필연적 궤적을 따라 진행된다는 이론을 구축했고, 자본과 계급의 구조적 모순이 결국 혁명을 일으킬 것이라고 예언했다. 이러한 사상은 산업화 시기의 절망 속에서 노동자들에게 새로운 언어를 제공했고, 동시에 혁명의 도화선이 되어 유럽 곳곳에 사회주의의 파고를 일으켰다. 마르크스주의는 노동자의 삶을 개선한 측면도 있으나, 다른 한편으로는 새로운 착취, 계급 재편, 대기근, 학살이라는 참혹한 결과를 낳기도 했다. 역사를 자연과학적 인과법칙으로 환원하려는 시도가 만든 비극이었다.

비슷한 일이 경제와 금융에서도 반복되었다. 자연과학에서처럼 명확한 모델과 예측 가능한 균형을 추구했던 경제학은 인간의 인식과 상호작용이라는 본질적 변수를 과소평가했다. 그 결과 합리적 기대 이론theory of rational expectation·시장 근본주의Market Fundamentalism 등은 구조적 취약성, 불안정성, 그리고 극심한 붐–버스트의 반복을 충분히 설명하지 못했다.

조지 소로스의 '재귀성reflexivity'은 바로 이러한 문제의식에서 출발한다. 인간의 인식이 행동을 바꾸고, 행동이 현실을 바꾸며, 변화된 현실이 다시 인식에 작용하는 끝없는 순환 구조 속에서 금융시장을 이해하려는 시도, 즉 자연과학적 모방이 아닌 '인식과 현실이 서로를 만든다'는 비선형적 세계관이 태동한 것이다.

소로스는 "시장 근본주의가 오늘날 마르크스주의보다 훨씬 위험한 이념이라고 생각한다(본문 55쪽)." 시장 근본주의란, 자유경쟁과 가격 시스템이 사회의 거의 모든 문제에 대해 가장 효율적이고 바람직한 해결책을 제공한다고 믿는 사상이다. 그 사상의 기저에는 인간은 스스로 주어진 상황에서 최선의 이익을 선택한다는 '합리적 기대 이론', 가격은 그러한 선택의 총합이므로 가격에는 모든 정보가 반영되어 있고 실제 가치를 그대로 반영한다는 '효율적 시장 가설efficient market hypothesis' 등이 놓여 있다. 이러한 이론들은 인간의 판단이 불완전하고, 그 불완전함이 구조적 상호작용을 통해 현실을 바꿀 수 있다는 점을 거의 고려하지 않는다.

이 관점은 자연스럽게 정부 개입의 최소화, 경쟁의 절대화, 가격 메커니즘의 신성화로 이어졌다. 그러나 지난 한 세기 동안 반복된 경기 침체와 금융 위기, 광기와 절망의 역사는 시장 근본주의로는 도저히 설명할 수 없으며, 설명하려 해서는 안 된다는 사실을 명확히 보여준다. 이 공백을 메우기 위한 대안 설명이 없었던 것은 아니다. 금융투자 분야에서는 '가치투자'라는 강력한 전통이 존재한다. 가치투자 이론에 따르면 시장은 비효율적이며, 자산의 본질적 가치(내재가치)를 충분히 반영하지 못한다. 따라서 투자자는 내재가치를 산정하고 가격과의 차이를 찾아, 가치보다 낮은 가격에서 자산을 매수함으로써 이익을 실현할 수 있다.

겉으로 보기에 이 이론은 시장 근본주의의 전제를 뒤집는 듯하지만 실제로는 그 기저를 공유한다. 애초에 가격과 가치의 괴리를 전제로 하지만, 투자 수익을 내려면 궁극적으로 가격이 가치를 향해 수렴해야 한다. 그런데 시장이 비효율적이라는 전제를 유지한다면 가격이 왜, 혹은 언제 가치를 반영하도록 방향을 바꿀 것인지 설명하기 어렵다. 많은 '가치투자자'는 이에 대해 "언젠가는 결국" 가격이 가치를 반영한다는 막연하고 교조적인 주장으로 답을 대신하곤 한다(이 문제에 대해서는 필자의 다른 저술에서 보다 상세히 논의한 바 있다).

　시장 근본주의에 대한 직접적인 반론으로는 '행동경제학'이 있다. 행동경제학은 다양한 실험을 통해 명백한 최적 선택지가 존재함에도 불구하고 사람들이 전혀 다른 의사결정을 내리는 사례를 밝혀내고, 그러한 판단 오류를 유발하는 심리적·인지적 메커니즘을 체계적으로 정리해 왔다. 소로스 또한 이에 동의하는 견해를 밝힌다. "시장참여자는 최선의 이익이 아니라 자신이 *인식하는* 최선의 이익에 따라 행동한다(본문 46쪽)."

　행동경제학은 여전히 발전 중인 학문으로서 인간에 대한 이해의 폭을 크게 확장했으며, 투자자에게도 매우 강력한 도구가 된다. 그러나 소로스는 행동경제학의 성취를 인정하면서도, 그것이 재귀적 현상의 절반만 다루고 있다고 본다.[1] 재귀성 이론은 크게 두 과정, 즉 현실에 대한 인식, 그리고 그 인식이 다시 현실을 변화시키는 과정으로 구성되는데, 행동경제학은 이 중 첫 번째인 인식의 오류와 편향만을 다룬다. 그러나 시장에서 진정한 불안정성과 비대칭성, 그리고 강화와 붕괴의 반복은 단순한 인지 오류만으로는 설명할 수 없다. 이 현상들은 '시장 가격은 결국 균형으로 수렴한다'는 신념에서가 아니라, 참여자의 인식이 행동을 바꾸고 그 행동이 다시 현실을 재구성하는 재귀적 상호작용의 구조에서 비로소 설명될 수 있다.

재귀성의 개념과 사례

> 세상을 바라보는 우리의 관점은 현실 세계의 일부이며 우리
> 는 그 세계를 살아가는 참여자이고, 현실에 대한 우리의 해석
> 과 실제의 차이는 현실에 불확실한 요소를 유발한다.
>
> — 본문 49쪽

이 문장은 소로스 재귀성 이론의 출발점이다. 그는 인간이 세계를 있는 그대로 바라보는 것이 아니라 해석된 현실, 다시 말해 인식과 언어를 통해 구성된 현실을 바라본다고 말한다. 문제는 이 해석이 단순한 관찰에서 끝나지 않고, 우리의 행동을 바꾸고, 그 행동이 다시 현실을 변화시키며, 변화된 현실이 다시 우리의 해석을 끊임없이 수정한다는 점이다.

일상적 표현 하나만 봐도 이러한 구조를 확인할 수 있다. 우리는 주가가 오를 때 흔히 '상승 중'이라는 표현을 쓰는데, 이 말 속에는 무의식적으로 '모멘텀'이라는 관념이 깔려 있다. 즉, '지금의 상승은 하나의 흐름이며, 내일도 이어질 가능성이 있다'는 암묵적 기대가 담겨 있다. 하지만 우리가 관측한 것은 '지금까지의 과거'일 뿐이며 오늘 올랐다고 해서 내일도 오를 이유는 없다. 그럼에도 이러한 표현이 퍼지면, '내일도 오를 것'이라는 기대도 함께 전파된다. 그 기대를 믿은 사람들이 매수에 나서고, 실제로 가격이 오르기도 한다. 기대와 행동이 서로에게 영향을 미치며 현실을 재구성하는 것, 이것이 바로 재귀성이다.

소로스는 이 개념을 '구두끈 이론Shoelace Theory'이라고 불렀다. 주관적 인식이 객관적 현실에 영향을 미치고(인지 기능 → 참여 기능), 객관적 현실이 다시 주관적 인식을 끌어당긴다(참여 기능 → 인지 기능). 인식과 현실이라는 두 영역이 서로를 잡아당기는 구조인데, 환율, 금리, 담보 가치, 자산 가격, 군중심리, 버블과 붕괴 등 금융시장의 다양한 영역에서 이런 구조를 확인할 수 있다.

개정판에서 소로스는 이 이론을 '지퍼 이론Zipper Theory'으로 다시 명명했다. 구두끈 이론에서 그는 객관과 주관의 공간적 상호작용에 주목했다. 이후 그는 객관과 주관을 연결하는 데에 지나치게 집중했음을 인식했다. 인간의 주관이란 객관적으로 관찰 가능한 사실뿐만 아니라 현실의 모든 측면을 고려하고, 특히나 '타인의 주관'을 상당히 고려한다. 자신과 타인이라는 '참여자'의 주관 또한 사후에는 하나의 '사실'이 된다. 그러므로 재귀성을 이루는 두 축은 주관과 객관이 아니라 '사전ex-ante, 다가오지 않은)'과 '사후(ex-post, 이미 지나간)'가 되어야 한다.

인간은 다양한 사실을 토대로 기대ex-ante expectation를 구성하고 행동에 나선다. 이 시점에서 미래는 열려 있고, 여러 가능한 경로ex-ante outcomes의 집합이 존재한다. 행동 이후 현실에 드러나는 것은 이 많은 가능성 가운데 단 하나의 사후 결과ex-post outcome뿐이다. 그리고 인간은 이 사후 결과를 해석해 다시 기대를 형성하는데, 이는 곧 사후 기대ex-post expectation이자 다음 사건의 새로운 사전 기대ex-ante expectation가 된다.

주관과 객관이 서로 영향을 주고받으며, 과거의 사건과 기대가 미래의 사건과 기대에 영향을 미치는 과정을 '피드백feedback'이라 부른다.

이러한 피드백이 상호작용의 방향을 더 강화하고 한쪽으로 치우치게 만들 때를 긍정적 피드백이라 하고, 반대로 상호작용의 강도를 약화시키거나 반대 방향으로 되돌릴 때를 부정적 피드백이라고 한다(참고로 일상 언어에서와 달리, 긍정적 피드백은 전체 시스템을 불안정하게 만들고, 부정적 피드백은 시스템을 안정시키는 방향으로 작동한다. 긍정적 피드백은 '악순환', 부정적 피드백은 '안정' 또는 '자기조정'을 떠올리면 된다).

예를 들어 환율 체계를 살펴보자. 환율은 부정적 피드백이 작동하는 대표적인 시스템이다. 수출이 잘되면 외화가 유입되어 자국 통화가 강세가 되고, 이는 수출 기업들의 가격 경쟁력을 떨어뜨려 수출이 감소하고, 외환 유입이 줄면서 자국 통화는 약세가 된다. 자국 통화의 약세는 다시 수출 기업의 가격경쟁력을 높이는 요인이 되므로 시스템은 일정 범위 내에서 조정된다.

이것이 환율의 일반적인 부정적 피드백 경로라면, 때로는 이와 다른 이례적인 경로가 나타나기도 한다. 본문 160~161쪽에서 소로스가 소개하는 1970년대 독일 마르크화의 사례다. 당시 마르크화는 강세로 움직이기 시작했고, 강세는 수입 물가를 안정시키며 인플레이션을 낮추는 효과를 가져왔다. 독일 경제는 원자재 수입 비중이 높아 환율 강세가 무역수지에 큰 타격을 주지 않았고, 그 결과 실질 환율도 상대적으로 안정적으로 유지되었다. 이 상황은 마르크화 보유의 매력을 높여 투기적 자본 유입을 자극했고, 이러한 유입은 다시 마르크화를 더 강하게 만들었다. 이 순환이 지속되며 전형적인 부정적 피드백 대신 강세가 강세를 부르는 긍정적 피드백 구조가 작동했다.

구두끈 이론과 지퍼 이론

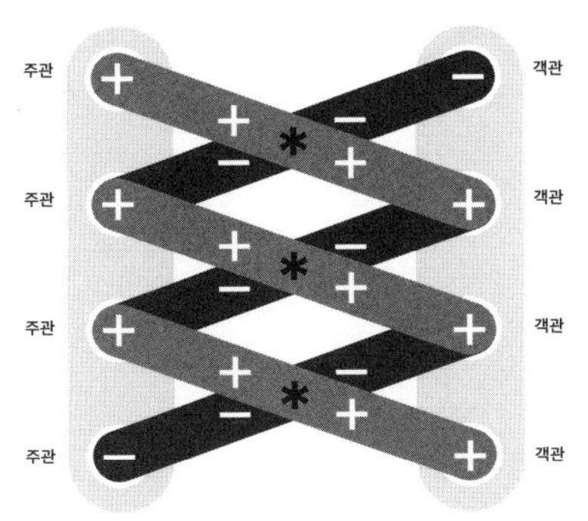

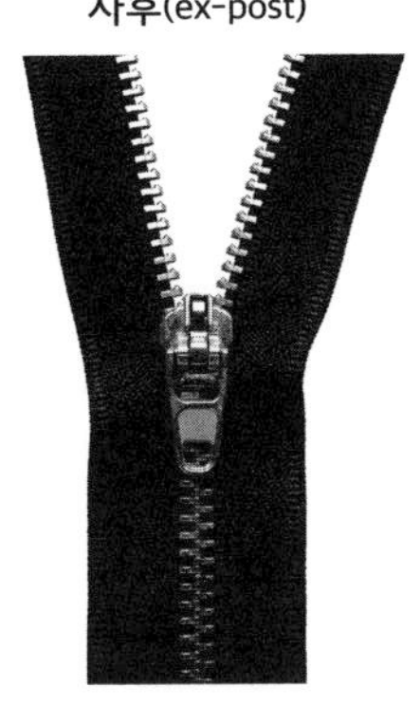

$$(\uparrow 통화 \rightarrow \downarrow 물가 \rightarrow \updownarrow (실질\ 환율) \rightarrow$$
$$(\updownarrow 무역수지 < \downarrow 자본\ 유입) \rightarrow \uparrow 통화$$

본문에서 소로스는 복합기업, 리츠, 벤처 자본을 긍정적 피드백 구조의 대표적인 사례로 여러 번 언급한다. 복합기업, 리츠, 그리고 벤처 자본은 서로 다른 시대와 산업에서 나타난 현상이지만 그 핵심 구조는 놀라울 정도로 유사하다. 세 경우 모두 참여자의 기대가 현실을 변화시키고, 변화된 현실이 다시 기대를 강화하는 재귀적 상호작용이 중심에 있다.

복합기업 시대에는 인수합병이 주가를 올리고, 상승한 주가가 다시 인수합병을 정당화하는 순환이 있었다. 그런가 하면 리츠 시장에서는 부동산 가격 상승이 자금 조달을 확대하고 확대된 자금이 부동산 가격을 다시 밀어 올렸다. 벤처 자본 붐에서도 기술주 상승이 창업과 신규 상장을 촉진했고, 그 결과 발생한 산업 확장이 다시 주가 상승을 자극했다. 형태는 다르지만 '기대 → 행동 → 현실 변화 → 기대 강화'라는 동일한 선순환 구조가 작동한 것이다.

> 복합기업: 주가 상승 → 더 낮은 비용의 주식으로 인수 실행 → 기업 규모 확대 → 회계상 실적 개선(특히 EPS) → 주가 재상승 → 인수 능력 확대 → 다시 인수
>
> 리츠: 부동산 가격 상승 → 담보 가치 상승 → 더 많은 대출 → 리츠의 자산 확장 → 리츠 주가 상승 → 추가 자금 유입 → 다시 부동산 매입
>
> 벤처 자본: 기술주 주가 상승 → 벤처캐피털 자금 확대 → 더 많은 창업 · 신규 상장 → 기술 제품 공급 · 성장률 가시화 → 주가 재상승 → 벤처의 위험 감수 확대 → 다시 창업과 상장 증가

이 구조는 일정 시점까지는 선순환benign circle을 만들어낸다. 기대가 현실을 끌어올리고, 현실이 기대를 정당화하며, 시스템 전체가 상승 흐름을 탄다. 그러나 이 선순환은 영원히 이어지지 않는다. 기대가 현실을 지나치게 앞서거나, 구조적 제약이 드러나거나, 참여자의 기대가 미세하게 바뀌는 순간 같은 구조는 곧바로 악순환vicious circle으로 전환된다. 주가 하락은 자금 경색을 부르고, 자금 경색은 실적 악화를 낳고, 실적 악화는 다시 주가 하락을 가속한다. 소로스가 재귀성의 핵심으로

강조하는 것은 바로 이 전환의 순간, 즉 시스템이 균형으로 회귀하지 않고 한쪽 방향으로 급격히 기울어지는 동학이다.

흥미로운 점은, 이러한 메커니즘이 역사 속에서 반복된다는 사실이다. 복합기업 붐은 18세기 영국 '사우스 시 버블'의 논리(비싼 가격에 유상증자 → 이익 → 기업 가치 상승 → 더 비싼 가격에 유상증자 가능)와 놀랍도록 비슷했고, 리츠의 자기강화 구조는 2008년 금융위기에서 거의 동일한 형태로 나타났다. 1980년대의 기술주·벤처 자본 붐은 그로부터 20여 년 뒤 닷컴버블이라는 훨씬 더 큰 규모의 반복으로 돌아왔다.

우리에게 익숙한 IMF 외환위기 또한 긍정적 피드백의 산물이었다. 특정 국가나 지역에 대한 대규모 외채 공급이 장기간 지속되면 대출 자체가 담보 가치를 끌어올리고(즉, 자본 유입이 환율을 안정시키고 성장률을 부풀리고), 상승한 담보 가치는 다시 더 많은 대출을 정당화한다. 이 과정에서 차입국과 대출 기관은 모두 위험을 과소평가하고, 시스템은 자기강화적 선순환에 들어간다. 그러나 자본 흐름이 멈추는 순간 그동안 대출이 형성한 '안정'의 토대가 무너지면서 순환 구조는 곧바로 역전되고, '환율 폭락 → 자본 유출 → 담보 가치 붕괴 → 대출 회수 → 또다시 환율 폭락'의 악순환이 급격히 전개된다.

본문 5장에서 소로스는 자신의 논문을 인용하며 집단 대출 제도The Collective System of Lending를 분석하고 예측하는데, 흥미롭게도 한국의 IMF 극복 과정은 이 전개와 놀라울 만큼 유사하게 전개되었다. 그가 제시한 기본 메커니즘은 이러하다. 국제 금융기관, 상업은행, 투자자 등 다수의 대출 주체가 특정 지역에 대규모로 자금을 공급하면, 그 자본 유입이 환율을 안정시키고 성장률을 높이고 외환 보유액을 늘리면서 '안전해 보이는 환경' 자체를 창조한다. 이 안전함이 다시 차입 능력을 확대해 추가 대출을 정당화하고, 시스템은 선순환으로의 긍정적 피드백에 들어간다. 한국이 외환위기를 맞이한 이후 시행된 긴축 조치, 구조조정, 외채 재조정, 국제기구의 자금 공급 등은 소로스가 논문에서 제시했던 채무국 구제 절차의 단계와 거의 일치한다.

재귀성이라는 틀로 세상을 바라봄으로써 얻을 수 있는 통찰은 이에 그치지 않는다. 그는 6장에서 제국적 순환Imperial Circle을 논하며 "전 세계가 직면한 중요한 문제는 달러의 폭락 없이 제국적 순환이 멈출 수 있는가다"라고 언급한다(본문 222쪽). 이 장은 1985년 8월에 집필을 마쳤는데, 그 직후인 1985년 9월 미국은 '플라자 합의'라는 초강수를 둬 제국적 순환을 스스로 깨면서 달러 약세를 강제한다.

또한 1986년 10월에는 "현재 주식시장은 프로그램 매매와 포트폴리오 보험 제도가 지배하고 있다. 이러한 제도는 근본적으로 불건전하다. 하락장에서 사실상 마음의 평안을 준다는 명분 아래 손실을 보장할 뿐이다"라며 '포트폴리오 보험'이라는 상품의 위험을 언급한다(본문 428쪽). 1987년 10월 19일 다우 지수가 단 하루 만에 22.6% 폭락했는데, 실상 미국의 펀더멘털에는 큰 문제가 없었음에도 단기간에 심각한 하락을 겪었고 그 메커니즘의 중심에 포트폴리오 보험이 있었다. 산업이 바뀌고 상품이 달라져도, 기대가 현실을 만들고 그 현실이 다시 기대를 부채질하는 재귀적 상호작용의 구조는 반복된다.

현실 적용: 투자자 관점

재귀성이라는 틀을 받아들인다면 우리의 의사결정은 어떻게 달라질 수 있을까? 다시 말해, 재귀성이라는 틀을 이용해 실질적으로 우리의 의사결정을 개선하려면 어떤 식으로 적용할 수 있을까?

가볍게는 다음과 같은 '유효하지 않은 의사결정'들을 제거할 수 있다(소로스의 스승인 칼 포퍼는 '반증 가능성'을 주창했으니, 여기에 적용해도 무방할 것이다). 더 나아가서는 좀 더 정교하고 '유효한' 의사결정들로 바꿀 수 있다(화살표 뒤의 문장을 참고하라).

효율적 시장 하에서 인간의 의사결정은 초과 수익을 낼 수 없으니 우리는 모두 인덱스펀드에 투자해야 한다.

→ 시장의 가격은 효율적이라기보다는 불충분한 인식과 편향의 집합적 결과이므로 그 구조를 잘 파악하면 초과 수익을 낼 가능성이 있다.

이 주식은 가치 대비 매우 저평가되어 있다. 그러니 지금 주식을 사서 '무한히' 기다리면 '언젠가는' 돈을 벌 수 있을 것이다.

→ 이 주식의 진정한 가치를 시장이 알아보지 못한 이유는 무엇일까? 언제 어떤 이벤트를 통해 시장이 알아볼 수 있을까? 혹은, 내가 틀렸다면 나는 언제 어떤 이벤트를 통해 그것을 확인할 수 있을까?

적정 가치에 도달했으니 팔자.

→ 최근의 급등세는 특정 편향이 투자자들 사이에 회자되면서
자기강화된 결과이다. 이러한 자기강화는 일반적으로 생각
하는 '적정가치'보다 훨씬 더 가격을 멀리 보낼 수 있다. 이
강화가 언제까지 지속될 수 있을까?

가격이 비싸 보이지만 우상향 추세에 있으니 함부로 뛰어내리
면 안 돼.

→ 현재까지 가격이 급등했고, 다수가 이를 인지하고 있다. 이
선순환이 악순환으로 바뀐다면 크게 하락할 수 있다. 상승
여력을 즐기되 충격에 대비해 포지션을 조절하자.

주가가 고점 대비 30% 빠졌으니 이제는 싸다.

→ 자기강화의 선순환이 악순환으로 바뀌었기 때문에, 하락의
골은 생각보다 훨씬 깊을 수 있다. 제도적으로 주가의 급락
을 막는 트리거가 존재할까? 혹은 다수가 싸다고 '인식'하
기 위해서는 어느 가격대에 도달해야, 혹은 어떤 이벤트가
발생해야 할까?

소로스 역시 '재귀성을 어떻게 실제 의사결정에 적용할 것인가'라는
질문에서 자유롭지 않았다. 사회과학이 가진 근본적인 문제는 검증 가
능성이다. 이 난제에 대한 그의 대답이 바로 이 책의 3부 '실시간 실험'

이다. 3부는 어느 투자서에서도 찾아보기 어려운 독보적 기록이며, 말 그대로 투자의 교과서다.

워런 버핏의 주주 서한과 인터뷰가 소중한 교보재教補材인 이유는 실시간으로 고민을 공유했기 때문이다. 일이 일어난 이후에 과거 의사결정의 근거를 설명하는 것은 유용하긴 하지만 그 가치가 매우 희석된다. 그런 의미에서 소로스의 '실시간 실험'은 버크셔 해서웨이 주주 서한과 유사한 수준의 중요도를 가지는 교재다. 여기에는 시장의 한복판에서 결정을 내려야 했던 그의 사고, 의심, 주저함, 확신, 전환의 순간들이 시간 순서대로 기록돼 있으며, 재귀성이 탁상공론이 아니라 실전에 사용할 수 있는 기법임을 보여주는 살아 있는 사례다.

시장에서 우리가 마주하는 대부분의 가격 움직임에는 두 가지 힘이 작용한다. 하나는 시장 참여자들이 공유하는 지배적 편향이며, 다른 하나는 그 편향이 만들어내는 기본 추세underlying trend다. 어떤 편향은 시스템을 자기강화의 방향으로 끌고 가고, 어떤 편향은 자기조정의 방향으로 되돌린다. 재귀성의 관점에서 시장을 이해한다는 것은, 지금 이 두 힘이 어떤 방식으로 결합해 작동하고 있는지를 파악하는 일이다.

소로스는 '독립된 관찰자'의 위치에서 지배적 편향을 분석하고, 동시에 '시장 참여자'로서 자신의 판단을 실제 포지션으로 구현했다. 이 두 시각을 오가며 그는 '현재 시장을 지배하는 힘이 무엇인가', '이를 무너뜨리는 대안 관점alternative view은 무엇인가?', '변화의 조짐은 어디에서 시작되는가'를 끊임없이 탐색했다.

1985년 진행된 실시간 실험의 그 중심에는 소로스가 각별히 강조한 개념인 '제국적 순환'이 있다. 제국적 순환은 미국의 패권과 달러 강세가 서로를 정당화하며 만들어내는 자기강화적 피드백 구조다. 강한 달러는 글로벌 자본을 미국으로 끌어들이고, 자본 유입은 미국 자산 가격을 끌어올리며, 상승한 자산 가격은 미국 경제의 견고함을 '사후적으로' 정당화하고, 그 정당화는 다시 달러 강세를 강화한다. 기대가 현실을 만들고, 현실이 다시 기대를 강화하는 전형적인 긍정적 피드백이다.

소로스는 이 구조가 어느 순간 자기파괴적으로 변한다고 보았다. 달러 강세는 결국 미국의 무역수지를 악화시키고 쌍둥이 적자를 확대하며, 강한 달러를 떠받치는 기반 자체를 침식해 버린다. 투자자들이 이를 인식하는 순간 그간의 선순환은 악순환으로 변할 것이다. 그의 실시간 실험은 바로 이 제국적 순환이 정점에서 꺾일 것이라는 대안 관점에서 출발했다. 당시 시장의 지배적 편향은 달러 강세는 계속될 것이며 미국 금리는 높고 자본은 미국으로 몰린다는 것이었다. 그러나 소로스는 미국 재정 및 경상수지의 구조적 취약성, 산유국의 이해관계 변화, 일본의 통화 정책 변화 등을 근거로 기존 편향이 한계에 이르렀다고 판단했다.

그는 먼저 달러 약세와 석유 약세라는 소규모 포지션으로 실험을 시작했다. 시장 반응이 그의 대안 관점과 일치하기 시작하자(본문 271쪽) 포지션을 점진적으로 확대했고, 1985년 9월 플라자 합의가 발표되며 제국적 순환의 붕괴가 공식화되었다. 이후 1986년에는 일본의 할인율 인하, 사우디아라비아의 석유 장관인 야마니 해임 등 정책 변화가 다시금 새로운 추세 전환의 신호로 나타났다.

소로스의 결정 방식은 다음과 같은 일관된 구조로 나타난다.

1. 시장의 지배적 관점을 파악하고

2. 그것을 위협하는 대안 관점을 세우고

3. 작은 포지션으로 시장을 시험하며

4. 대안 관점이 현실을 바꾸기 시작하면 포지션을 단계적으로
   확대한다.

여기서 주목해야 할 포인트는 바로 '비중 조절'이다. 특정 아이디어에 일순간에 확신을 가지고 강하게 베팅하지 않는다. 가설을 가지고 있고, 가설이 옳음을 시사하는 힌트를 발견했을 때 포지션을 조금 잡으며, 시장이 그 방향으로 명백히 움직이고 있음이 보일 때 (그리고 업사이드 포텐셜이 여전히 남아 있을 때) 비중을 유의미하게 확대한다. 그 과정에서 단기 되돌림이 예측될 때에는 포지션을 줄이기도 한다(본문 287쪽).

그는 수없이 많이 틀린다. 실시간 실험 중에도 의견이 '틀린' 장면이 여러 번 등장한다. 소로스의 제자(이자 파운드화 공매도 계획을 입안했던) 스탠리 드러켄밀러의 언급으로도 검증되는데, 소로스는 아이디어가 틀리는 일 자체에는 거의 신경 쓰지 않았다. 중요한 점은 '맞혔을 때 얼마나 벌고, 틀렸을 때 얼마나 잃느냐'이다.

이 구조는 훗날 그의 대표작인 1992년 파운드화 공매도에서도 다시 반복된다. 당시 지배적 편향은 '영국은 ERM(유럽환율메커니즘)을 반드

시 수호할 것이다'였고, 대안 관점은 '영국은 구조적으로 이를 지탱할 수 없다'였다. 여기서 소로스는 '적극적 시장 참여자'로서 대량의 파운드화를 차입해 공매도에 나섰고, 이러한 움직임에 자극받은 다른 투자자들이 공매도에 동참했으며 결국 영국은 ERM을 탈퇴했다. 그 결과 소로스의 퀀텀펀드는 큰 수익을 거두었지만, 동시에 그는 '시장을 무너뜨린 투기꾼'이라는 악명을 얻었고 그 악명은 아시아 외환위기로까지 이어졌다.

1985년 달러 약세에 베팅한 미국인, 1992년 파운드화 약세에 베팅한 외국인, 1997년 아시아 외환위기를 조장한 것으로 비난받은 국제 금융인 조지 소로스. 그는 사실 시장을 재귀성의 관점에서 바라보고 그 관점을 실천에 옮긴 대가였다.

소로스는 스스로를 '실패한 철학자'라 자조했지만, 금융시장에서의 성취는 그의 철학적 관점을 증명하는 장치가 되었다. 문제는 바로 여기에 있다. 재귀성을 이해하고 그 메커니즘을 활용하는 능력이 커질수록 시장에서의 영향력도 함께 커진다. 그리고 그 영향력은 다시 사회적·정치적 현실에 되돌아오며 새로운 형태의 재귀적 파장을 일으킨다. 재귀성을 체화한 자의 필연적 귀결이 시장에서의 성취라면, 그가 만들어내는 파장의 귀결은 무엇인가? 재귀성을 통해 금융시장에서 얻은 통찰과 영향력은 사회에 어떤 방식으로 다시 환류될 수 있는가?

사회 적용: 금융 너머의 세계

자연과학과 금융시장 사이에는 놀라울 만큼 유사한 지점이 있다. 둘 다 세계를 설명하기 위해 가설을 세우고, 그 가설을 현실에 비춰 검증한다는 점에서 그렇다. 그러나 결정적인 차이도 존재한다. 자연과학의 목적이 '진실의 확립'에 있다면, 금융시장의 목적은 '성공적인 운영'에 있다. 과학자는 틀린 가설을 수정함으로써 세계의 구조에 다가가지만, 투자자는 틀린 가설을 수정함으로써 살아남는다. 소로스가 말한 '금융의 연금술'은 이 차이를 정확히 겨냥한다. 연금술은 금을 만들지 못했지만, 금융의 연금술은 실제로 돈을 만들어냈다. 그러나 그것은 단지 돈을 만드는 기술이 아니라, 재귀성이라는 구조를 이해하고 다루는 기술에 가깝다.

소로스는 이 재귀성이 금융시장에만 국한되지 않는다고 보았다. 그는 '역사의 지퍼 이론'을 언급하며, 인식과 현실의 상호작용이 사회 전체의 동학을 형성한다는 관점을 제시한다. 인간의 기대, 정치적 담론, 국가 간의 인식, 이념의 충돌이 서로를 강화하거나 약화시키며 역사적 사건을 재구성한다. 그래서 그는 '사회의 연금술사alchemist of society'가 등장할 가능성을 열어놓았다. 본문 71쪽에서 말하듯, 사회의 연금술사는 "최초의 연금술사가 실패한 영역에서 성공을 거둘지도 모른다." 그가 제련하는 대상은 금속이 아니라 사회적 제도와 열린 사회의 원칙을 다듬어나가는 사람일 수 있다.

이 관점은 해설자로서 우리에게 하나의 중요한 빈틈을 보완하게 한다. 1장에서 우리는 시장 근본주의, 가치투자, 행동경제학을 언급하며 시장의 불안정성을 설명하는 여러 '대안 가설'을 살펴보았다. 그러나 가장 강력하고 실질적인 대안 가설 하나를 (의도적으로) 빠뜨렸다. 바로 케인스의 '개입intervention'이다. 시장이 스스로 균형을 향해 간다는 믿음이 깨지고, 시장이 자기강화적 폭주를 일으킨다는 사실이 드러난 이후 케인스는 부정적 피드백을 제도적으로 설계해야 한다고 주장했다. 시장이 만든 과도한 낙관과 비관, 거품과 붕괴를 방치하는 것이 아니라, 정부·중앙은행·규제기관이라는 제도적 장치가 재귀적 폭주를 조절하는 역할을 해야 한다는 것이다.

소로스는 이 케인스적 개입의 필요성을 누구보다 명확히 이해했다. 그는 시장을 신뢰하지 않았다. 시장은 완전하지 않으며, 인간의 판단은 불완전하고, 불완전한 판단은 언제든 편향된 피드백을 통해 현실을 왜곡한다(그리고 본인의 불신이 옳다는 사실을 '돈을 버는 것'으로 증명했다). 따라서 시스템이 지속되기 위해서는 적절한 개입과 규제, 즉 인위적인 부정적 피드백이 필요하다. 소로스가 끊임없이 강조한 바와 같이, "중앙은행의 역사는 위기와 그 이후에 뒤따른 제도적 개혁의 역사"다(본문 200쪽). 금융시장은 스스로 조정되지 않는다. 안정적으로 잘 유지될수록 '안정이라는 확신'이 더 큰 긍정적 피드백을 유발하며, 그 결과 더 큰 충격을 발생시키는 역설적 구조를 갖고 있다.

이 구조는 금융시장뿐 아니라 국제정치와 세계 경제 질서에서도 확인된다. 소로스는 조지 W. 부시 시기의 미국이 스스로를 '악의 축과 싸우는 국가'로 규정하며 공격적 패권을 행사한 맥락을 비판적으로 짚는다(본문 72쪽). 이는 인식과 현실이 서로를 강화하는 재귀성의 일종이며, 그 결과 세계는 오히려 더 불안정해졌다. 책 후반부에는 일본의 폐쇄성과 구조적 경직성을 우려하며 책을 마무리하는데, 소로스의 이 우려는 이후 일본의 장기 침체와 중국의 급부상이라는 새로운 구조로 이어졌다. 미국이 일본의 영향력을 견제하고자 중국과의 경제 협력을 강화한 선택은 장기적으로 더 강력한 경쟁자의 탄생, 즉 또 하나의 긍정적 피드백을 촉발했다.

미국 중심주의와 차이메리카Chimerica 구조, 중국 의존도, 상이한 정치 체제의 충돌은 새로운 긍정적 피드백과 그 반작용을 만들어냈다. '금융 시장 – 정치 체제 – 국가 간 인식'의 삼중 재귀성은 지금도 세계를 움직이고 있다.

이 지점에서 우리는 금융시장과 사회 전체를 관통하는 하나의 결론에 도달한다. 재귀성은 방치하면 위험해지고, 조율하면 안정이 된다. 따라서 건강한 사회를 위해서는 '개입'이 필요하고, 적절한 부정적 피드백을 설계해야 한다. 소로스는 이러한 신념을 단순히 이론으로만 말하지 않았다. 그는 자신의 금융적 성공을 사회적 현실을 바꾸는 기제로 전환했다. 그는 '열린사회재단Open Society Foundations'을 설립해 민주주의와 언론의 자유, 인권, 소수자 보호, 학술 연구를 꾸준히 지원하며 막대한 자산을 실제로 사회의 안전장치 – 부정적 피드백 – 를 만드는데 쏟았다(퀀텀펀드 이후 소로스의 행보는 『소로스가 말하는 소로스(Soros on Soros)』를 참고하기 바란다).

워런 버핏은 부자들의 기부를 촉진하는 거대한 흐름을 만들었고, 소로스는 자신의 자본을 제도와 사회 구조를 강화하는 데 쏟았다. 금융시장에서 개인이 얻을 수 있는 이익은 다른 산업들과 비교할 수 없을 만큼 크다. 이 부가 다시 사회의 건강을 강화하는 방향으로 흘러가도록 만드는 것, 그것이야말로 시장과 사회가 공존하기 위한 최소한의 조건일지도 모른다.

재귀성은 단순히 금융시장의 기벽이 아니라, 인간과 사회 전체를 관통하는 구조다. 소로스는 이 구조를 이해하고, 그것을 금융을 넘어 사회에까지 적용한 드문 인물이었다. 단지 사악한 국제 금융인으로 폄하되는 소로스의 상징적인 책을 국내에 소개할 수 있어 더없이 영광이다. 본문의 내용과 다른 부분이 있다면 이는 전적으로 필자의 부족한 해석 때문이다. 미약하지만 이 해제가 독자의 이해에 작은 보탬이라도 되기를 바라며 글을 맺는다.

— 폴 A. 볼커

(연방준비제도이사회 전 의장)

수년 전 대학에서 국제 금융 세미나를 진행한 적이 있다. 이 세미나에 참석한 학생들은 '실제 살아 있는' 투자자를 만나고 싶어 했다. 조지 소로스는 저녁에 프린스턴대학을 방문해 경제학과 교수진과 학생들에게 이야기를 들려달라는 내 제안에 흔쾌히 응했다.

그날 우리는 기대 이상으로 정말 많은 것을 배울 수 있었다. 소로스는 균형$_{\text{equilibrium}}$이라는 개념이 금융시장의 작동 방식과 관련이 없다고 선언하며 흥미로운 이야기를 시작했다. 그에 따르면 균형을 중심으로 생각하는 것은 성공적인 매매 면에서 보면 비생산적인 방법일 수 있다. 트레이더는 인지된 추세$_{\text{trend}}$를 따르며 수익을 창출하고, 시장은 참여자의 기대에 반응한다. 시장 참여자의 인식은 가격에 영향을 끼치고 예측할 수 없는 사건이 발생해 기대가 꺾일 때까지 자기강화$_{\text{self-reinforcing}}$ 과정을 거쳐 자체적으로 유효성을 입증하는 경향이 있다는 말이었다.

교수들은 조용히 소로스의 이야기에 귀를 기울였다. 나는 다소 확신 없이 효율적인 시장과 환율을 결정하는 근본 여건인 기본적 가치를 뜻하는 '펀더멘털fundamental'에 관한 일반적인 사례를 단호하게 설명하려 애썼다. 소로스는 별다른 근거를 제시하지 않았다. 그저 경험상 시장 환율의 큰 변동성이 펀더멘털이나 효율적 시장 개념과 함께 양립하기 어렵다고 주장했다. 그의 저서 『금융의 연금술』의 서문을 보면 "금융시장이 균형을 향해 움직인다는 주장은…… 반박될 수 있다"라고 적혀 있다.

그날 저녁의 분위기는 한 젊은 교수의 발언으로 정리할 수 있을 것이다. 그 교수는 용기를 내어 연사에게 도전장을 내밀었다. "소로스 씨, 당신은 경제학자들의 외환시장 연구를 과소평가하고 있군요. 카오스 이론chaos theory은 흥미롭고 고무적인 발전을 이뤘습니다."

고백하건대, 나는 카오스 이론을 그리 잘 알지 못한다. 나는 조지 소로스가 재귀성 개념을 구체적으로 설명하면서 언급한 세부 요소들을 이해하는 데 이따금 어려움을 겪기도 했다. 하지만 시장과 인간의 행동을 분석하는 새로운 패러다임을 찾기 위해 생각을 재구성하고 단순화하려는 그의 노력만은 충분히 이해할 수 있었다.

소로스는 효율적 시장과 합리적 기대를 설명하는 일반적인 교과서 모델에 거침없이 일침을 가한다. 그는 이러한 '시장 근본주의'가 "잘못된 주장과 왜곡된 결과"를 초래할 수밖에 없다고 주장한다. 그렇다고 해서 통상적인 의미에서 시장 참여자가 비합리적이거나 비효율적이라고 보는 것은 아니다. 기대가 중요하지 않다는 의미도 아니다. 자산 시장에 익숙한 사람이라면 누구나 기대에 따라 가격이 움직인다는 사실을 알고 있다. 하지만 소로스는 시장 참여자의 생각과 행동이 일반적인 관찰을 넘어 시장 행동에 영향을 미치므로, 시장의 기대가 안정적인 균형에 도달할 수 없고 도달하지도 않을 것이라고 강조한다. 즉, 시장이 지속적으로 이루어지는 재귀적 과정을 거쳐, 결과적으로 펀더멘털에 영향을 주고 새로운 기대를 형성한다는 주장이다. 소로스는 자신의 철학으로 되돌아가 재귀적 과정을 인간의 본질적인 영역으로 바라보고 "생각은 사람들이 생각해야 하는 현실의 일부"라고 말한다.

조지 소로스는 엄청난 성공을 거둔 투기 자본가로 명성을 떨쳤다. 투기 게임에서 한참 앞서 있을 때 투자금을 대부분 회수했을 만큼 현명하게 대응했다. 그가 벌어들인 막대한 수익은 현재 개발도상국들과 신흥 국가들이 상업의 자유를 누릴 뿐만 아니라 새로운 생각, 다양한 사고방식과 행동에 관대한 '개방사회'로 거듭날 수 있도록 지원하는 데 쓰이고 있다.

소로스는 금융시장의 세계화에 따른 긴장과 변동성을 주제로 통찰력 있는 글을 쓰기도 했다. 그는 글에서 19세기 월터 배젓Walter Bagehot(영국의 경제학자이자 언론인)이 남긴 "돈은 스스로 관리할 수 없다"는 말을 연상시키는 주장을 반복해서 펼친다. 소로스의 관점은 이렇다. "금융시장은 균형을 향해 나아가는 경향이 있으며 최적의 자원 배분을 가로막는 건 정부의 개입뿐이라는 믿음은…… 거짓이며 오해의 소지가 있다."

　이러한 비판과 그의 학문적 노력은 국제 금융 정책과 실무에 적용될 수 있을 것이다.

　소로스는 예리한 관찰과 학문적 분석을 바탕으로, 신흥 경제의 성장과 안정을 보장할 수 있으며 실질적이고도 폭넓은 지지를 얻을 수 있는 개혁 구조를 구축하기 위해 노력해 왔다. 이러한 시도는 그가 쓴 다른 많은 저서들의 목표이기도 했다. 앞으로도 이러한 그의 노력은 계속될 것이다.

　적어도 한 가지는 확실해 보인다. 소로스는 학계나 정책 입안자들이 제대로 인식하지 못했던 국제 금융의 뿌리 깊은 문제들을 독특한 시각으로 명쾌하게 밝혀냈다. 아마도 선진국 경제와 저개발국 경제에서 소로스의 관찰에 내포된 구조적 의미를 간과한다면 금융 세계화의 잠재력을 최대한 끌어내고 개발하는 데 실패하고 말 것이다.

　『금융의 연금술』은 초판은 물론이고 요약본이나 개정판의 서론조차 쉽고 빠르게 읽히지 않는다. 하지만 이 책은 독립적인 탐구 정신과 신선하고 의미 있는 통찰로 금융과 인간의 행동을 분석하며 낡아빠진 정설을 깨기 위해 진정으로 고군분투한다. 페이지를 넘길 때마다 새로운 통찰을 제공하고 기존의 사고방식을 뒤흔드는 단락과 문장, 문구를 발견하게 될 것이다. 이제 소로스가 설명하는 현실을 더 잘 반영할 새로운 이론을 정립하고 정책을 만드는 일은 소로스와 우리의 몫이다.

1994년 판 추천사

— 폴 튜더 존스 2세Paul Tudor Jones II

(헤지펀드 매니저, 튜더인베스트먼트 회장)

4억 7300만 대 1. 이 수치는 1968년부터 1993년까지 조지 소로스가 퀀텀펀드Quantum Fund의 매니저로서 달성한 투자 수익을 넘어설 승산을 의미한다. 소로스의 투자 성과는 랜덤워크 가설random walk hypothesis(가격 변동이 서로 독립적이며 가격이 예상할 수 없는 경로를 따른다고 생각하는 이론)이 틀렸음을 증명하는 가장 확실한 증거나 다름없다.

시장이 한창 뜨거웠던 1970년대 후반부터 1980년대 후반까지 트레이더로 성장한 내게 『금융의 연금술』은 혁명적인 책이었다. 당시 투자 업계에서는 추세 추종trend following과 지수화indexation가 선풍적인 인기를 끌었다. 예측 도구로서 가격 변동을 연구하는 '기술적 분석'이 절정에 이르던 시기였다. 우리 세대의 트레이더들은 미래 가격의 방향을 예측하는 차트와 컴퓨터로 생성한 그래픽으로 무장했다. 매일 화면 앞에 앉아 깜박이는 불빛과 시시각각 변하는 숫자에 사로잡혀 있다 보면 정보의 홍수가 빚어내는 불협화음에 귀가 먹먹해질 지경이었다. 엘리어트 파동 이론Elliott Wave Theory을 제외하고는 사회, 정치, 경제 분야의 사건들이 전개되는 과정을 이해하기 위한 지적인 틀이 눈에 띄게 잊혀갔고 그저 계속해서 빠르게 변화하는 시장 흐름에 뒤처지지 않는 것만이 중요하게 여겨지던 시대였다.

이런 시기에『금융의 연금술』은 내게 어둠 속에서 한 줄기 빛이 되어주었다. 이 책은 우선 한 걸음 뒤로 물러나 복잡하고 난해해 보이는 사건들을 명확하게 이해한 후 한 걸음 앞으로 도약할 수 있게 해주었다. 1979년 헌트Hunt 형제의 은 사재기 파동부터 1989년 KKR의 RJR나비스코 인수에 이르기까지* 엄청난 규모의 사건이 벌어지며 큰돈이 오가던 시대에, 소로스의 재귀성 이론은 시장 참여자 사이에 벌어진 역동적인 상호작용을 설명하고 예측한 최초의 현대적이고 비기술적인 시도였다.

바로 이것이 이 책의 탁월한 면이다. 이 책은 시장에 존재하는 극단적인 가치 평가 지점과 균형점을 잇는 역동적인 경로를 설명하는데, 이 설명은 일반 투자자에게 특히 도움이 된다. 우리는 주요 시장에서 가격이 저점일 때 정확히 매수 포지션(롱long 포지션)을 취하거나 고점일 때 매도 포지션(숏short 포지션)을 취한 적이 몇 번 있었다. 하지만 큰 폭

---

*　　● 미국의 석유 재벌인 헌트 형제가 은값 급등을 노리고 대량 매입하다 폭락으로 파산한 은 사재기 파동과 1989년 사모펀드 KKR이 차입매수 방식으로 RJR나비스코를 약 250억 달러에 인수한 사건은 모두 1980년대 금융시장의 투기 열기와 거품, 그 후에 나타난 붕괴를 보여준다.

으로 일어나는 가격 변동 경로를 충분히 이해하지 못한 탓에 포지션을 꾸준히 유지하지 못했고, 결과적으로 수익률도 저조했다. 소로스는 이러한 경로를 분석하는 데 필요한 중요한 통찰을 제공했고 투자에 대한 자신감도 심어주었다. 이러한 통찰력이 성공적인 투자 전략의 70%를 차지한다.

모든 투자자는 필연적으로 시련을 겪는다. 나는 연속으로 손실을 낼 때마다 『금융의 연금술』을 꺼내 들고 소로스의 글을 다시 읽어본다. 그가 역경에 어떻게 대처했는지 담아낸 이 책은 훌륭한 지침서로서 때때로 투자자를 괴롭히는 일련의 부정적인 행동을 끊어낼 방법을 알려준다. 성공은 쉽게 퍼져나간다. 이 책에는 누구나 따라 하고 싶은 매매 사례가 가득하다. 무엇보다 소로스의 지성은 어려운 시기에도 포지션을 유지할 수 있는 자신감과 자기 확신의 힘을 스스로 북돋게 해준다. 그런 의미에서 『금융의 연금술』은 에드윈 르페브르Edwin Lefèvre의 『어느 주식투자자의 회상』과 더불어 세월이 흘러도 그 가치가 변치 않을 금융시장의 투자 지침서로 볼 수 있다. 그러니 소로스는 경계해야 할 것이다! 제2차 세계대전을 다룬 영화 「패튼 대전차군단」에는 인상 깊은 장면이 나온다. 미국의 조지 S. 패튼 장군은 독일 적장인 에르빈 로멜이 쓴 전술서를 몇 주 동안 탐독한 끝에 튀니지에서 벌어진 대규모 탱크 전투에서 로멜을 격파한다. 사령부에서 전장을 바라보던 패튼은 승리를 직감하며 외친다. "로멜, 이 잘난 멍청이야. 네 놈이 쓴 책을 읽었다고!" 더 이상 무슨 말이 필요할까.

『금융의 연금술』은 최근 경제와 정치의 역사를 탁월하게 짚어냈다.

미국 저축대부조합 사태가 어떻게 해결될지 이미 6년 전에 그 청사진을 제시했고(235쪽) 1987년 주식시장 붕괴를 2년 전에 예측했다는 점에서(317쪽) 소로스는 이 시대의 위대한 시장 선지자라 할 수 있다.

소로스는 아마도 자신이 위대한 경제학자나 과학자로 기억되기를 바랄 것이나. 하지만 역사는 소로스를 1992년 영국의 중앙은행인 영란은행을 상대로 승리한(그리하여 영국 국민을 경기 침체에서 구제한) 투기꾼으로 기억할 것이다. 당시 그가 벌어들인 수십억 달러에 달하는 수익은 기자들에게는 도저히 지나칠 수 없는 너무도 흥미로운 이야깃거리다. 그러나 나는 그보다 훨씬 중요하지만 합당한 공로를 인정받지 못한 소로스의 행동을 기억하려 한다. 그는 진정으로 인류의 처지를 걱정하고 세상을 더 나은 곳으로 만들기 위해 노력하는 사람이다. 따라서 수많은 헌신적인 자선 활동을 벌인 역사상 위대한 후원자 중 한 명으로 마땅히 인정받게 될 것이다. 62세 나이에도 금융의 사다리를 오르는 젊은이의 혈기와 근면함을 간직한 채 대의를 향해 전 세계를 돌아다니고, 매일 열여덟 시간씩 일하며 여섯 개 재단을 이끌고 있으니 말이다. 그는 다른 부유한 사람들처럼 후원금을 내는 데 그치지 않는다. 자신보다 불우한 사람들을 직접 살피며 삶의 질을 높이기 위해 실질적으로 그들에게 영향을 주는 워커홀릭이다. 이것이 바로 그의 위대한 면모다.

2003년 판 서문

지난 몇 년 동안 정말 많은 일이 일어났고, 그 덕분에 이 책에서 자세히 설명한 재귀성 이론이 더 유의미하고 적절한 이론으로 채택되기 시작했다. 당시 금융시장은 혼란에 빠졌다. 1997년 8월 태국의 고정환율이 무너지면서 금융 위기를 불러일으켰고, 이렇게 촉발된 금융 위기는 다른 여러 국가로 도미노처럼 번져나갔다. 1998년 8월 러시아가 채무 불이행을 선언하자 효율적 시장 가설에 따라 운영되던 헤지펀드인 롱텀캐피털매니지먼트가 위기에 몰렸다. 결국 뉴욕연방준비은행이 제때 개입하면서 시장 붕괴를 가까스로 막을 수 있었다. 그 후 인터넷이 보급되고 다양한 정보 기술 혁신이 이어지면서 이 책에서 분석한 복합기업 열풍을 연상시키는 호황과 불황이 연이어 일어났다.

이러한 현상은 합리적 기대 이론과 효율적 시장 가설로는 설명할 수 없었다. 일부 경제학자들은 일반적인 패러다임의 실패를 인정하고 좀 더 현실적인 접근법을 사용하기 시작했다. 복수 균형multiple equilibria 개념은 재귀성을 제대로 다루진 못했지만 그것을 하나의 현상으로 인식하기 시작했다. 따라서 재귀성 이론은 이 책이 처음 출간되었을 때만큼 경제학자들의 사고와 동떨어진 이론으로 느껴지지 않게 되었다. 그러나 놀랍게도 이 이론은 대중적으로 거의 논의되지 않았다. 여전히 금융시장에 맡기면 자원이 최적으로 배분될 것이라는 견해가 지배적이다. 실제로 시장 근본주의는 15년 전보다도 훨씬 강력한 영향력을 행사하고 있다.

내 생각을 효과적으로 전달하지 못한 건 분명 내 탓이다. 금융시장에 만연한 편향이 이른바 펀더멘털에 영향을 미칠 수 있으며, 시장은 그러한 편향을 펀더멘털에 반영해야 한다는 주요 논지가 제대로 전달되지 않은 것 같다. 나는 내 세계관을 다시 한번 설명해야 할 의무를 느낀다. 내 생각도 지난 15년 동안 발전해 왔으니 이전보다는 더 잘 설명할 수 있을 것이다.

그를 위해 초판 서론과 1장에서 다룬 내용을 대체할 포괄적인 서론을 새로 작성했다. 나머지 본문은 그대로 놔두었다. 처음 이 책이 출간된 뒤로 15년이 지났으니 세월의 평가를 받는 것도 그 나름대로 의의가 있을 것이다. 나는 이 책이 그러한 검증을 잘 통과했다고 생각한다.

개정판의 서론은 내용이 다소 방대하지만 상당히 추상적인 철학적 개념을 다루고 있기에 어쩔 수 없는 측면이 있다. 나는 매우 야심 찬 목표를 세웠다. 바로 금융시장뿐만 아니라 모든 사회현상에 적용 가능한 새로운 패러다임의 토대를 마련하는 것이다.

내 견해는 크게 네 가지 목표를 가진다. 첫째, 금융시장의 지배적인 균형이론에 대한 내 비판을 보다 완전하고 확실하게 정리하고, 패러다임 전환의 근거를 제시하려 한다. 같은 맥락에서 기존에 내가 주장했던 이론의 취약점도 살펴볼 것이다. 그런 다음 이론과 현실은 일치하지 않으며 사람마다, 또 사례마다 나타나는 다양한 괴리는 중요하긴 하지만 사건 전개를 결정짓는 요인은 되지 않는다는 인식을 바탕으로 새로운 패러다임의 토대를 마련할 것이다. 이 패러다임이 시사하는 바는 금융시장을 넘어 훨씬 광범위한 영역에 걸쳐 있다. 마지막으로 나는 '금융의 연금술'을 더 자세히 탐구할 것이다. '금융의 연금술'은 과학의 연금술과 다른 개념이다. 이 책에서는 일정 기간에 걸쳐 실시간 실험을 수행하며 내린 투자 결정을 매우 상세하게 기술했지만, 내 의사 결정 과정에 대해서는 깊이 다루지 않았다. 그러니 이번 기회에 '내 성공의 비결'을 밝히고자 한다.

2003년 판 서론[*]

일반적인 패러다임에 대한 비판

나는 초판 서론에서 이 책이 진정한 의미에서 내 평생을 바친 업적이라고 썼다. 이는 지금도 변함없는 사실이다. 내 활동 영역이 금융에서 사회와 정치로 확장되었지만, 나는 금융시장과 동일한 개념적 틀을 여러 분야에 적용하고 있다. 그렇기에 나는 이 책에 최신 내용과 지난 15년간 배운 내용을 담기 위해 노력했다. 현실, 그리고 특히 금융시장을 이해하는 과정은 끝없이 지속되는 여정이다. 돌이켜 보니 이전 책에서 설명한 이론에는 취약점이 많았다. 개정판에서는 이를 수정하기보다 해당 이론에 대한 현재 내 생각을 간결하게 설명하고자 한다.

---

[*]　○ 개정판 서론으로 초판의 서론과 1장을 대체한다.

먼저 어떤 주제를 논할 것인지 명확하게 밝히겠다. 이 책은 금융시장을 논하지만, 내 평생을 바친 업적인 만큼 금융 분야에만 국한되지 않는다. 나는 금융시장에 종사하기 훨씬 전부터 철학에 관심이 있었다. 초판 서문에 밝혔듯이, "철학이 우선이었다. 내 존재를 의식하게 된 이후로 그 존재를 이해하는 데 몰두했으며, 그것을 나 스스로 이해해야 할 핵심 문제로 여겼다." 나는 생각과 현실의 관계를 설명하기 위해 재귀성 개념을 기반으로 이론적 틀을 개발했고, 금융시장을 실험실로 삼아 내 이론을 검증했다. 그런 의미에서 이 책은 내 평생을 바친 업적이라고 할 수 있다. 부디 이 책의 설명이 의미 있는 결실을 맺길 바란다.

최근 몇 년 동안 나는 다른 분야에 관심을 기울였다. 처음에는 소련 체제의 붕괴를 계기로 닫힌 사회에서 열린 사회로 전환되는 과정에 참여했고, 최근에는 세계화의 영향으로 발생하는 문제에 몰두하게 되었다. 이러한 주제에 대해서는 이미 다른 책에서 다루었으므로 이 책에서 자세히 논하기엔 부적절하다. 하지만 열린 사회로의 전환과 세계화라는 두 가지 문제에 접근할 때 사용한 '개념적 틀'은 재차 언급할 필요가 있다.

재귀성의 개념

재귀성의 개념은 매우 간단하다. 생각하는 참여자가 있는 상황에서는 참여자의 생각과 참여한 상황 사이에 양방향 상호작용이 이뤄진다. 참여자는 현실을 이해하려는 한편, 원하는 결과를 도출하려 한다. 이 두 기능은 서로 반대 방향으로 작동한다. 인지 기능에서는 현실이 주어지고, 참여 기능에서는 참여자의 이해가 변하지 않는 상수가 된다. 두 기능은 주어진 요소를 조건부로 만들며 서로 간섭할 수 있다. 나는 이 두 기능 사이에 발생하는 간섭을 '재귀성'이라고 부른다. 재귀성은 참여자의 이해와 참여자가 처한 상황을 연결하는 재귀적 피드백 고리feedback loop와 같다. 나는 생각하는 참여자가 있는 상황을 이해할 때 재귀성의 개념이 매우 중요하다고 생각한다. 재귀성은 참여자의 이해를 불완전하게 만들고, 참여자의 행동이 의도하지 않은 결과로 이어지도록 한다.

인지 기능과 참여 기능 사이에 벌어지는 충돌은 본질적으로 그리 간단하지 않으며 그 의미도 여전히 제대로 이해되지 않았다. 우리가 사는 세계에 대한 이해가 불완전하다는 주장은 너무 진부해서 자세한 설명이 따로 필요하지 않을 정도다. 우리의 감각이 작동하는 방식과 언어가 구성되는 방식을 비롯해 다른 많은 요소가 결합해 우리의 이해를 불완전하게 만든다. 그러나 재귀성에 따른 불완전성은 더 구체적이며 추가로 규명되어야 한다. 내가 우려하는 불완전성이 발생하는 이유는, 우리가 참여자이기 때문이다. 우리가 외부 관찰자라면 사실을 바꾸지 않으면서 사실과 일치하거나 일치하지 않는 진술을 할 수 있지만, 참여자로 활동한다면 행동을 통해 이해하고자 하는 상황을 바꿀 수 있다. 그러면 결과적으로 지식에 근거해 결정을 내릴 수 없게 된다. 우리는 많은 것을 알고 있고, 더 많이 알수록 올바른 결정을 내릴 수 있는 위치에 오를 수도 있다.

하지만 지식만으로는 의사 결정을 내리는 데 충분한 근거를 확보할 수 없다. 지식이 타당성을 가지려면 반드시 사실이어야 하는 내용이 있다. 하지만 그 내용이 실제로는 참여자가 상황을 바라보는 관점에 따라 달라진다는 점에서 우리는 본질적으로 사실이 무엇인지 알 수 없는 상황에 직면하게 된다. 참여자의 시각이 상황과 일치한다면 그 상황은 알 수 없는 것이 아니기에 참여자는 지식에 근거해 행동할 수 있다. 하지만 실제로 그렇지 않은 경우가 있고, 그러면 참여자의 시각이 상황과 일치하지 않으므로 그 상황은 알 수 없는 것이 된다. 순환논법 circular logic(논증해야 할 가정 자체를 논증의 근거로 제시하는 논리적 오류)처럼 들릴 텐데, 사실 이는 순환논법에 해당한다. 참여자들은 내가 재귀성이라고 부르는 피드백 고리가 발생하는 상황에 놓이고, 상황을 이해하려 하는 참여자(그리고 생각하는 참여자가 있는 상황을 이해하려는 관찰자인 우리)는 순환논법에 갇혀버린다. 여기에서 추가 설명이 필요하다.

전통적인 진리대응설correspondence theory of truth에서는 지식이 참된 진술로 표현된다고 간주한다. X가 묘사하는 사실이 실제로 일어나는 경우에만 진실 X가 참이 된다. 신뢰할 수 있는 진리의 기준을 세우려면 사실이 그것을 언급하는 진술과 독립적이어야 한다. 하지만 참여자의 의사 결정은 미래와 관련이 있고, 미래는 현재 참여자의 결정에 따라 달라진다. 따라서 미래의 사실은 참여자의 현재 생각을 지식으로 인정할 독립적인 기준이 되지 못한다. 설사 일부 참여자의 기대와 결과가 일치하더라도 그러한 기대가 지식으로 인정되지는 않는다. 다양한 참여자의 결정이 그러한 일치성을 일으켰을 수 있기 때문이다. '지식에 근거한 기대'라는 주장은 사건이 진행되는 과정을 규정하는 데 재귀성이 영향을 미친다는 주장을 부정하는 것과 같다.

재귀성과 경제 이론

미래의 결과가 현재의 기대에 완전히 반영된다는 주장은 터무니없게 들리지만, 실제로 금융 경제학에서 일반적인 패러다임의 근간을 이룰 만큼 강력한 영향력을 행사하고 있다. 경제 이론에 따르면 시장가격은 기본 펀더멘털을 그대로 반영한다고 여겨진다. 효율적 시장 가설은 시장가격이 현존하는 모든 정보를 완전히 반영한다고 주장한다. 이와 밀접한 연관이 있는 합리적 기대 이론은 외생적 충격exogenous shocks이 없다면 금융시장이 참여자의 기대를 정확하게 반영하는 균형을 향해 움직인다고 말한다. 이러한 이론들은 금융시장을 자율에 맡기면 최적의 자원 배분이 이뤄진다는 믿음을 뒷받침한다.

이러한 패러다임은 심각한 문제에 봉착해 있다. 금융시장이 균형을 향해 움직인다는 주장은 아이러니하게도 그것을 뒷받침하는 증거들에 의해 반박될 수 있다. 경제학자 대부분은 이제 금융시장이 복수 균형을 이룰 수 있다는 사실을 인정하면서도, 규제되지 않은 자유 시장이 최적의 자원 배분을 보장한다는 생각만큼은 버리지 않았다. 합리성의 정의를 더 탄력적으로 확대하고, 효율성의 정의를 더 완화하는 등 금융시장에서 나타나는 실제 행동과 효율적 시장 가설을 조율하기 위해 많은 노력이 이루어졌다. 하지만 이러한 조정만으로는 충분하지 않다. 이제는 패러다임의 전환이 필요하다.

『금융의 연금술』은 일반적인 패러다임에 정면으로 도전했지만 난관에 부딪혔다. 전문 경제학자들은 재귀성 이론을 금전적인 성공에 취한 아마추어의 이론이라며 일축했고, 어떤 이들은 내가 경제 이론의 진전을 무시하고 있으며 재귀성 이론은 명백한 사실을 다시 언급하는 데 불과하다고 비난하기도 했다. 물론 내게도 어느 정도 책임이 있다. 내가 합리적 기대와 효율적 시장 이론에 익숙하지 않다는 사실을 솔직하게 인정하고 비평가들에게 반박할 기회를 열어주었으니. 사실 실무자로서 합리적 기대와 효율적 시장 이론은 활용하지 않는 편이 낫다고 느끼기도 했다. 내 설명에는 다른 한계점도 있었지만, 독자들이 스스로 판단할 수 있을 테니 여기서 자세하게 이야기할 필요는 없을 것이다. 그렇지만 재귀성 이론은 실무자들 사이에서 입지를 다졌고,『금융의 연금술』은 결함을 안고 있었음에도 경제학과에서와는 다르게 경영 대학원에서는 필독서 목록에 이름을 올렸다.

나는 이번 기회를 통해 본격적으로 기존 패러다임을 비판하고 싶다. 불필요한 비판을 늘어놓는 일일지 몰라도, 기존 패러다임이 사람들의 생각에 깊이 뿌리내렸기에 이러한 시도는 꼭 필요하다. 전문가들이 견해를 수정했음에도 미국과 여러 국가의 공공 정책은 여전히 금융시장이 최적의 자원 배분을 보장하는 균형을 향해 움직이며, 이를 가로막는 건 정부의 개입뿐이라는 믿음에 좌우되고 있다. 내가 '시장 근본주의'라고 일컫는 이러한 믿음은 여전히 큰 영향력을 발휘하고 있다.

먼저 합리적 기대 이론을 살펴보자. 내가 이해하는 바에 따르면, 이 이론은 시장 참여자가 자신의 이익을 추구할 때 다른 참여자도 똑같이 행동하리라는 가정을 바탕으로 의사 결정을 내린다고 주장한다. 이 주장은 합리적으로 들리지만 사실 그렇지 않다. 시장 참여자는 최선의 이익이 아니라 자신이 *인식하는* 최선의 이익에 따라 행동한다. 이 두 가지 이익 개념은 동일하지 않다. 참여자들의 이해는 불완전하고 그들의 행동은 의도하지 않은 결과를 낳는다. 기대와 결과(*사전과 사후*)가 일치하지 않을 수 있으며, 두 개념 사이에 차이가 없다고 가정한 채로 행동에 나서는 것은 그리 합리적이지 않다.[1]

합리적 기대 이론은 이러한 문제를 극복하기 위해 시장 전체가 언제나 참여자 개개인보다 더 많은 정보를 알고 있으므로 항상 옳다고 주장한다. 사람들은 상황을 잘못 이해할 수 있고, 오해는 무작위로 혼란을 일으킬 수 있다. 하지만 이 분석에 따르면 궁극적으로 모든 시장 참여자는 세상의 작동 방식에 대해 동일한 모델을 사용하며, 그러지 않더라도 경험을 통해 학습하면서 결국에는 동일한 모델로 수렴하게 된다. 하지만 나는 다른 모델을 사용해 왔고, 내가 시장 참여자로서 그 모델을 통해 성공해 왔다는 사실 자체가 합리적 기대 이론이 무의미하다는 것을 보여준다.

나는 금융시장은 언제나 틀린 상태라고 생각한다. 왜냐하면 그것은 널리 퍼진 편향에 따라 작동하기 때문이다. 그런데 이 편향은 단지 시장가격만 흔드는 게 아니라, 그 가격이 반영해야 할 펀더멘털 자체에도 영향을 미침으로써 결국 스스로를 정당화한다. 이것이 바로 기존 패러다임에 익숙한 사람들이 파악하기 어려운 점이다.

이 책에서는 지배적인 편향을 자체적으로 입증할 방법에 대해 여러 가지 구체적인 사례를 들어 자세히 설명했다. 특정 시점이 지나면 자체적으로 입증하는 피드백 고리는 더 이상 지속되지 않는다. 이 때문에 재귀성은 처음에는 자기실현적인 모습을 보이나 결국에는 자기파괴적인 예측을 낳고 또 자기파괴적인 과정을 거친다. 가장 극적인 현상은 금융시장의 특징인 호황과 불황 주기에 나타난다. 이러한 거품(버블)은 재귀성 이론으로 설명할 순 있어도 효율적 시장 가설로는 설명할 수 없다. 결국 기존 패러다임에서 거품을 설명하기 위해 완전히 새로운 이론이 등장했다. 하지만 거품만이 재귀성을 입증하는 유일한 징후는 아니다. 로널드 레이건Ronald Reagan 대통령의 제국적 순환Imperial Circle*이나 1980년대의 기업 합병 광풍mergermania과 같이 이 책에서 다루는 미묘한 형태의 징후도 많다. 효율적 시장 가설을 버리지 않고서는 이러한 현상들을 설명할 수 없다.

따라서 재귀성 이론은 금융시장에서 나타나는 행동에 대한 효율적 시장 가설을 대체하는 이론이다. 효율적 시장 가설은 사실과 맞지 않

---

*　● 로널드 레이건 행정부 시기의 미국 경제가 만들어낸 달러 중심의 자기강화적 순환 구조. 1980년대 초 '레이거노믹스'를 추진하며 미국은 국채를 대규모로 발행했고, 고금리를 유지하던 연준의 정책과 맞물려 해외 자본이 미국으로 대거 유입되었다. 이로 인해 달러 가치는 상승했고, 달러 강세는 다시 미국의 무역 적자 심화-해외 국가의 달러 축적-미국 국채 매입으로 이어지는 순환 구조를 형성했다. 소로스는 이를 '제국적 순환'이라 부르며, 달러의 지배력을 통해 미국이 세계 경제를 지탱하면서 동시에 왜곡시키는 제도적 메커니즘을 지칭했다.

으며, 이론을 뒷받침하는 근거에도 의문스러운 점이 있다. 시장이 항상 옳다는 착각은 참여 기능과 인지 기능 사이에 나타나는 재귀적 상호작용 때문에 생겨난다. 사실 시장은 거의 항상 틀린 상태이지만, 시장 참여자들의 편향은 호황과 불황 주기에 나타나는 자기 충족 단계와 자기 파괴 단계를 거치면서 입증된다. 다시 말해, 지배적인 편향이 틀렸다는 것은 오직 변곡점에서만 입증된다.

효율적 시장 가설과 같은 비현실적인 해석이 금융시장에서 그토록 널리 받아들여진 이유는 무엇일까? 이 흥미로운 질문에 대한 답은 과학을 추구하는 경제 이론의 요건에서 찾을 수 있다. 과학적 이론은 어느 정도 예측값이 있어야 하며, 효율적 시장 가설은 이러한 요건을 충족하도록 설계되어 있다. 반면 재귀성 이론은 그렇지 않고, 오히려 사건의 진행 과정을 본질적으로 예측할 수 없다고 주장한다. 따라서 효율적 시장 가설은 (비록 거짓 이론이기는 하지만) 과학적 이론으로 인정받지만, 재귀성 이론은 그렇지 않은 것이다. 그래서 나는 과학과 구분하기 위해 이 책에 '금융의 연금술'이라는 제목을 붙였다.

일반적으로 볼 때 인간의 문제를 비롯해 특히 금융시장에 적용되는 과학적 방법론을 폭넓게 재검토하지 않고는 비과학적 이론으로 과학적 이론을 부정하기 어려울 것이다. 나는 『금융의 연금술』에서 재평가를 시도했지만 독자에게 그다지 깊은 인상을 남기지는 못했다. 이 문제는 금융시장뿐만 아니라 인간사 전반을 이해하는 데도 매우 중요하므로 재차 다뤄볼 필요가 있다.

인간의 불확실성 원리

우리는 현실 세계에 살고 있지만 세상을 바라보는 우리의 관점은 현실 세계와 일치하지 않는다. 합리적 기대 이론 자체는 우리의 해석이 현실 세계와 얼마나 동떨어질 수 있는지 보여주는 대표적인 예다. 하지만 세상을 바라보는 우리의 관점은 현실 세계의 일부이며 우리는 그 세계를 살아가는 참여자이고, 현실에 대한 우리의 해석과 실제의 차이는 현실에 불확실한 요소를 유발한다. 이 말은 순환논법처럼 들릴 테지만, '생각하는 참여자'가 처한 상황을 정확하게 짚어주는 말이다.

이제 나는 『금융의 연금술』 초판을 썼을 때보다 불확실한 요소를 더 잘 정의할 수 있게 되었다. 진리의 일치성과 일관성 이론을 모두 적용해 '인간의 불확실성 원리'라는 것을 설명할 수 있다. 이 원칙에 따르면, 현실 세계에 대한 우리의 이해는 사실과 일치할 수 없으며 동시에 완전할 수도, 일관적일 수도 없다. 사람들의 생각이 사실에 국한되면 의사 결정에 도달하기 어렵고, 그 생각이 의사 결정의 근거가 되면 사실에만 국한될 수도 없다. 인간의 불확실성 원리는 생각과 현실에 두루 적용된다. 이 원칙은 우리의 이해가 종종 일관성이 없고 항상 불완전하며, 무작위성과는 또 다른 진정한 불확실한 요소를 사건의 진행 과정에 포함시킨다는 것을 뜻한다.

인간의 불확실성 원리는 양자역학에서 입자의 위치와 운동량을 동시에 측정할 수 없다는 베르너 하이젠베르크Werner Heisenberg의 불확실성 원리uncertainty principle(또는 불확정성 원리)와 매우 흡사하지만 중요한 차이

점이 있다. 하이젠베르크의 불확실성 원리는 입자의 행동에 조금도 영향을 미치지 않는다. 이 원리가 발견되지 않았다 해도 입자는 동일한 방식으로 움직였을 것이다. 인간의 불확실성 원리는 바로 이 점에서 다르다. 인간 행동에 관한 이론은 인간의 행동에 영향을 미칠 수 있고, 실제로 영향을 미친다. 마르크스주의는 역사에 엄청난 영향을 주었고 오늘날 시장 근본주의도 비슷한 영향을 끼치고 있다. '악의 축' 같은 문구가 역사의 흐름을 바꿀 수 있고, 상속세를 '사망세'라고 부르면 공공 정책에 영향을 줄 수 있다. 인간의 불확실성 원칙(아직 정식으로 이름을 붙이진 않았다)에 근거하지 않았다면 내 행동과 금융시장에서 올린 성과는 달라졌을 것이다.

양자역학이 양자를 입자나 파동으로 설명하며 다양한 해석을 내놓을 수 있듯, 인간의 불확실성 원리도 마찬가지다. 불완전한 이해 대신 인간의 창의성이라고 일컫는 편이 더 적절할 것이다. 불완전한 이해는 부정적으로 들려도 창의성은 고무적으로 들린다. 완전한 이해가 가능하다면 창의성이 발휘될 여지가 없다. 인간이 사는 이 세상은 어느 정도 인간이 스스로 창조한 것이다.

사람들의 생각이 어디까지 현실을 구현해 내는지 알려면 더 많은 조사가 필요하다. 사람들은 일반적으로 현실을 자신이 인식하는 현실로 해체하려는 경향을 보인다. 이는 이전에 현실이 냉정한 과학 법칙에 지배받는다고 해석했던 풍조에 대한 과잉 반응이다. 현실은 누구나 발견할 수 있고 다른 사람들의 생각과 상관없이 존재한다. 현실은 훨씬 복잡하다. 현실을 제대로 이해하려면 '사람들의 생각에 영향받지 않는 자연현상'과 '생각하는 참여자들을 포함한 사회현상'을 구분해야 한다.

자연현상에 적용되는 법칙은 대중의 생각과 상관없이 독립적으로 작동하지만, 법칙의 공식화와 법칙이 적용되는 일부 현상은 과학 분야의 주류 영역에 영향을 많이 받는다. 과학적 가설의 타당성을 판단할 수 있는 독립적인 기준을 세우는 작업은 과학적 방법론에 도움을 주었다. 자연과학은 마법이나 미신, 종교적 신념이 빚어낸 결과보다 훨씬 놀라운 결과를 만들어냈다.

참여자가 있는 사건의 경우에는 과학 지식을 얻기가 더 어렵고, 사건을 이해하고 구체화하는 데 생각이 더 적극적이고 창의적인 역할을 수행한다. 앞서 살펴보았듯이 사람들은 현실 자체가 아닌 그 현실을 바라보는 자신의 관점을 토대로 행동하며, 당연하게도 실제 현실과 사람들의 세계관은 똑같지 않다. 그렇기에 과거의 역사도 자연현상과 같은 방식으로 취급할 수 없다. 역사는 왕들의 탄생과 죽음처럼 확실한 사실로만 구성되지 않기 때문이다. 혁명이나 정치 협정과 같은 사회 정세는 참여자마다 다른 의미로 받아들이고, 사건이 벌어진 후에도 다양하게 해석될 수 있다.[2] 과거에 관한 통념은 미래에 영향을 준다. 1389년에 벌어진 코소보 전투는 최근 단행된 유고슬라비아 해체의 주요 원인으로 지목된다.* 이는 과학적 방법론에 문제를 제기하는 동시에

---

*   ● 1389년의 코소보 전투는 세르비아가 오스만 제국에 패한 역사적 사건으로, 이후 오스만 제국의 지배를 받게 되면서 세르비아인들에게는 '민족적 비극'이자 '순교의 상징'으로 남았다. 이 기억은 세월이 흐른 뒤에도 강력한 민족 정체성의 근원이 되었으며, 1990년대 유고슬라비아 해체 과정에서 세르비아 민족주의가 폭발하는 배경으로 작용했다.

인간사를 이해하고 구체화하는 데 과학 지식이 상대적으로 덜 중요하다는 것을 의미한다. 역사는 하나의 이야기이며 얼마든지 마법과 미신, 종교와 다른 신념이 개입할 여지가 있다.

사람들은 지식에 근거해 의사 결정을 내리지 않으므로 결과는 예상과 달라질 수 있다. 생각하는 참여자가 있는 사건은 이러한 차이를 고려하지 않고는 이해할 수 없다. 자연현상의 경우 사람들은 일반적인 패러다임에 영향을 받아 특정한 대상에 주목하지만, 사건은 사람들의 생각과 무관하게 전개된다. 사회적 사건의 경우 생각의 영향력이 더 광범위해서 사건의 진행 과정에 영향을 미칠 수 있다. 이는 과학적 방법론에 지대한 영향을 미친다.

사회과학 vs. 자연과학

과학적 방법론의 표준과 기준은 자연과학의 업적에 근거한다. 내게 관념적으로 큰 영감을 준 철학자 칼 포퍼Karl Popper는 자연과학과 사회과학에 동일한 표준과 기준이 적용된다는 과학의 단일성unity of science 원칙을 발표했다.[3] 자연과학의 업적이 인상적인 나머지 사회과학 역시 이를 모방하고자 한 것이다. 모든 사회과학이 그렇지는 않지만(예를 들어, 인류학은 보편타당한 이론을 정립하기보다 이야기를 전하는 데 주력한다), 특히 경제학 이론은 자연과학을 모방하기 위해 부단히 노력해 왔다.

나는 내 멘토인 칼 포퍼가 주장한 과학의 단일성 원칙에 동의하지는 않는다. 사회과학과 자연과학 사이에는 주제와 과학자의 역할 등 두 가지 측면에서 근본적인 차이점이 있다. 첫째, 재귀성과 인간의 불확실성 원칙은 인간 행동의 예측 가능성을 방해한다. 둘째, 인간 행동에 관한 이론은 인간 행동에 영향을 미칠 수 있고 실제로도 그렇다.

이러한 한계를 고려할 때 자연과학의 표준과 기준을 인문과학에 적용하면 잘못된 주장과 왜곡된 결과를 낳을 수 있다. 이는 현실과 일치하지 않는, 예를 들면 합리적 기대 이론 같은 것을 조장하고 재귀성 이론을 부정한다. 재귀성 이론은 과학 이론에서 기대하는 '예측'을 내놓지 못하기 때문이다. 그러나 기저 현상에 불확실한 요소가 있다면 그것은 현상을 다루는 이론에 반영되어야 한다.

하이젠베르크의 불확실성 원리가 자연과학의 입지를 해치지 않은 이유는 양자물리학의 고질적인 불확실성을 접하기 전에 자연과학이 놀라운 결과를 도출해 냈기 때문이다. 이러한 발견에 비춰 보면, 하이젠베르크의 불확실성 원리는 과학적 방법론의 위대한 업적으로 보인다. 한편 인문과학은 이미 연구가 충분히 진전된 시점이 아니라 초기 단계에서 참여자의 생각에 내재된 불확실한 요소를 마주하기에 훨씬 불리하다. 경제학이 그랬듯이 인문과학도 불확실성을 의도적으로 배제한 가설을 바탕으로 이론을 만들어 심판의 날을 미룰 수는 있지만, 그렇게 하면 연구 주제에 해를 끼치는 셈이 된다.

포퍼는 인간의 불확실성 원리를 잘 알고 있었을 텐데 어째서 과학의 단일성 원칙을 수용했을까? 나는 포퍼가 마르크스주의가 비과학적이라는 점을 보여주고 싶었고, 그 주장을 관철하려면 원칙이 필요했다고 생각한다. 그렇지만 그가 잘못된 논리를 내세웠다는 사실에는 변함이 없다. 사회과학이 앞서 언급한 두 가지 한계 때문에 자연과학의 표준과 요건을 충족하지 못한다는 점을 밝히는 편이 훨씬 나았을 것이다. 그렇게 되면 과학적 지위를 근거로 타당성을 주장하는 사회 이론이 잘못된 주장을 펴는 셈이 된다. 그렇다고 해서 사회 이론이 타당하지 않다는 의미는 아니다. 하지만 사회 이론은 자연과학의 허울을 뒤집어쓰고 뽐낼 게 아니라 고유의 장점을 내세워 타당성을 입증해야 한다.

이것은 그저 이론상으로 난해한 주장에 그치지 않는다. 포퍼가 마르크스주의에 대해 제기한 비판은 주류 경제학에도 동일하게 적용할 수 있다. 완전경쟁 이론과 같은 많은 경제 이론은 일정한 가정을 기반으로 하고, 연역적 논리에 따라 가정에서 결론을 도출하므로 반박을 허용하지 않는다. 많은 경제학자가 이 점을 명확하게 지적했지만, 시장 근본주의자들은 이러한 가설로 세워진 인공적인 세계와 현실의 차이를 무시해야 편리하다는 사실을 알게 되었다.

오늘날 시장 근본주의 이념은 19세기에 *자유방임주의*laissez-faire로 통했다. 이는 미국의 정책과 이른바 워싱턴 합의Washington Consensus(미국과 국제 금융자본이 미국식 시장경제 체제를 개발도상국의 발전 모델로 채택한 합의)에 상당한 영향을 끼치며 다시금 커다란 영향력을 행사하고 있다. 미국은 민주주의 국가이기에 시장 근본주의는 마르크스주의가 소련에서 누리던 독보적인 지위만큼 지배적인 수준에 이르진 못했다. 하지만 두 이념은 과학의 권위를 근거로 타당성을 주장한다는 공통점이 있다. 시장 근본주의의 죄악에 대한 책임을 경제 이론에 지우지 않으려면 그러한 주장에 이의를 제기해야 한다.

나는 시장 근본주의가 오늘날 마르크스주의보다 훨씬 위험한 이념이라고 생각한다. 마르크스주의는 이미 신뢰를 잃은 반면 시장 근본주의는 금융시장 세계화의 근간을 이루는 이념이기 때문이다. 나는 세계화의 과부족을 지적하느라 애를 먹었고, 시장 근본주의를 비판할 때마다 이 책에서 제시한 주장을 내세워 금융시장이 합리적 기대 균형으로 향하지 않는다는 것을 보여줘야 했다. 만일 재귀성과 인간의 불확실성 원리가 보편적으로 받아들여진다면 그럴 필요가 없을 것이다.

자기비판

『금융의 연금술』 서평을 보면 책에서 제시한 재귀성의 개념이 제대로 전달되지 않은 것으로 보인다. 이번 기회에 초판에서 미흡했던 부분을 수정하고 싶다. 대중의 심리가 시장가격에 큰 영향을 준다는 식으로 재귀성을 설명한 서평이 많았다. 그런데 그것이 재귀성의 전부라면 나는 정말 뻔한 이야기를 늘어놓았던 셈이 된다. 재귀성이 흥미로운 이유는 주요 편향이 시장가격을 통해 이른바 펀더멘털에 영향을 미칠 수 있다는 점에 있다(시장가격은 펀더멘털을 반영한다고 알려져 있다). 오직 펀더멘털이 영향을 받게 될 때 재귀성은 사건의 진행 과정에 영향을 미칠 만큼 중요해진다. 이는 항상 일어나는 현상은 아니다. 하지만 이러한 상황이 발생하면 금융시장에서 흔히 볼 수 있는 호황과 불황 주기를 불러오고 균형에서 멀리 떨어진 상태를 초래한다.

용어

돌이켜 보면 초판에서 재귀성 이론을 설명할 때 사용한 용어가 다소 혼란스러웠고 나도 그 점을 인정한다. 나는 인지 기능과 참여 기능 사이를 오가는 양방향 순환 메커니즘을 설명할 때, 그리고 금융시장의 호황기와 불황기를 설명할 때 모두 '재귀성'이라는 용어를 사용한다. 이 표현은 두 상황에 모두 적절하며 호황기와 불황기는 좀 더 일반적인 관계를 보여주는 특수한 징후다. 하지만 이러한 신호는 유일하다기보다 그저 가장 두드러진 현상일 뿐이다. 그 외에 복잡한 재귀적 연관성이 많다. 그런가 하면 재귀적 연관성이 너무 미미해서 완전히 무시해야 하는 경우도 있다.

문제를 명확하게 짚어보자. 인지 기능과 참여 기능 사이의 관계는 보편적인 조건이지만, 참여자의 편향과 펀더멘털 사이에 이뤄지는 양방향 상호작용은 간헐적으로만 발생하며 시기마다 다른 형태를 띤다. 이 책에서 나는 그러한 상호작용을 지적하고 있지만 이를 설명할 적절한 단어가 없다. '재귀성'이라는 용어는 보편적인 조건을 가리키는 것으로 받아들여질 수 있으므로 너무 약하게 느껴진다. '처음에는 자기강화적이지만 궁극적으로 자기파괴적인 과정'이라는 용어는 너무 길다. 따라서 나는 엄밀히 말하면 적절하지 않을지라도 '호황과 불황'이라는 용어를 사용하게 되었는데, 바로 이것이 혼란을 일으켰다.

나는 완전한 해결책은 찾지 못했고, 이 책을 쓴 이후로 '균형에서 멀리 떨어진 상태'를 '균형에 가까운 상태'와 구별해 말하기 시작했다. 그러나 호황기와 불황기는 균형에 가까운 상태에서 균형에서 멀리 떨어진 상태로 넘어가는 것이 특징이고 그 전환 시점을 결정하기 어려우므로 이 용어 역시 완전히 만족스럽지는 않다. 그렇지만 초판을 쓸 때 왜 이러한 용어를 떠올리지 못했을까 하는 아쉬움이 남는다. 적절한 용어가 없다는 한계는 표현을 넘어 분석에도 영향을 주었다. 돌이켜 보면 호황과 불황 모델을 지나치게 강조한 것 같다. 나는 몇 가지 명확한 사례(1장 참조)를 찾아냈고, 그 사례들은 매우 설득력이 있었다. 하지만 신용과 규제 주기(3장) 발전으로 넘어가면서 그다지 만족스럽지 못한 분석이 이어졌다.

후자의 기본 개념은 유효하다. 대출 행위와 담보 가치 사이에는 재귀적 연관성이 있으며, 신용거래 청산에 따라 호황과 불황 모델은 서서히 상승하다가 급락하는 비대칭적인 형태를 띤다. 마찬가지로 규제 당국과 규제 대상인 경제 사이에 재귀적 상호작용이 일어나고, 금융위기는 보통 규제 강화로 이어진다. 이러한 개념은 모두 호황과 불황 모델에 통합되어 있지만, 신용과 규제 주기의 광범위한 패턴을 만들어내진 못한다. 그러한 패턴을 찾다 보니 내 주장은 약해졌다.

재귀성은 예외가 아닌 규칙이다. 그렇지 않다면 이따금 발생하는 거대한 거품을 설명하기 어려울 것이다. 하지만 재귀성은 다른 형태로도 나타날 수 있다. 이 책에서는 이러한 비호황과 비불황 현상을 논한다.

자유 변동환율(2장)은 파동과 같은 패턴을 띠는 경향이 있다. 레이건의 제국적 순환(6장)은 처음에는 자기강화적이지만 궁극적으로는 지속 불가능했기에 호황과 불황 패턴을 따르지 않았다. 1980년대 중반 미국 재계를 휩쓸었던 합병 열풍(8장)은 1장에서 설명한 복합기업 열풍과는 성격이 달랐다. 3부에서 기술한 실시간 실험에서는 호황과 불황이 연달아 발생하지 않았지만 나는 계속 사례를 찾아보았다. 이것은 책뿐만 아니라 당시 내 투자 결정에도 결함으로 남았다. 다른 용어를 사용했다면 이러한 문제를 피할 수 있었을지도 모른다. 이는 잘못된 이해가 현실에 어떤 영향을 미칠 수 있는지 보여주는 예다.

권력

최근 나는 맨서 올슨Mancur Olson의 저서『정치권력과 경제번영』[4]을 읽은 후『금융의 연금술』에서 또 다른 문제를 발견했다. 바로 권력관계에 충분한 비중을 두지 않았다는 점이다.『금융의 연금술』에서 내 우선 목표는 일반적인 패러다임인 금융시장의 균형 모델이 틀렸음을 증명하는 것이었다. 이를 위해 나는 금융시장을 자발적인 참여자들의 자유로운 교환으로 바라보는 경제학자들의 관점을 받아들였다. 이를 출발점으로 삼아 금융시장이 합리적 기대 균형을 추구하기는커녕 처음에는 자기강화적이지만 궁극적으로 자기파괴적인 과정을 거친다는 점을 입증했다. 특히 변곡점에서는 정치, 제도, 규제 환경의 변화가 그러한 과정을 거치며 중요한 역할을 맡는다.

예를 들어 1960년대 후반 사울 스타인버그Saul Steinberg가 케미컬은행을 인수하려 하자 금융기관들이 이에 반대하기 위해 결집하면서 복합기업 열풍이 절정에 이르렀다. 1929년 대공황이 발생했을 때는 은행업과 증권업을 분리하는 글래스-스티걸법Glass-Steagal Act이 제정되었고, 2000년 3월에 시작된 불황을 계기로 기업의 내부 통제를 강화한 사베인스-옥슬리법Sarbanes-Oxley Act이 시행되었다. 이와 같은 사례들은 모두 정치적 진전으로 간주되지, 자발적인 참여자 간에 이뤄진 자유로운 교환으로 설명할 수 없다. 나는 각각의 호황기와 불황기를 설명할 때 이 점을 충분히 고려했지만, 금융시장에서 I는 자유로운 교환보다 권력과 정치 역학의 개입이 중요한 역할을 한다는 점을 명확하게 밝히지 않았다. 이 문제는 이 책에서 제시하는 금융시장 이론을 훼손할 만큼 분석적으로 심각한 결함이다.

이 책에서 특히 전 세계 금융 제도의 진화를 다룬 '국제 부채 문제'와 '집단 대출 제도'(4장, 5장)를 살펴보면 내 분석이 권력관계를 소홀하게 다루었음을 알 수 있다. 2002년에 출간한 『세계화에 대하여(George Soros on Globalization)』에서 내가 다룬 핵심 주제 중 하나는 중심국과 주변국의 본질적인 불균형이다. 중심국은 금융시장에서 자국 통화로 차입을 할 수 있는 국가들로 구성되며, 주변국은 그렇지 못한 국가들로 구성된다. 중심국이 국제 금융기관을 통제하기 때문에 이러한 격차가 발생한다. 중심국은 경기 침체의 위협을 느끼면 자체적으로 경기에 대응하는 정책을 시행하면 되지만, 국제통화기금International Monetary Fund,

IMF의 지원에 의존하는 국가는 그러한 호사를 누릴 수 없다. IMF의 주요 관심사는 시스템을 보호하는 것이며, 주변국의 경제활동을 유지하는 것은 이차적 문제다. 중심국과 주변국 간 격차는 논의에 포함되었으나 명시적으로 언급되지 않았다. 결과적으로『금융의 연금술』은 세계화에 대한 일관된 분석을 제공하지 못한다. 이 격차는 특히 2부에서 다루는 역사적 관점과 관련이 있다.

금융시장의 세계화는 시장 근본주의에 바탕을 둔 대대적인 프로젝트였다. 금융자본이 국경을 넘어 수월하게 이동하고 각국 정부가 과세와 규제를 적용하기 어렵게 해, 각국 정부의 경제 개입을 제한하는 것이 시장 근본주의자들의 목표였다. 금융자본은 생산에 꼭 필요한 요소이며 최적의 보상을 받을 수 있는 지역으로 이동하려 할 것이다. 따라서 각국 정부는 국제 자본을 유치하고 계속 유지하기 위해 서로 경쟁해야 한다.

세계화라는 시장 근본주의 프로젝트는 큰 성공을 거두었다. 금융자산에 대한 과세와 규제는 실제로 크게 줄어들었고 자본수익률은 대폭 증가했다. 그 결과 1980년대 초부터 2000년까지 잠깐 중단되었던 때를 제외하면 강세장이 전 세계적으로 꾸준히 형성되었다. 신흥 시장에서는 다른 지역보다 이른 시점인 1997년에 강세장이 막을 내렸다. 가장 큰 수혜자는 호황을 주도한 미국과 영국이었다. 두 국가는 전 세계에 금융 서비스를 제공해 많은 돈을 벌어들였다. 미국의 대규모 경상수지 적자에서 알 수 있듯, 전 세계 저축의 상당 금액이 미국으로 흘러 들어갔으며 현재 그 규모는 연간 5000억 달러에 달한다.

권력관계를 고려하면 금융시장이 본질적으로 불안정하다는 시장 근본주의자들의 주장은 설득력을 잃는다. 시장 근본주의자들은 근면하고 창의적인 참여자가 앞서 나갈 수 있도록 시장이 허용한다면서 시장에 도덕적 특성이 있다고 강변한다. 하지만 이러한 주장은 불평등한 초기 부존자원에서 비롯되는 사회적 불공정을 간과한다는 점에서 항상 논란이 되었다. 금융시장이 단순히 자유로운 교환을 허용하는 게 아니라 오히려 강대국의 지배를 조장한다면 이 주장은 힘을 잃는다. 다른 글에서도 지적했듯,[5] 금융시장은 비도덕적이라는 특징이 있다. 이것이 금융시장을 효율적으로 만드는 요인 중 하나다. 그러나 사회는 도덕성 없이 존재할 수 없으며, 따라서 금융시장은 시장 규율에만 의존할 수 없다. 시장 근본주의는 부유층과 권력층에게 편리한 이념이다.

권력관계를 생략하면 역사에서 현재의 순간을 이해할 수 없게 된다. 조지 W. 부시George W. Bush 행정부에는 국제 관계가 법이 아니라 권력의 관계이며 미국이 가장 강력한 국가로서 나머지 다른 국가들에 자국의 뜻을 강요할 권리가 있다고 믿는 지배 집단이 있었다. 이들은 그것을 가능한 한 행동으로 옮기고자 국제 조약을 파기하고 우주 군사 기지화를 통해 미국의 군사력을 강화하려 했다. 다만 유권자들에게 정치적으로 확실한 지지를 받아내지 못했기에 이들의 행동에는 제약이 있었으나, 2001년 9월 11일에 벌어진 테러 공격으로 상황은 뒤집혔다. 부시 행정부는 이제 정당방위를 주장하며 국민의 지지를 등에 업고 행동에 나설 수 있게 된 것이다.

이 지배 집단의 신념은 부시 대통령의 대외 정책 기조인 부시 독트린Bush doctrine에 통합되었다. 부시 독트린은 다음과 같이 크게 두 축으로 구성되어 있다. 첫째, 미국은 군사적으로 확실한 우위를 계속 점하는 데 필요한 모든 조치를 취해야 한다. 둘째, 미국은 선제공격할 권리를 갖는다. 나는 이것이 위험한 정책이라고 생각한다. 부시 독트린은 전 세계에 두 종류의 주권을 확립한다는 논리적 결론에 도달하게 된다. 즉, 신성불가침하고 국제법의 제한을 받지 않는 미국의 주권 그리고 부시 독트린의 적용을 받는 다른 국가들의 주권으로 나누는 것이다. 이는 모든 동물이 평등하지만 돼지는 다른 동물보다 더 평등하다는 내용을 담은 조지 오웰George Orwell의 소설『동물농장』을 연상시킨다. 9·11 테러의 영향으로 미국 대중은 부시 독트린을 따랐을지라도 다른 국가에서는 결코 그것을 받아들일 수 없었다. 그러므로 부시 독트린을 시행하려면 군사력을 이용해야 했다. 이 지배 집단의 태도는 적자생존이라는 노골적인 형태의 사회적 다윈주의Darwinism로 설명할 수 있다.

시장에서는 개인과 기업 간의 투쟁이지만, 지정학에서는 국가 간의 투쟁이다. 지배 집단은 왜곡된 세계관으로 협력을 배제한 채 경쟁만 강조한다. 하지만 협력이 없다면 법도 시장도 문명도 존재하지 않는다. 최근까지 나는 시장 근본주의를 맹비난했다. 시장 근본주의야말로 현재 마르크스주의보다 더 큰 위협이라고 생각했다. 이제 나는 시장 근본주의자보다 미국의 패권주의 이념이 훨씬 위험하다고 본다. 오늘날 미국이 사실상 전 세계에서 독보적인 입지를 누리고 있으므로 미국 패권주의를 추구하는 정책이 한동안은 성공할 수 있다. 나는 바로 그 점이 두렵다. 하지만 이러한 패권주의 개념에는 허점이 있기에 장기적으로는 실패할 것이다. 부시 독트린이 초반에 몇몇 검증을 성공적으로 통과한다면, 호황기와 불황기를 초래해 단순한 금융 붕괴보다도 훨씬 끔찍한 결과를 낳을 수 있다.[6]

부정적인 접근 방식

초판의 가장 큰 결점은 '불완전한 이해', '인간의 불확실성', '자연과학의 업적과 불일치성' 등 거의 전적으로 부정적인 용어로 서술했다는 점이다. 그렇게 해야 했던 이유는 간단하다. 나는 그러한 사고방식으로 만들어진 범주를 사용해 특정 사고방식에 의문을 제기하려 한 것이다. 그러니 그 범주에 대해 부정적인 시각을 지닐 수밖에 없었던 것은 당연했다. 내가 대체하고자 하는 개념적 틀이 너무 널리 알려진 탓에 독자들이 쉽게 이해할 만한 대체 범주가 없다고 생각했다.

나는 언급하지 않을 수 없었던 범주를 논할 때 진술과 사실, 생각과 현실 사이의 이분법을 고려했다. 이러한 이분법은 누군가의 생각이나 말과 무관하게 발생하는 자연현상에는 적합하지만, 참여자의 생각이 그 형성에 중요한 역할을 하는 사회현상에는 적합하지 않다. 그럼에도 이러한 이분법은 우리의 사고방식에 깊이 뿌리내리고 있으니 이 방식을 피하기는 어렵다.

진술과 사실을 구분하는 것은 매우 유익한 일이다. 이는 진술의 진위를 판단할 수 있는 독립적인 기준을 세우는 작업이기에 논리의 토대를 이루며, 과학적 지식을 습득하는 데도 매우 중요한 역할을 한다(역할이 다소 과장되기는 했다). 하지만 이러한 구분은 사실과 진술이 실제로 각각 별개의 세계에 속하는 자연과학에서만 적용되며, 사회과학에서는 현실을 왜곡한다.

자연과학에서 생각은 순전히 수동적인 역할에 그쳐야 한다. 사실의 세계는 보편타당성의 법칙에 따라 통제되어야 하며, 이를 발견하는 것이 과학의 임무다. 칼 포퍼는 엄밀히 말해 이것이 사실이 아니라는 점을 증명했다. 과학 법칙은 가설적 성격을 띠며, 가설을 세우는 작업에는 직관이나 발견의 요소가 있기 때문이다. 하지만 진술이 사실을 반영할 수 있을 뿐(또는 반영하지 못할 뿐) 사실에 영향을 미치지는 못하기 때문에, 자연과학에서는 생각의 역할이 순전히 수동적이라고 말하는 것이 정확한 표현이다.

사회과학의 주제를 이루는 영역은 다양하다. 사회과학에는 참여자들이 있고, 그들의 생각은 그들이 참여하는 상황을 반영하며 그 상황에 영향을 끼친다. 생각과 현실은 재귀적인 방식으로 상호 연결되어 있으므로 별도의 범주로 취급된다. 즉, 생각은 사람들이 생각해야 하는 현실의 일부인 셈이다. 이는 일부 프랑스어 동사('그는 자신을 씻는다'를 뜻하는 'il se lave')의 주어와 목적어가 같은 재귀적 용법에 비유할 수 있다.

경제 이론에서 재귀성은 이상하리만큼 경시되어 왔다. 경제 이론은 일정한 수요공급곡선을 전제로 시장가격이 기본 펀더멘털(공급)과 참여자의 선호도(수요)가 단순히 반영된 것이라고 취급한다. 또한 참여자의 불완전한 이해가 불러올 적극적이고 창의적이며 왜곡된 효과를 고려하지 않고 금융시장을 매우 왜곡되게 묘사한다. 이런 이론에 따르면 투자자는 펀더멘털에 근거해 결정을 내리지만 사실 시장 참여자의 목표는 수익을 올리는 것이다. 그렇다면 시장가격이 펀더멘털을 정확하게 반영하는 경우에만 펀더멘털에 따라 거래하는 것이 합리적이다. 그 경우 누구도 남보다 더 많은 돈을 벌 수 없으니 우리는 모두 인덱스펀드index fund에 투자해야 할 것이다. 이 결론은 터무니없게 들리지만 여전히 널리 받아들여지고 있다. 일반적인 패러다임을 비판하는 것만으로는 부족하다. 재귀성 이론이 새로운 패러다임의 토대가 되려면 금융시장이 작동하는 방식에 대해 긍정적인 통찰을 제공해야 할 것이다.

새로운 패러다임

나는 인지와 참여가 서로 연결되어 있음을 보여주기 위해 재귀성이라는 용어를 사용했다. 지금까지 재귀성의 부정적인 의미에 초점을 맞춰 두 기능이 어떻게 서로 간섭하는지 설명했다면, 이제 이러한 간섭을 고려해 두 기능을 어떻게 가장 잘 수행할 수 있는지 탐구하는 문제를 마주할 차례다. 즉 사회적 상황을 자연현상과 같은 방식으로 다루지 못하는 이유를 설명하는 데서 그치지 않고, 그 상황을 연구하는 긍정적인 방법, 더 나아가 그 상황에 참여하는 방법을 찾아내야 한다. 이를 위해서는 기존 패러다임과는 다른 새로운 패러다임이 필요하다. 생각과 현실이 자연과학처럼 완전하게 분리되지 않는다는 점을 인정해야 하기 때문이다.

새로운 패러다임에서는 사실을 마치 현실인 것처럼, 진술을 생각인 것처럼 취급해서는 안 된다. 생각과 현실을 이분법으로 구분하는 대신, 생각이 현실과 분리된 것이 아니라 현실의 일부를 형성한다는 점을 인식해야 한다. 현실과 별개로 독립된 진술을 통해 이 통합된 현실을 설명할 수는 없다. 그러한 진술은 즉각적으로 주제를 만들어내고 확장해 그에 상응하는 진술을 추가로 요구할 것이다. 생각과 현실을 가르는 이분법은 우리가 현실을 이해하려 할 때 '발견'한 것이 아니라 '발명'한 것으로, 현실의 일부가 되어 현실 자체를 더욱 이해하기 어렵게 한다. 다시 말해, 현실은 항상 우리의 이해 능력을 넘어선다. 쿠르트 괴델Kurt Gödel의 정리는 이를 산술적으로 증명한다. 괴델이 사용한 방법은 모든 산술적 진리에 이른바 괴델 수라는 숫자를 할당하는 것이었다. 그는 이를 통해 산술적 진리의 수가 항상 증명의 수보다 많음을 증명할 수 있었다. 산술적 현실은 우리의 이해 능력을 넘어선다. 참으로 깔끔한 정리다.[7]

이 점을 이해했다면 이제 현실을 다루는 새로운 방법, 더 정확하게는 생각하는 참여자가 포함된 현실의 일부를 만들어내야 한다. 진술과 사실을 구분한 이분법은 사실로만 구성된 자연현상을 연구할 때 매우 유용한 방식으로 입증되었다. 하지만 진술과 사실을 모두 포함하는 재귀적 현상을 연구할 때는 다른 접근법을 취해야 한다. 생각과 현실은 서로 연결되어 있으므로 분석적 접근보다는 통합적 접근이 바람직해 보인다. 즉, 사회적 상황을 지배하는 영원불변하고 보편타당한 법칙을 찾기보다 우리가 불완전하게 이해하면서도 사회적 상황을 지배하는 역할을 한다는 점을 인정해야 한다. 우리가 상황에 참여하면 현실은 자연과학과는 또 다른 특성을 갖게 된다.

나는 새로운 패러다임을 확립하기 위해 두 가지 길을 모색했다. 하나는 독립된 관찰자의 위치에서 현실에 접근하는 것이고, 하나는 시장 참여자로서 내부에서 현실에 접근하는 것이다. 나는 두 가지 방법을 모두 탐구할 것이다. 첫 번째 접근 방식은 끝없이 복잡한 현실을 어떤 이해할 수 있는 형태로 단순화하려는 시도로 볼 수 있다. 이러한 시도를 어렵게 하고 현실을 한없이 복잡하게 만드는 원인은 바로 단순화 작업을 수행하려는 다양한 시도 자체가 현실의 일부이기 때문이다. 두 번째 접근 방식은 헤지펀드 운용에 관한 흥미로운 사실을 담고 있어 쉽게 이해할 수 있다.

나는 이 책에서 먼저 금융시장에 관한 흥미로운 내부 정보를 전하고 싶었지만, 이미 철학적 사색과 두서없이 이어지는 이야기를 늘어놓으며 독자의 인내심을 시험하고 있다. 그럼에도 냉철한 관찰자의 관점에서 설명해야 할 철학적 이야기가 아직 더 남아 있다. 혹시 집중력을 잃었다면 금융시장을 논하는 94쪽으로 곧장 넘어가길 바란다.

'구두끈 이론'과 '지퍼 이론'

새로운 패러다임은 분명히 재귀성과 인간의 불확실성 원리에 근거해야 하고,[8] 그러한 원리가 패러다임을 이루려면 부정적 진술에서 긍정적 주장으로 전환되어야 한다. 이러한 전환은 사람들의 견해와 실제 상황 사이의 *일치성 부족*을 둘 사이에 *차이*가 있다는 주장으로 대체해야 달성할 수 있다. 이제 이 주장이 제대로 작동한다면 *사전* 기대와 사후 결과라는 두 가지 변수를 제공하고 이들 사이의 관계를 연구하도록 이끌 것이다. 기대와 결과의 차이는 역사를 이해하는 열쇠가 된다.

나는 금융시장을 역사적 과정으로 해석한다. 시장에는 참여자 수만큼이나 많은 기대가 존재하지만 결과는 단 하나뿐이다. 그 결과가 현실을 구성하고, 우리는 현실을 이해해야 한다. 그러나 결과에 이르는 과정과 그 결과의 일부가 되는 기대를 고려하지 않고는 현실을 이해할 수 없다.

이 접근법의 장점은 결과와 기대의 차이에 집중한다는 점이다. 결과는 기대에 영향을 받지만 좌우되진 않는다. 인지 기능은 결과에서 기대로, 참여 기능은 기대에서 결과로 작동하는 양방향 피드백 고리를 지니고 있다. 두 기능 모두 지속적으로 서로 반대 방향으로 작동한다. 인과관계를 나타내는 화살표는 하나의 결과 집합에서 다음 결과 집합으로 향하는 게 아니라 결과에서 기대로, 또는 그 반대 방향으로 교차한다. 나는 이를 '역사의 구두끈 이론shoelace theory of history'이라고 부른다.

이 맥락에서 결과가 의미하는 바를 구체적으로 설명할 필요가 있다.

일반적으로 결과란 관찰 가능한 객관적 사실을 의미한다. 이 정의를 고려하면 '구두끈'은 현실의 객관적인 측면과 주관적인 측면을 연결하는 셈이다. 하지만 이는 객관적인 측면을 지나치게 강조하다 보니 생각과 현실의 관계를 정확하게 묘사하지 못한 설명으로 보인다. 생각은 관찰 가능한 사실에만 국한되지 않는다. 사람들은 객관적인 측면뿐만 아니라 현실의 모든 측면을 고려하고, 타인의 견해를 많이 신경 쓴다. 더 정확하게 묘사하자면, 결과에는 관찰 가능한 사실뿐 아니라 참가자의 생각을 비롯해 현실의 모든 측면이 포함되어야 한다.

　직접 관찰할 수 있든 없든 '*사후*ex-post'에 모든 일을 사실로 인정함으로써 이러한 효과를 볼 수 있다. 즉, 참여자의 생각도 사실에 포함할 수 있다는 뜻이다. *사후 소급*ex-post facto이라는 표현에서 알 수 있듯, 나는 이것이 '*사후*'라는 용어가 제대로 사용된 예라고 생각한다. 사람들의 생각을 알 수는 없지만 *사후* 소급해 사실로 인정한 경우 그것은 고유하게 확정되고, 사람들은 그 시점을 기준으로 다른 생각을 할 수 없게 된다. 즉, 현실의 주관적 측면과 객관적 측면을 구분하는 것이 아니라 '*사전*'과 '*사후*'를 구분하는 것이 중요하다. *사전*에는 사람들이 생각할 수 있는 다양한 가능성이 존재하지만, *사후*에 실제로 드러난 상황은 단 하나뿐이다. 이런 면에서 보면 연결된 양쪽이 어떻게든 대칭을 이룬다는 의미를 담고 있는 '역사의 구두끈 이론'보다 과거는 닫혀 있고 미래는 열려 있다는 '역사의 지퍼 이론'이라고 부르는 편이 나을 것이다. 물론 두 이론 모두 역사를 완전히 알 수 있다고 주장하진 않는다. 이론이라고 칭하는 것도 과장된 표현이다.

우리는 다르게 생각하도록 학습되었기 때문에 이와 같이 현실을 바라보는 방식에 익숙해지기가 어려울 것이다. 우리는 사실과 진술, 현실과 생각을 구분하는 법을 배웠다. 이제 현실을 떠올릴 때 생각을 포함하고 사실을 떠올릴 때 진술을 포함해야 하지만, 그러한 현실을 이해하기 위해서는 여전히 사실과 관련된 진술을 사실과 구분할 줄 알아야 한다. 사실을 바라보고 동시에 사실에 대한 해석이나 진술을 고려해야 한다는 점에서 생각은 두 역할을 수행해야 하고, 이로 인해 어려움이 발생한다.

나는 개인적인 경험을 바탕으로 이야기를 전하려 한다. 재귀성 개념을 공식화하려 했던 초기에는 현실의 객관적 측면과 주관적 측면을 연관 지으며 끝을 맺었는데, 현재 나는 이것을 부정하고 있다. 이것이 내가 역사의 구두끈 이론을 언급하게 된 이유다. 지퍼 이론은 *사전과 사후의 차이*라는 시간적 관점에 초점을 맞춰 그러한 왜곡을 바로잡기 위한 목적으로 언급했다. 지퍼 이론은 실제로 현실이 경로 의존적이라고 말하는 또 다른 방식에 불과하다. 그런 의미에서 이 개념은 보다 친숙하다. 하지만 경로 의존성의 구체적인 메커니즘인 재귀적 피드백 고리는 그리 잘 알려지지 않았다.

현실 이해하기

지퍼 이론은 현실을 이해하는 능력과 관련해 중요한 시사점을 제공한다. 포퍼의 과학적 방법 모델을 예로 살펴보자. 이 모델은 반복적인 실험을 통해 검증할 수 있는 가상의 특성을 보편타당하게 일반화한다. 일반화는 시대를 초월하므로 설명과 예측은 대칭적이고 가역적이다. 이 모델은 *사전*과 *사후*의 비대칭성 때문에 재귀적 상황에는 확실히 적용되지 않는다. 관찰 가능한 모든 사실이 동일하더라도 실험을 반복할 때 참여자들의 주된 견해가 달라질 수 있으므로 실험은 반복할 수 없다. 실험이 수행되었다는 사실 자체가 참여자들의 인식을 바꿀 수 있기 때문이다. 그러나 실험 없이는 일반화를 왜곡할 수 없다. 게다가 역사는 경로 의존적이므로 일반화를 역으로 사용해 설명과 예측을 제공할 수도 없다. 즉, *사후*에는 사실이 고유하게 확정되고 *사전*에는 가능성의 범위가 더 열려 있다. 설명이 예측보다 수월하기 마련이다.

잠깐, 나는 다시 부정적인 생각에 빠져들고 있다. 할 수 없는 일을 명시하는 대신 할 수 있는 일을 찾아 탐구해 보자. 상황은 *사후* 소급되어 고유하게 확정되므로 설명될 수 있다. 미래가 미리 결정되어 있다고 주장하지 않는 한 예측의 여지도 있다. 고유하게 확정되는 현재, 그리고 편향된 관점에 기반한 참여자들의 의사 결정은 가능성의 범위를 제한한다. 랜덤워크에 따라 확정적 균형을 찾으려는 경제학 이론과 다르게 우리는 가능성의 범위를 탐구해야 한다. 무엇보다 역사의 지퍼 이론이 우리가 사는 세상을 바꿀 가능성을 열어두고 있다는 점이 중요하다. 사회의 연금술사는 최초의 연금술사가 실패한 영역에서 성공을 거둘지도 모른다. 이러한 가능성은 과학적 방법을 위협할지 몰라도 인류에게는 희망을 선사한다.

생각과 현실의 괴리는 사건의 전개 방향을 결정짓는 중요한 요소로 떠올랐다. 이러한 격차는 시대마다 사람마다 사례마다 다르게 나타난다. 어떤 상황에서는 그 차이가 너무 미미해 완전히 무시해도 될 정도다. 출근길 운전이나 장보기처럼 평범하고 단조로운 일상이 이에 해당한다. 하지만 다른 상황에서는 격차가 상당할 수 있다. 참여자들의 견해가 현실과 크게 동떨어져 있을 뿐만 아니라, 그들의 관점 때문에 현실과 견해가 일치했을 때보다 현실과의 격차가 더 벌어지기도 한다. 예를 들어, 부시 대통령은 한국의 김대중 대통령이 제안한 햇볕 정책을 거부하며 북한 위기를 촉발시켰고 많은 한국인에게 미국이 북한보다 오히려 더 공격적이라는 인상을 심어주었다. 이러한 행동은 부시 대통령이 '악의 축' 발언보다도 더욱 현실과 동떨어진 것이었다.

따라서 참여자의 오해가 사건 전개에 미치는 영향에 따라 평범한 사건과 역사적인 사건이 구분될 수 있다. 참여자의 오해는 일상에서 벌어지는 평범한 사건에서는 그 영향이 미미하지만, 역사적인 사건에서는 참여자들의 인식을 뒤바꿀 만큼 상당한 영향을 끼친다. 나는 이처럼 역사의 흐름에 영향을 주는 오해를 '풍부한 오류fertile fallacies'라고 부른다. 풍부한 오류를 비롯해 여러 오해들은 역사에 중요한 열쇠가 될 수 있다. 물론 둘은 유의어를 불필요하게 반복 사용하는 것과 다름없다. 우리는 먼저 참여자들의 오해에 따라 평범한 사건과 역사적 사건을 구분한 다음, 그러한 오해가 역사적 변화를 일으키는 원천이라고 주장한다. 그렇지만 유의어를 반복해 사용하는 방식은 오해와 풍부한 오류의 역할로 주의를 돌리는 데 유용하다.

　새로운 패러다임은 순전히 추상적인 용어로 인간이 고안한 모든 것은 *불완전하다*는 주장으로 명확하게 설명될 수 있다. '고안'이라는 용어는 제도와 개념적 틀, 이론, 관점 등 생각과 현실을 모두 포함하고, '불완전'이라는 용어는 우리가 고안한 구성물에 결함이 있을 가능성이 있을 뿐만 아니라 대부분에 실제로 결함이 있음을 나타낸다.

　현실은 결함이 있는 구성물로 가득하다. 특정 사고방식이 널리 퍼져 있다고 해서 그것이 타당하다는 의미는 아니고, 또 어떤 제도가 존재한다고 해서 그것이 잘 구성되었다고도 할 수 없다. 이것이 정부나 종교 같은 사회적 구조가, 다리나 자동차 같은 물리적 구조와 구별되는 점이다. 잘못 설계된 자동차는 달릴 수 없지만, 사회의 제도나 이념은 심각한 결함이 있을지라도 여전히 지속될 수 있다.

　새로운 패러다임은 이른바 '근본주의적 오류'로부터 우리를 보호해야 한다. 근본주의적 오류는 어떤 구성물에 결함이 있으면 그 반대되는 구성물에도 결함이 있을 수밖에 없다는 주장이다. 근본주의적 오류는 효율적 시장 가설과 결합해 시장 근본주의를 낳았다. 공산주의와 반세계화 운동에서도 이와 동일한 근본주의적 오류를 발견할 수 있다.

금융시장이라는 실험실

이러한 방식으로 새로운 패러다임을 제시하면 너무 추상적이라는 문제가 발생한다. 그러므로 우리는 이제 금융시장으로 눈을 돌려 이를 실질적으로 입증해야 한다.『금융의 연금술』에서는 다양하고 구체적인 사례를 살펴본다. 여기서는 일반적인 용어로 결함과 오해의 역할을 집중적으로 설명하되 금융시장을 예로 들어 덜 추상적으로 논하려 한다.

나는 '균형'이라는 개념을 금융시장에 적용하는 것 자체가 하나의 오해라고 생각한다. 균형은 자연과학의 성과로 인해 생겨난 개념이다. 경제학 이론은 뉴턴의 물리학을 모방하려 했다. 균형 조건에 대해 보편타당한 일반화를 확립하려 했고, 이러한 시도는 상당 부분 성공했다. 분석을 물리적 재화로 국한할 때는 그다지 심각한 왜곡이 발생하지 않았다. 공급곡선과 수요곡선은 모두 독립적으로 주어진 것으로 간주할 수 있었고, 균형은 두 곡선의 교차점에서 이루어졌다. 하지만 분석에 신용을 도입하자 왜곡이 뚜렷해졌다.

신용은 기본 펀더멘털을 형성할 때 적극적으로 작용하므로 단순히 기본 펀더멘털을 수동적으로 반영한 것으로 취급해서는 안 된다. 대출 행위와 담보 가치의 관계를 생각해 보면 알 수 있다. 은행은 담보 가치를 근거로 대출을 실행하지만, 대출 행위 자체도 담보 가치에 영향을 미칠 수 있다. 사람들이 돈을 빌리고 싶어 하고 은행이 기꺼이 돈을 빌려주면 담보 가치는 자기강화적으로 상승한다. 그 반대의 경우도 마찬가지다. 따라서 대출 행위는 순수한 재화의 교환에는 없는 재귀적 관계를 일으킨다. 이러한 현상은 4장과 5장에서 다루는 1970년대의 대규모 공공 차관 열풍에서 특히 두드러졌다.

순수 교환에서 균형은 시장을 청산하는 가격이라는 의미로 명확하게 정의된다. 이를 금융시장에 적용하면 균형은 신학적인 개념에 가까워진다. 즉, 시장가격이 참여자의 태도나 펀더멘털에 영향을 미치지 않는다면 시장을 청산해야 하는 가격이 바로 균형이 된다. 그러나 금융시장의 특성상 시장가격은 참여자의 태도에도, 펀더멘털에도 영향을 미친다. 결과적으로 금융시장은 종종 호황과 불황을 차례로 반복하며 균형에서 멀리 떨어진 상태를 초래한다.

결함과 오해는 개별적인 호황과 불황에서 결정적인 역할을 수행한다. 대개는 관계가 재귀적이라는 사실을 인식하지 못한다. 1970년대에 대규모 공공 차관 열풍이 불었을 때, 은행들은 한 가지 실수를 저질렀다. 바로 은행이 돈을 빌려줄수록 채무자의 신용도를 측정하기 위해 사용하는 다양한 부채 비율이 높아진다는 사실을 인식하지 못한 것이다. 복합기업 열풍기에는 투자자들이 인수를 통해 창출되는 수익 성장에 높은 가치를 부여할수록 대기업의 가치를 고평가하는 오류도 발생했다. 최근 기술 호황기에서는 이러한 오해가 더욱 극심해졌다. 투자자들은 기업이 재고를 부풀린 가격에 팔아야 사업 모델이 지속될 수 있다는 점을 무시하고 총매출 성장만을 중요하게 여겼다. 그 외 균형에서 멀리 떨어진 상태에서는 결함이 다른 형태로 나타난다. 레이건의 제국적 순환(6장)은 통화주의monetarism와 공급 측면 경제학 사이의 내부적 모순에서 비롯되었고, 기업 합병 광풍(8장)은 기업 대출 이자에 대한 세금 공제와 중개업체가 벌어들이는 막대한 수수료로 인해 촉진되었다.

이러한 결함이나 오해가 없으면 시장 과열은 단기간에 저절로 조정되는 경향이 있다. 하지만 이른바 펀더멘털이 이러한 영향을 받게 되면 시장의 자기조정 메커니즘이 훼손되고, 처음에는 자기강화적이지만 궁극적으로 자기파괴적인 과정이 진행된다. 자기조정 시장은 일상의 평범한 사건이지만 호황기와 불황기는 펀더멘털이나 참여자의 인식이 처음과 동일하게 유지되지 않는다는 점에서 역사적 사건이다. 이 경우 균형을 논하는 것은 의미가 없으며 '균형에서 멀리 떨어진 상태'라는 표현이 적절하다.

균형이 없는 상황에서 시장 과잉을 방지하거나 조정하는 것은 규제 당국의 몫이다. 그러나 규제 당국이라고 완전한 것은 아니다. 규제 당국은 경쟁에서 벗어나 있어야 하지만, 그들 역시 제도적 이해관계에 얽혀 있고 편향이 있는 참여자다. 그 결과 규제 당국과 시장 사이에 일종의 고양이와 쥐가 벌이는 추격전과 같은 재귀적 상호작용이 발생하고, 규제 당국이 이를 막지 못해 때때로 호황과 불황이 연이어 발생하면서 상황이 악화된다.

이 책에서는 규제와 신용 주기를 고려했지만 완전한 이론으로 정립하진 못했다. 하지만 오히려 다행이다. 돌이켜 보면 나는 역사에 너무 지나칠 정도로 주기적 패턴을 적용하려 했다. 앞서 살펴본 바와 같이 호황과 불황의 패턴은 여러 가능성 중 하나일 뿐이다. 균형에서 멀리 떨어진 다른 상황이 발생할 수도 있고, 일상의 단조로운 사건과 자정 작용을 하는 오해가 길게 유지되는 경우도 있다. 호황과 불황 패턴은 매우 극적인 장면을 연출하므로 몰입하기 쉽다. 안타깝게도 나는 그러한 극적인 내용을 책에 너무 많이 담았다. 신용과 규제 주기 관점에서 역사를 해석하기보다 역사적 발전을 이해하는 열쇠로서 결함과 오해의 역할을 강조했어야 했다. 그래서 지금부터는 결함과 오해를 강조하려 한다.

나는 우선 금융 거래가 세월이 흘러도 변치 않고 유효한 법률에 따라, 공백 상태에서 이뤄지는 게 아니라는 점부터 짚고 넘어가고 싶다. 법률과 제도는 서서히 진화하고 있으며 변함없이 유효한 일반화가 작동하는 역사적 맥락을 제공한다. 변함없이 유효한 불완전성의 개념을 이러한 제도적 틀에 적용하면 어떤 제도나 합의가 이루어졌을지라도 결함이 있을 수밖에 없다는 명제에 도달하게 된다.

나는 이 책에서 통화시장과 관련해 이 명제를 실제로 입증했으며, 그 이후에 일어난 사건들은 내 주장을 더욱 뒷받침해 주었다. 나는 어떤 제도가 우세하든 그것과 반대되는 제도가 더 매력적으로 보일 수 있다는 의미에서 농담 삼아 환율 제도를 혼인 제도에 비유하곤 한다. 고정환율은 너무 경직되어 있고, 자유 변동환율은 장기적이고 자기 검증적인 추세에 적합하지만 이러한 추세는 결국 지속 불가능하다. 2003년 3월 현재 기준, 미국은 달러 강세가 지속 불가능해질 수 있는 지점에 와 있다. 1997~1998년 신흥 시장 위기가 발생하면서 고정환율 제도는 신뢰를 잃었고, 사람들은 한동안 통화위원회나 자유 변동환율이라는 극단적인 방식에서 답을 찾아야 한다고 믿었다. 하지만 이러한 믿음도 그리 오래가지 못했다. 아르헨티나의 채무불이행 사태가 벌어지면서 극단적인 방식을 밀어붙이기가 어려워진 것이다. 관리 변동환율 제도dirty float(통화가치의 방향에 영향을 주기 위해 정부에서 임시로 시장에 개입하는 변동환율 제도)는 지금도 그리 선호되는 방식은 아니지만, 브라

질에는 적합한 처방으로 보인다.[9]

　어떤 통화 제도가 통용되든 모든 제도에는 결함이 있다. 어떤 제도에 결함이 있다는 사실은 그것과 반대되는 제도를 더 매력적으로 보이게 하지만, 역시 그것이 완벽한 제도는 아니다. 아마 반대되는 제도도 통용될 때 결함이 드러날 것이다. 이는 실망스럽게 들릴 수 있지만, 개선의 여지가 무한하다는 긍정적인 의미로도 해석할 수 있다. 애초에 '완벽한 제도'란 이뤄질 수 없는 것이기에, 미래 세대는 세상을 개선할 수 있는 기회를 박탈당하지도 않을 것이다. 보편타당한 해결책은 존재하지 않으며, 모든 개선안은 현재 시행되고 있는 제도의 맥락에서 고려되어야 한다. 특정 상황에서는 효과적인 개혁안이 다른 상황에서는 부적절할 수 있다. 언제든 유효한 해결책을 갖고 있다고 말하는 사람들은 잘못된 주장을 펴고 있는 것이다. 그렇지만 그것이 보편타당한 일반화(예를 들면 인간의 불확실성 원칙)를 할 수 없다는 뜻은 아니다. 그러한 일반화가 현실을 확정하지 않으며, 확정해서도 안 된다는 뜻이다.

　나는 투자 업계에서 일할 때 모든 투자 이론에 결함이 있다는 가정하에 투자했다. 사실 이 명제 자체에도 결함이 있다. 인간의 불확실성 원칙을 주장한다고 해서 모든 이론에 결함이 있다고 말할 수는 없기 때문이다. 하지만 이는 매우 유용한 가정이다. 어떤 이론에 결함이 있다고 해서 그 이론에 따라 투자해서는 안 된다는 의미는 아니다. 다른 사람들이 그 이론을 믿고 있고 많은 이가 납득할 수 있다면 그 이론은 여전히 가치가 있다. 영국의 경제학자 존 메이너드 케인스John Maynard Keynes는 주식시장을 미인 대회에 비유하면서 가장 아름다운 참가자가 아니라 가장 많은 이가 아름답다고 생각하는 참가자가 미인 대회에서 우승한다고 지적했다. 나는 여기에 한 가지 중요한 내용을 덧붙이고 싶다. 결함을 찾으면 도움이 된다. 결함을 발견하면 게임에서 앞서 나갈 수 있다. 이미 우리가 알고 있는 이 정보를 시장에서 알아차릴 즈음에 손실을 줄일 수 있기 때문이다. 다만 무엇이 잘못될 수 있는지 알지 못할 때를 조심해야 한다.

이러한 접근 방식이 효율적 시장 가설 그리고 합리적 기대 이론과 모순된다는 점을 새삼스럽게 강조할 필요는 없을 것이다. 합리적 기대 이론은 시장이 항상 옳다고 주장한다. 반면 나는 시장이 거의 항상 틀리지만 종종 자체적으로 검증할 수 있다고 생각한다. 실시간으로 진행한 실험에서 알 수 있듯, 금융시장의 작동 방식에 대한 이러한 해석은 합리적 기대 이론이 허용하는 수준보다 훨씬 많은 수익을 창출할 수 있다.

이 방식이 금융시장 밖에서도 효과가 있을지는 또 다른 문제다. 상황을 파악하는 측면에서는 이 접근법이 효과적이라고 본다. 나는 소련 체제 붕괴와 관련된 사건을 이해하고 예측하는 데 이 방식을 사용했고 어느 정도 성과를 냈다.[10] 현재 부시 독트린을 해석하는 데도 이 방식을 사용하고 있다.[11] 하지만 사건의 진행 과정에 영향을 끼칠 땐 비판적 사고방식이 도움이 되기는커녕 오히려 방해가 될 수 있다. 사람들은 자신이 틀렸다는 말을 듣기 싫어하고, 그들이 지금 하고 있는 일을 잘하고 있다는 확신을 주는 지도자를 따르고 싶어 한다. 자신의 실수나 의심을 인정하는 지도자는 지위를 오래 유지하지 못한다. 시장이 정치보다 더 효율적인 이유 중 하나가 바로 이것일 것이다.

성공과 진실에는 차이점이 있다. 그 차이는 재귀성 이론이 제공하는 훌륭한 통찰 중 하나이며 금융시장과 정치에 두루 적용되고 지금도 배워야 할 교훈이다. 우리 사회는 성공을 진실과 미덕이 결합된 존재로 여기며 찬양한다. 이러한 인식은 현재 미국에 만연해 있지만, 옳지 못하다.

차선책을 찾아서

그렇다면 사회현상 전반, 특히 경제 이론에 관한 연구는 어떤 상황에 처해 있을까? 자연과학을 무분별하게 모방한 것이 경제 이론을 잘못된 길로 이끌었다는 주장이 힘을 얻기 시작했다. 경제학자들은 보편타당한 일반화를 추구하며 현실 세계의 복잡성과 불확실성을 대부분 무시하고 비현실적인 가정에 기반한 우아한 공리 구조를 구축했다. 완전경쟁에는 기본적으로 완전한 정보와 동질적인 상품, 이윤을 극대화하는 행동을 하는 다수의 참여자가 존재하며, 거래 비용이 없는 환경을 가정한다. 그리고 규제 없는 금융시장이 최적의 자원 배분으로 이어진다는 주장은 참여자들이 합리적 기대에 따라 의사 결정을 내린다는 가정에 근거한다. 그러나 현실 세계에서는 이러한 가정이 성립하지 않는다.

이처럼 부실한 토대 위에 세운 체계는 매우 취약할 수밖에 없다. 일반 균형은 모든 가정이 충족되는 최적의 조건에서만 성립한다. 몇 가지 가정만 어긋나도 체계는 쉽게 무너지고 만다. 참여자 중 일부가 합리적 기대에 근거해 행동하는 것만으로는 충분하지 않다. 모든 참여자가 그렇게 행동하지 않으면 비합리적이라고 봐야 한다. 최적의 상태에 도달할 수 없다면 규제되지 않은 시장이 차선책을 제공한다는 보장은 전혀 없다. 예를 들어 IT 호황이 일었을 때 증거금 요건을 높여 '비이성적인 과열'을 억제했다면 훌륭한 공공 정책이었을 수도 있고, 공공재 공급을 늘리는 편이 더 바람직했을 수도 있다. 최적의 상태는 불완전성의 원칙에 의해 배제되고 차선책만이 존재하므로, 일반적인 패러다임은 비현실적일 뿐만 아니라 실제로 오해를 불러일으킬 수 있다. 그저 시장 근본주의 정책에 힘을 실어주기 위해 사용되기 때문이다.

물론 경제 분석 체계를 허물어야 한다고 주장하는 것은 아니다. 결과가 기준에 미치지 못한다고 해서 그 결과를 도출한 방법론을 버려야 한다는 생각은 근본주의적 오류의 또 다른 예가 될 수 있다. 사실 균형이론을 도출한 방법론이 반대로 균형이론에 의문을 제기하고, 이를 대체할 접근법을 모색하는 데 사용되기도 했다.『금융의 연금술』의 평론가들은 내가 최근에 발전한 경제 이론을 제대로 알지 못한다고 비판했고, 그러한 비판은 일리가 있다. 아직 연구 문헌을 완전히 숙지했다고 말할 수 없지만, 행동경제학에서 어느 정도 성과가 있었고 진화 게임 이론에서 더 많은 성과가 있었다고 본다. 특히 진화 게임 이론은 실질적으로 재귀성 개념을 탐구한다고 볼 수 있다.

적응 행동

합리적 행동이라는 가정을 적응 행동adaptive behavior이라는 개념으로 대체하는 새로운 패러다임이 서서히 부상하고 있다. 두 개념은 성격이 상당히 다르다. 합리적 행동은 연역적 논리와 공리 체계에 적합한 가설이다. 적응 행동은 경험적 개념이며, 경험 없이도 알 수 있는 선험적a priori 결론을 도출하지 않는다. 상황은 그 자체로 탐구의 대상이 된다. 이러한 탐구는 진화 게임 이론과 진화 체계 이론으로 이어졌다. 두 이론은 모두 행동을 경로 의존적인 것으로 간주하며 내부적으로 반드시 일관성이 있다고 여기지 않는다. 두 학문은 확정적인 결과를 도출할 수 있다. 예컨대, 죄수의 딜레마 게임이 반복되는 상황에서는 보복이 최선의 전략으로 판명되기도 한다. 하지만 모든 결과가 확정적인 것은 아니다. 예를 들어 포식자와 피식자의 관계에서 결과는 끊임없이 바뀌며, 안정적인 균형에 도달하는 경우는 드물다.

그렇다면 새로운 패러다임이 기존 패러다임을 대체하며, 명목상으로만 아닐 뿐 사실상 재귀성이 인정받았다고 볼 수 있을까? 그렇지 않다. 기존 패러다임은 폐기되지 않았다. 실제로 기존 패러다임이 정책에 미치는 영향력은 그 어느 때보다 크고, 새로운 패러다임은 아직 사회현상을 일관되고 포괄적으로 설명하지 못했다. 예를 들어 적응 행동은 합리적 행동보다 최근 일어난 기술 호황과 융합되기 쉽지만, 사건의 진행 과정을 적절히 설명하진 못한다. 재귀성과 그에 따른 결과와 기대의 괴리에 대한 인식이 빠져 있기 때문이다.

재귀성은 인간의 적응 행동에 대한 개념을 넘어 적응형 인간이 참여하는 상황을 논한다. 재귀성에 따르면, 적응 행동은 '적응 환경adaptive environment(더 나은 용어를 찾지 못했다)'을 조성하는 데 도움이 되며, 두 요소는 재귀적 방식으로 상호 연결되어 있다. 즉, 참여자는 끊임없이 변화하는 상황에 적응해야 하며 그 과정은 절대 완전하지 않을 것이다. 이 개념은 포식자와 피식자의 관계에 내포되어 있다. 말하자면 한쪽이 다른 한쪽의 환경이 된다. 재귀성은 이 개념을 명시적으로 규정한다. 이 주장이 유효하다면 일반적인 패러다임은 타당할 수 없다. 균형에 도달하려는 시도가 목표 지점을 바꾸므로, 균형에 좀처럼 도달하지 못할 수 있다.

적응 행동 개념은 생물학과 사회과학에 모두 동일하게 적용된다. 이는 자연과학과 사회과학을 구분하는 엄격한 기준선을 모호하게 하기 때문에 안심이 되는 부분도 있다. 이분법은 현실을 이해하려는 시도에서 나타나는 특징이지 현실 자체에서 나타나는 특징이 아니다. 둘 사이를 가로지르는 연결다리가 있다는 점은 다행스러운 일이다. 하지만 적응 행동이라는 개념은 생물학과 인간사의 차이점을 파악하지 못한다는 점에서 분명히 결함이 있다. 이러한 결함은 재귀성의 개념을 도입하면 보완할 수 있다. 결과와 기대의 괴리는 인간의 행동에서 특히 두드러진다. 일부 동물에 기대와 의도를 부여하는 것이 적절할 순 있지만, 우리는 당장 인간의 경우만 연구할 수 있는 입장이다.

적응 행동이 나타나는 메커니즘은 생물학과 사회과학에서 서로 다르다. 생물학에서는 돌연변이를 통해 메커니즘이 작동하며 종 내에서 특정 유전자 번식으로 나타난다. 한편 인간사에서 결함과 오해는 생물학의 돌연변이와 같은 역할을 하지만, 유전자가 아닌 생각과 행동 패턴이 전파된다. 즉, 내가 금융시장에서 성공을 거둔다고 해도 미래 헤지펀드 매니저의 유전자 풀에 영향을 미치지 않지만, 통화시장에서 추세 추종 기법으로 성공을 거둔다면 추세를 추종하는 투기자가 늘어날 수 있을 것이다.

『금융의 연금술』을 집필할 때만 해도 행동경제학과 진화 게임 이론이 지금처럼 발전하지 않았었다. 두 학문은 재귀성과 잠재적으로 양립할 수 있는 분야이고, 두 학문을 통해 재귀성이라는 개념이 더 많이 채택될 수 있기를 바란다. 그렇지만 나는 새로운 패러다임이 확립되려면 재귀성의 개념이 필요하다고 본다. 그 이유로는 첫째, 재귀성이 합리적 기대 이론과 효율적 시장 가설을 반박하며 둘째, 재귀성은 행동경제학과 진화 게임 이론에 적절한 토대를 제공하기 때문이다.

새로운 패러다임이 과연 필요할까 의문이 들 수 있다. 그렇다면 비유하건대, 천 송이 꽃을 피우도록 놔두는 건 어떨까? 나는 이 같은 다양성을 허용해야 한다는 견해에 공감한다. 불완전성에 대한 최선의 대응책은 다양성을 인정하는 다원주의다. 시장경제의 주요 장점은 시장경제가 자원의 최적 배분을 보장한다는 점이 아니라, 사람들에게 선택지를 주고 실수를 통해 배울 기회를 제공한다는 점이다. 그러나 불완전성이 잘못된 이론을 정당화하는 데 사용되어서는 안 된다. 재귀성과 합리적 기대는 양립할 수 없으므로 우리는 선택을 해야 한다.

어떤 선택을 해야 할지는 앞서 충분히 논했다고 본다. 합리적 기대 이론은 인간이 살아가기에 적합하지 않을 정도로 극단적인 조건에서만 통용될 수 있다. 반면 재귀성 이론은 과학 이론에서 기대하는 정밀한 결과를 제공하지는 않지만, 금융시장에서 나타나는 실제 행동에 훨씬 잘 부합한다. 이 점에 대해서는 이견이 없을 것이다.

호황과 불황 모델

패러다임 전환의 두 번째 부분인 새로운 패러다임의 정립은 어떨까? 내가 제시한 호황과 불황 모델이 어떻게 비판적 검토를 견뎌냈는지 살펴보자. 미국의 경제학자 로버트 솔로Robert Solow는 이 모델이 반증할 수 없을 만큼 지나치게 많은 예외 조항을 포함하고 있다고 비판했다.[12] 그의 지적은 반은 맞고 반은 틀리다. 호황과 불황 모델이 반증할 수 없는 이론이라는 점에서는 그의 말이 맞다. 하지만 나는 반증 가능한 이론으로 이 이론을 제안한 것이 아니며, 금융시장에서 재귀성이 작동하는 방식을 보여주는 한 가지 예시이자 원형prototype으로서 제시한 것이다. 그런 점에서 봤을 때 그의 말은 틀리다고 할 수 있다. 재귀성은 신고전학파 경제학neoclassical economics의 효용utility(재화와 서비스에서 얻을 수 있는 주관적인 만족을 측정하는 단위) 극대화 모델처럼 이론 체계 자체를 분석하는 메타 이론이자 패러다임으로, 직접 검증할 수는 없다.

하나의 원형으로서 호황과 불황 모델은 처음 발표되었을 때보다 오늘날에 더 적합할 수 있다. 미국은 제2차 세계대전 이후 역대 최대 규모의 호황과 불황 주기를 겪었다. 이 주기는『금융의 연금술』에서 설명한 호황과 불황 모델의 기반이 된 1960년대 후반 복합기업 열풍과 놀랍도록 유사하다. 이들의 공통점과 차이점을 파악하면 유익할 것이다.

먼저 주요 공통점으로는 고평가된 주식이 기본 추세의 가속화를 불러올 수 있다는 점이다. 높은 주가는 시장에 다시 기대감을 높였고, 결과가 기대에 미치지 못해 결국 주가가 폭락할 때까지 주가를 계속 부풀리는 자기강화 과정이 이어졌다. 복합기업 열풍에서는 고평가된 주식이 기업 인수에 사용되었고, 인터넷과 통신 산업의 호황기에는 부풀려진 주가가 신기술의 도입을 가속화했다. 두 경우 모두 오해가 얽혀 있었다. 복합기업 열풍기에는 투자자들이 주당 수익이 달성되는 방식에 상관없이 각 주당 수익에 동일한 가치를 부여했다. 기술 호황기에는 더 심각한 오류를 범했다. 수익이 아닌 매출의 배수로 주식을 평가했으며, 건전한 사업 계획을 따르지 않은 채 주식을 매각한 자금으로 성장을 떠받쳤다. 두 경우 모두 수익과 매출 성장이 가속화되어 펀더멘털이 긍정적으로 바뀌면서 이러한 오해가 더욱 커져만 갔다. 기대는 지속 불가능한 수준까지 부풀려졌지만, 그전에도 가속화 과정은 몇 가지 어려운 검증을 통과했다.

하지만 변곡점이 찾아왔다. 사울 스타인버그가 케미컬은행 인수에 실패하면서 복합기업 열풍의 분위기가 바뀌기 시작했고, 기술 호황에서는 유럽의 3G 라이선스 경매가 중대한 사건이 되었다. 통신사들은 고평가된 주가를 정당화하기 위해 입찰가를 부풀려 제시할 수밖에 없었다. 그때까지만 해도 부풀려진 주가는 현금 조달 수단이 되었지만 이제 현금 유출원으로 바뀌었다. 주가가 하락하기 시작하면서 추세는 반대 방향으로 자기강화적인 모습을 보였다. 또한 주가 상승기에는 감출 수 있었던 문제가 속속 드러나기 시작했다. 호황기에 기업들은 모든 수단을 동원해 수익을 높였고 합법적인 수단을 다 써버린 일부 기업들은 불법적인 수단까지 동원했는데, 시장이 침체기에 접어들자 이러한 불법적인 관행이 하나둘 드러났다.

엔론(미국의 천연가스 기업)의 파산 소식은 청천벽력 같았다. 엔론은 당시 다른 많은 기업과 마찬가지로 특수 목적 회사SPE를 설립해 자사 재무상태표에서 부채를 지워버렸다. 그러나 엔론이 다른 기업들과 달랐던 점은 자사 주식을 내세워 특수 목적 회사의 부채를 보증했다는 점이다. 엔론의 주가가 하락하자 엔론의 보증 계획에 차질이 빚어졌고, 엔론이 저지른 다른 여러 가지 재정 비리가 밝혀졌다. 엔론의 파산은 주식시장의 하락을 부추겼고, 추가로 다른 기업들과 개인들의 부정행위 그리고 다른 기업들의 파산에 관한 보도가 이어졌다. 호황과 불황 모델이 예상한 대로, 시장의 하락세와 개선 조치를 요구하는 목소리는 자기강화적인 동력을 얻었다.

이러한 종류의 사건들은 이전에도 여러 번 일어났기에 그리 놀랍지 않았다. 정말로 의외였던 점은, 사람들이 깜짝 놀랐다는 사실이다. 결과적으로 비난받았던 많은 관행이 공공연하게 이어져서였다. 제너럴 일렉트릭이나 시스코시스템스와 같은 일류 기업들이 꾸준한 수익 증가세를 유지하기 위해 실적을 부풀리고 있었다는 것은 당시 누구나 알고 있는 사실이었고, 실제로 투자자들은 경영진의 이러한 능력을 높이 평가했다. SPE는 즉시 인수 대상이 될 수 있었고, 투자은행은 구조화된 경리 회계 부서를 유지하며 장부를 맞춤 설계했다. 타이코인터내셔널의 경영진은 기업을 인수한 후 소득세가 면제되는 버뮤다로 이전하면 수익 성장을 창출할 수 있다면서 그 계획을 자랑스럽게 밝혔고, 시장은 타이코를 높게 평가하며 높은 주당 수익률을 부여했다. 스톡옵션은 비용 부담 없이 경영진에게 성과급을 제공하고 경영진이 주가 상승에 집중하도록 유도한다는 점에서 주주 가치를 높이는 데 유용한 장치로 여겨졌다. 복합기업 열풍이 불었던 시기의 호황기와 불황기에도 이와 비슷한 태도 변화가 있었다. 호황기에는 투자자들이 경영진을 우상처럼 받들었지만, 주가가 폭락하자 오그던의 회장은 한 점심 식사 자리에서 "더 이상 공연을 관람할 관객이 없다"면서 유감스럽다는 듯 내게 말했다.

두 사례의 가장 큰 차이는 호황기와 불황기의 파급력과 부정행위의 정도에서 나타난다. 복합기업 호황은 복합기업과 그들이 인수한 기업이 속한 주식시장 그리고 단기간에 주가 상승을 노리는 이른바 '고고go-go' 펀드가 이끈 일부 투자자에게만 영향을 미쳤다. 하지만 복합기업이 전체 금융 산업을 위협하기 시작하자 금융 산업은 복합기업에 대항해 똘똘 뭉쳤다. 반면 최근의 호황은 모든 기업과 투자 집단을 망라하며, 금융기관과 정치권까지 완전히 연루되어 있다. 엔론, 월드컴, 아서 앤더슨이 동종 업계와 투자 전문가, 정치인, 언론, 일반 대중 등 미국 사회의 거의 모든 부문에 걸쳐 적극적인 지원과 지지를 받지 않았다면 그들이 저지른 비도덕적 활동에서 무사히 빠져나갈 수 없었을 것이다. 과거 복합기업 열풍은 기업의 내부 반발로 끝이 났지만, 이번 호황은 그대로 이어졌으며 시장이 폭락한 후에야 개선 조치를 모색하는 움직임이 일었다. 시장이 붕괴된 후에도 정부는 친기업 성향을 내보이며 피해를 대수롭지 않게 여기려 했다. 당시 증권거래위원회SEC의 수장이었던 하비 피트Harvey Pitt는 법 집행에 지나치게 소극적인 태도를 보였고, 결국 뉴욕 투자은행가들의 과실을 조사하는 임무는 뉴욕주 법무장관 엘리엇 스피처Eliot Spitzer의 몫으로 돌아갔다. 하비 피트는 끝내 사퇴했다.

최근 호황으로 인한 폐해는 대부분 두 가지 범주에 속하는데, 하나는 직업 윤리의 하락이고 또 하나는 이해 상충의 급증이다. 두 문제 모두 똑같이 수단을 가리지 않고 벌어들인 금전적 이득을 미화하는 광범위한 현상을 보여주는 징후다. 변호사, 회계사, 회계 감사관, 증권 분석가, 기업 임원, 은행가 등 전문직 종사자들은 오랜 직업적 가치보다 이윤 추구를 앞세웠다. 증권 분석가는 투자은행 업무를 따내기 위해 주식을 홍보했고, 은행가와 변호사, 회계 감사관은 같은 이유로 기만행위를 방조했다. 마찬가지로 이익을 얻기 위한 광란의 질주가 벌어지는 동안 이해 상충 문제는 무시되었다.

실제로 범죄에 해당하는 부정행위를 저지른 사람은 소수였지만, 돌이켜 보면 모호하고 오해의 소지가 있는 활동에 관여한 사람은 훨씬 많았다. 그들은 법률 자문과 일반기업회계기준GAAP에서 다른 사람들도 모두 똑같이 행동하고 있다는 사실에 안도했다. GAAP처럼 포괄적인 원칙이 세부적으로 명시되면 역설적으로 규칙을 우회하기가 더 쉬

워진다. 주로 규칙을 우회하는 데 전념하는 구조화 금융structured finance
이라는 산업까지 생겨났고, 금융 혁신이 성공적으로 이뤄지자 비양심
적인 실무자들이 이를 열심히 모방하며 공격적으로 허용 범위를 점차
넓혀갔다. 자연 선택의 과정이 이 업계에도 작용하면서 이러한 흐름에
휘둘리지 않는 사람들은 비주류로 밀려났고, 변화의 과정을 주도한 사
람들은 성공과 찬사에 취해 위험 신호를 알아보지 못했다.《파이낸셜
타임스》의 보도에 따르면 "그들은 빙산 위에 서 있었기에 빙산의 존재
를 알아차리지 못했다."**13** 이처럼 사람들이 무차별적으로 금전적 성공
을 추구한 배경에는 편협한 사리사욕 또는 요컨대 시장 근본주의를 추
구하는 것이 공동의 이익에 가장 부합한다는 믿음이 깔려 있었다.

시장 근본주의는 거짓되고 위험한 이념으로, 적어도 두 가지 측면에
서 잘못되었다. 첫째, 시장 근본주의는 금융시장의 작동 방식을 대단히
잘못 이해하고 있다. 이들은 시장이 최적의 자원 배분을 보장하는 균
형을 향해 움직인다고 가정한다. 둘째, 시장 근본주의는 개인의 이익
과 공공의 이익을 동일시하여 개인의 이익 추구에 도덕적 특성을 부여
한다. 이 두 번째 오류는 첫 번째 오류보다 훨씬 위험하며, 이전에 비해
최근 일어난 폭락에서 돋보이는 만연한 폐해가 왜 일어났는지에 대해
설명한다.

호황과 불황 모델은 오랜 세월을 견뎌냈다. 사람들이 실제 일어난
현상에 놀라워했다는 사실은 이 모델이 뻔한 내용을 장황하게 논하지
않으면서도 여전히 설명력을 갖추고 있음을 보여준다. 동시에 이 모델
은 현실의 고유한 측면을 해치면서까지 주기적 측면을 강조하고 있다.

기술 호황은 복합기업 열풍보다 더 널리 퍼져 있었고 남용이 더 만연했다. 나는 이 독특한 특징이 시장 근본주의의 확산에 기인한다고 생각한다. 도덕성을 고려하기보다 성공을 추구하는 것이 우선시되었고, 이러한 경향은 불안정의 원인이 되었다. 나는 이 주제에 대해 2000년에 출간한 저서 『열린 사회(Open Society: Reforming Global Capitalism)』에서 더 깊이 탐구한 바 있다.

새로운 패러다임을 향해

사실상 이 호황과 불황 모델은 반증될 수 없다는 이유로 과학적 이론으로 인정받지 못한다. 재귀성은 호황기와 불황기를 유발할 수도, 유발하지 않을 수도 있으며 이 과정은 언제든 중단될 수 있다. 각 사례에는 고유한 특징이 있다. 이 모델은 어느 정도 예측력을 갖추고 있지만 그 규모는 미미하다. 예를 들어 불황이 호황보다 앞설 수 없으며 불황의 규모는 앞선 호황의 규모에 비례하는 경향이 있다. 이 모델은 거의 모든 것을 예측하는 데 사용할 수 있으며, 예측이 잘못된 것으로 판명될 경우 그 오류는 모델이 아니라 특정 예측의 문제로 간주할 수 있다. 나는 내 책 『세계 자본주의의 위기(The Crisis of Global Capitalism: Open Society Endangered)』에서 임박한 재앙을 예측했다.

합리적 기대 이론 역시 직접적으로 반증될 수 없다. 이 이론이 전제한 조건들은 실제로는 결코 충족된 적이 없으며, 예상에서 벗어난 결과가 나와도 그 이유를 외부 충격 탓으로 돌릴 수 있다. 평균을 꾸준히 웃돌기는 불가능하다는 것이 이 이론의 주요 결론이지만, 나를 포함한 많은 투자자가 뛰어난 성과를 올리며 그런 결론이 잘못되었음이 반증되었다. 심지어 나는 그 이론의 존재조차 몰랐을 때 성과를 냈다. 이러한 실적을 단순한 랜덤워크로 볼 수는 없을 텐데도 합리적 기대 이론은 여전히 폐기되지 않았다.

앞서 언급했듯이 재귀성은 메타 이론이자 개념적 틀이다. 금융시장과, 더 넓게는 인간사를 이루는 패러다임으로서 재귀성의 적합성을 고려할 때 반증 가능성이 부족하다는 점은 중요한 사안이다. 다루는 대상 자체가 예측 불가능하므로 반증 문제가 불가피하다고 주장하고 싶지만, 이 부분에서는 근거가 약하다. 어쩌면 내가 아직 적절한 방법론을 찾지 못했을 수도 있다.

나는 오늘날 재귀성 이론이 새로운 패러다임이 될 수 없다는 결론을 내릴 수밖에 없다. 재귀성은 과학적 이론이 아니라 철학적 이론이다. 그러나 행동경제학이나 진화 게임 이론 등 경제학 연구의 새로운 시도와 결합할 수는 있을 것이다. 재귀성에 관한 이해는 다른 새로운 접근 방식에 영감을 줄 수 있다. 재귀성 이론이 기존 패러다임을 흔들고, 새로운 학문 분야는 새로운 패러다임을 구축하는 데 도움이 된다는 점에서 두 방식이 결합하면 새로운 패러다임을 형성할 수 있다.

호황과 불황 그리고 균형에서 멀리 떨어진 상태에 대해서도 지금까지 내가 알아낸 것보다 더 많은 내용을 찾아낼 수 있다. 각 과정이 고유하다는 점을 인정하면 각 과정과 관련해 제시할 수 있는 좀 더 구체적인 사실이 있다. 비교 연구를 통해 입증할 수 있는 공통된 특징도 많다. 재귀성 이론은 달성 가능한 범위에 일정한 제약을 가하는데, 나는 그러한 한계를 넘어서는 시도를 해보지 못했다. 호황과 불황의 과정을 면밀히 연구하면 반복되는 죄수의 딜레마 게임에서 보복 전략과 유사한 몇 가지 검증 가능한 일반화를 도출할 수 있을 것이다.

이 모든 것은 수행 가능하지만 내가 할 수 있는 영역은 아니다. 나는 내가 할 수 있는 범위 내에서 논쟁을 벌였고, 이제 나는 금융시장에서 다른 분야로 관심을 돌렸기에 더 이상 이 문제를 다룰 여력도 관심도 없다(나는 수학을 잘하지 못해 이 문제를 다룰 실력도 부족하다. 학창 시절에는 경제 이론을 실습하는 데 어려움을 겪었고 경제 이론의 가정에도 의문을 품었었다). 나는 앞서 언급한 새로운 학문에 기대를 걸고 있다. 이들은 비선형 프로그래밍과 실증 분석 등 새로운 패러다임에 필요한 방법론을 갖추고 있는 것 같다. 기존 패러다임이 방정식 풀이에 의존했다면, 새로운 패러다임은 컴퓨터에서 시나리오를 실행하고 실생활에서 실험하는 작업에 의존할 가능성이 크다.

새로운 패러다임의 필요성을 느끼지 못하는 전문 경제학자가 많다. 15년 전 경제학자들은 내가 기존 패러다임을 이해하지 못한다는 이유로 기존 패러다임에 가하는 공격을 일축할 수 있었지만, 지금은 최신 경제 분석에 이미 재귀성이 통합되어 있다고 주장할 수 있다. 물론 그러한 분야에서 약간의 진전이 있었던 것은 사실이지만, 대부분 미미한 수준에 그친다. 무엇보다 공적 담론이 여전히 낡은 패러다임에 갇혀 있으며, 이러한 제약은 공공 정책에 꼭 필요한 발전을 가로막고 있다. 재귀성을 이해하면 공공 정책을 확실히 개선할 수 있다. 통화 관리의 문제점이 명백해지면 기존 제도를 수정하려는 의지가 커지고, 호황과 불황의 과정을 더 잘 이해하면 시장이 통제 불능 상태에 빠지지 않도록 당국이 더 잘 관리할 수 있다.

이와 동시에 오늘날 호황과 불황 모델이 시장 참여자에게 제한적으로 유용하다는 점을 인정해야 한다. 물론 내가 돈을 버는 데 이 모델이 항상 유용했던 것은 아니다. 예컨대, 나는 인터넷 관련 주식을 너무 빨리 공매도한 탓에 기술 호황에서 손실을 본 적도 있다. 이제 이론을 실전에 적용하는 방법을 다음 주제로 다뤄보자.

성공하는 투기자*의 비결

금융시장 이론은 외부 관찰자의 관점에서 금융시장을 바라본다. 하지만 나는 관점을 바꿔 적극적인 시장 참여자의 입장에서 설명하려 한다. 재귀성 이론은 적극적 참여자의 역할을 조명하기 위해 고안된 것이므로 지금까지 내가 도출한 결론이 달라지진 않겠지만, 이 주제에 대해 몇 가지 중요한 시사점을 제시할 것이다. 이 책은 실시간 실험을

---

*   ● 소로스는 스스로를 '투기자$_{speculator}$'라고 지칭하며 투기$_{speculate}$와 투자$_{invest}$를 구분해 서술한다. 그에게 투기라는 행위는 시장의 가격 변동을 통해 참여자들의 인식이 현실에 어떻게 작용하는지를 관찰하는 과정이며, 투기자란 단순히 단기 차익을 노리는 트레이더가 아니라 시장을 통해 이론을 검증하는 시장 참여자이자 철학자에 가깝다. 따라서 이 책에서도 원문의 의도를 살려 'speculate'는 '투기'로, 'invest'는 '투자'로 옮겼다.

다루고 있다. 여기에는 투자 결정이 내려진 시점에 기록된 일련의 투자 결정이 담겨 있다. 나는 한 걸음 더 나아가 의사 결정 과정을 주관적으로 설명하려 한다. '성공 비결'을 밝힐 것이며 당연히 과학적 객관성을 꾸며내지도 않을 것이다.

나는 펀드매니저로서 펀드를 관리하는 데 심혈을 기울였다. 마치 내 존재 자체가 펀드로 좌지우지되는 듯 열성적으로 관리했고, 실제로 펀드는 내 전부였다. 나는 불확실성을 극복하기 위해 본능과 직관, 개념적 틀에 의존했다. 여러 요인이 복합적으로 작용하면서 나는 점점 감정에 의존하기 시작했다. 무엇보다 내게는 다른 펀드매니저에 비해 지식과 정보가 부족했다. 증권 분석을 전문적으로 공부한 적도 없었고 팀의 일원도 아니었다. 그러나 다른 사람들보다 훨씬 광범위하게 활동할 준비가 되어 있었다. 만약 내가 특정한 규칙에 따라 시장을 공략하려 했다면 다른 사람들보다 더 나은 성과를 낼 수 없었을 것이다.

나는 남들보다 게임 규칙의 변화를 민첩하게 인식하는 재주가 있었다. 처음에는 개별 기업과 관련한 가설로 시작했지만, 시간이 지나면서 점점 거시경제 주제에 관심을 두게 되었다. 부분적으로 펀드 규모와 거시경제 환경의 불안정성이 커졌기 때문이다. 예컨대 1973년 이후 고정환율이 변동환율로 전환되면서 외환시장은 투기의 온상이 되었다. 재귀적 변화를 전문으로 다루다 보니 엄청난 시간 압박에 시달려야 했다. 특정 산업이나 국가를 단기간에 숙지해야 했고, 그렇게 하다 보면 최신 정보를 파악할 여유가 없었다. 나는 농담 반 진담 반으로 어떤 주제에 관해 전문가가 되려면 48시간을 들여야 했다고 말하곤 했는데, 그 이상 시간을 소비하면 알려진 사실에 휩쓸려 판단력이 흐려질 것 같았기 때문이다. 전문가들은 종종 관심 주제에 대해 깊은 흥미를 느끼고, 수집한 정보만으로는 만족하지 못한다. 나는 의사 결정을 내리는 데 충분한 정보에만 관심을 기울였다. 나머지는 사안을 헷갈리게만 할 뿐이었다. 나는 이를 '정곡을 찌르는 기법'이라고 불렀다.

나는 먼저 투자한 후 조사하는 '선투자 후조사' 방식도 개발했다. 이 방식은 매우 효과적이었다. 어떤 생각이 처음부터 끌릴 만큼 매력적이라면 다른 사람들에게도 똑같은 영향을 줄 가능성이 컸다. 추가로 조사할 때 결함을 발견한다면, 그리고 내가 그러한 사실을 마지막으로 알게 된 사람이 아니라면 언제든 방향을 바꿔 수익을 올리고 포지션을 청산할 수 있었다. 어떤 생각이 사실로 판명될 때면 나는 이미 낮은 가격에 매수했거나 높은 가격에 공매도한 상태니 포지션을 확대하기에 유리한 위치에 있었다.

나는 헤지펀드를 관리하고 있었기에 좀 더 감정적으로 몰입할 여지가 있었다. 차입금, 즉 레버리지leverage를 활용하면 투자 포트폴리오에 위험이라는 차원이 추가된다. 레버리지를 활용하지 않는 포트폴리오는 말 그대로 무난하다. 포트폴리오 규모가 늘어나거나 줄어들 수는 있어도 마진 콜margin call(추가 증거금 납부 요구)이 발동되거나 펀드 자체가 완전히 사라질 수는 없다. 매수 또는 매도 포지션에서 신용을 쓰면 헤지펀드의 차원을 입체적으로 향상시킬 수 있다. 총자본은 레버리지를 더 많이 또는 더 적게 지원할 수 있으며, 자본 구조가 제대로 균형을 이루지 못한 펀드는 무너질 수 있다. 이로써 모든 펀드매니저가 대응해야 하는 불확실성이 생겨났다. 펀드의 생존 자체가 내게 달려 있었고, 동시에 내 보수는 펀드 성과와 직결되었다.

나는 실존하는 불확실성에 제법 잘 대응했다. 내 자질을 한마디로 요약하자면 생존력이라고 할 수 있다. 나는 10대 시절에 제2차 세계대전을 겪으면서 생존에 대해 평생 잊지 못할 교훈을 얻었다. 나는 강인한 생존력을 지닌 아버지를 둔 행운아였다. 아버지는 러시아 혁명을 겪고 전쟁 포로수용소에서 탈출했을 만큼 생존에 일가견이 있었다. 나는 어린 나이에 아버지에게 생존 기술을 배우며 헝가리에서 홀로코스트라는 심화 과정을 거쳤다.[14] 분명 10대 시절의 경험은 이후 내가 헤지펀드 매니저로서 성공하는 데 중요한 역할을 했다. 내 개념적 틀도 마찬가지다.

재귀성 이론을 깎아내리려는 사람들은 재귀성 이론이 내가 거둔 금전적 성공과 관련이 있다는 사실을 부정한다. 그들은 내가 이룬 성과가 그저 이상한 직관 덕분이며 재귀성 이론은 성공한 투기꾼의 방종에 불과하다고 주장한다. 내 전기를 쓴 작가는 장남인 로버트의 말을 아래와 같이 인용했다.

아버지는 제 곁에 앉아 온갖 이론을 설명하며 이런저런 일을 하는 이유를 알려주셨어요. 세상에! 지금도 기억이 납니다. 어린 제게 그런 설명은 헛소리처럼 들렸죠. 시장에서 포지션을 바꾸는 이유가 아버지가 허리 통증을 느끼기 시작했기 때문이래요. 이성적인 근거가 없어요. 말 그대로 경련이 일어나는데

그건 조기 경고 신호나 다름없죠.[15]

아들이 말한 허리 통증은 사실이다. 나는 허리 통증을 포트폴리오에 문제가 있다는 경고 신호로 받아들이곤 했다. 문제를 알아차리기도 전에, 심지어 펀드의 가치가 하락하기도 전에 통증이 발생했기 때문에 허리 통증은 경고 신호로서 매우 유용했다. 하지만 그 때문에 재귀성 이론을 무시하는 것은 옳지 않다. 바로 그 이론 덕분에 신호를 진지하게 받아들이게 되었기 때문이다. 나는 지식에 근거해 행동하지 않았고, 불확실성을 절실히 인식하고 언제나 실수를 경계했다. 앞서 언급했듯이, 내 포지션의 결함을 알지 못하는 때가 바로 우려해야 할 시점이다. 마침내 문제를 파악하게 되면 보통 허리 통증은 싹 사라졌다.

내가 재귀성 이론과 이른바 '인간의 불확실성 원리'에서 얻은 주요 통찰은 인간이 만든 모든 구성물(개념, 사업 계획 또는 제도적 장치)에 결함이 있다는 점이다. 그 결함은 구성물이 실제 존재하게 된 후에야 드러난다. 이것이 재귀적 과정을 이해하는 열쇠다. 가설이 현실이 될 때 나타날 결함을 인식하면 게임에서 앞서 나갈 수 있다.

나는 실존하는 불확실성, 내 재산과의 밀접한 연관성, 펀드의 입체적 구조로 인해 펀드를 마치 샴쌍둥이처럼 나와 연결된 살아 있는 유기체로 여겼다. 비유적인 표현이 아니다. 나는 몹시 감정적으로 반응했다. 펀드는 내 힘을 고갈시키는 동시에 날 먹여 살리고 있었다. 반대로 나는 펀드에 살아 있는 유기체의 속성을 부여했다.

살아 있는 유기체가 개입된 생각은 합리적 기대 이론에서 떠올리는 생각과 매우 다르다. 후자는 외부 관찰자의 생각과 비슷하다. 개인의 이익을 극대화하는 것을 목표로 수행하는 정보 처리가 바로 여기에 포함된다. 전자는 이성뿐만 아니라 감정까지 아우른다. 실제로 감정은 시간이라는 요소 때문에 이성보다 우선할 때가 많다. 예컨대 의사 결정을 서둘러 내려야 할 때가 있다. 모든 고려 사항을 검토할 시간이 부족할수록 본능과 원초적 감정의 역할이 커진다. 앞서 인지 기능을 논할 때 이 점을 충분히 설명하지 않았던 것 같다. 이성적 사고보다는 뇌의 다른 부위와 피질에서 수행되는 사전 인지를 언급하는 편이 나을 수 있다. 사전 인지는 이성의 발달보다 앞선다. 동물의 행동과 더 비슷하다. 실제로 금융시장에는 황소, 곰, 양 떼 등 동물에 비유한 표현이 자주 등장한다. 게다가 과학적 이론은 실무자들 사이에서 큰 영향력을 발휘하지 못한다. 그렇다고 해서 이성이 끼어들 여지가 없다는 뜻은 아니다. 이성과 감정은 복잡하게 얽혀 있으며, 사실 인간의 행동은 전적으로 이성적인 요소로 이해될 수 없다. 나는 다른 실무자들보다 대체로 이성에 더 많이 기댔고, 감정의 역할과 이성의 한계를 인정하는 개념적 틀을 갖춘 것에 자부심을 느꼈다.

적극적인 참여자의 사고방식은 외부 관찰자의 사고방식과 매우 다르다. 이를 합리적 사고와 구별해 '유기적'이라고 부르겠다. 과학자들은 시대를 초월한 일반화와 통계적 확률에 관심을 갖지만, 참여자는 자신이 참여하고 있는 특정 상황에 집중해야 한다. 확률과 일반화는 유용할 수 있지만, 외부 관찰자의 관점에서 보면 오해의 소지가 있다. 이것이 바로 경제 이론에서 벌어진 일이다.

고전학파 경제학classical economics은 참여자의 사고에 순전히 수동적인 역할을 할당했다. 이로써 완전한 지식을 가정할 수 있었고, 그러한 가정은 결국 완전경쟁의 토대가 되었다. 이 개념은 점차 완전한 지식 대신 완전한 정보를 가정하는 복잡한 진화를 거쳤으며, 수요와 공급 곡선을 독립적으로 주어진 것으로 간주하는 이른바 방법론적 관행으로 보완되었다. 이러한 관행은 시장가격이 곡선에 영향을 줄 수 있는 재귀적 순환 메커니즘을 배제했다. 최근에는 균형 위치에서 벗어난 편차가 비대칭 정보에 기인하는 것으로 여겨졌다. 일련의 변화를 보면 이론적 틀이 점차 현실에 가까워진 것처럼 보이지만, 실제로는 적극적 참여 기능을 고려하지 않아 이론적 틀에서 점점 더 멀어지고 있다. 이와 대조적으로 재귀성 이론은 적극적 참여자를 출발점으로 삼는다. 따라서 유용한 개념적 틀을 제공하며, 나는 재귀성 이론을 그러한 용도로 활용했다. 다만 재귀성 이론은 참여자가 분리된 관찰자의 위치에 있는 것을 허용하지 않는다.

사실 나는 외부 관찰자의 관점에서 가능한 한 객관적인 태도를 유지하려 했다. 감정을 배제하는 게 불가능하다는 것은 알았지만, 외부 세상에서 일어나는 변화를 평가할 수 있는 견고한 기본 방침을 갖추려면 감정 상태를 최대한 안정적으로 유지하는 것이 중요했다. 기본 방침 자체가 시장과 다른 감정에 반응한다면 시장의 변화를 관찰하기 어려워지고, 반대로 시장과 같은 감정에 반응한다면 관찰이 더 수월해진다. 나는 내가 운영하는 펀드와 내 정체성을 동일시하며 이를 달성하고자 했다. 그러나 이 과정이 합리적 사고와 매우 다른 형태를 수반한다는 점은 인지해야 한다. 이는 '공감'으로 더 잘 설명될 수 있다. 참여자는 시장의 심리를 파고들어 내부에서 이해하려고 노력한다. 나는 부분적으로 개념적 틀을 갖추고 헤지펀드와 나 자신을 매우 긴밀하게 연결한 덕분에 그 작업을 다른 투자자보다 더 수월하게 수행할 수 있었다.

나는 시장이 나와 같은 감정을 느낀다고 가정했고, 다른 개인적인 감정을 떼어놓은 채 시장에 일어난 분위기 변화를 감지할 수 있었다. 시장의 심리를 파악하는 것은 쉽지 않은 훈련이었다. 자신의 감정보다 시장의 감정을 우선시해야 했으므로 다른 감정 상태를 유지하기가 어려웠다. 당연히 가족에게 원망도 들었다. 성공을 쟁취하기 위해 훈련하며 많은 것을 희생해야 하는 운동선수나 권투 선수가 된 것만 같았다. 헤지펀드를 관리하려면 성실하게 목표에 전념해야 하는데, 내가 재단 설립에 참여하게 되면서 자선 활동과 헤지펀드 관리를 조화롭게 수행하는 데 어려움을 느끼게 된 것이다. 시간을 많이 들여야 할 뿐 아니라 무엇보다 감정 신호가 상충되는 문제를 겪었다. 자선 활동을 하면 기분이 좋아지는데 시장 포지션을 떠올리면 기분이 나빠졌다. 반대의 경우도 혼란스럽기는 매한가지였다. 나는 이러한 감정적 갈등을 해결하기 위해 더 이상 펀드 운용에 적극적으로 나서지 않기로 했다. 훈련하는 권투 선수를 그만두고 코치가 된 셈이다.

내가 시장과 같은 감정을 느꼈다는 말이 무슨 의미인지 명확하게 밝히고 싶다. 여기서 시장의 감정이란 내가 세운 가설의 내용이 아니라 시장의 분위기를 가리킨다. 오히려 나는 일반적인 통념과 상반되는 개념적 틀을 바탕으로 투자하고 있었다. 통념에 맞지 않는 투자 가설을 찾기 위해 의식적으로 노력했는데, 바로 그곳에서 최고의 수익 기회를 찾을 수 있다고 판단했기 때문이다. 나는 스스로 내린 판단과 일반적인 견해 사이에서 차익을 거두는 것이 내 일이라고 생각했다. 내가 만든 개념적 틀과 동물적 본능은 이른바 '유기적 사고'를 형성했다. 내가 자기강화 과정의 구성 요소를 파악했을 땐 파블로프의 개처럼 입에 군침이 돌았다.

내가 적극적인 참여자여도 계속 경쟁 우위를 누릴 수 있을까? 내가 만든 개념적 틀은 상식이 되었다. 예전에는 기관 투자자를 수월하게 앞지를 수 있었지만, 헤지펀드가 확산되고 위험 관리 방법이 크게 개선되면서 기관 투자자도 훨씬 정교하게 대응했다. 하지만 나는 여전히 몇 가지 결함을 발견해 수익을 낼 수 있으리라는 기대를 떨칠 수 없다. 예를 들어, 일반적인 위험 관리 방법은 낡은 패러다임에 기반하고 있으므로 언젠가는 무너질 수밖에 없다. 하지만 이러한 결함을 이용하려면 위험 관리 체계의 작동 방식을 알아야 한다. 말하자면, 체스 기계와 대결하는 방법을 익히는 것과 같다. 공감 능력은 그리 유용하지 않고, 수학 지식은 내 특기와 거리가 멀지만 피할 수는 없을 것이다. 합리적 기대 이론은 외면해도 괜찮았지만, 현대의 위험과 성과 관리 기법은 아무리 결함이 있다 하더라도 무시할 수 없었다. 위험과 성과 관리 기법은 합리적 기대 이론과 달리 투자자의 행동에 영향을 미치므로 작동 방식을 이해해야 했다.

내가 보기에 이전보다 개선된 기법으로 인해 발생하는 진정한 불확실성의 요소를 위험 관리 기법이 다 설명할 수는 없지만, 이른바 스트레스 테스트_{stress testing}를 통해 어느 정도 고려할 수는 있다. 하지만 과거는 불안정한 미래를 알리는 안내서나 다름없다. 나는 훨씬 원시적이고 유기적인 관점에서 위험과 불확실성을 바라보곤 했다. 가격이 하루는 오르고 하루는 내리니 이틀이면 펀드의 포지션이 적절한지 알 수 있었고, 대개 그 정도면 적시에 조정할 수도 있었다. 나는 원금을 보전하면서 수익만큼만 위험을 감수하려 했다. 바람이 불면 속도를 높이고 폭풍우가 치면 돛을 조절하는 식으로 펀드 자체에서 성장 동력을 확보할 수 있었다. 나는 "싸우다 도망간 자는 살아서 다시 싸울 수 있다"라는 속담을 좋아하고, 날짜에 얽매여 수익과 원금을 결정하는 것을 싫어한다. 한 해 동안 좋은 성과를 올렸다면 다음 해에 수익률이 마이너스로 떨어질지라도 수익의 일부를 기꺼이 내주었다. 그 결과 수년 동안 펀드를 운영할 수 있었다. 오늘날 대부분의 헤지펀드가 이처럼 간단한 투자 지침을 적용하지 않는다는 점은 흥미로운 대목이다. 덕분에 나는 한 번을 제외하고는 일일 측정을 기준으로 할 때 펀드가 도달한 최고점에서 20% 이내로 하락 폭을 제한할 수 있었다. 상승 폭에는 그러한 제한이 없었다.

내가 예전처럼 성과를 낼 수 있을지 의문이 드는 영역은 통화시장에서도 특히 유로화를 꼽을 수 있다. 과거에는 각국의 통화가 몇 개의 강줄기가 흘러 들어가는 호수와 같아서 강을 거슬러 올라가면 호수의 수위를 예측할 수 있었다. 이제 각 호수는 서로 연결되어 있고, 통화 흐름을 예측하기 위해 고려해야 할 요소가 너무 많아졌다.

나와 내 펀드의 공생 관계는 심각한 정체성 문제를 야기했다. 나는 처음 펀드를 운용하기 시작했을 때 펀드와 나를 완전히 동일시했다. 나는 증권업계 중 트레이딩과 영업 부문에서 일해왔는데, 그곳에서는 일을 할 때 스스로를 업무와 철저히 분리하는 것을 원칙으로 삼았다. 증권업에 뛰어들기 전에는 영업사원으로 일한 경험도 있었다. 영국에서 대학을 졸업한 후 핸드백, 맞춤 보석, 잡화 등을 제작해 판매하는 회사에 관리직 수습생으로 입사해 영업사원이 되었다. 나는 어떤 경우에도 판매하는 상품과 자기 자신을 동일시해서는 안 된다는 원칙을 바탕으로 영업 기술 이론을 개발했다. 영업은 매출을 올려야 점수를 얻는 게임이다. 자존심이 개입되면 고객이 거절할 때 패배감을 느끼기 쉽다. 하지만 일과 자신을 동일시하지 않으면 고객에게 거절당했을 때 오히려 노력을 배가할 수 있고 판매에 성공하면 승자가 될 수 있다. 나는 이 원칙을 증권업에도 그대로 적용했기에, 파는 위치에서 사는 위치로 전환하며 마침내 내가 운용하는 상품과 나를 동일시할 수 있게 되었을 때 큰 안도감을 느꼈다.

나는 헤지펀드 운용 업무가 대단히 진지한 게임이라는 사실을 곧 깨닫게 되었다. 포트폴리오와 자기 자신을 동일시하는 순간 생존이 위태로워진다. 바로 이러한 이유로 금융시장은 생각을 시험하기 좋은 실험실이 된다. 검증을 통과하지 못하면 매우 고통스러울 수 있지만, 검증을 통과하면 안도감을 느낄 수 있다. 객관적인 증거는 감정에 이끌려 강화된다. 나는 지식이 부족했기에 나만의 통증 메커니즘에 많이 의존했다. 성공했을 때 성취감을 느끼는 긍정적인 측면도 있었다. 한번은 한발 물러서서 나를 돌아봤을 때 두려움을 느낀 적도 있었다. 그 자리에 완벽하게 갈고 닦은 기계가 서 있었기 때문이다. 세상에 어떤 사건이 일어나면 경제학자들은 이를 외생적 충격exogenous shock이라고 부르지만, 나는 사건을 멀리서 바라보며 다른 모든 요소와 연관 지을 수 있었다. 한껏 예민해진 상태에서 일한 셈이다.

펀드는 양호한 수익률을 기록했지만, 규모가 커질수록 관리해야 할 자금도 많아져 압박이 심해졌다. 급히 은행 신용 한도를 새로 확보해야 했던 때가 생각난다. 어느 날은 런던 시내의 레든홀 거리를 걷고 있었는데 갑자기 심장마비가 올 것만 같았다. 그 순간 내가 죽으면 패자가 될 거라는 생각이 스쳤고, 나와 펀드 사이에 이해가 일치하지 않음을 깨달았다. 나는 펀드보다 나 자신에게 더 많은 관심을 기울이기로 마음먹었다. 스스로 옥죄고 있었던 고삐를 느슨하게 풀기 시작했다. 놀랍게도 펀드는 더 좋은 성과를 올렸다. 나는 분명히 지나치게 신중했고 자기 자신을 억누르고 있었으며, 너무 빨리 투자 논리를 바꿔왔다. 고삐를 늦추니 펀드 가치는 2년 동안 네 배 가까이 올랐다. 나는 나 자신과 펀드가 이룬 성공을 모두 즐기고 있었지만, 정체성 문제는 해결되지 않은 채로 남아 있었다. 그동안 쌓아둔 투자 아이디어가 점점 고갈되면서 펀드의 기본 포지션이 점차 악화되었다. 문제가 발생하는 것은 시간문제였다.

결국 내적 갈등이 극에 달했다. 나는 무엇이 더 중요한지를 두고 스스로에게 질문을 던졌다. 나일까, 펀드일까? 나는 내 운명의 개척자인가, 아니면 내가 만든 운명의 노예인가? 나는 자신에게 유리한 쪽으로 이 질문에 대한 답을 찾았다. 나는 승리했지만, 내 펀드는 패배했다. 손실이 20%를 넘긴 건 1981년이 유일했다. 정확히 22.9% 손실을 기록했다. 나는 펀드 주주들에게 내가 정체성 위기를 겪고 있다고 알렸고 상당수가 펀드를 환매했다. 펀드 규모는 절반으로 줄었다. 나는 경영 일선에서 물러나 내가 진정으로 중요하게 생각하는 것이 무엇인지 고민했다. 자기 성찰의 시간을 가지면서 열린사회재단을 설립하고 이 책도 집필했다. 그런데 실시간 실험을 진행하려면 다시 적극적으로 펀드를 운용해야 했다. 나는 이 실험에 몰입했고 펀드는 이전 기록을 훌쩍 뛰어넘을 만큼 훌륭한 성과를 거두었다. 이 책을 쓴 것에 대한 보상을 충분히 받았다.

나는 돈을 버는 일보다 개념적 틀을 더 중요하게 생각한다(개념적 틀에는 여기에서 자세히 설명하지 않은 개방사회의 개념과 이에 전념하는 재단 네트워크도 포함된다). 사실 진리를 탐구하는 데는 깊은 관심이 있지만 돈에는 그다지 관심이 없다. 내가 돈만 중요하게 여겼다면 그렇게 많은 돈을 기부하지 않았을 것이다. 솔직히 말해서 진리를 향한 내 열정은 인류에 대한 관심보다 우선한다. 나는 내 철학을 바탕으로 자선 활동에 나섰다. 자선 활동은 이윤을 추구하면서 느꼈던 고립감으로부터 나를 해방시켜 주었다. 자선 활동을 하길 정말 잘했다고 생각한다. 나는 헤지펀드보다 재단을 나 자신과 동일시할 때 훨씬 큰 행복을 느낀다. 하지만 고백하건대, 진리를 탐구하는 것이 내겐 헤지펀드와 재단보다 더 중요한 일이다.

나는 이것을 뭐라고 설명할 수 있는 사안이 아니라 그저 사실로 인정하고 있다. 감히 이유를 추측해 볼 수도 있겠지만, 그렇게 되면 내 개인사를 너무 깊숙이 파고들게 된다. 진리를 탐구하는 행위가 다른 사안보다 우선해야 한다는 점은 자명한 사실이 아니다. 진리를 향한 내 열정은 지극히 사적인 것이다. 내가 영업사원으로서 걸어온 여정이 증명하듯 나는 진리를 추구하기 위해 모든 것을 희생하진 않았다. 그러나 진리를 탐닉할 수 있을 때 비로소 행복을 느낀다.

나는 진리를 탐구하려는 내 열정을 출발점으로 삼아 몇 가지 흥미로운 이론을 세웠다. 먼저 진리 추구를 위한 실험실로 활용하기에 적합한 금융시장의 장점을 설명하고, 이어서 철학의 장점을 설파할 것이다.

금융시장이라는 실험실

첫째, 금융시장은 진리 추구를 위한 훌륭한 실험실이다. 그 이유는 데이터의 양적, 공공적 성격뿐만 아니라 금융시장의 심리적 현실성에서도 찾을 수 있다. 금융시장이 현실과 동떨어져 있다고 생각하는 사람들에게는 놀랄 일이겠지만, 현실과 동떨어진 것은 금융시장이 아니라 사람들의 현실 개념이다. 주식을 사고파는 것은 게임만큼이나 매우 현실적인 활동이다. 물론 기대와 결과 사이에는 괴리가 있지만, 결과는 피할 수 없이 정해진 운명과 같은 성격을 지니고 있다. 정치와 대인 관계, 사업 관계 등 대부분의 사회적 상황에서는 자기 자신과 타인을 속이는 것이 가능하지만, 금융시장에서는 실제 결과에 환상을 남길 여지가 거의 없다. 금융시장은 불친절하다. 자기 능력에 환상이 있는 사람들은 문자 그대로 큰 대가를 치러야 한다. 그러나 진리에 대한 열정적인 관심은 금전적 성공에 필요한 훌륭한 자질이 된다.

실제 사건의 전개 과정은 진리와 어떤 관련이 있을까? 이 관계는 언뜻 간단해 보여도 사실 그렇지 않다. 의사 결정은 의도하지 않은 결과를 초래할 수 있으므로 성공적인 결과를 얻었다고 해서 초반에 제대로 이해한 뒤에 의사 결정을 내렸다고 장담할 수 없다. 금융시장은 결국 환상을 부추길 수 있고, 그렇게 호황과 불황이 연속으로 일어난다. 하지만 그러한 과정은 궁극적으로 지속 불가능하고, 끝내 진리를 마주해야 할 순간이 찾아온다. 따라서 진리는 시장가격으로 표현되는 현실의 이면에 있으며, 금전적 성공은 진정한 이해를 나타내는 다소 불안정한 지표로 작용한다. 이 점은 4부 〈평가〉에서 자세히 다룰 것이다.

금융시장에서 이론을 실험하는 것은 과학 실험을 대체할 수 있는 유용한 방법이다. 과학 실험만큼 신뢰할 수는 없어도 시장 참여자는 금전적으로나 정서적으로 비용을 치러야 하므로 적어도 결과를 두고 자신을 속이지 않을 강력한 동기가 있다. 만약 내가 실시간 실험에서 자기 자신을 속였다면 지금처럼 좋은 실적을 낼 수 없었을 것이다. 물론 32년간 달성한 퀀텀펀드의 실적이 전적으로 내가 만든 개념적 틀에 기인한다고 볼 수는 없다. 내가 펀드의 전체 운용 기간을 전담한 것은 아니기 때문이다. 하지만 재귀성 이론이 어느 정도 영향을 주었다는 데는 의심의 여지가 없다. 재귀성 이론이 얼마나 큰 역할을 했는지 살펴보는 일은 나보다 회귀 분석에 해박한 전문가들에게 맡기겠다.

과학적 방법의 한계를 벗어날 경우 자신이 만든 세상에서 길을 잃고 현실에서 동떨어질 위험이 끊임없이 존재한다. 중세 신학과 19세기 독일 형이상학에서도 이와 같은 일이 벌어졌다. 나는 철학을 공부하기 시작했을 때 개인적으로 그러한 경험을 했다. 그렇기에 금융시장에서 생각을 실험하는 것은 매우 유용하다. 시장에서는 무자비한 현실을 점검할 수 있다. 나는 개인적인 경험을 바탕으로 이야기한다. 실제로 펀드를 운용할 때면 글을 훨씬 잘 쓸 수 있었다. 이제 내가 돈을 벌던 시절은 막을 내렸다. 주식을 사고팔며 현실을 점검하던 시절이 무척 그립다.

철학의 정당성

나는 모든 지식과 지혜의 원천인 철학이 부활하기를 간절히 바라고 있다. 진리를 탐구하는 데 깊은 관심이 있기 때문이다. 진리는 사실이다. 이제 나는 철학의 정당성을 주장하려 한다.

철학은 인기가 떨어졌다. 19세기 철학자들은 과학적 방법의 제약을 받지 않으면서 물리적 세계와 접촉하지 않고 자신들이 창조한 형이상학에 몰두했다. 논리적인 실증주의자들은 자연과학의 성공에 고무되어 형이상학을 정면으로 공격하기 시작했다. 논리적 실증주의는 오래가지 못했지만(루트비히 비트겐슈타인Ludwig Wittgenstein은 언어 분석을 위해 『논리철학 논고』의 결론을 비판했다), 언어 문제가 아닌 실제 문제를 해결할 방안을 찾는 전통적인 철학은 끝내 맹공격을 극복하지 못했다. 철학과를 지배하게 된 분석 철학은 지식의 한 분야지 모든 지식의 원천은 아니다. 분석 철학으로는 충분하지 않다. 인간의 지식은 생각과 현실의 관계, 의미의 의미 등에 대한 불변의 질문을 멈출 수 있을 만큼 확실한 기반을 확보하지 못했다. 만족스러운 답을 찾지 못할지라도, 더 정확히 말해 그 답이 항상 새로운 질문을 제기할지라도 마찬가지다. 질문에는 끝이 없기에 우리는 철학에 진저리를 친다. 그러나 질문은 인간의 불확실성 원칙에 내재되어 있다. 이 원칙이 타당하다면 우리는 질문을 멈추지 말아야 한다. 비판적 사고방식은 세상을 더 잘 이해하고 더 나은 세상을 만드는 데 반드시 필요한 요소이며, 개방사회의 토대를 이룬다.

나는 인간의 불확실성 원칙이 인간이 처한 상황을 이해하기 위해 한 걸음 전진한 결과라고 생각한다. 인간의 불확실성 원칙은 철학을 포함해 인간이 만든 모든 구성물에 결함이 있음을 알려준다. 그러나 결함이 있다고 해서 그것이 철학을 포기해야 할 합당한 이유는 아니며, 우리는 끝없이 쏟아지는 질문이 현실과 점점 멀어지는 답으로 이어지지 않도록 경계하는 법을 터득해야 한다. 재귀성 이론은 과학적 이론이 아니라 철학적 이론이다. 과학적 이론이 아니라고 해서 무시해서는 안 된다. 하지만 현실에서 실험을 거쳐 검증해야 한다. 이를 실험하기에 어떤 변명도 용납하지 않는 금융시장보다 더 적절한 실험실이 있을까?

영국 케임브리지대학교에서 칼 포퍼와 루트비히 비트겐슈타인이 유명한 토론을 벌였는데, 이들의 토론을 주제로 삼은 『비트겐슈타인과 포퍼의 기막힌 10분』이라는 책이 큰 인기를 끌었다.[16] 포퍼는 철학이 현실 문제를 다뤄야 한다고 주장했지만, 비트겐슈타인은 철학이 언어 문제만 다룰 수 있다는 입장을 취했다. 나는 포퍼의 의견이 옳다고 생각한다.

1부

이론

The Alchemy of Finance

1장 　주식시장의 재귀성

재귀성 이론을 발전시키기 위해 주식시장부터 들여다보고자 한다. 주식시장은 내가 가장 잘 알고 있는 시장이다. 나는 25년 넘게 전문 투자자로 활동해 왔다. 또한 주식시장은 이론을 실험할 수 있는 훌륭한 실험실인데, 변동 사항이 정량적으로 표시되고 누구나 데이터에 쉽게 접근할 수 있기 때문이다. 참여자의 견해도 보통 증권사에서 작성한 보고서 형태로 구할 수 있다. 무엇보다도 나는 실제로 주식시장에서 내 이론을 실험했고, 널리 공유할 만한 흥미로운 연구 사례도 확보했다.

　서론에서 언급했듯 나는 재귀성 개념을 주식시장에서 벌인 활동과 연관 지어 발전시키지 않았다. 재귀성 이론은 추상적이고 철학적인 사색에서 시작되었고, 나는 점차 이 재귀성이 주가 변동과 관련 있다는 점을 발견하게 되었다. 그러나 재귀성 이론을 처음 구상했던 수준에 벗어나 더 구체적으로 공식화하는 데는 실패했다. 철학자로서 실패한 경험은 투자 전문가로서 쌓은 경력과 극명한 대조를 이뤘다. 내가 재귀성 개념에 도달했던 것과 반대 순서로 이 개념을 제시하면 난해한 관념 속에서 길을 잃는 것을 피할 수 있으리라 기대한다.

주식시장이 재귀적 현상을 연구하는 데 가장 적합한 출발점이 되는 또 다른 이유가 있다. 주식시장은 완전경쟁에 근접한 기준을 충족하는 시장이다. 예컨대 하나의 중앙 시장, 동질적인 상품, 낮은 거래 비용과 운송 비용, 즉각적인 소통, 특정 개인이 시장가격에 영향을 미칠 수 없을 만큼 많은 참여자 수, 내부자 거래에 관한 특별 규칙, 모든 참여자에게 관련 정보를 제공하는 특별 보호 장치 등이 있다. 이보다 실험에 더 적합한 시장이 있을까? 완전경쟁 이론이 현실에 적용되어야 할 분야가 있다면 바로 주식시장일 것이다.

하지만 균형에 대한 실증적 증거나, 가격이 균형을 향해 움직이는 경향은 거의 나타나지 않는다. 균형은 기껏해야 무관한 개념, 나쁘게는 오해를 불러일으키는 개념으로 보인다. 관찰 기간으로 어느 기간을 선택하든 지속적인 변동을 보여주는 증거가 있다. 물론 주가에 반영되어야 할 기본 조건도 계속해서 변화하고 있지만, 주가 변동과 기본 조건의 변동 사이에 확실한 관계를 설정하기는 어렵다. 어떤 관계를 설정하더라도 그 관계는 관찰되기보다 관념적 가치로 귀속되어야 한다. 나는 재귀성 이론을 사용해 균형 상태에 집착하는 경제 이론을 비판하려 한다. 주식시장만큼 이를 잘 보여줄 예는 없을 것이다.

기본적 분석과 기술적 분석의 결합

주가 변동을 설명하는 기존 이론들은 턱없이 부족하며, 기존 이론들은 실무자에게 그다지 가치가 없고 나 역시 잘 알지 못한다. 내가 이론을 몰라도 그럭저럭 성과를 냈다는 사실 자체가 이를 증명한다.

일반적으로 이론은 기본적(펀더멘털) 분석과 기술적 분석이라는 두 가지 범주로 나뉜다. 최근에는 랜덤워크 이론이 유행하고 있는데, 이 이론은 시장이 미래의 모든 상황을 현재 가치로 완전히 할인discount해 개별 참여자가 시장 전체의 성과를 웃돌거나 밑도는 수익을 낼 확률이 반반이라고 주장한다. 이러한 주장을 근거로 인덱스펀드에 자금을 투자하기 시작한 기관들이 점점 늘어났다. 하지만 랜덤워크 이론은 명백히 잘못되었다. 내가 12년 동안 꾸준히 평균보다 높은 수익률을 기록했다는 사실이 이를 방증한다. 기관들은 구체적으로 투자 결정을 내리기보다 인덱스펀드에 투자하라는 조언을 받았을 것이다. 하지만 이는 평균을 뛰어넘는 게 불가능해서가 아니라, 표준 이하의 성과를 기록한 탓이다.

기술적 분석은 시장 패턴을 비롯해 주식의 수요와 공급을 연구한다. 확률을 예측하는 데는 확실히 장점이 있지만 실제 사건의 진행 과정은 예측하지 못한다. 기술적 분석은 이 논의에서 그리 흥미로운 주제가 아니다. 여기에는 주식의 수요와 공급에 따라 주가가 결정되고 과거 경험이 미래를 예측하는 데 관련이 있다는 주장 외에는 이론적 근거가 거의 없기 때문이다.

기본적 분석은 균형이론의 산물이기에 더욱 흥미롭다. 이 이론에서 주식은 현재 시장가격과 구별되는 진정한 가치 또는 펀더멘털 가치를 갖는다고 여겨진다. 주식의 펀더멘털 가치는 기초 자산의 수익률 또는 다른 주식의 펀더멘털 가치와 관련해 정의할 수 있다. 어떤 경우든 주식의 시장가격은 일정한 기간에 걸쳐 펀더멘털 가치에 점점 근접해 가는 경향이 있으므로 펀더멘털 가치 분석은 투자 결정에 유용한 길잡이가 된다.

이러한 접근 방식에서 중요한 점은 주가와 주식이 거래되는 기업 간의 연관성이 일정한 방향을 가리킨다고 가정하는 것이다. 기업이 창출한 부는 뒤늦게라도 주식시장에서 거래되는 다양한 주식의 상대적 가치를 결정한다. 주식시장의 발전이 기업의 부에 영향을 미칠 가능성은 고려되지 않는다. 여기에는 가격 이론과 분명 유사한 점이 있다. 가격 이론에서 무차별 곡선indifference curve(임의의 두 재화가 있을 때 소비자에게 효용이 동일한, 즉 '무차별한' 두 재화의 조합을 나타낸 곡선)은 상대적인 소비량을 결정하지만, 시장이 무차별 곡선에 영향을 미칠 가능성은 간과된다. 이러한 유사점은 우연이 아니다. 근본주의자들의 접근법은 가격 이론에 기반을 두고 있다. 그러나 가능성을 생략하는 경향은 다른 시장보다 주식시장에서 두드러진다. 주식시장의 가치 평가는 기본 가치에 직접적인 영향을 준다. 이는 주식과 옵션의 발행 및 자사주 매입, 기업 인수, 합병, 상장, 비상장 전환 등 모든 종류의 법인 거래를 통해 이뤄진다. 주가가 기업의 지위에 영향을 미칠 수 있는 좀 더 간접적인 요인으로는 기업의 신용등급과 소비자 수용도, 경영진의 신뢰도 등이 있다. 물론 이러한 요인이 주가에 미치는 영향은 충분히 인식되고 있지만, 반대로 주가가 이러한 요인에 미치는 영향은 근본주의 접근법에서 이상하리만치 무시된다.

현재 시장에서 거래되는 주가와 펀더멘털 가치에 현저한 차이가 있다면, 아직 알려지지 않았지만 주식시장이 정확히 예측한 기업의 미래 성장성 때문일 수 있다. 주가 변동은 뒤따라 나타날 기업 성장보다 먼저 일어나는 것으로 여겨진다. 미래의 성장을 어떻게 현재 가치로 반영해야 하는지에 대한 논쟁은 지금까지도 이어지고 있다. 이론적으로 올바른 방법을 확립할 수 없을지라도 이들은 시장이 올바르게 작동하고 있다고 가정한다. 이러한 관점은 완전경쟁 이론과 자연스럽게 이어지고 '시장은 언제나 옳다'라는 주장으로 요약된다. 이 주장은 기본적 분석을 그리 신뢰하지 않는 사람들에게도 널리 받아들여지고 있다.

주가는 현실의 일부이며, 현실은 주가의 일부다

하지만 나는 완전히 다른 관점에서 주가 변동을 바라본다. 주가가 기본 가치를 수동적으로 반영한다는 명제를 채택하지 않고, 주가 반영이 기본 가치와 일치하는 경향이 있다는 명제 역시 인정하지 않는다. 나는 시장의 가치 평가가 항상 왜곡되어 있다고 주장한다. 더욱이 이러한 왜곡은 기본 가치에 영향을 줄 수 있다(이것이 결정적으로 균형이론에서 벗어나 있는 부분이다). 주가는 단순히 수동적으로 반영되지 않는다.

주식시장에서 거래되는 기업의 부가 결정되는 과정에서 주가는 능동적인 요소로 작용한다. 다시 말해 나는 주가 변동을 역사적 과정의 일부로 간주하고, 참여자의 기대와 실제 전개되는 사건의 불일치를 그 과정의 인과적 요인으로 여기며, 그러한 불일치에 초점을 맞춘다.

이 과정을 설명하기 위해 불일치를 출발점으로 삼을 것이다. 나는 실제로 사람들의 기대와 일치하는 방향으로 사건이 전개될 가능성을 배제하진 않지만, 그 가능성이 제한적이라고 여긴다. 이를 시장 용어로 풀이하자면, 시장 참여자들의 시각은 언제나 어떤 식으로든 편향되어 있다. 나는 시장에 때때로 기이할 정도의 예측력이나 미래를 감지해 대응하는 능력이 있다는 시각을 부정하진 않지만, 그러한 현상은 참여자들의 편향이 사건의 전개에 미치는 영향으로 설명될 수 있다고 본다. 예를 들어 주식시장은 일반적으로 경기 침체를 예측한다고 여겨지지만, 정확히 말하자면 경기 침체를 촉발하는 데 기여한다고 보는 편이 더 정확할 것이다. 그러므로 나는 시장이 언제나 옳다는 명제를 다음 두 가지 주장으로 대체하려 한다.

1. 시장은 언제나 어느 한 방향으로 치우쳐 있다.
2. 시장은 예상되는 사건에 영향을 줄 수 있다.

이 두 가지 주장을 조합하면 시장이 종종 사건을 정확하게 예측하는 것처럼 보이는 이유가 설명된다.

참여자들의 편향을 출발점으로 삼아 그들의 관점과 그들이 참여하는 상황 간의 상호작용을 다룬 모델을 구축해 볼 수 있다. 이 분석이 어려운 이유는 참여자들의 견해가 그들이 관련된 상황의 일부분이 되기 때문이다. 이토록 복잡한 상황을 이해하려면 상황을 단순화할 필요가 있다. 나는 앞서 참여자의 편향을 언급하면서 단순화 개념을 소개한 바 있다. 이제 한 걸음 더 나아가 지배적 편향prevailing bias이라는 개념을 소개하려 한다.

시장에는 많은 참여자가 있고 이들의 견해는 저마다 다를 수밖에 없다. 나는 각각의 편향이 서로 상쇄되어 '지배적 편향'이 남게 된다고 가정할 것이다. 이러한 가정이 모든 역사적 과정에 적합하진 않겠지만 주식시장과 다른 시장에는 적용된다. 개개인의 인식을 취합하는 절차가 타당한 이유는 주가와 같은 공통분모와 연관될 수 있기 때문이다. 다른 역사적 과정에서는 참여자의 견해가 너무 분산되어 하나로 모으기 어렵고 지배적 편향이라는 개념이 은유에 지나지 않는다. 이 경우에는 다른 모델이 필요할 수 있지만 주식시장에서는 참여자의 편향이 매수와 매도의 형태로 나타난다. 다른 조건이 모두 동일하다면, 긍정적인 편향은 주가 상승으로 이어지고 부정적인 편향은 주가 하락으로 이어진다. 따라서 지배적 편향은 관찰 가능한 현상이다.

물론 다른 조건들은 절대 동일하지 않다. 모델을 구축하려면 이러한 '다른 조건들'에 대해 좀 더 알아봐야 한다. 이제 두 번째 단순화 개념을 소개하려 한다. 투자자들이 인지하든 인지하지 못하든 주가 변동에 영향을 미치는 '기본 추세'를 가정할 것이다. 물론 이것이 주가에 미치는 영향은 시장 참여자의 관점에 따라 달라진다. 그러면 주가의 추세는 '기본 추세'와 '지배적 편향'의 결합으로 상상해 볼 수 있다.

이 두 가지 요소는 어떻게 상호작용할까? 참여 기능과 인지 기능이라는 두 가지 연결고리가 작용하고 있다는 사실을 떠올려 보자. 기본 추세는 인지 기능을 통해 참여자의 인식에 영향을 미치고, 결과적으로 나타나는 인식의 변화는 참여 기능을 통해 상황에 영향을 미친다. 주식시장에서는 주가에 주된 영향을 미치는 것으로 나타난다. 결국 주가 변동은 참여자의 편향과 기본 추세 둘 다에 영향을 줄 수 있다.

주가는 기본 추세와 지배적 편향이라는 두 가지 요인에 의해 결정되고, 이 두 요인은 다시 주가에 영향을 받는 재귀적 관계를 맺는다. 주가와 다른 두 요인 간의 상호작용은 상수가 없고 계속 변화한다. 즉, 한 함수에서는 독립변수로 간주되는 요인이 다른 함수에서는 종속변수가 된다. 상수가 없으니 균형으로 향하는 움직임도 없다. 일련의 사건은 주가, 기본 추세, 지배적 편향 중 어떤 변수도 이전과 동일하게 유지되지 않는 역사적 변화의 과정으로 해석하는 것이 가장 적절하다. 일반적으로 세 변수는 가장 단순한 형태의 호황과 불황의 패턴에서 먼저 한 방향으로 강화하고 그다음에는 다른 방향으로 서로를 강화한다.

우선 몇 가지 정의부터 살펴보자. 주가가 기본 추세를 강화하면 이를 자기강화라 부르고, 반대 방향으로 작동하면 자기조정이라 부른다. 지배적 편향에 대해서도 같은 용어가 사용된다. 즉, 자기강화 또는 자기조정 편향이 될 수 있다. 이러한 용어의 의미를 이해하는 것이 중요하다. 추세가 강화되면 가속도가 붙는다. 편향이 강화되면 기대와 미래 주가의 실제 경로 사이에 격차가 벌어지고 반대로 편향이 자기조정되면 격차가 줄어든다. 우리는 주가를 단순히 상승과 하락으로 설명한다. 지배적 편향이 가격 상승에 도움이 되면 이를 긍정적, 반대 방향으로 작용하면 부정적이라고 말한다. 즉, 가격 상승은 긍정적인 편향에 의해 강화되고 가격 하락은 부정적인 편향에 의해 강화된다. 호황과 불황의 과정에서 우리는 가격 상승이 긍정적 편향에 의해 강화되는 구간과 가격 하락이 부정적 편향에 의해 강화되는 구간을 적어도 하나씩 찾을 수 있다. 기본 추세와 지배적 편향이 결합해 주가의 추세를 반전시키는 시점 또한 있을 것이다.

이제 호황과 불황의 기본 모델을 만들어보자. 아직 주가에 반영되지 않은 지배적 편향을 생각해 볼 수도 있지만, 일단은 아직 인식되지 않은 기본 추세에서 시작해 보자. 지배적 편향은 처음부터 부정적인 편향이다. 시장 참여자들이 이러한 추세를 인식할 때 겪는 인식의 변화는 주가에 영향을 미칠 것이다. 주가 변동은 기본 추세에 영향을 끼칠 수도, 그러지 않을 수도 있다. 후자의 경우 추가로 논의할 내용은 거의 없지만, 전자의 경우에는 자기강화 과정을 거치기 시작한다. 강화된 추세가 지배적 편향에 영향을 끼치는 방식은 둘 중 하나다. 추가적인 가속 혹은 조정을 기대하는 것이다.

후자의 경우 기본 추세는 주가 조정 후에도 유지될 수도 있고 그러지 않을 수도 있다. 전자의 경우 긍정적 편향이 형성돼 추가적으로 주가 상승을 이끌고 기본 추세를 더 가속화한다. 편향이 자기강화를 하는 한, 기대는 주가보다 훨씬 빠르게 상승한다. 기본 추세는 점차 주가의 영향을 받게 되고, 주가 상승은 지배적 편향에 점점 의존하게 되어 결국 기본 추세와 지배적 편향은 모두 점차 취약해진다. 끝내는 가격 추세가 지배적인 기대에 부응할 수 없게 되면서 조정이 시작된다.

꺾인 기대감은 주가에 부정적인 영향을 주고, 주가 하락은 기본 추세를 약화시킨다. 기본 추세가 주가에 지나치게 의존하게 되면 조정은 완전한 추세 전환으로 이어질 수 있다. 이 경우 주가가 하락하고 기본 추세가 반전되며 기대는 더욱 낮아진다. 이런 식으로 자기강화 과정이 반대 방향으로 작동하기 시작하고, 결국 이러한 하락 추세도 절정에 이르면 반전될 것이다.

일반적으로 자기강화 과정은 초기 단계에서 질서 정연하게 조정을 거친다. 만일 자기강화 과정이 조정 이후에도 계속 이어진다면 편향이 강화되어 쉽게 흔들리지 않는다. 과정이 진행되면 조정 기회는 점점 줄어들고 절정에 이르러 추세가 반전될 위험이 커진다.

편향이 만들어내는 호황과 불황

지금까지 전형적인 호황과 불황의 과정을 대략적으로 살펴보았다. 이 과정은 어느 정도 같은 방향을 따르는 두 개의 곡선으로 나타낼 수 있다. 하나는 주가를, 하나는 주당순이익EPS이다. 수익 곡선을 기본 추세의 척도로 삼고, 두 곡선 사이의 괴리를 기본 편향을 나타내는 지표로 간주하면 자연스럽다. 사실, 관계는 훨씬 복잡하다. 수익 곡선에는 기본 추세뿐만 아니라 주가가 추세에 미치는 영향도 반영된다. 지배적 편향은 두 곡선 사이의 괴리로만 일부 표현되며 이미 부분적으로는 두 곡선에도 반영되어 있다. 오직 일부만 관찰할 수 있는 개념은 작업하기 매우 어렵기에, 관찰하고 정량화할 수 있는 변수를 선택해야 한다. 하지만 주당순이익을 정량화하면 오해를 불러일으킬 소지가 있으며 이에 대해서는 후술할 것이다. 여기서는 투자자들이 관심을 갖는 '펀더멘털'이 주당순이익으로 적절히 측정된다고 가정하려고 한다.

두 곡선의 전형적인 경로는 다음과 같다(도표 1.1. 참조). 처음에는 기본 추세에 대한 인식이 뒤처지지만 주당순이익에 드러날 정도로 추세가 강력하다(AB). 기본 추세가 마침내 인식되면 기대가 상승하면서 추세가 강화된다(BC). 의심이 들기 시작하지만 추세는 유지되고, 이 추세는 약화되다가 다시 강화되기도 한다. 이러한 실험은 여러 번 반복될 수 있지만 여기서는 한 번만 보여줄 것이다(CD). 결국 주가 추세는 어떤 신념으로 발전하면서 더 이상 수익 추세에 가로막혀 흔들리지 않게 되고(DE), 기대가 지나치게 높아져 현실적으로 지탱하기 어려운 수준에 이른다(EF). 그러고 나서 편향이 인식되어 기대가 낮아지고(FG), 주가가 최종 지지선을 뚫고 급락한다(G). 기본 추세가 반전되어 하락 추세가 강화된다(GH). 결국 비관주의가 가라앉으면서 시장이 차츰 안정을 찾는다(HI).

도표 1.1은 하나의 기본 추세와 지배적 편향의 상호작용에서 발생할 수 있는 하나의 경로를 보여줄 뿐이다. 시장에서는 하나 이상의 추세가 작동할 수 있으며 지배적 편향에는 많은 미묘한 차이가 나타날 수 있으므로 일련의 사건에 대해 완전히 다른 표현이 필요할 수 있다.

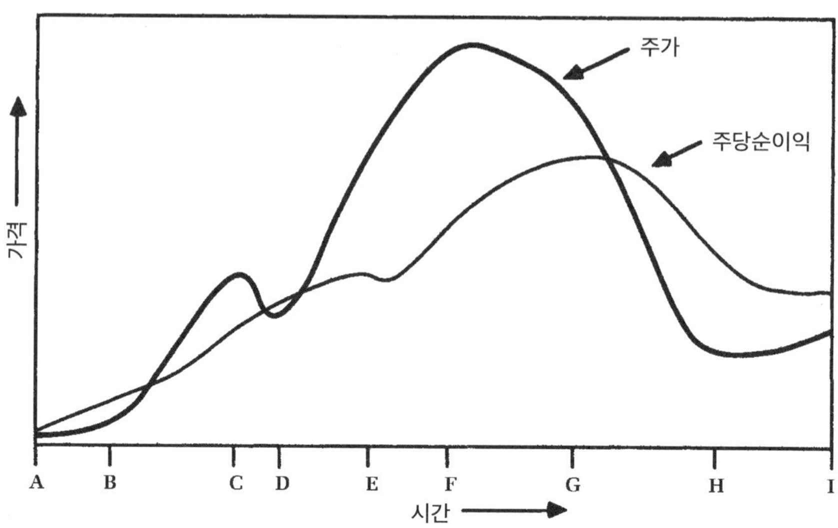

　모델의 이론적 구성에 대해 몇 마디 언급하고자 한다. 우리는 참여자들의 편향과 실제 사건들이 전개되는 과정 사이에 일어나는 상호작용에 흥미가 있다. 그러나 참여자들의 편향은 모델에 직접적으로 드러나지 않으며, 두 곡선 모두 실제 사건들의 전개 과정을 나타낸다. 지배적 편향은 두 곡선에 일부 포함되며, 또 부분적으로 두 곡선 사이의 괴리로 표시된다.

　이 구성의 큰 장점은 정량화할 수 있는 변수를 사용한다는 것이다. 주가는 참여자들의 편향과 관련된 상황을 간편하게 알려주는 대체 지표 역할을 한다. 다른 역사적 과정에서 인지 기능과 참여 기능에 의해 참여자들의 인식과 상호 연결된 상황은 식별하기 더 어려울뿐더러 정량화도 불가능하다. 주식시장이 재귀성 연구를 위한 유용한 실험실이 될 수 있는 것은 간편한 대체 지표를 이용할 수 있기 때문이다.

안타깝게도 이 모델은 주가가 어떻게 결정되는지 부분적으로만 설명해 준다. 기본 추세 개념은 '펀더멘털'의 변화를 나타내기 위해 도입된 상징적인 용어다. 펀더멘털이 무엇인지는 정의되지 않았다. 펀더멘털을 어떻게 측정해야 하는가 하는 질문에 대한 답 역시 아직 얻지 못했다. 수익, 배당금, 자산 가치, 잉여 현금 흐름 등 모든 척도가 관련되어 있지만, 각 척도에 부여되는 상대적 비중은 투자자들의 판단에 따라 달라지므로 그들의 편향에 달려 있다. 우리는 설명하기 위해 주당 순이익을 사용할 수 있지만, 이것이 질문의 답은 되진 못한다. 이는 증권 분석가들이 오랫동안 고민해 온 문제이며, 우리가 재귀성 이론을 발전시키기 위해 여기서 당장 그 질문에 답할 필요는 없다.

펀더멘털에 대해 알지 못하더라도 몇 가지 가치 있는 개념을 정립할 수는 있다. 첫 번째 개념은 호황과 불황 패턴을 만들기 위해서는 주가가 펀더멘털(그것이 무엇이든 간에)에 어느 정도 영향을 미쳐야 한다는 것이다. 때로는 그 연관성이 이번 장에서 사용할 예시처럼 직접적이지만, 일반적으로는 간접적이다. 이것은 세금이나 규제, 저축과 투자 성향의 변화 같은 정치적 과정을 거치며 효과를 발휘하곤 한다.

펀더멘털이 영향을 받지 않더라도 주가와 지배적 편향 사이에 재귀적 연관성이 형성될 수 있지만, 펀더멘털의 변화까지 포함되면 그 관계가 더욱 흥미로워진다. 펀더멘털에 변화가 없다면 매일 주가 변동에서 관찰할 수 있듯 지배적 편향은 곧 조정될 가능성이 크다. 이 경우 편향은 당연히 단순한 소음으로 무시할 수 있다. 완전경쟁 이론과 근본주의적 증권 분석이 그동안 수행해 온 방식대로 말이다. 반대로 펀더멘털이 영향을 받을 때 편향을 고려하지 않으면 심각한 왜곡이 발생할 수 있다. 편향은 주가, 펀더멘털, 참여자들의 관점을 이전과 다르게 만드는 자기강화 혹은 자기파괴 과정을 일으키기 때문이다.

두 번째 개념은 펀더멘털을 바라보는 참여자들의 인식에 결함이 있을 수밖에 없다는 것이다. 이 결함은 초기 단계에는 뚜렷하지 않을 수 있지만 나중에는 분명하게 드러날 가능성이 크다. 결함이 명백해지면 지배적 편향을 반전시킬 수 있는 발판이 마련된다. 편향의 변화가 기본 추세를 반전시키면 자기강화 과정이 반대 방향으로 작동한다. 결함이 무엇인지, 언제 어떻게 나타날 가능성이 큰지는 호황과 불황의 과정을 이해하는 열쇠가 된다.

위에 제시된 모델은 이 두 가지 개념 정립을 기반으로 구축된 것이다. 이 모델이 얼마나 엉성한지는 말할 필요도 없을 것이다. 그럼에도 이 모델은 일반적인 호황과 불황의 중요한 특징을 파악하는 데 유용하다. 인식되지 않은 추세, 자기강화 과정의 시작, 성공적인 실험, 점점 커지는 확신과 그로 인한 현실과 기대의 괴리 확대, 인식의 결함, 절정, 반대 방향으로 작동하는 자기강화 과정 등이 그러한 특징이다. 이 특징을 파악하는 것만으로도 주가 동향에 대한 통찰을 얻을 수 있다. 그러나 이 기본적인 모델에서 그 이상을 기대할 수는 없을 것이다.

어떤 경우라도 재귀적 모델은 기본적 분석을 대신할 수 없다. 그저 기본적 분석에서 빠진 요소를 제시할 수 있을 뿐이다. 원칙적으로 두 접근법은 서로 조화를 이룰 수 있다. 기본적 분석은 기본 가치가 주가에 반영되는 방식을 확립하려 한다. 반면 재귀성 이론은 주가가 기본 가치에 영향을 미칠 수 있는 '방식'을 보여준다. 하나는 정적인 그림을, 하나는 동적인 그림을 제공한다.

주가 변동을 부분적으로 설명하는 이론이 다른 투자자들이 파악하지 못하는 관계를 알려줄 수 있다면 투자자에게 매우 유용할 것이다. 투자자들은 제한된 자금과 제한된 정보를 쥐고 매매한다. 모든 것을 알 필요는 없지만, 남들보다 무언가를 더 잘 이해할 수만 있다면 우위를 점할 수 있다. 종류를 막론하고 전문 지식의 문제점은 어떤 한 개인의 전문 분야에 특별히 흥미로울 요소가 없다는 점이다. 하지만 재귀성 이론은 역사적으로 의미 있는 가격 변동을 식별하는 데 도움이 되므로 정확하게 문제의 핵심을 짚을 수 있다.

복합기업 열풍기의 호황과 변곡점 그리고 말로

앞서 설명한 기본 모델은 그동안 투자자로서 쌓은 내 경력을 증명해주었다. 이 모델을 보고 의아하게 생각할 수도 있다. 아주 간단하고 잘 다져진 주식시장 패턴에도 매우 적합해서 모든 투자자에게 익숙할 형태처럼 보이기 때문이다. 하지만 이는 사실이 아니다. 왜 그럴까? 시장 참여자들이 고전학과 경제학, 더 나아가 자연과학에서 파생된 다른 이론적 구조에 이끌려 잘못된 인식을 갖게 되었기 때문일 것이다. 주가는 적극적 요소가 아니라, 어떤 기초가 되는 현실을 수동적으로 반영한 것이라는 태도가 사람들의 인식에 뿌리 깊게 자리 잡고 있다. 이러한 견해는 잘못된 것이다. 이와 같은 오류가 여전히 제대로 인식되지 못하고 있다는 점은 놀랍다. 그럼에도 투자자들은 내가 묘사한 과정을 인식하고, 이에 반응한다. 그저 적절한 모델을 사용하고 가격 곡선의 형태를 정의하는 결정적인 특징을 주시하는 사람들보다 늦게 반응할 뿐이다. 이러한 차이가 내 강점이 되었다.

내가 이 모델을 처음 체계적으로 사용한 시기는 1960년대 후반 대기업이 호황에 들어섰을 때였다. 이 모델 덕분에 나는 상승장과 하락장에서 돈을 벌 수 있었다.

이론적으로 그 과정은 다음과 같이 작동한다. 관련된 모든 회사가 본질적으로 동일한 수익 성장률을 보이지만 인수 회사의 주식이 피인수 회사의 주가수익비율PER의 두 배 수준에서 거래된다고 가정하자. 만일 인수 회사의 규모가 두 배로 커지면 주당순이익이 50% 급증하고 성장률도 그에 따라 증가한다.

실제로 초기 대기업들은 높은 내재 성장률로 출발했고 높은 주가수익비율을 기록했다. 몇몇 선도 기업들은 강력한 방어 요소를 갖춘 첨단 기술 기업이었으며, 경영진은 이러한 역사적 성장률이 무한정 지속될 수 없음을 인식했다. 텍스트론, 텔레다인, 링-템코-보트(후에 LTV) 등이 대표적인 예다. 이들은 다른 평범한 기업들을 더 많이 인수하기 시작했지만, 주당순이익 성장이 가속화되면서 주가수익비율이 줄어들기는커녕 오히려 확대되었다. 이들의 성공은 다른 모방 기업들을 끌어들였고, 이후 극히 평범한 기업들도 인수합병에 집중해 높은 주가수익비율을 달성할 수 있었다. 예를 들어, 오그던의 수익 대부분은 고철 매매에서 발생했지만, 절정기에는 주식이 수익의 스무 배가 넘는 가격에 거래되었다. 나중에는 어떤 기업이 다른 기업을 인수해 사업에 잘 활용하겠다는 약속만 내걸어도 높은 주가수익비율을 달성하는 사태도 벌어졌다.

경영진은 기업 인수 효과를 높이기 위해 특별한 회계 기법을 개발했다. 또한 인수한 회사에 변화를 도입하고 운영을 간소화하고 자산을 처분하며 대체로 손익에 초점을 맞추었다. 그러나 이러한 변화는 인수 자체가 주당순이익에 미치는 영향만큼 중요하진 않았다.

투자자들은 독한 술을 난생처음 접한 아메리카 원주민처럼 반응했다. 처음에는 각 기업의 기록을 각각의 장점으로 평가했지만, 점차 대기업이 하나의 집단으로 인식되었다. 이때 새로운 유형의 투자자가 등장했는데, 대기업 경영진과 친밀한 관계를 발전시킨 총잡이들과 고고 펀드매니저들이었다. 이들 사이에 직통 연락 수단이 생겨났고 대기업들은 이른바 '비공개 주식letter stock'을 투자자들에게 직접 발행했다. 결국 대기업들은 수익뿐만 아니라 주가까지 관리하는 방법을 익히게 되었다.

사건들은 내 모델에서 설명된 순서에 따라 전개되었다. 주가수익비율이 증가했고 궁극적으로 현실은 기대에 부응할 수 없었다. 주식시장에서 거래를 계속하면서도 호황의 근거가 된 오해를 마침내 깨닫게 된 사람이 점점 늘어났다. 기업들은 성장 동력을 유지하기 위해 인수 규모를 점차 늘려야 했고 결국에는 규모의 한계에 부딪혔다. 결정적 사건은 사울 스타인버그의 케미컬은행 인수 시도였다. 그는 인수전에 뛰어들었지만 금융권이 결집하면서 결국 인수에 실패했다.

주가가 떨어지기 시작하자 점차 하락 추세가 이어졌다. 기업 인수가 주당순이익에 미치는 긍정적인 영향이 감소하면서 결국에는 새로운 기업을 인수하는 행위가 사실상 불가능해졌다. 급격한 외형 성장에 집중한 기간에 감춰두었던 내부 문제가 수면 위로 드러나기 시작했다. 실적 발표는 놀랍게도 실망스러웠다. 투자자들은 환멸을 느꼈고 경영진은 위기감에 휩싸였다. 전성기를 보내고 나자 이제 일상적인 경영의 부담을 기꺼이 짊어지려는 사람은 거의 없었다. 경기 침체로 인해 상황은 더욱 악화되었고, 잘나가던 대기업 중 상당수가 말 그대로 해체되었다. 투자자들은 최악의 상황을 맞을 준비를 했고 실제로 최악의 상황이 발생한 경우도, 현실이 예상보다 나은 경우도 있었다. 결국 상황은 안정을 찾아갔다. 살아남은 기업들은 새로운 경영진의 관리 아래 천천히 잔해 속에서 빠져나와 문제를 해결했다.

'펀더멘털'은 쉽게 정량화할 수 있으므로 복합기업 열풍은 내 기본 모델을 설명하는 데 특히 적합하다. 투자자들은 보고된 주당순이익을 기준으로 기업 가치를 평가했다. 해당 수치들은 아무리 무의미할지라도 내 이론적 모델과 거의 일치하는 그래프를 만들어냈다.

도표 1.2. LTV(링-템코-보트) 주가 그래프

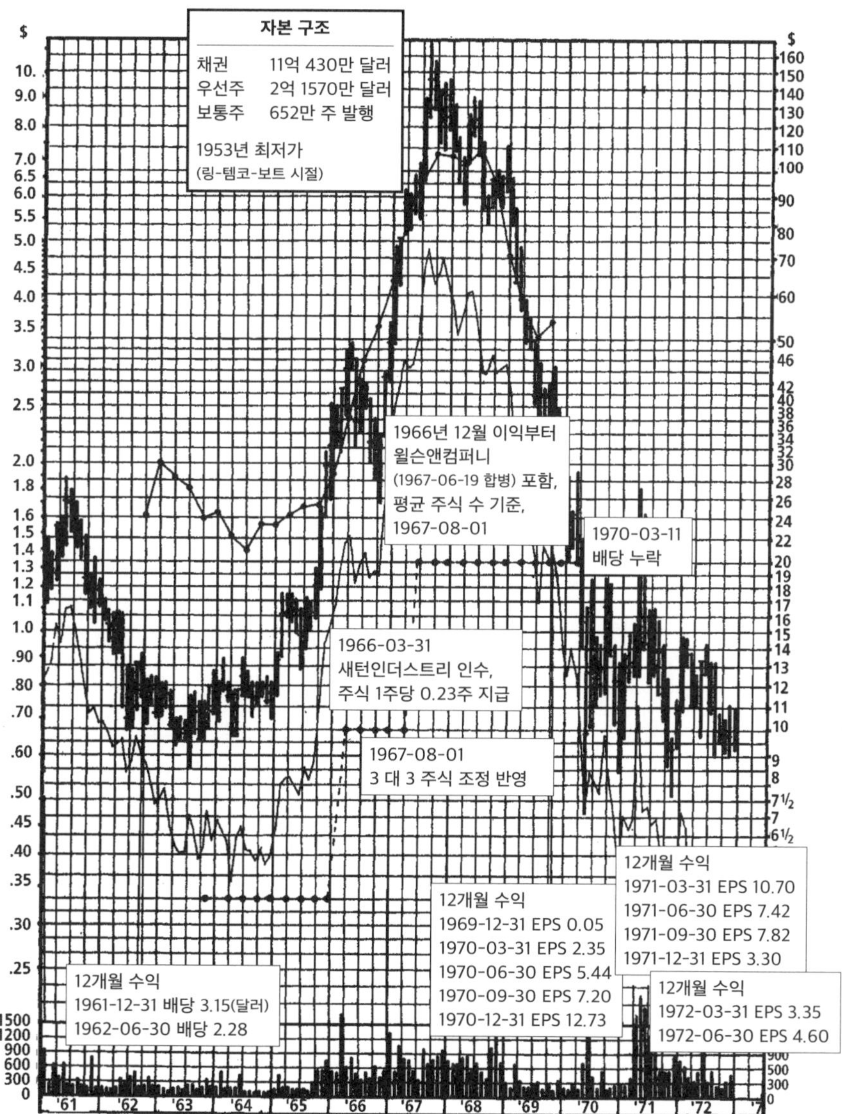

자료 제공: 뱁슨유나이티드 투자자문(208 Newbury St., Boston, MA 02116) 소속 증권 연구 회사

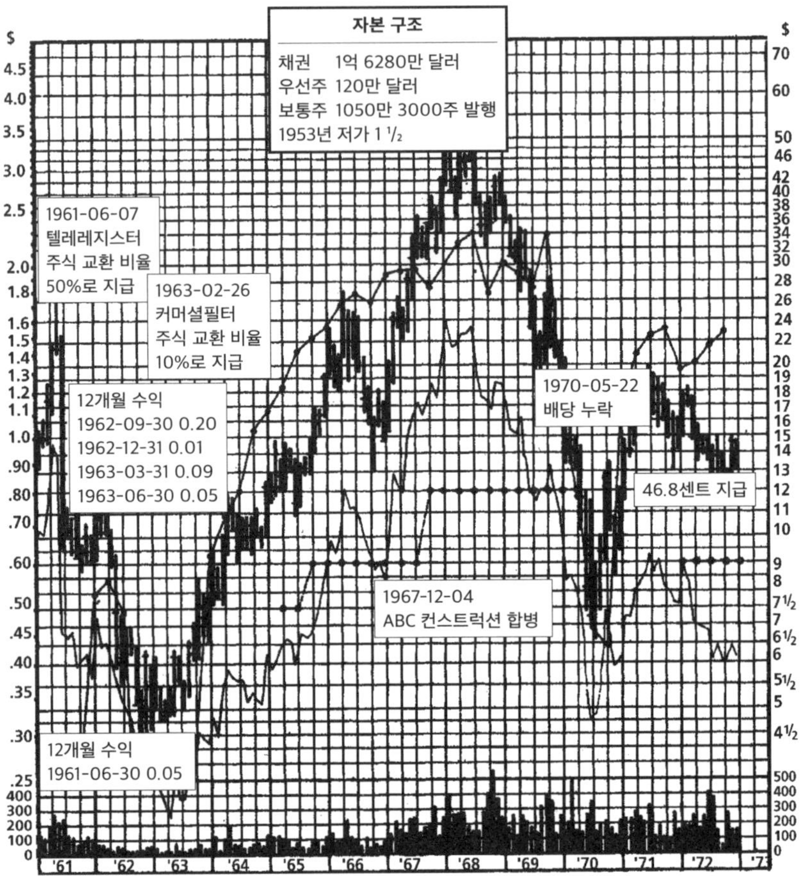

자료 제공: 뱁슨유나이티드 투자자문(208 Newbury St., Boston, MA 02116) 소속 증권 연구 회사

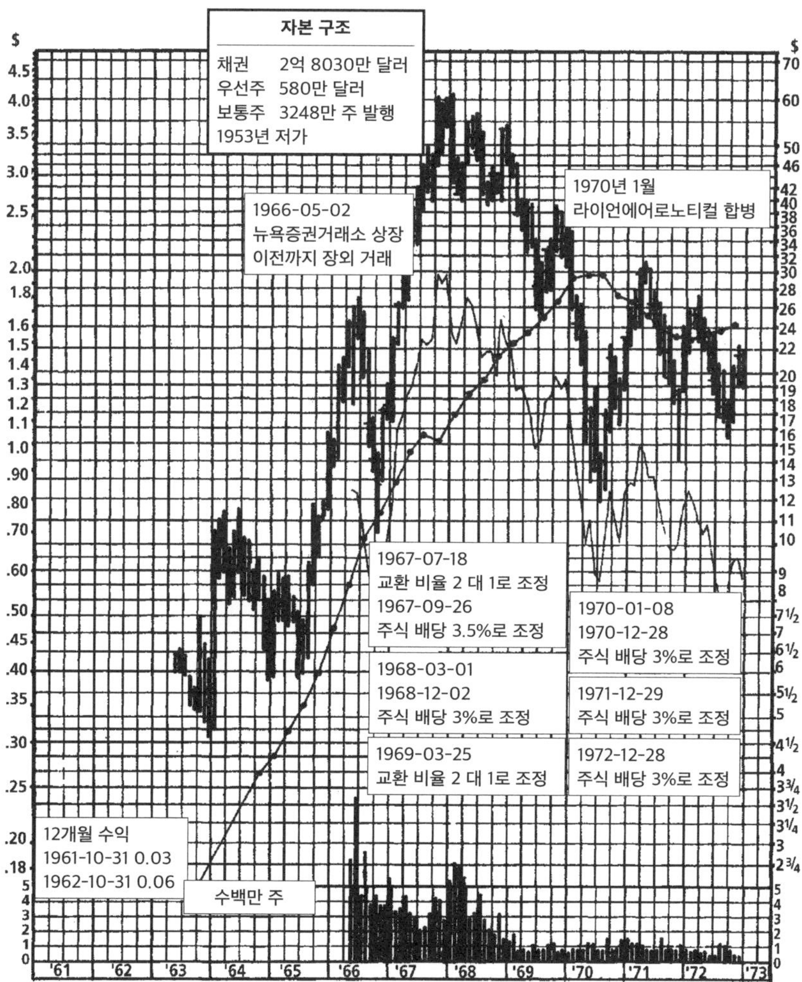

자료 제공: 뱁슨유나이티드 투자자문(208 Newbury St., Boston, MA 02116) 소속 증권 연구 회사

1970년대 리츠에서 나타난 호황과 불황

내가 접한 호황과 불황 중에서 가장 잘 기록된 자료는 부동산 투자신탁인 리츠REITs에 관한 자료다. 리츠는 관련 법률에 따라 설립된 특수한 기업 형태를 말하는데, 주요 특징은 벌어들인 모든 소득을 분배한다는 조건으로 법인세를 내지 않으면서 그 소득을 투자자들에게 분배할 수 있다는 점이다. 이 법안으로 리츠를 통한 수익 창출 기회가 생겨났지만, 수많은 리츠가 설립된 1969년에 이르러서야 본격적으로 그러한 기회가 활용되기 시작했다. 나는 리츠가 설립되던 초기에 대기업 투자 경험을 바탕으로 리츠에 잠재된 호황과 불황을 인식했다. 당시 내가 발표한 연구 보고서의 주요 내용은 다음과 같다.

부동산 담보 신탁 사례

(1970년 2월)

개념

표면적으로 부동산 담보 신탁(모기지 신탁)은 높은 현재 수익률을 올리도록 설계된 뮤추얼펀드mutual fund(투자자의 자금을 모아 유가증권에 투자한 후 운용 수익을 투자자에게 나눠주는 증권투자회사)와 비슷해 보인다. 그러나 이렇게 비유하면 오해를 일으킬 수 있다. 담보 신탁의 진정한 매력은 장부 가격 이상으로 프리미엄(가산금)을 붙여서 추가 주식을 매각해 주주들에게 자본 이득을 안겨주는 능력에 있다. 장부가액이 10달러이고 자기자본수익률이 12%인 신탁이 20달러에 주식을 추가로 매각해 자기자본을 두 배로 늘리면 장부가액은 13.33달러로 뛰고, 주당 수익은 1.20달러에서 1.60달러로 증가한다.

투자자는 높은 수익률과 주당 수익 증가를 기대하며 기꺼이 프리미엄을 지불한다. 프리미엄이 높을수록 신탁에서 이러한 기대치를 충족하기가 더 수월해진다. 자기 강화 과정이 작동하는 것이다. 이 과정이 시작되면 신탁이 거의 모든 수익을 배당으로 분배할지라도 주당 수익이 안정적으로 증가할 수 있다. 이 과정에 일찍 참여하는 투자자들은 높은 주당 수익과 장부 가격 상승, 장부 가격 대비 프리미엄 상승 등 복합적인 혜택을 누릴 수 있다.

분석적 접근

전통적인 증권 분석 방법은 미래의 수익 흐름을 실험하고 예측한 후 투자자가 그 수익에 대해 기꺼이 지불할 의향이 있는 가격을 추정하는 것이다. 그러나 이 방법은 담보 신탁 분석에 부적절하다. 투자자가 주식에 대해 지불하려는 가격은 미래의 수익 경로를 결정하는 데 중요한 요소이기 때문이다. 그러므로 미래 수익과 가치를 별개로 예측하는 대신 전반적인 자기강화 과정의 미래 경로를 예측하기 위해 노력해야 할 것이다. 우리는 서로를 강화하는 세 가지 주요 요인을 식별하고, 가능한 발전 경로에 대한 시나리오를 대략적으로 그려볼 것이다. 세 가지 요인은 다음과 같다.

담보 신탁 자본에 대한 유효 수익률
담보 신탁 규모의 성장률
투자자 인식, 즉 여러 투자자가 주당 수익의 주어진 성장률에 대해 기꺼이 지불할 의사가 있는 경우

시나리오

제1막: 현재 건설 대출의 유효 수익률은 최적 상태에 있다. 금리가 높을 뿐만 아니라 손실도 상대적으로 낮은 수준이다. 주택에 대한 억눌린 수요가 있어 신규 주택은 쉽게 구매자를 찾을 수 있다. 자금이 부족한 상황에서 이미 착공을 시작한 건설 프로젝트는 경제적으로 타당성이 있다. 계속 사업을 영위하는 건설업체들은 경기 호황이 시들해지는 시기보다 더 탄탄해지고 신뢰를 얻는다. 자금을 빌리는 비용이 높기 때문에 가능한 한 빨리 프로젝트를 완공하기 위해 최선을 다한다. 노동력과

자재 부족은 채무불이행과 업무 지연을 초래하지만, 비용이 상승하면서 담보 신탁은 손실 없이 출자액을 현금화할 수 있게 된다.

자금이 부족하고 중간 자금 조달을 위한 대체 공급원도 부족하다. 담보 신탁 개념에 대한 투자자의 인식은 새로운 신탁을 설립하고 기존 신탁의 급속한 확장을 허용할 만큼 충분히 발전해 왔다. 자기강화 과정이 시작된 것이다.

제2막: 인플레이션(물가 상승)이 완화되면 건설 대출의 유효 수익률은 하락할 것이다. 그러나 주택 호황이 일어나고 은행 신용 대출을 유리한 금리로 이용할 수 있을 것이다. 자기자본수익률은 높은 레버리지 덕분에 유효 수익률이 낮은 상황에서도 유지될 수 있다. 시장과 투자자의 인식이 높아지면 장부 가격 대비 프리미엄은 계속 증가할 것이다. 담보 신탁은 프리미엄의 이점을 충분히 활용하고, 규모와 주당 수익 측면에서 급격한 증가세를 보일 것이다. 이 분야로 신규 진입이 제한되지 않으므로 담보 신탁의 수도 증가할 것이다.

제3막: 담보 신탁이 건설 대출 시장의 상당 부분을 차지할 때까지 자기강화 과정은 계속될 것이다. 그러면 경쟁이 치열해져 감수해야 할 위험이 더욱 커질 수 있다. 건설 활동 자체가 더욱 투기적인 양상을 띠게 되고 부실 대출도 증가하며, 결국 주택 호황이 꺾이고 전국 곳곳에서 주택 공급과잉이 나타나면서 부동산 시장은 침체를 겪고 부동산 가격은 일시적으로 하락할 것이다. 이 시점에서는 일부 담보 신탁의 포트폴리오에서 많은 체납 대출이 발생하게 되고, 은행은 당황하며 대출 상환을 요구한다.

제4막: 투자자의 실망은 건설 업계의 평가에 영향을 미치고, 성장이 둔화하면서 프리미엄이 낮아지면 주당 수익도 감소한다. 멀티플이 감소하고 업계는 정리 국면을 겪는다. 정리 국면이 마무리되면 업계는 점차 성숙기에 접어든다. 즉 신규 진입이 거의 사라지고, 규제가 도입될 수 있으며, 기존 신탁은 더 완만한 성장을 보이며 안정을 찾을 것이다.

평가

정리 국면이 오기까지는 아직 한참 남았다. 그 전에 담보 신탁의 규모가 확대되고 신탁 주식은 엄청난 상승세를 보일 것이다. 현재로서는 투자자들을 위축시킬 만큼 위험하진 않다. 현재 유일한 실질적 위험은 자기강화 과정이 전혀 진행되지 않을 수 있다는 점이다. 주식시장이 정말 심각한 수준으로 하락하면 투자자들은 자기자본수익률이 12%일지라도 프리미엄을 지불하려 하지 않을 것이다. 하지만 그러한 상황이 발생할 가능성은 크지 않다. 이제 12% 수익률이 최근보다 훨씬 더 예외적으로 여겨지는 환경이 조성될 가능성이 크고, 복합기업과 컴퓨터 임대 산업처럼 지난 몇 년 동안 자기강화 과정을 겪어온 업종들은 지금 정리 국면을 통과하고 있다. 이러한 환경에서 특히 그 업종이 사실상 시장에서 유일한 투자처라면, 이제 막 시작되는 새로운 자기강화 과정을 떠받칠 만한 자금이 충분히 공급될 것이다.

자기강화 과정이 제대로 진행되지 않으면 투자자는 장부 가격 하락을 막을 방법을 찾는다. 새로운 신탁은 장부 가격에 인수 수수료(보통 10%)를 더한 금액으로 출시되는데, 가장 최근 설립된 신탁은 여전히 적당한 프리미엄을 붙여 판매되고 있다. 신탁 자산이 중간 대출에 완전히 투입될 때 담보 신탁이 레버리지 없이 장부상으로 11%, 1 대 1 레버리지로 12%의 수익을 올릴 수 있다는 점을 상기할 필요가 있다. 장부 가격 대비 소폭의 프리미엄은 기업이 성장하지 않아도 정당화될 수 있다.

자기강화 과정이 진행되면 잘 관리되는 담보 신탁의 주주들은 향후 몇 년 동안 높은 자기자본 수익과 장부 가격 상승, 장부 가격 대비 프리미엄 상승 등 복합적인 이득을 누릴 것이다. 자본 수익 잠재력은 최근 주식시장에서 다른 자기강화 과정이 시작될 때와 같은 규모다.

위 보고서에는 흥미로운 역사가 담겨 있다. 이 보고서가 작성된 시기는 고고 펀드매니저들이 대기업들의 몰락으로 심각한 손실을 경험한 때였다. 수익을 분배해야 했지만 펀드에 손실이 발생하자 분배할 수익이 없었고, 그러자 단기간에 수익을 올릴 수 있다면 무엇이든 시도하려 한 것이다. 그들은 바로 그러한 과정에 참여했고, 참여할 의향이 있었기에 자기강화 과정이 작동하는 방식을 본능적으로 이해했다. 클리블랜드의 한 은행에서는 복사한 보고서를 다시 복사해서 돌려보다 보니 더 이상 글을 읽자를 알아볼 수 없는 수준에 이르렀다며 사본을 새로 보내달라고 내게 전화를 했을 만큼, 위 보고서는 엄청난 반응을 불러일으켰다.

당시에는 담보 신탁이 몇 개밖에 없었지만, 주식에 대한 수요가 치솟으면서 한 달여 만에 가격이 거의 두 배로 뛰어올랐다. 수요는 공급을 낳았고 시장에는 새로 발행된 주식이 쏟아져 나왔다. 새로운 담보 신탁이 끝없이 늘어날 수 있다는 점이 분명해지자 가격은 상승할 때와 마찬가지로 급격하게 하락했다. 보고서를 읽은 독자들은 진입이 용이하다는 점을 고려하지 못했고, 이러한 실수는 곧바로 수정되었다. 그럼에도 그들의 열렬한 반응은 보고서에서 설명한 자기강화 과정을 진행하는 데 도움이 되었다. 이후 뒤따른 사건들은 보고서에서 설명한 과정을 거쳤다. 담보 신탁 주식은 보고서를 처음 발표한 직후에 뒤따른 호황만큼 격렬하지는 않았어도 더 오랜 기간 호황을 누렸다.

나는 담보 신탁에 거액을 투자했고, 내 연구가 불러온 반응이 기대를 웃돌았을 때 약간의 수익을 얻었다. 그러나 성공에 도취되어 포지션을 과도하게 들고 있다가 하락장에 그대로 휩쓸리고 말았다. 나는 포지션을 확대하며 하락장을 간신히 버텼다. 1년 정도 관련 업계를 면밀히 관찰했고 결국 양호한 수익을 내며 보유 주식을 매각했다. 그로부터 몇 년 뒤 수면 위로 문제가 드러나기 시작했는데, 그때까지도 나는 해당 담보 신탁회사들과 접촉하지 않았다. 공매도를 하고 싶은 마음이 굴뚝같았지만 예전처럼 담보 신탁 분야에 익숙하지 않았기에 자신이 없었다. 하지만 몇 년 전에 작성한 보고서를 다시 꺼내 읽으면서 내 예측에 확신을 품게 되었다. 나는 담보 신탁 주식들을 무차별적으로 공매도하기로 결정했다. 주가가 하락하자 추가로 주식을 공매도해 시장 노출* 수준을 동일하게 유지했다. 내 초기 예측은 맞아떨어졌고, 대부분의 리츠가 파산했다. 결과적으로 나는 공매도에서 100% 이상의 수익을 올렸다. 공매도로 얻을 수 있는 최대 수익이 100%라는 점에서

---

*　　● '노출'이란 자산 가격 변동에 노출된 정도, 즉 리스크를 얼마나 감수하고 베팅하고 있는가를 뜻한다. 공매도 포지션은 기초자산 가격이 하락하여 수익이 많아질수록 포지션은 줄어든다. 그래서 노출 규모를 이전과 같은 수준으로 유지하기 위해서는 동일 방향(하락 방향)으로 새로운 포지션(공매도 포지션)을 구축해야 한다. 돈을 벌수록 자동으로 포지션이 커져서 노출도가 높아지는 롱 포지션과 반대 구조다. 공매도로 돈을 벌기가 매우 어려운 이유 중 하나다.

언뜻 불가능한 수치로 보이지만, 주식을 추가로 계속 매도했기 때문에 그런 수익을 낼 수 있었다.

자기강화와 붕괴 사이

복합기업 열풍과 리츠 같은 자기강화와 자기파괴 주기가 매일 발생하는 것은 아니며, 이러한 주기와 관련된 전문가가 활동하지 않는 긴 휴지기가 있다. 다만 지금이 휴지기라고 해서 손 놓고 있을 필요는 없다. 기본 추세와 투자자의 인식 사이에 벌어지는 격차는 항상 존재하므로 기민한 투자자라면 이를 활용하면 된다. 예를 들어 새로운 산업이 등장하거나 오래된 산업이 다시 인기를 얻기도 한다. 이때 일반적으로 투자자들은 처음에 이러한 추세를 제대로 추종하지 못한다. 예컨대 오랜 기간 축소되었던 국방비 지출이 1970년대 초반에 증가하기 시작했을 때, 국방 산업이 여전히 경제에서 상당한 비중을 차지했음에도 관련 산업을 추적하는 증권 분석가는 두세 명밖에 남지 않았다. 이들조차도 사기가 저하되어 새로운 추세의 시작을 알아차리지 못했지만, 바로 이때가 방위 산업 주식에 투자할 절호의 기회였다. 그중에는 이시스템스처럼 증권 분석가가 한 번도 다루지 않은 첨단 기술 방산 기업, 샌더스어소시에이츠처럼 방위 산업에서 다각화를 시도하다 잠시 침체에 빠지거나 노스럽과 록히드처럼 뇌물을 건네 항공기를 판매하려 했다는 추문에 휘말린 탄탄한 군수업체도 있었다.

방위 산업 주식의 경우 자기강화 과정은 전개되지 않았지만, 투자자 인식은 분명히 관련 주가에 영향을 끼칠 수 있었다. 사실 투자자의 편향이 펀더멘털에 전혀 영향을 미치지 않는 경우는 드물다. 방위 산업 주식에서도 지배적 편향이 영향을 미쳤지만, 부정적인 역할을 했다. 록히드는 정부의 구제금융을 받아야 했고, 샌더스어소시에이츠 같은 기업들은 매우 낮은 가격으로 전환사채를 발행해 부채를 재조정해야 했다. 부정적인 편향이 조정되고 나서야 약간의 반등이 있었을 뿐이었다.

기업들은 추가 자본이 거의 필요하지 않았고, 이미 타격을 입은 경험이 있는 경영진은 방위 산업 외 다른 사업 다각화를 주저했다. 유나이티드에어크래프트 같은 예외 사례도 있었지만, 투자자들의 편향은 자기강화 과정을 일으킬 만큼 충분히 긍정적으로 바뀌지 않았다. 유나이티드에어크래프트가 진행한 인수 건은 대부분 현금으로 이뤄졌고 주식으로 진행된 인수 건은 수익 향상에 그다지 큰 도움이 되지 못했다. 결과적으로 유나이티드에어크래프트는 규모가 크고 다각화된 기업이 되었지만, 주가가 크게 오르지도 내리지도 않았다.

아마도 부정적 편향을 보여주는 가장 흥미로운 사례는 기술주일 것이다. 1974년 주식시장 붕괴 이후 투자자들은 외부에서 자기자본을 조달해야 하는 모든 기업을 경계했다. 분산 데이터 처리 기술은 개발 초기 단계에 진입해 있었는데, 이 분야에서는 데이터포인트와 포페이즈 같은 신생 기업들이 선두를 달리고 있었고 IBM은 크게 뒤처져 있었다. 시장이 거의 폭발적으로 성장하고 있었지만, 이 작은 기업들은 자본을 조달하지 못해 어려움을 겪었다. 작은 기업들의 주식은 예상 수익 대비 매우 낮은 주가수익비율로 팔리고 있었는데, 이들이 시장 수요를 충족할 만큼 빠르게 성장하지 못할 것이며 결국 IBM이 시장에 진입할 것이라는 지배적인 시각이 걸림돌로 작용했다. 이러한 우려는 결국 타당한 것으로 판명되었지만, 이 기업들이 어느 정도 몸집을 불리며 성장하고 나서야 투자자들이 높은 주가수익비율로 주식을 사들이며 투자에 열을 올렸다. 물론 앞서 부정적인 편향에 기꺼이 대항했던 사람들은 주가 상승을 통해 충분히 보상받았다.

그렇지만 이 작은 기업들로 이뤄진 다양한 틈새시장이 모여 커다란 시장을 형성하자 이윽고 대부분이 대기업에 흡수되었고 독립적으로 남아 있던 기업들은 불운을 겪었다. 데이터포인트는 현재 훨씬 낮은 주가수익비율을 기록하며 새로운 둥지를 찾고 있고, 포페이즈는 회사를 무일푼으로 전락하게 한 모토로라에 최근 인수되었다. 분산형 데이터 처리 기업에 대한 초기 시장 반응이 좀 더 긍정적이었더라면 초기 스타트업 중 일부는 충분히 빠르게 성장해 지금까지 생존했을 수도 있다. 초창기 마이크로컴퓨터 제조업체들이 디지털이큅먼트와 데이터제너럴 등 장수 기업을 탄생시킨 것처럼 말이다.

1975년부터 1976년까지 나타난 부정적 편향은 극단적으로 반대 방향으로 치달았다. 이는 1983년 2분기에 절정에 달한 벤처 자금(모험 자본) 호황에서 두드러졌다. 일련의 사건이 리츠의 경우처럼 분명하게 전개되지 않았는데, 이는 단지 첨단 기술이 동질적인 산업이 아니기 때문이었다. 주가와 지배적 편향, 펀더멘털 사이에 똑같은 재귀적 상호작용이 관찰될 수 있지만, 사건의 경로를 추적하려면 훨씬 더 전문적인 지식이 필요하다.

벤처 자금을 유리한 조건으로 이용할 수 있게 되면서 새로운 벤처 기업들이 늘어났다. 모든 신생 기업은 장비와 재고를 갖춰야 했기 때문에 전자 장비 제조업체들이 호황을 누렸고, 제품과 부품을 생산하는 제조업체들도 덩달아 호황을 맞이했다. 전자 산업은 전자 제품을 사용하는 큰 고객이었기 때문에 호황은 자기강화적으로 전개되었다.

그러나 기업들이 늘어나면서 경쟁이 치열해졌다. 새로운 세대의 제품이 출시되면서 그동안 업계를 선도했던 기업들은 시장 지위를 잃었다. 제품 개발을 담당했던 직원들이 일하던 회사를 떠나 직접 새로운 회사를 설립했기 때문이다. 기업들의 단계적인 성장이 아니라 단순히 기업 수의 급증이 전자 산업의 성장을 이끌었다. 투자자들은 이러한 추세를 제대로 인식하지 못했고, 결과적으로 새로 발행된 주식들을 비롯해 기술주 전반이 상당히 고평가되었다.

새로운 주식 발행이 불러온 호황은 1983년 2분기에 절정에 달했다. 주가가 하락하기 시작하자 발행 주식이 적게 팔렸고 결국에는 벤처 자본가들도 투자를 줄이게 되었다. 새로 설립되는 기업의 수가 줄어들고 기존 기업들이 현금을 다 써버리면서 기술 제품 시장이 위축되었다. 경쟁이 심화되고 수익률도 줄어들었다. 이 과정은 점점 고착화되기 시작했는데 아마도 아직 저점에는 도달하지 않은 것으로 보인다.*

벤처 자본 호황이 이후 뒤따른 폭락의 유일한 원인은 아니었다. 예

---

* 　　○추가. 1987년 2월: 현재 폭발적인 반등(랠리)을 보인 이후 상황은 완전히 달라졌다.

컨대 달러 강세와 미국의 경쟁국으로 부상한 일본의 활약이 그만큼 중요하게 작용했다. 하지만 주가가 양방향으로 '펀더멘털'에 영향을 준 것만은 분명하다.

기본 추세 그리고 끊임없이 이어지는 재귀

대기업과 리츠 호황, 벤처 자본 호황의 차이는 무엇일까? 전자에서는 기본 추세 자체가 투자자의 편향을 이용하는 데 기반을 둔 반면 후자에서는 그렇지 않았다. 대기업의 경우 재무 상태를 부풀려 다른 기업을 인수하는 것이 목적이었고, 리츠의 경우 주식 레버리지가 목적이었다. 하지만 최신 기술 제품 개발을 이끈 기본 개념은 주식시장과 아무런 관련이 없었다. 기술주의 상승과 하락을 이해하려면 기술의 기본 추세가 어떤지 알아야 한다. 대기업과 리츠의 경우 재귀성 이론 외에 더 알아야 할 게 거의 없다.

그러나 기술주에서 나타나는 기본 추세에 대해 모든 것을 알지라도 기술주의 등락을 설명하기에는 충분하지 않다는 점을 깨달아야 한다. 또한 기본 추세와 지배적 편향, 주가 사이에 일어나는 재귀적 상호작용 역시 이해해야 한다. 두 종류의 이해를 결합하기는 매우 어려운 일이다. 기술주를 잘 알고 싶다면 업계 동향을 계속해서 면밀히 추적하고, 인식과 현실의 괴리를 이용해 수익을 올리고 싶다면 여러 집단을 옮겨 다녀야 한다. 대부분의 기술 전문가들은 재귀성을 알지 못할지라도 기술주에 대한 투자를 항상 유지하는 경향이 있다. 그들의 인기와 영향력은 재귀적 형태로 커지고 또 줄어든다. 최근 기술주가 하락한 뒤 투자자 인식의 중요성을 지나치게 민감하게 받아들이는 새로운 유형의 분석가들이 출현하고 있는 것으로 보인다. 시간이 지나면 지배적 편향과 반대로 펀더멘털 추세에 따라 기술주에 투자하는 것이 다시금 수익성 측면에서 유리해질 수 있다.

나는 전문 지식이 요구되는 기술주 투자에 매번 큰 어려움을 겪었다. 1975~1976년에 마침내 컴퓨터 산업에 대한 적절한 통찰을 얻었고 부정적 편향이 만연한 상황에서 수익을 올렸다. 그렇게 몇 년 동안 투자 포지션을 유지하다가 주식을 팔고 기술 업계에 대한 관심도 접었다. 나는 1981년 당시 가장 큰 성공을 거둔 벤처 자본가 중 한 명이 운영하는 한 벤처 펀드에 투자하지 않는 실수를 저질렀는데, 당시 제때 투자금을 다 회수할 수 있을 만큼 호황이 오래 지속되지 않을 것으로 내다봤기 때문이었다. 그 과정에서 나는 시장 전반에 대한 불안감에 사로잡혔다. 어쨌든 1983년 당시 펀드에 참여한 투자자들은 양호한 수익을 거뒀다. 그 무렵 나는 기술주에 전혀 관심을 기울이지 않았고 기술주 호황은 그렇게 나를 스쳐 지나갔다.

대기업과 리츠 호황조차도 완전히 독립적으로 전개되지는 않았다. 경제활동 수준, 규제 또는 특정 사건(예를 들면 케미컬은행 인수 시도)과 같은 외부 상황이 복합기업 열풍에 결정적인 역할을 했다. 비교적 '복잡하게' 전개된 호황에서 외부의 영향은 더욱 중요한 역할을 했다.

현재 우리는 1980년대의 기업 합병 광풍으로 역사에 기록될 또 다른 자기강화와 자기파괴 주기의 한가운데에 서 있다. 부풀린 재무상태표 대신 현금이 화폐 역할을 하고 있다. 거래 규모는 이미 복합기업 열풍을 압도하고 있다. 기업 합병 광풍은 훨씬 커다란 역사적 사건의 한 요소에 불과하고, 그것이 미치는 영향은 주식시장을 초월하며 정치, 환율, 통화 및 재정 정책, 미묘한 과세 기준, 국제 자본 이동, 그 외 여러 사건 등을 동반한다.

나는 현재 진행되고 있는 역사적 사건을 풀어내려 노력할 것이다. 하지만 이 작업은 독립적인 호황과 불황의 과정을 분석하는 것만큼 간단하지 않다. 더 큰 그림을 들여다보면 재귀적 상호작용과 비재귀적 기본 추세로 가득 차 있다. 하나의 호황과 불황에서 다른 호황과 불황으로 전환하고 동시에 여러 재귀적 과정이 공존할 수 있도록 이끄는 더 복잡한 모델이 필요하다. 이처럼 야심 찬 계획에 착수하기 전에 먼저 악순환과 선순환이 특징인 또 다른 시장을 살펴보고자 한다. 바로 통화시장이다.

2장   통화시장의 재귀성*

재귀적 상호작용은 주식시장에서 간헐적으로 일어나지만, 통화시장에서는 지속적으로 일어난다. 나는 자유 변동환율이 본질적으로 불안정하며 그러한 불안정성이 누적되어 사실상 확정적으로 자유 변동환율제도가 붕괴된다는 점을 입증하고자 한다.

통화시장에 대한 전통적인 견해는 '시장이 균형을 향해 나아가는 경향이 있다'는 것이다. 고평가된 환율은 균형이 다시 확립될 때까지 수입을 촉진하고 수출을 억제한다. 마찬가지로 경쟁력이 개선되면 환율이 절상되어 무역수지 흑자가 감소하고 균형을 되찾는다. 투기는 균형으로 나아가는 추세를 방해할 수 없다. 투기자가 미래를 정확하게 예측한다면 추세는 가속화된다. 반대로 투기자가 미래를 잘못 예측한다

---

*　〇 이 장은 1985년 4~5월에 집필했으며 1986년 12월에 수정했다.

면 기본 추세는 그에 따라 다소 지체될 수 있으나 결국에는 거침없이 진행되어 손실을 안겨줄 것이다.

하지만 변동환율이 도입된 1973년 이후의 경험은 이러한 전통적인 견해를 반증한다. 펀더멘털이 환율을 결정하는 것이 아니라, 환율이 펀더멘털에 영향을 미치는 방식을 발견한 것이다. 예를 들어, 환율이 강세를 보이면 인플레이션을 억제해 임금 수준이 안정적으로 유지되고 수입 가격은 내려간다. 1970년대 독일의 사례에서 알 수 있듯, 수출 상품을 만드는 데 수입한 자재가 큰 비중을 차지하는 국가는 통화가치가 꾸준히 절상되더라도 거의 무한대로 경쟁력을 유지할 수 있다.

사실 국내 인플레이션과 국제 환율은 일방적이지 않고 순환하는 관계다. 한쪽의 변화가 다른 쪽에서 일어나는 변화에 선행할 순 있지만, 서로 강화한다고 해서 하나를 원인으로, 하나를 결과로 규정하는 것은 무의미하다. 통화가치가 하락하고 인플레이션이 가속화되는 현상을 악순환, 또는 정반대 현상을 선순환으로 표현하는 편이 더 적절하다.

악순환과 선순환은 균형과 거리가 멀다. 그럼에도 재귀적이고 상호 자기강화적인 관계가 무한정 지속될 수만 있다면 그 순환은 균형에 가까운 상태가 이루어지게 할 수 있다. 그러나 이는 사실이 아니다. 오래 지속될수록 자기강화 과정은 더 취약해지는 경향이 있고, 결국에는 반대 방향으로 강화를 일으켜 자체적으로 뒤집힌다. 하나의 완전한 주기는 환율뿐 아니라 금리, 인플레이션 혹은 경제활동 수준에서도 커다란 변동이 나타나는 것이 특징이다.

참여자들의 편향은 체계에 불안정 요소를 끌어들인다. 본질적으로 체계가 균형으로 향하려는 경향을 갖고 있다면, 참여자들의 편향은 이러한 경향을 방해할 수 없을 것이다. 최악의 경우에도 그저 우연적이고 단기적인 변동을 일으키는 데 그칠 것이다. 그러나 인과관계가 재귀적일 때 참여자들의 편향은 악순환 또는 선순환을 일으키거나 유지하거나 파괴할 수 있다. 게다가 지배적 편향은 순환 관계의 구성 요소 중 하나로서 강력하게 자리 잡았다. 무역 불균형에 대한 평형추 역할을 할 수 있는 투기 자본 이동에서 편향이 나타나며, 무역 흑자나 적자가 규모와 지속 기간 면에서 투기 자본의 부재 아래 유지될 수 있는 수준을 넘어서게 할 수도 있다. 이러한 상황이 발생하면 투기는 불안정한 영향을 미치게 된다.

통화시장에서의 모델

국제 자본 이동은 주식시장에서 확인된 것과 유사한 자기강화와 자기파괴 패턴을 따르는 경향이 있다. 하지만 주가 변동에 사용한 모델을 통화시장에 적용하려면 상당한 수정이 필요하다. 주식시장에서는 주가와 하나의 기본 추세라는 두 변수의 재귀적 관계에 초점을 맞췄다. 가능한 한 간단한 모델을 세우고 우리의 목적에 부합하도록 복잡한 현실을 단순화하려 했다. 통화시장에서는 두 가지 변수로만 설명할 수 없다. 아무리 간단한 모델이라도 더 다양한 변수가 필요하다. 우리는 네 개의 환율 관련 변수, 네 개의 실물 관련 변수를 선택했다.

e　명목 환율(국내 통화 1단위당 외국 통화 단위 수, ↑ e = 강세)

i　명목금리

p　국내 물가 수준 대 외국 물가 수준 (↑ p = 국내 물가가 외국 물가보다 더 빠르게 상승하거나 그 반대의 경우)

v　경제활동 수준

N　비투기 자본 흐름　　　} ↑ = 유출 증가

S　투기 자본 흐름　　　　} ↓ = 유입 증가

T　무역수지　　　　　　} ↑ = 흑자

B　정부재정수지　　　　} ↓ = 적자

우리는 이러한 변수들이 서로 어떻게 연관되어 있는지 파악해야 한다. 모든 관계를 탐구하기보다 단순한 모델을 구축하는 데 필요한 관계들을 연구할 것이다. 즉, 일반 이론이 아니라 통화 이동에 대한 일부 설명만을 목표로 한다. 우리는 환율에 초점을 맞추고 다른 변수들은 필요할 때만 다룬다. 모든 변수를 정량화하지 않고 방향(↑, ↓) 또는 크기의 순서(>, <)만 가리킬 것이다.

시작하기에 앞서 일반적인 관찰을 두 가지 할 수 있다. 하나는 관계들이 순환적인 경향이 있다는 점이다. 즉, 변수들이 다른 변수들과의 관계에서 원인과 결과의 역할을 동시에 할 수 있다. 여기서 인과관계는 가로 화살표(→)로 표시한다. 또 다른 관찰은 변수들의 관계가 내적으로 일치할 필요가 없다는 점이다. 전체 상황을 특정 방향으로 움직이게 해서 악순환 또는 선순환을 만들어내는 것은 불일치다. 균형은 내적으로 일관되어야 하지만, 역사적 변동은 그렇지 않다. 물론 역사적 변동을 악순환과 선순환으로 묘사하는 것은 비유적인 표현일 뿐이다. 전반적인 체계가 움직일 때 구성 요소 간 순환적 움직임은 나선형으로 설명될 수 있다. 더욱이 무엇이 선순환이고 무엇이 악순환인지는 보는 이의 관점에 따라 다르다.

환율은 통화의 수요와 공급에 따라 결정된다. 현재로서는 수요와 공급을 구성하는 여러 요인을 무역, 비투기 자본 거래, 투기 자본 거래 등 세 가지 변수로 구분할 수 있다. 이를 종합하면 아래와 같이 자유 변동 환율 제도의 가장 단순한 모델이 완성된다.

$$(\downarrow T + \uparrow N + \uparrow S) \rightarrow \downarrow e$$

다시 말해, 세 변수의 통화 거래가 결합해 환율의 방향을 결정한다. 우리의 주요 관심사는 참여자들의 편향이 환율 변동에서 수행하는 역할을 조사하는 것이다. 원활한 조사를 위해 편향이 투기 자본 거래(S)에서만 나타나고, 무역(T)과 비투기 자본 흐름(N)은 기대와 독립적이라고 가정할 것이다. 이들이 '펀더멘털'을 이룬다. 현실적으로 '펀더멘털'은 환율의 미래 경로에 대한 참여자들의 기대에 영향을 받는다. 무역 수치는 수출 및 수입 업체들의 재고 정책에 대한 기대가 미치는 영향은 말할 것도 없고, 수출입 대금 결제를 인위적으로 앞당기거나 늦추는 리즈앤래그즈leads and lags 기법으로 왜곡된다. 자본 이동에 관한 한 완전히 예상할 수 있는 독립적인 거래는 축적된 부채에 대한 이자 지급뿐이며, 이자 수입의 재투자는 이미 투기 거래에 해당한다. 자산이 재배치될 때 투기적 고려가 작용할 수 있더라도, 상대적으로 덜 개발된 국가에서 은행 부채를 본국으로 송금하는 것은 투기적이지 않은 행위로 가장 잘 묘사될 것이다. 그렇다면 직접 투자는 어떨까? 경영진이 총수익률에만 관심이 있다면 투기적 투자로 분류해야 하지만, 산업에서는 그보다 우선해서 고려하는 사항들이 있다. 투기 거래와 비투기 거래 사이에는 많은 단계적 변화가 있다고 여겨지지만, 거래를 이 두 가지 범주로 크게 나눠도 현실과 크게 어긋나지 않을 것이다.

투기 자본 거래에 초점을 맞추는 것은 참여자의 편향이 잘 드러나는 영역이기 때문이다. 투기 자본은 총수익이 가장 높은 분야를 찾아 이동한다. 총수익에는 금리 차이, 환율 차이, 현지 통화로 환산한 자본 가치의 상승 등 세 가지 요소가 있다. 세 번째 요소는 사례마다 달라지므로 다음과 같은 일반적인 규칙을 제시할 수 있다. 투기 자본은 환율 상승과 금리 상승에 이끌려 움직인다.

$$\uparrow (e + i) \rightarrow \downarrow S$$

금리와 환율 중에서는 환율이 훨씬 중요하다. 통화가치가 크게 하락한다고 해서 총수익이 마이너스가 되는 것은 아니다. 반대로 평가절상된 통화가 금리 이점을 제공하면 총수익은 금융자산 보유자가 일반적인 상황에서 기대할 수 있는 수익보다도 높다. 그렇다고 금리 차이가 중요하지 않다는 것은 아니다. 하지만 금리 차이의 중요성은 대부분

금리 차이가 환율에 미치는 영향에서 나타나고, 이는 참여자의 인식에 따라 달라진다. 상대적 금리가 큰 영향을 미치는 것처럼 보이는 경우가 있고, 반대로 완전히 고려되지 않는 경우도 있다. 예를 들어 1982년부터 1986년까지 자본은 금리가 가장 높은 국가의 통화, 즉 달러로 몰렸다. 반면 1970년대 후반 스위스는 마이너스 금리를 적용했는데도 자본 유입을 막을 수 없었다. 게다가 금리의 중요성에 대한 인식이 잘못된 경우도 있었는데, 1984년 11월까지 달러 강세는 미국의 높은 금리 때문이라는 인식이 팽배했으나 달러 약세를 동반하지 않은 채 금리가 하락하자 이러한 견해는 신뢰를 잃었고 달러 강세는 절정에 달했다.

투기 자본은 주로 '기대'에 따라 움직인다

주가에 대한 기대가 주식시장에 영향을 끼치듯, 환율에 대한 기대도 통화시장에 영향을 끼친다. 기대는 총수익률에 이끌리는 사람들이 최우선으로 고려해야 할 사항이다. 주식시장에서 기대는 사실상 모든 투자자에게 적용되고 통화시장에서는 모든 투기 거래에 적용된다.

주식시장에서는 주가에 초점을 맞추고 배당 소득을 배제하는 모델을 사용했다. 호황과 불황의 과정에서는 주가 변동이 배당 소득보다 훨씬 중요하게 여겨지므로 큰 왜곡이 발생하지 않는다. 통화시장에서도 이와 유사한 조건이 널리 채택된다. 즉, 미래 환율에 대한 기대가 투기 자본 거래에서 주된 동기가 된다.

두 시장의 중요한 차이는 펀더멘털의 역할에서 찾을 수 있다. 주식의 경우 '펀더멘털'이 다소 모호하다는 걸 알고 있었지만, 적어도 주가가 펀더멘털과 어떻게든 연관되어 있다는 데는 의심의 여지가 없다. 통화의 경우 무역수지가 분명 가장 중요한 펀더멘털 요소지만, 1982년부터 1985년까지 달러가 강세였음에도 미국의 무역수지는 악화되고 있었다. 이를 보면 펀더멘털은 가격 추세를 결정하는 데 주식시장보다 더 연관성이 떨어지는 것처럼 보인다. 그 이유를 멀리서 찾을 필요는 없다. 바로 투기 자본 이동의 상대적 중요성에서 찾을 수 있다.

앞서 살펴본 바와 같이 투기 자본은 주로 미래 환율에 대한 기대에 따라 움직인다. 환율이 투기 자본 이동에 좌우되는 만큼 환율은 순전히 재귀적인 양상을 띤다. 기대는 또 다른 기대와 관련이 있고 지배적 편향은 거의 무한정 유효할 수 있다. 이러한 상황은 매우 불안정하다. 반대되는 편향이 우세하면 그 편향 역시 유효할 수 있다. 투기의 상대적 중요성이 커질수록 체계는 더욱 불안정해진다. 지배적 편향이 바뀔 때마다 총수익률이 얼마든지 뒤집힐 수 있기 때문이다.

우리는 주식시장에 대한 논의에서 지배적 편향이 기본 추세의 중요한 부분을 형성한 복합기업 열풍과 같은 전개를 확인했지만, 이처럼 순수한 재귀적 상황은 예외적이라는 결론을 내렸다. 이와 대조적으로, 자유 변동환율 제도에서는 재귀성이 규칙을 구성한다. 물론 순전히 재귀적인 상황은 존재하지 않는다. 투기는 환율을 결정하는 요인 중 하나에 불과하며, 기대를 정립할 때에는 다른 요인도 고려해야 한다. 따라서 기대는 완전히 가변적일 수 없으며 다른 요인에 근거를 두어야 한다. 지배적 편향이 어떻게 형성되는지, 그리고 무엇보다 그것이 어떻게 반전되는지는 우리가 당장 알아내야 할 가장 중요한 문제다.

보편적으로 유효한 답은 없다. 재귀적 과정은 특정 패턴을 따르는 경향이 있는데, 초기에는 추세가 자기강화적이어야 하며 그렇지 않으면 과정이 중단된다. 추세가 확대되면 재귀적 과정이 취약해지는데, 이는 고전적 분석의 인식에 따라 무역과 이자 지급 같은 펀더멘털이 추세에 역행하고 추세가 지배적 편향에 점점 의존하기 때문이다. 결국 변곡점에 이르러 자기강화 과정이 본격적으로 반대쪽으로 작동하기 시작한다. 이 일반적인 패턴 안에서 각 단계가 고유하게 전개된다. 참여자들의 인식이나 관련 상황이 이 과정에 영향을 받지 않은 채 유지될 수 없다는 게 재귀적 과정의 특징이다. 따라서 어떤 과정도 자체적으로 반복될 수 없다. 순환 형태로 상호작용하는 변수들조차 똑같을 수 없고, 경우에 따라 이들 변수에 동일한 가중치가 부여되지도 않을 것이다.

카터의 악순환과 레이건의 선순환

브레턴우즈Bretton Woods 체제*가 붕괴하자 달러에 중요한 재귀적 변동이

---

*　　● 1940년대 경제적 혼란이 세계대전 발발로 인해 일어났다는 반성하에, 국제 경제의 질서를 통화와 무역 양 측면에서 안정적으로 지탱하고자 하는 체제 구축이 진행되었다. 그 결과 1944년 7월 연합국 44개국 대표가 모여 국제통화기금(IMF)을 설립하고, 금환 본위제와 고정환율제를 골자로 하는 브레턴우즈 체제가 탄생했다.

두 차례 일어났고, 영국 파운드에도 적어도 그만큼의 변화가 발생했다. 무역수지와 자본 이동 간의 상호작용이 달러와 파운드 사례에서 모두 근본적으로 다르게 나타났으므로, 달러의 두 가지 주요 움직임을 비교해 보는 것이 유익할 것이다.

1970년대 후반에 달러는 특히 유럽 통화들에 비해 점진적으로 약세를 보였고, 1980년대에는 점진적으로 강세를 보였다. 이 책에서는 첫 번째 추세를 카터의 악순환, 두 번째 추세를 레이건의 선순환이라고 부를 것이다. 이 두 가지 추세의 차이를 보여주는 간단한 모델을 만들어볼 수 있다.

1970년대 후반 독일 마르크는 강세를 보였다($\uparrow e$). 투기적 매수가 마르크의 강세($\downarrow S$)를 이끌고 선순환을 유지하는 데 중요한 역할을 했다. 독일은 무역 흑자로 출발했고 통화 강세는 물가 수준을 낮추는 데 도움이 되었다. 수출품에서 수입 원자재가 차지하는 비중이 컸기 때문에 실질 환율은 명목 환율과 다르게 어느 정도 안정적으로 유지되었고($\updownarrow ep$) 무역수지에 미치는 영향은 미미했다($\updownarrow T$). 투기 자금 유입이 우세한 상황에서($\downarrow S > \updownarrow T$) 선순환이 자기강화되는 양상을 보였다.

$$\uparrow e \rightarrow \downarrow p \rightarrow \updownarrow (ep) \rightarrow (\updownarrow T < \downarrow S) \rightarrow \uparrow e$$

통화 절상 폭이 금리 차이를 초과하면서 독일 마르크를 보유하는 것이 매우 유리해졌고, 이 때문에 투기적 유입은 자기강화와 자체 검증을 동시에 수행했다.

독일에 선순환이었던 상황이 미국에는 악순환으로 작용했다. 환율이 평가절하되면서 인플레이션이 가속화되었다. 명목금리는 상승했지만 실질금리는 마이너스까지는 아닐지라도 매우 낮은 수준에 머물렀다. 자본 유출을 상쇄하기 위한 다양한 조치가 이어졌는데, 그중 독일 마르크와 스위스 프랑으로 표시된 이른바 카터채권Carter bond의 발행이 가장 극적이었지만, 연방준비제도(연준)Federal Reserve가 통화주의 긴축 정책을 채택하기 전까지는 어떠한 조치도 효과가 없어 보였다. 그러다 로널드 레이건이 대통령으로 당선되면서 달러는 지속적인 강세를 보이기 시작했다.

레이건의 선순환이 진행된 시기에 달러 강세는 미국의 무역수지를 급격히 악화시켰다. 1970년대 후반 미국은 독일과 달리 처음부터 무역 흑자로 출발하지 못했다. 게다가 통화 절상은 인플레이션 차이로 상쇄되지 않았다. 미국에서 인플레이션은 하락했지만 다른 국가에서도 인플레이션이 낮은 수준을 유지했다. 결과적으로 달러 수요가 이어지면서 미국은 전례 없는 무역 적자를 키우고 전례 없는 금리 차이를 경험했다. 달러가 강세를 유지하는 한 달러를 보유하는 것이 매우 유리했고, 경상수지 적자가 자본수지 흑자로 완전히 상쇄되는 동안 달러는 강세를 유지했다. 이러한 변화는 다음과 같이 정리할 수 있다.

$$(\uparrow e + \uparrow i) \rightarrow (\downarrow S > \downarrow T) \rightarrow \uparrow e \rightarrow (\downarrow S > \downarrow T)$$

이 모델은 분명히 지나치게 단순화한 것이다. 레이건의 선순환에 대해서는 후에 더 자세히 살펴볼 것이다. 여기서 짚어볼 점은 각각의 과정이 완전히 다른 구조를 가진다는 점이다. 1970년대 후반 독일의 경우 통화 절상은 인플레이션 차이에 의해 지속되었고 무역수지는 거의 영향을 받지 않았다. 레이건의 선순환은 인플레이션보다는 금리 차이에 의해 유지되었고, 무역 적자가 끊임없이 발생했으나 이에 상응하는 자본 유입 역시 끊임없이 증가했다. 첫 번째 경우에는 일종의 균형을 주장할 수 있었지만, 두 번째 경우에는 불균형이 뚜렷했다. 자본 유입은 달러 강세에 의존했고, 달러 강세는 계속 증가하는 자본 유입에 의존했다. 이는 끊임없이 증가하는 금리와 채무 상환을 수반했다($\downarrow N$). 물론 선순환은 무한정 지속될 수 없었다. 하지만 달러 강세가 지속되는 동안 과감히 추세에 대항한 통화 투기자들은 막대한 대가를 치러야 했다. 투기는 균형을 회복하는 데 그다지 도움이 되지 않았고, 오히려 추세를 강화해 불균형을 심화시켰다. 이러한 불균형은 언젠가 조정되어야 했다.

각각의 자기강화 순환은 고유할지라도 자유 변동환율에 대해 보편적으로 유효한 몇 가지 이론을 정립해 볼 수 있다. 첫째, 투기 거래의 상대적 중요성은 자기강화 추세가 이어지는 기간에 증가하는 경향이 있다. 둘째, 지배적 편향은 추세 추종 편향이며 추세가 오래 지속될수록 편향이 더욱 강해진다. 셋째, 한번 확립된 추세는 지속되고자 하며 완전한 경로를 거치려는 경향이 있다. 변곡점에 이르면 이러한 추세가 반대 방향으로 틀어 자기강화 과정을 일으키기 시작한다. 즉 통화는 큰 파동으로 움직이는 경향이 있으며, 각 파동은 몇 년 동안 지속된다.

이 세 가지 경향은 상호 간 자기 검증을 수행한다. 추세를 추종하는 방식으로 움직이는 투기 자본 유입이 증가하면 추세가 지속된다. 추세 추종 편향으로 이득을 볼 수 있는 이유는 이러한 지속성 때문이며, 투기로 거둔 보상은 자본이 늘어나도록 유도한다.

선순환이 오래 지속될수록 평가절상된 통화로 된 금융자산을 보유하는 것이 더 유리하고, 총수익률을 계산할 때 환율이 더욱 중요해진다. 추세에 대항하려는 사람들은 점진적으로 도태되고 종국에는 추세 추종자만이 적극적인 시장 참여자로 살아남는다. 투기의 중요성이 커지면 다른 요인들은 영향력을 잃게 된다. 투기자들을 이끄는 것은 시장 그 자체이며, 시장은 추세 추종자들이 지배한다. 무역 적자가 계속 늘어나는 상황에서도 달러가 계속 강세를 보일 수 있는 이유가 바로 여기에 있다.

심지어 당국의 개입 없이도 투기 자금 유입이 무역 적자와 늘어나는 이자 채무를 맞추지 못할 때 결국 교차점에 이르면 추세가 반전된다. 지배적 편향은 추세를 추종하므로 투기 자본은 반대 방향으로 움직이기 시작한다. 이때 일어나는 추세 반전은 자유 낙하하듯 가속된다. 그러면 투기와 '펀더멘털' 흐름이 같은 방향으로 작동한다. 무엇보다 추세 변화가 감지되면 투기 거래량이 극적으로 증가할 가능성이 크다. 파괴적인 수준까지는 아닐지라도 말이다. 추세가 지속되는 동안 투기적 흐름은 점진적으로 증가한다. 하지만 추세 반전에는 현재의 흐름뿐만 아니라 축적된 투기 자본도 포함된다. 추세가 오래 지속될수록 축적된 자본의 규모도 커진다. 물론 완화되는 상황도 있다. 하나는 시장 참여자들이 추세 변화를 서서히 인식할 가능성이 크다는 점이고, 다른 하나는 당국이 위험을 인식하고 폭락을 막기 위한 조치를 취할 수밖에 없다는 점이다. 실제로 사건이 어떻게 전개되었는지는 다음 장에서 살펴보도록 하고, 여기서는 일반적인 명제를 세우려 한다.

시장이 발휘하는 '균형의 마법'은 없다

앞서 언급한 세 가지 이론을 종합하면 투기는 점진적으로 불안정하다고 말할 수 있다. 불안정한 효과가 발생하는 이유는 투기 자본 흐름이 결국에는 반전되어야 하기 때문이 아니라, 그보다 훨씬 이후까지도 반전될 필요가 없기 때문이다. 자본 흐름이 단기간에 반전되어야 한다면 자본 거래는 조정 과정이 덜 고통스럽게 하는 완충 역할을 할 것이다. 반면 자본 흐름이 반전될 필요가 없다면 참여자들은 이러한 흐름에 의존하게 되고 결국 추세가 반전될 때 조정이 훨씬 고통스러워진다.

변동 환율의 역사가 너무 짧아 신뢰할 만한 증거를 제시하기는 어렵지만, 단기적인 투기 자금인 핫 머니hot money의 점진적 축적에 대한 일반화는 한 주기 내에서뿐만 아니라 한 주기에서 다른 주기로 넘어갈 때도 여전히 유효할 가능성이 크다. 지금까지는 투기 자본 이동의 규모가 카터의 악순환 기간보다 레이건의 선순환 기간에 훨씬 컸던 것이 사실이다. 1930년대에는 통화가치가 자유롭게 변동하지 못했기 때문에 상황은 다소 달랐지만, 당시 실증 연구에서도 핫 머니의 이동이 점차 증가했음을 확인할 수 있었다.[1]

실질금리가 높고 실물 투자 수익이 낮게 유지되는 한 핫 머니, 즉 단기 투기 자금이 계속 축적되는 이유를 알 수 있다. 평가절상된 통화에 유동적인 형태로 자본을 보유하면 실물자산에 투자하는 것보다 더 많은 보상을 얻을 수 있다. 이러한 일반적인 개념에 보편적 타당성을 부여하려면 변동환율이 금융자산의 높은 수익 그리고 실물 투자의 낮은 수익과 연관되어 있음을 증명해야 한다.

이 주장을 살펴보자. 우리는 핫 머니가 추세를 제대로 파악했을 때 매우 높은 수익을 올릴 수 있음을 확인했다. 핫 머니는 추세를 따르므로 실제로 그럴 가능성이 크다. 그런데 실물자산은 추세에 따라 이익을 취하기 위해 움직일 수 없으므로 핫 머니와 정반대다. 통화가치가 상승하면 거래 가능한 상품 부문은 어려움을 겪을 수밖에 없다. 물론 통화가치가 하락하면 수출업체에 초과 이윤을 가져다주지만, 과거에 환율로 피해를 본 경험이 있는 수출업체는 일시적인 이익을 보기 위해 투자하는 것을 꺼리고, 수익을 금융자산으로 보유하는 방식을 선호할 것이다. 이러한 행위는 핫 머니가 증가하는 원인이 된다. 이 과정은 영국 사례에서 가장 명확하게 관찰할 수 있다. 1985년 영국 파운드 환율이 1.10달러 아래로 떨어졌을 때 수출업체들은 기록적인 실적을 올렸지만 사업을 확장하지 않았다. 그들의 판단은 옳았다! 이후 파운드 환율은 1986년 4월에 1.50달러 이상으로 치솟았다. 통화가치 상승과 통화가치 하락은 모두 실물 투자를 제한하고 핫 머니의 축적을 촉진한다.

이제 또 다른 가설과 일반적인 개념을 세워보자. 장기 추세가 동력을 잃으면 단기적으로 변동성이 늘어나는 경향이 있다. 그 이유는 간단하다. 추세를 추종하는 시장 참여자들이 방향을 잃게 되기 때문이다. 이 일반적인 개념은 불확실한 증거에 근거하고 있어 잠정적으로 여겨졌지만, 1985년에 달러의 추세가 반전되자 분명한 사실로 나타났다.[2]

이러한 일반화가 실제로 유효하다면 궁극적으로 자유 변동환율 제도의 종말은 불가피하다. 변동성이 너무 심해져서 정부의 개입으로 조정하지 않으면 이 제도는 붕괴할 수밖에 없다. 통화시장은 금융시장이 본질적으로 불안정하다는 내 주장을 가장 잘 뒷받침해 준다. 시장은 기본적으로 균형으로 향하려는 경향이 '없다.' 따라서 안정적인 상태를 도입할 필요가 있다면 그에 맞는 정책 수단을 신중하게 활용해야 한다.

이러한 결론은 현재 독자에게 딱히 혁신으로 와닿지 않을 수 있지만, 그 결론이 작성된 1985년 4~5월 당시에는 일반적인 통념과 확실히 상반된 견해였다. 그때도 환율의 불안정성에 대한 불안은 널리 퍼져 있었지만, 여전히 시장의 마법을 믿는 기조가 강했다. 1985년 9월에 이뤄진 그 유명한 플라자 합의*는 당시 시장 참여자들에게 큰 충격을 주었다. 오늘날에도 자유 변동환율 제도가 점증적으로 환율을 불안정하게 만든다는 주장을 뒷받침하는 이론적 근거는 없다. 내가 이 책에서 적절한 근거를 제시했길 바란다.

나는 변동환율 제도가 도입된 이후로 통화에 투자했지만 꾸준히 수

---

*   ● 1985년 G5의 재무장관들이 뉴욕 플라자 호텔에 모여 외환시장 개입에 의한 달러화 강세를 시정하도록 결의한 조치. 달러 강세로 인한 재정적자와 무역적자의 확대를 더 이상 견딜 수 없게 된 미국이 달러를 제외한 주요 통화의 대 달러 환율을 상승시키는 등의 요청에 G5가 합의했고, 이 합의의 채택 후 독일 마르크화는 1주 만에 달러화에 대해 약 7%, 엔화는 8.3% 오르는 즉각적인 변화가 나타났다.

익을 내진 못했다. 1980년에는 수익을 냈지만 1981년부터 1985년까지 손실을 기록했다. 내 접근 방식은 신념보다는 직관에 더 많이 의존하는 임시 방책이었다. 나는 기질적으로 항상 추세를 따르기보다 변곡점을 포착하는 데 더 흥미가 있었다. 1981년까지 달러 대비 유럽 통화의 가치 상승과 하락을 모두 잡아낼 수 있었지만, 너무 일찍 포지션을 청산하고 말았다. 추세를 놓치고 나니 추세 추종자들을 뒤따르는 것이 너무 수치스럽게 느껴졌다. 나는 대신 추세가 반전되는 시점을 붙잡으려 했지만 성공하지 못했다. 1984년 초에 잠시 약간의 수익을 냈지만 이후 모두 반납하고 말았다. 나는 이번 장을 집필한 시점(1985년 4~5월)에 다시 달러에 투자하고 있었다. 이 글을 쓰는 작업은 확실히 생각을 정리하는 데 도움이 되었다.

3부에서 다룰 실시간 실험은 여기서 제시한 이론을 실제로 실험한 기록으로 보면 된다. 물론 이론이 지나치게 추상적이어서 구체적으로 예측하는 데에는 큰 도움이 되지 않는다. 특히 변곡점은 실제로 발생하기 전까지 확정할 수 없다. 앞으로 살펴보겠지만, 이 이론은 전개되는 사건들을 해석하는 데 매우 유용할 것이다.

3장　　　신용과 규제 주기*

재귀성과 신용 사이에는 특별한 관계가 있는 것처럼 보인다. 신용은 기대에 의존하고 기대는 편향을 수반한다. 따라서 신용은 편향이 사건의 전개 과정에서 인과관계의 역할을 하도록 허용하는 주요 수단 중하나다. 하지만 여기에는 그 이상의 요소가 있다. 신용은 호황과 불황으로 알려진 특정 종류의 재귀적 패턴과 관련된 것으로 보인다. 이 패턴은 비대칭적이다. 호황은 서서히 나타나 가속화되는 반면 불황은 갑작스럽고 때로는 파국을 초래한다. 반면 신용이 재귀적 과정에서 필수 요소가 아닐 때는 패턴이 더 대칭적인 경향이 있다. 예를 들어, 통화시장에서는 달러 가치가 상승하든 하락하든 큰 차이가 없어 보인다. 환율이 파동과 같은 패턴을 따르는 것처럼 보이는 것이다.

---

* 　　○ 이 장은 1985년 8월 집필했다.

나는 이러한 비대칭성이 대출과 담보 사이의 재귀적 연관성에서 비롯된다고 생각한다. 이와 관련해서 담보를 매우 폭넓게 정의하려 한다. 담보가 실제로 제공되었는지와 관계없이 채무자의 신용도, 즉 상환 능력을 결정짓는 모든 것을 담보에 포함한다. 이는 재산의 일부 또는 미래 소득의 흐름을 의미할 수 있으며, 두 경우 모두 대출 기관이 기꺼이 가치를 평가하는 데 기초가 될 것이다. 평가는 가치가 기초자산을 반영하는 수동적인 관계로 가정하는데, 이 경우 대출이 이뤄지는 긍정적 행위를 포함한다. 대출 행위는 담보 가치에 영향을 미칠 수 있고, 이것이 재귀적 과정을 일으키는 연결고리가 된다.

앞서 재귀성을 서로 반대 방향으로 작용하는 두 가지 관계로 분석한 바 있다. 하나는 주식시장이나 은행업에서처럼 미래 사건에 가치를 부여하는 '일반적' 연결(인지 기능)이고, 하나는 기대가 그 기대되는 것에 영향을 미치는 '왜곡된' 연결(참여 기능)이다. 참여 기능이 왜곡되는 이유는 그 효과가 항상 나타나는 것이 아니며, 기능이 작동하더라도 영향을 파악하기 어려워 인식하지 못하는 경향이 있기 때문이다. 금융시장이 작동하는 방식에 대한 지배적 견해는 참여 기능을 고려하지 않는 편이다.

예를 들어 전 세계적으로 대출 호황이 일어났을 때 은행가들은 자신들의 대출 행위가 채무국의 부채 비율에 긍정적인 영향을 미친다는 점을 인식하지 못했고, 복합기업 열풍이 일어났을 때 투자자들은 기업 가치에 대한 자신들의 평가가 주당순이익 성장에 영향을 미친다는 점을 인식하지 못했다. 현재 대부분의 투자자가 담보 가치가 줄어들면 경제 침체를 초래할 수 있음을 깨닫지 못하고 있다.

대출 행위는 일반적으로 경제활동을 촉진한다. 채무자는 대출을 통해 이전보다 더 많이 소비하거나 생산적인 자산에 투자할 수 있다. 물론 예외도 있다. 해당 자산이 실물이 아닌 금융자산이라면 반드시 경기 부양 효과가 나타나진 않기도 한다. 마찬가지로 부채 상환은 경기 침체에 영향을 주는데, 소비나 미래 소득 흐름 창출에 투입될 수 있는 자원이 빠져나가기 때문이다. 미상환 부채 총액이 누적되면 부채 상환에 사용되어야 하는 부분이 증가한다. 새로운 순대출만 경기 부양이 가능하며, 새로운 순대출을 안정적으로 유지하려면 대출 규모가 계속 증가해야 한다.

대출과 경제활동 사이의 관계는 간단하지 않다(이는 통화주의자들이 통화 공급에 집중하고 신용 대출을 무시하는 최선의 명분이 된다). 문제는 신용이 재화와 서비스의 물리적 생산이나 소비에 포함될 필요 없이 순전히 금융 목적으로 사용될 수 있다는 점이다. 이 경우 신용이 경제활동에 미치는 영향이 문제가 될 수 있다. 이를 논의할 때 '실물' 경제와 '금융' 경제를 구분하는 것이 도움이 된다. 경제활동은 '실물' 경제에서 이뤄지지만, 신용의 확대와 상환은 '금융' 경제에서 이뤄진다. 대출 행위와 담보 가치 사이에 일어나는 재귀적 상호작용은 '실물' 경제와 '금융' 경제를 연결하거나 '금융' 경제로 제한될 수 있다. 여기서는 첫 번째 경우, 즉 실물 경제와 금융 경제를 연결할 때에 초점을 맞출 것이다.

신용과 가치의 재귀적 상호작용

경제가 탄탄하면 신용도를 결정하는 자산 가치와 소득 흐름이 개선되는 경향이 있다. 재귀적 신용 확대* 과정의 초기 단계에서는 관련된 신용 규모가 상대적으로 적기 때문에 담보 가치에 미치는 영향이 미미하다. 따라서 확장 국면이 천천히 시작되고, 신용은 처음에는 건전한 수준으로 유지된다. 하지만 부채 규모가 커지면 총대출의 중요성이 증가하고 이는 담보 가치에 상당한 영향을 미치기 시작한다. 이 과정은 전체 신용거래가 경제를 계속 부양할 만큼 빠르게 증가할 수 없는 지점에 도달할 때까지 계속된다. 이 시점에 담보 가치는 신규 대출의 경기 부양 효과에 크게 의존하게 되고, 신규 대출이 빠르게 증가하지 못하면 담보 가치는 하락하기 시작한다. 담보 가치가 감소하면 경제활동이 위축되고, 이는 다시 담보 가치 하락으로 이어진다. 이때 담보가 충분히 활용되므로 담보 가치 하락은 대출 상환을 촉진할 수 있고, 이는 다시 가치의 가파른 하락을 이끌 수 있다. 이것이 전형적인 호황과 불황의 특징이다.

호황과 불황은 대칭을 이루지 않는다. 호황에 들어서면 신용거래의 규모와 담보 가치가 모두 최소치로 시작하고, 불황이 시작되면 둘 다 최대치를 찍기 때문이다. 하지만 여기에는 또 다른 요인이 작용한다.

---

*   ● 소로스가 말하는 신용 확대란 단순한 은행 대출의 증가뿐 아니라 채권, 주식, 파생상품 등 금융시장을 통한 레버리지 전체의 확장을 포함한다. 즉, 경제가 부채를 기반으로 팽창하는 국면을 뜻한다.

대출 상환에는 시간이 걸리며, 더 빨리 상환이 이행될수록 담보 가치에 미치는 영향이 커진다. 침체기에는 대출과 담보 간의 재귀적 상호작용이 매우 짧은 시간 내에 압축되고 그 결과 파국으로 치달을 수 있다. 축적된 포지션이 갑작스럽게 청산되는 침체기는 선행되었던 호황기와 다른 형태를 띠게 된다.

호황과 불황의 과정은 재귀성의 특수한 변형으로 볼 수 있다. 가치와 평가 행위 사이에 양방향 연결이 있을 때마다 호황이 발생할 수 있다. 가치 평가 행위는 다양한 형태를 취한다. 주식시장에서 가치 평가의 대상은 주식이고 은행에서는 담보가 된다. 가능성은 낮지만 신용이 확대되지 않아도 호황이 발생할 수 있다. 우리가 주식시장에서 연구한 두 사례인 리츠와 복합기업 열풍은 이론상으로 주식을 담보로 사용하지 않아도 전개될 수 있지만 실제로는 많은 신용거래가 관련되어 있었다. 신용이 없다면 추세 반전은 더욱 점진적인 과정이 될 것이다. 앞서 언급했듯 가치 평가의 재귀적 요소가 추세의 시작보다 반전 시점에 더 크게 작용한다는 이유로 축소가 확대와 대칭이 되지는 않겠지만, 침체기의 특징인 축소는 없을 것이다.

호황과 불황의 패턴과 그 설명은 너무 명백해서 그다지 흥미로울 게 없다. 다만 대출과 담보 사이의 재귀적 연관성이 일반적으로 인식되지 않았다는 점은 놀랍다. 경기순환에 관한 문헌은 많지만, 여기에서 서술한 재귀적 관계를 논하는 자료는 거의 보지 못했다. 게다가 교과서에서 일반적으로 다루는 경기순환은 이 책에서 논하는 신용 주기와 지속 기간 면에서 다르다. 이 책에서 경기순환은 더 커다란 패턴에 속해 있는 단기 변동을 의미한다. 일반적으로 콘드라티예프 파동Kondratieff wave 으로 불리는 커다란 주기는 인지되고 있지만 '과학적으로' 설명된 적이 없다. 현재 또 다른 경기 침체가 닥칠 것이라는 우려가 많지만, 대부분은 이전의 경기 침체와 크게 다르지 않은 경기 침체일 것이라고 생각한다. 우리가 더 커다란 주기의 쇠퇴 국면에 있다는 사실은 대체로 고려되지 않는다. 나는 제2차 세계대전 이후에 발생한 모든 불황은 신용이 확대될 때 발생했다고 여긴다. 그러나 앞으로 우리가 직면할 수도 있는 불황은 실물경제의 차입 여력이 축소될 때 발생할 것으로 전망한다. 이제 역사적으로 전례 없는 상황이 조성될 것이다.

우리가 더 커다란 주기에서 정확히 어느 지점에 있는지 판단하기는 어렵다. 고백하건대, 나는 1982년 이후 이 문제 때문에 무척 혼란스러웠다. 호황이 분명히 사그라들었는데도 불황이 아직 일어나지 않았기 때문이었다.

경기 침체는 시장에 충격을 가할 수 있다. 특히 담보가 청산되어 갑작스럽게 신용이 축소되면 그 파장이 클 수 있다. 침체가 몰고 올 사태는 그리 유쾌하지 않기에 이러한 상황을 피하기 위한 많은 노력이 행해진다. 중앙은행 제도는 갑작스럽게 발생한 심각한 신용 축소를 막기 위해 지속적으로 발전해 왔다. 공황은 일단 시작되면 걷잡을 수 없기 때문에 확산 단계에서 예방하는 것이 최선이다. 따라서 중앙은행은 그 역할이 점차 확대되어 통화 공급을 조절하기에 이르렀다. 이는 체계적인 금융시장에서 담보와 신용의 비율을 규제하는 이유이기도 하다.

지금까지 당국은 불황을 막을 수 있었다. '일반적인' 신용 확대 과정이 오래전에 정점에 이르렀지만 '일반적인' 신용 축소 과정은 당국에 의해 차단되었다. 당국에서 전례 없는 조치를 취했다는 점에서 우리는 미지의 영역에 있다고 볼 수 있다.

은행과 체계적인 금융시장이 규제를 받는다는 사실은 사건들의 경로를 대단히 복잡하게 만든다. 금융의 역사는 하나의 집단이 아닌 경쟁자와 규제 당국으로 구성된 두 집단의 참여자들이 있는 재귀적 과정으로 해석하는 것이 가장 적절하다.

이러한 제도는 우리가 주식시장에서 연구한 사례보다 훨씬 복잡하다. 주식시장에서는 규제 환경이 어느 정도 고정되어 있었다. 극적인 사건이 전개되는 배경으로 보면 된다. 하지만 이 제도에서 규제 환경은 경제 과정에서 필수적인 부분이다.

규제 당국도 시장의 참여자라는 점을 인식해야 한다. 사람들은 규제 당국을 경제 과정의 외부에서 지켜보다 참여자들이 경제 상황을 혼란에 빠뜨렸을 때만 개입하는 초인적인 존재로 간주하는 경향이 있지만, 사실은 그렇지 않다. 규제 당국도 지극히 인간적인 존재이며 불완전한 이해를 바탕으로 행동하기에 의도하지 않은 결과를 초래할 수 있다. 실제로 그들은 손익에 따라 움직이는 사람들보다 변화하는 상황에 잘 적응하지 못하기 때문에 규제는 일반적으로 다음에 벌어질 재난이 아닌 이미 지나간 재난에 대한 방지책으로 설계된다. 규제의 결함은 상황이 급변할 때 더욱 두드러지고, 경제가 느슨하게 규제될 때 환경은 더욱 급격히 변화하는 경향이 있다.

우리는 규제 당국과 당국이 규제하는 경제 사이의 재귀적 관계를 인식하기 시작한다. 이 관계는 신용이 확대되고 축소되는 과정과 동시에 일어나며 상호작용한다. 그에 따른 결과가 매우 복잡하고 당혹스러운 것은 당연하다.

규제 주기는 신용 주기의 비대칭적 특성을 갖지 않는다. 이는 신용 주기의 호황과 불황 패턴보다 통화시장을 위해 발전시킨 파동 패턴에 더 잘 들어맞는 것으로 보인다. 자유 변동 통화가 고평가와 저평가 사이에서 등락하듯 시장경제도 과잉 규제와 과소 규제 사이에서 등락하는 경향이 있다. 경기순환의 길이는 신용 주기와 상관관계가 있는 것으로 보인다. 왜 그렇게 되는지는 직관적으로 알 수 있다. 신용의 확대와 축소는 경제 변화와 많은 관련이 있으며, 이는 다시 규제의 적합성과 관련이 있다. 반대로 규제 환경은 신용이 얼마나 빠르게 어느 정도까지 확대될 수 있는지에 영향을 준다. 신용과 규제 사이에 상관관계가 있는 것은 분명하지만, 이 조사 단계에서 상호작용이 어떤 패턴으로 이뤄지는지는 너무도 불분명하다. 이것이 내가 혼란을 겪게 된 주된 이유다.

우리는 호황과 불황 패턴을 따르는 신용 주기를 확인했다. 규제 주기는 더 파동에 가까웠으며 두 주기 간 상호작용으로 나타난 패턴은 불분명했다. 물론 여기에는 세속적인 발전이 많이 내포되어 있다. 일부 패턴은 신용이나 규제 또는 둘 모두와 관련되어 있다. 앞서 중앙은행이 매번 위기를 겪은 후에 더 강력한 영향력을 행사하는 경향이 있다고 언급했다. 이는 각 주기를 고유하게 만드는 세속적인 발전이다. 대공황에서는 은행 제도와 국제무역 제도가 모두 무너졌고, 이러한 붕괴는 그 전보다 신용과 경제활동을 훨씬 심각하게 위축시켰다. 이 주기에서 대공황과 유사한 붕괴를 피하기 위해 모든 노력이 이뤄질 것이라고 확신한다. 이 책에서는 통합된 세계경제의 발전을 지원하는 정보혁명이나 수송 수단의 발전을 깊이 다루지 않았다. 이 모든 영향이 통합된 결과물이 바로 고유한 사건 경로이며, 경로는 예측하기보다 설명하기가 더 쉽다.

이러한 관점에서 바라보면 전후戰後 기간은 대대적으로 확장하는 호황기의 일부분으로, 이제 충분히 전개되어 붕괴될 지경에 이르렀다. 그러나 결정적인 순간에 당국이 개입하면서 불황을 모면할 수 있었다. 정부 조치와 시장 메커니즘 간의 상호작용은 내가 레이건의 제국적 순환로 칭한 고유한 상황을 만들어냈다. 이제 우리는 제국적 순환이 완화되기 시작하는 결정적 순간에 직면했으며, 규제 당국은 불황을 막기 위한 또 다른 해결책을 모색해야 한다.

과한 규제는 신용 문제를 해결하지 못한다

같은 전후 기간에 경제는 정부 규제에서 벗어나 제한받지 않는 경쟁이 일어나는 환경으로 거의 완전히 전환되었다. 현재는 여전히 규제 완화를 선호하는 편향이 늘어나고 있지만, 동시에 특정 분야에 대한 정부 개입의 필요성이 다시 강조되기 시작하는 흥미로운 시점에 놓여 있다. 예컨대, 은행 업계에서는 이미 규제가 강화되고 있다.

이러한 측면에서 전후 시대의 역사를 되돌아보면 어떨까? 현재의 신용 주기는 제2차 세계대전이 끝난 후에 시작되었으며 규제 주기의 기원은 뉴딜New Deal 정책 시절로 거슬러 올라간다. 하지만 세계경제를 고려하면 브레턴우즈 체제의 출범을 시발점으로 삼을 수 있다. 이후에 뒤따른 확장 국면은 국제무역과 투자에 대한 제약 철폐와 밀접한 관련이 있다. 그러나 국제 자본 이동은 브레턴우즈 체제에 전혀 예상하지 못한 문제들을 안겨주었고, 이 문제들은 아직도 해결되지 않았다.

나는 여기서 모든 이야기를 다 전하진 않으려고 한다. 내가 적극적으로 관여하게 된 시점부터 살펴보고, 직접 경험한 경로를 설명할 것이며, 따라서 이 조사는 더욱 실험적인 성격을 띠게 될 것이다.

내 경험은 1973년 고정환율 제도가 붕괴된 이후에 시작되었다. 고정되었던 관계는 재귀적 영향을 받게 되었고, 내 관심은 특정 기업과 산업에서 거시경제로 옮겨 갔다. 1972년 당시에는 알아차리지 못했지만 '성장 은행'에 관한 내 연구가 전환점이 되었다.

나는 시간이 지나면서 거시경제 동향의 불안정성이 주관적, 객관적 측면에서 점점 혼란스러워지고 있음을 알게 되었고, 1981년 적극적 투자에 나서지 않기로 결심했다. 그리고 1982년 위기 이후에는 국제 부채 문제에 관한 이론적 연구를 시작했다. 나는 1982년 위기가 신용 확대 과정에서 정점을 찍었다고 잘못 인식하고 있었다. 당국에서 불황을 막기 위해 충분한 조치를 취하지 않았다고 생각했다. 그때까지 당국이 너무 많은 규제를 하고 있다는 사실을 깨닫지 못했던 것이다. 규제 당국은 실제로 그 어느 때보다 불건전한 토대 위에서 신용을 계속 확장하고 있었다. 미국은 개발도상국을 '최후의 채무자borrower of last resort'로 바꿔놓았고, 상업은행들은 이들 국가를 상대로 제공한 대출에서 벗어나 방향을 틀어 공격적으로 확장을 시도했다. 이러한 움직임은 1984년에 또 다른 일련의 위기를 초래했는데, 이는 은행과 저축 기관에 실질적인 전환점으로 작용했다.

현재 우리는 당시 절정에 이른 호황이 몰고 온 후유증으로 고통받고 있다. 미국 정부는 이후로도 계속해서 점차 규모를 늘려 계속 돈을 빌려왔지만, 이제 여기에도 전환점이 다가오고 있다. 달러는 쇠퇴하기 시작했고, 외국인들은 평가절하된 통화로 상환을 받게 될 것이다. 여전히 활기를 띠고 있는 신용 창출 과정에서 최후의 거대한 엔진은 기업 합병 광풍이 한창인 주식시장일지도 모른다. 하지만 주식시장은 실물경제를 부양하지 못한다.

상호 연관된 신용 주기와 규제 주기의 이론적 틀은 이 책을 집필하는 과정에서 내게 어느 정도 분명해졌지만, 이러한 규명 과정이 끝났다고 단언할 수는 없다. 그렇지만 나는 현시점에서 이론적 틀을 요약하는 것이 적절하다고 판단했다. 이 책에서 설명한 이론적 틀을 사용해 1972년 이후에 전개된 사건들을 설명하려 한다. 독자들은 이러한 설명이 실험적인 이론적 틀이 정립되기 이전에 작성되었음을 분명히 알아두길 바란다.

추가. 1986년 12월

나는 글을 작성한 후 1985년 8월부터 1986년 말까지 신용 주기와 규제 주기의 진화를 예측하기 위해 실시간 실험을 진행했고 흥미로운 결론에 도달했다. 그 주기는 1982년에 멈춘 것으로 보인다. 금융 당국이 성공적으로 개입하지 않았다면 국제 부채 위기는 은행 제도의 붕괴로 이어졌을 것이다. 다행히 붕괴는 막을 수 있었지만, 그 위기가 불러올 수 있었던 진정한 추세 반전 역시 일어나지 못했다. 우리는 지금 계속해서 벼랑 끝으로 몰리다가 발밑에 심연이 펼쳐지려 할 때 다시 반동하는 제도 속에서 살고 있다. 재앙이 닥쳤을 때 결집하는 응집력은 위험이 물러나자마자 분열하는 경향이 있고, 그 과정은 다양한 형태로 반복된다. 이러한 현상은 국제 대출, 미국의 재정 적자, 국제통화 제도, 석유 수출국 기구OPEC, 은행 제도, 금융시장에서 관찰할 수 있다. 1987년은 분명 보호무역주의가 국제무역 제도를 붕괴 직전까지 몰아가는 해가 되겠지만 아마도 그보다 더 심각한 상황은 벌어지지 않을 것이다.

2부

역사적 관점

4장　　국제 부채 문제

재귀성 분석에서 가장 중요한 문제는 어떤 요소를 선별해 집중할지 결정하는 것이다. 금융시장을 다룰 때에는 상대적으로 간단하다. 중요한 변수는 시장가격이고, 그러므로 고려해야 할 요소는 시장가격에 영향을 미치는 것들이다. 하지만 영향을 미칠 수 있는 요소의 수는 무한대에 가깝기에 하나의 기본 추세와 하나의 지배적 편향만을 사용하는 것은 지나치게 단순한 방식이다. 이 방식은 역사적 과정의 변증법까지는 아니어도 역학을 설명하는 데 유용할지 모르지만, 사건의 실제 경로를 예측하고 설명하기에는 부적절하다.

특정 시장의 경계를 벗어나면 선택의 문제는 훨씬 복잡해진다. 우리가 다루고 있는 현상을 설명할 수 있는, 상호작용을 하는 구성 요소의 집합이 필요하다. 그러나 같은 현상을 설명할 수 있는 다른 집단이 있을 수 있으므로 적합한 집단을 선택했는지 확신하기 힘들다. 잠재적 구성 요소가 지나치게 많다는 점은 특히 미래의 사건 경로를 예측하려 할 때 문제가 되는데, 앞으로 어떤 요소가 중요해질지 알 수 없기 때문이다.

국제 대출의 호황과 불황이 이를 보여주는 대표적인 사례다. 국제 대출은 현재 경제 상황에서 빼놓을 수 없는 요소다. 그 자체로 보면 호황과 불황의 과정을 보여주는 거의 완벽한 예라 할 수 있다. 전체적 측면에서 보면, 국제 대출은 고려해야 할 많은 요소 중 하나에 불과하다. 국제 부채 문제는 은행 제도가 발전하는 데 결정적인 역할을 해왔다. 은행 제도의 발전은 전반적인 상황에서 중요한 요소이며 그 자체로도 중요한 재귀적 과정이다.

그렇다면 국제 대출을 다루는 최선의 방법은 무엇일까? 적어도 세 가지 관점에서 이 문제를 고려해야 한다. 국제 대출은 그 자체로 재귀적인 현상이며, 은행 제도를 발전시키는 하나의 요인이자 현재 경제 상황의 일부라는 관점이다. 나는 과도한 중복을 피하기 위해 이 세 가지 관점을 동시에 고려할 것이다. 이 경로를 선택해 현실 세계에서 재귀적 과정의 복잡성을 실질적으로 보여주려 한다. 분석이 쉽진 않겠지만, 이 세 가지 관점을 분리해 다루면 어느 정도 왜곡은 불가피하다. 은행 제도의 발전에 관심이 있다면 채무자보다는 채권자(대출자)에 주목해야 한다. 그러므로 개발도상국의 미래를 탐구하려면 초점을 돌려야 한다.

오일 머니와 국제 대출 호황의 시작

국제 대출 호황의 기원은 적어도 1973년 제1차 석유파동으로 거슬러 올라가야 한다. 그러나 은행 제도의 발전을 논하려면 그보다 더 과거로 가야 하며, 최근 역사를 지배한 경제 주기를 이해하려면 1971년에 브레턴우즈 체제가 붕괴된 시점부터 들여다봐야 한다. 하지만 이는 너무 오래전에 일어난 일이므로 1972년 초반을 출발점으로 삼고 미국의 은행 제도부터 살펴보려 한다. 공교롭게도 그 시점은 내가 '성장 은행의 사례The Case for Growth Banks'라는 제목의 주식시장 보고서를 작성한 때이기도 하다.

당시 은행은 몹시 고루한 기관으로 여겨졌다. 은행 경영진들은 1930년대 대공황에 따른 실패에 충격을 받았고, 수익이나 성장보다 안전을 가장 우선으로 고려했다. 은행 업계 구조는 사실상 규제를 받아 얼어붙었다. 주 경계를 넘나드는 사업 확장은 금지되었고, 일부 주에서는 은행의 지점 영업조차 금지되었다. 정체된 사업은 고루한 인력들을 끌어모았고, 은행 업계에는 이렇다 할 변화나 혁신이 거의 일어나지 않았다. 은행주株는 자본 이득을 노리는 투자자들에게 외면받았다.

은행 업계는 고요해 보였지만 물밑에서 변화가 일고 있었다. 경영대학원에서 교육을 받고 수익 관점에서 생각하는 새로운 유형의 은행가들이 등장한 것이다. 이러한 새로운 사고방식을 이끈 정신적 지주는 뉴욕퍼스트내셔널시티은행이었다. 이곳에서 훈련을 거친 사람들이 다른 은행으로 옮겨 가 상위 직책을 맡았다. 새로운 종류의 금융 상품이 도입되고 일부 은행에서는 자본을 더 공격적으로 활용하기 시작했으며 훌륭한 성과를 거두었다. 주 정부에서 규제하는 한도 내에서 몇몇 은행 인수가 이뤄지면서 대형 은행이 출현했다. 대형 은행들은 일반적으로 자기자본을 14배에서 16배로 높였다. 뱅크오브아메리카는 자기자본을 20배까지 늘렸다. 수익성이 좋은 은행들은 자기자본수익률이 13%를 초과했다. 다른 산업에서 이 같은 자기자본수익률에 더해 10% 이상의 주당순이익 성장까지 기록했다면 아마 주식이 자산 가치 이상으로 상당한 프리미엄을 얹은 가격에 팔렸겠지만, 은행주만큼은 프리미엄이 거의 없는 수준에서 거래되었다. 은행주를 분석하는 증권 분석가들은 은행주가 상대적으로 저평가되고 있다는 사실을 알고 있었지만, 상황이 조정되기에는 기본적인 변화가 지나치게 점진적으로 진행되고 가치 평가가 너무 안정적이어서 가망이 없다고 판단했다. 하지만 많은 은행이 당시 기준으로 적정 레버리지로 간주되었던 수준을 넘어서는 지점에 도달했다. 은행이 계속 성장하려면 추가로 자기자본을 조달해야 했다.

이러한 배경에서 퍼스트내셔널시티가 증권 분석가들을 대상으로 만찬을 주최했는데, 이는 은행 업계에서 전례가 없는 행사였다. 나는 당시 초대를 받지 못했지만, 이 행사를 계기로 공격적으로 경영하는 은행들의 주식을 매수할 것을 추천하는 보고서를 발표했다. 나는 그 보고서에 이 책에서 설명한 상황을 기록했고, 경영진이 좋은 소식을 발표하기 시작했으므로 은행주가 곧 부활할 것으로 전망했다. '성장'과 '은행'은 서로 모순되는 용어처럼 보였지만, 나는 은행주의 성장으로 그 모순이 곧 해결될 것이라고 썼다.

실제로 1972년 은행주는 좋은 움직임을 보였고 나는 약 50%의 수익을 올렸다. 좀 더 민첩하게 대응한 일부 은행들은 자본 조달에도 성공했다. 장부 가격보다 높은 프리미엄에 자본을 조달하는 과정이 정착되었다면 은행이 건전한 기반을 바탕으로 확장할 수 있었을 것이며 은행제도는 다른 과정을 밟으며 발전했을 것이다. 하지만 실제로 인플레이션이 가속화되고 금리가 상승하면서 13%의 자본수익률로는 더 이상 은행들이 프리미엄 가격에 주식을 팔 수 없게 되자, 은행 제도의 진화는 제대로 시작도 못 한 채 멈췄다.

그 후 제1차 석유파동의 여파가 이어지면서 엄청난 자금이 산유국으로 유입되었다. 산유국들은 이렇게 늘어난 자금으로 무엇을 해야 할지 몰라 은행에 쌓아두기만 했고, 뱅커스트러스트와 같은 몇몇 은행은 예금을 거절해야 하는 지경에 이르렀다. 이른바 오일 머니를 어떻게 재순환시킬지가 중요한 문제로 떠올랐다. 정부 부처 간 계획을 주제로 논의가 활발히 이뤄졌지만, 사우디아라비아가 IMF와 세계은행에 제공하는 기여금을 일부 늘리는 것 외에는 별다른 성과가 없었다. 산업화 국가 정부들은 참담하게도 위기에 적절히 대처하는 데 실패했고, 결국 오일 머니의 재순환은 은행들의 몫으로 돌아갔다.

은행들은 정부를 대신해 이 문제에 뛰어들었고 제 기능을 훌륭하게 수행했다. 넘쳐나는 자금으로 대출을 공격적으로 확대하고 많은 채무자를 찾아냈다. 석유가 나지 않는 개발도상국들은 부채를 늘려 재정적자를 메우려 했고, 석유가 나는 국가들은 막대한 석유 매장량을 내

세워 자금을 빌리고 야심 차게 확장 계획에 착수했다. 동유럽 국가들은 서방 은행들로부터 빌린 막대한 금액으로 공장을 건설하고 제품을 생산해 판매하면 대출을 상환할 수 있다는 희망을 품었다. 그런 의미에서 이 시기에는 국가 간 긴장이 완화되었다. 그렇게 국제 대출 호황이 시작되었다.

우선 은행들은 OPEC의 잉여금을 재활용했다. 시간이 지나면서 산유국들은 가장 정교한 군사 무기를 구매하고, 무서운 속도로 경제를 확장하고, 다이아몬드와 부동산을 사들이고, 다른 장기 투자를 진행하는 등 새롭게 벌어들인 부를 활용할 다른 길을 찾았다. 한편 은행 자금에 대한 수요는 계속 증가했다. 은행들은 점점 신용의 원천으로 떠올랐다. 각 대출은 다른 곳에서 예금을 창출했고, 은행들은 자체 활동으로 대출 자금을 만들어낼 수 있었다. 유로달러Eurodollar(미국 외 은행에 예금된 달러) 시장은 규제를 받지 않았기 때문에 은행은 해외 관계사의 부채에 대해 최소 지급 준비금 요건을 유지할 필요가 없었다. 또한 해외 관계사가 자발적으로 신용을 억제하는 방법 외에는 무한정 신용을 공급하는 행위를 막을 방법이 없었다.

하지만 국제 대출로 얻는 수익이 너무 많아져서 재고할 여지가 그다지 없었다. 국제 대출은 거래가 대규모로 이뤄질 수 있었고, 금리가 반대로 움직일 때의 위험은 변동 금리를 사용해 최소화할 수 있었다. 관리 비용은 기업 대출에 비해 훨씬 낮았다. 은행 간 치열한 경쟁이 벌어지면서 대출 금리와 예금 금리의 차이는 아주 적게 유지되었다. 그럼에도 국제 대출은 은행 업무 중에서 가장 쉽고 수익성이 높은 형태가 되어 이 분야에 경험이 없는 은행들까지 대거 뛰어들었다. 이 기간에 런던에 진출한 은행의 수가 급증했고, 국제 대출은 은행 업계에서 가장 빠르게 성장하는 부문이 되었다. 물론 당시 은행들이 그 이후에 벌어진 사건을 사전에 고려해 적정 수준의 지급 준비금을 마련해 두었다면 애초에 그토록 높은 수익을 달성하지 못했을 것이다.

미국 은행 업계의 외형은 이 기간에 대체로 정체되었다. 인수합병을 통한 사업 확장은 규제에 가로막혀 엄격히 제한되었다. 그러나 은행들의 내부 구조는 상당한 변화를 겪었다. 당시 업계에서는 은행 지주회사를 설립하는 것이 대세였는데, 이러한 형태의 변화는 지주회사 차원에서 추가로 레버리지를 일으키게 되므로 총자산 대비 자본 비율이 계속해서 악화되었다. 이른바 에지법Edge Act(미국에서 국제 금융 업무를 전담하는 은행의 설립을 인정한 법률)에 따라 설립된 자회사들은 은행에 적용되는 일부 제약에서 벗어날 수 있었다. 가장 범위가 넓은 영역은 해외였다. 따라서 미국 은행이 해외로 진출하고 외국 은행이 미국에 거점을 마련하는 식으로 기업 활동 대부분이 국제적으로 이뤄졌다. 예를 들면 시티코프는 수익의 4분의 1 이상을 브라질에서 벌어들였다.

당시는 급속한 기술 혁신이 이뤄진 시기이기도 했다. 컴퓨터 사용은 기업 활동을 가속화하고 이전에는 상상할 수 없었던 운영을 가능하게 했다. 많은 새로운 금융 상품과 기법이 고안되었고, 은행업은 불과 10년 만에 훨씬 정교한 사업으로 변모했다. 이러한 추세는 오늘날까지도 빠른 속도로 이어지고 있다.

인플레이션과 채무가 반영하고 반영되며 만들어낸 함정

규제 당국이 직면한 과제는 혁신 속도와 경쟁의 국제적 성격으로 인해 복잡해졌다. 규제 당국은 실무자들보다 언제나 한발 뒤처져 있었고, 업계는 어떤 규제가 시행되든 이를 우회하는 방법을 찾는 데 숙달되었다고 해도 과언이 아니었다. 또한 당국은 국제 무대에서 자국의 산업이 동등한 조건으로 경쟁하는 것을 방해하고 싶지 않았기에 규제 강화에 신중한 태도를 보였다. 그렇게 규제 제약이 없는 환경에서 개별 은행들이 시장 점유율을 놓고 서로 경쟁하면서 시장 전체가 비약적으로 성장했다. 은행들은 묻지도 따지지도 않고 거래처를 확보하는 데 급급했다. 채무국들은 적은 정보만 제공하고도 쉽게 대출을 받을 수 있었고, 대출해 준 은행들은 이들 국가가 다른 기관에서 얼마나 많은 금액을 빌렸는지조차 알지 못했다.

채무국들은 국제수지 적자로 어려움을 겪을 때 IMF에 요청하기보다 상업은행들과 거래하는 것을 선호했다. 브레턴우즈 체제에서 IMF와 세계은행이 수행하도록 고안된 기능 중 하나인 구제금융을 상업은행들이 대신 수행하게 된 셈이다. 은행들은 브레턴우즈 기관들이 제시하는 규모를 크게 웃도는 수준으로 개발도상국들에 자원을 이전했고, 채무국들의 문제에 개입하는 일도 훨씬 적었다. 그러니 개발도상국이 IMF를 멀리하는 것도 당연했다. 영국과 같은 선진국들은 주로 IMF에 지원을 요청했지만 개발도상국들은 상업은행에 더 의존했다. 1973년과 1979년 사이에는 국제 신용 대출이 폭발적으로 증가했다. 이는 1970년대 제2차 석유파동 때 절정에 이른 전 세계적인 인플레이션 호황의 토대가 되었다.

돌이켜 보면 확실히 채무국들은 빌린 돈을 현명하게 쓰지 못했다. 그들은 기껏해야 브라질의 이타이푸댐처럼 돈만 많이 들고 정작 쓸모는 없는 대규모 프로젝트에 돈을 쏟아부었다. 심지어 아르헨티나와 칠레 같은 '남미 원뿔꼴 지역' 국가들은 무기를 사들이거나 비현실적으로 높은 환율을 유지하는 데 돈을 썼다. 당시에는 이것이 터무니없는 결정이었다는 것을 인식하지 못했다. 실제로 브라질은 기적처럼 회복한 경제로 여겨졌고, 칠레는 통화주의 미덕의 표본으로 칭송받았다.

국제 대출이 너무 빠르게 성장하면서 관련 은행들의 자본과 지급 준비금이 재무상태표의 성장 속도를 따라잡지 못할 만큼 은행들은 과도하게 사업을 확장한 상태였다. 그러나 은행들의 대출 포트폴리오는, 적어도 외관상으로는 건전해 보였다. 실제로 당시 상황에서 가장 눈에 띄는 특징은 채무국들이 부담해야 할 전체 부채 금액이 심상치 않은 속도로 증가하는 동안에도 이들의 상환 능력을 결정짓는 데 사용된 전통적인 기준치를 계속 충족했다는 점이다.

은행은 신용도를 측정하는 데 '비율'을 사용한다. 예를 들면 수출 대비 대외 부채, 부채 상환, 경상 적자 같은 비율로 표시하고 평가하는 것이다. 은행의 국제 대출 행위는 이러한 비율로 측정되는 채무자의 상환 능력을 부채만큼 빠르게 증가시킨 자기강화 과정과 자기 검증 과정을 일으켰다. 대출을 늘리면 채무국에 외화가 유입되므로, 비율을 따져보면 단기적으로 수출이나 유동성 지표가 개선되는 모습을 보이기 때문이다. 즉, 부채가 늘수록 채무자의 상환 능력도 함께 상승하는 착시가 나타난 것이다.

이 과정의 핵심은 1970년대에 만연했던 금리 상황에서 찾을 수 있다. 당시 실질금리는 매우 낮았고 종국에는 마이너스 수준까지 내려갔다. 유럽 통화시장은 중앙은행의 통제 밖에 있었기 때문에 그 성장이 어떤 국가의 통화 정책에도 직접적인 영향을 미치지 않았다. 은행의 기능이 OPEC 잉여 자금의 재순환에서 벗어나 신용 창출로 전환되었을 때 미국의 통화 정책은 완화 기조를 유지했다. 달러 가치는 하락하기 시작했고, 금리는 물가 상승을 따라잡지 못했다. 실질금리의 하락은 부채 상환 비용을 낮추었고 채무국들의 상환 능력을 높였다. 이는 동시에 채무국들이 더 열심히 자금을 빌리도록 만들었다. 신용 확대는 세계경제를 부양하고 수출 실적에 전반적으로 도움이 되었다. 개발도상국들은 수출 상품에 대한 높은 수요를 누렸고 덕분에 무역 조건도 개선되었다. 실질금리 하락과 세계 무역 확대, 원자재 가격 상승, 달러의 평가절하 등 긍정적인 조건이 맞물리면서 채무국들의 부채 증가가 가능해졌고 더욱 장려되었다.

신용 확대의 자기 검증 과정인 인플레이션은 여러 면에서 건전하지 못했다. 물가와 임금은 빠른 속도로 상승했고, 국가 간 국제수지 적자와 흑자가 굳어졌다. 은행의 재무상태표도 악화되었다. 은행 대출로 자금을 조달한 투자 활동의 상당 부분이 잘못된 방향으로 설정되었다. 채무자들의 상환 능력은 환상에 불과했지만, 자기 검증 과정이 이어지는 한 전 세계의 경제는 번영을 지속했다. 금리가 낮거나 마이너스 수준에 머물면서 저축이 억제되고 소비는 높은 수준을 유지했다. 대출이 저렴해지면서 투자가 촉진되었고, 자금은 금융자산에서 실물자산으로 이동했다. 높은 소비와 재고, 활발한 투자 활동이 어우러져 호황의 조건이 갖춰졌다.

이 호황은 에너지 수요를 계속 증가시켰고, OPEC 국가들은 더욱 부유해져 당장의 석유 수출에 따른 소득을 늘릴 필요성이 줄어들었다. 실질금리가 마이너스인 탓에 석유를 은행에 현금으로 보관하기보다 땅에 묻어두는 편이 낫다고 판단할 정도였다. 이러한 상황에서 1979년 이란이 석유 생산을 감축하자 두 번째 석유파동이 터지며 유가가 폭등했다.

그런데 이번에는 반응이 사뭇 달랐다. 특히 영국과 미국에서는 인플레이션이 주요 관심사가 되었다. 유럽 대륙과 일본은 긴축 통화 정책을 시행해 자국 통화의 평가절상을 허용함으로써 인플레이션의 폐해에서 벗어날 수 있었다. 유가가 달러로 고정되어 있어 유럽과 일본에서는 석유 가격이 하락했고, 인플레이션이 없었기에 자국 통화의 평가절상에도 수출 경쟁력을 유지할 수 있었다. 반면 영국과 미국에서는 대규모 재정 적자와 무역 적자가 발생했고 인플레이션이 심각한 문제로 대두되었다. 영국은 IMF에 도움을 요청해야 했지만, 세계 기축통화인 달러를 쥐고 있던 미국은 아무 제한 없이 확대 통화 정책을 단행할 수 있었다. 그렇지만 그로 인한 인플레이션이 국내외 경제에 미친 영향은 정책 선호도를 바꿔놓았다. 가파른 물가 상승에 대한 두려움이 경기 침체에 대한 두려움을 능가한 것이다. 미국의 통화 정책은 제2차 석유파동에 대응해 긴축으로 전환되었고, 이러한 정책 기조는 경제가 둔화하기 시작한 후에도 그대로 유지되었다.

통화주의는 경제 정책을 이끄는 원칙이 되었다. 이전에는 중앙은행이 금리를 관리해 경제활동에 영향을 주려 했지만, 이제는 통화량을 관리하는 데 중점을 두게 되었다. 금리는 자체적으로 적정 수준을 찾도록 허용되었지만, 안타깝게도 그 수준이 지나치게 높았다. 금리가 높았던 주된 이유는 재정 정책이 여전히 경기를 부양하고 있어 통화 공급 확대를 억제하려면 대단히 제한적인 통화 정책이 필요했기 때문이다.

재정 정책은 공급 측면 경제학의 영향을 받았다. 세율을 낮추면 재정에 미치는 영향이 상쇄될 만큼 경제활동이 활성화될 것으로 여겨졌다. 그 후 정부 지출을 축소해 재정 적자도 줄일 수 있었다. 그러나 세율을 낮추는 동시에 국방비 지출을 늘리기로 결정하면서 균형 재정은 달성할 수 없게 되었다. 팽창하는 재정 적자와 엄격한 통화 목표가 상호작용하면서 금리는 하늘 높이 치솟았다. 높은 금리는 감세 정책의 경기 부양 효과를 집어삼켰다. 재정 적자는 확대되었고 경제는 깊은 불황에 빠져들었다.

이러한 변화는 전 세계에 막대한 영향을 미쳤다. 채무국들은 세 배로 오른 유가, 원자재 가격 폭락, 급등하는 금리, 달러 강세, 전 세계적인 경기 침체로 타격을 입었다. 결국에는 마구잡이식으로 돈을 빌려 총부채를 30%나 늘렸지만, 이들의 신용도를 측정하는 비율은 급격히 악화되었다. 폴란드와 포클랜드 사태*도 신뢰를 떨어뜨리는 데 일조했다. 한동안 은행들이 마지못해 대출 행위를 계속한 쇠퇴기가 있었다. 대출 만기가 단축되었고, 일부 국가에서는 유동성 문제가 발생했다. 1982년 멕시코 부채 위기가 터졌고, 지나치게 많은 부채를 진 국가들을 대상으로 실행한 자발적 대출이 사실상 중단되었다. 채무국들의 상황은 대부분의 은행가들이 생각했던 수준 이상으로 훨씬 암담했다. 예컨대, 브라질은 국제수지 적자를 메우기 위해 거래 은행에 알리지 않고 은행 간 단기자금 시장을 이용했다. 국제 대출 호황은 불황으로 바뀌었다.

1982년의 위기가 준 교훈

이제 당연히 국제 대출 호황을 재귀적 과정으로 분석할 차례다. 앞서 기술한 내용에는 호황과 불황의 과정에 필요한 모든 요소가 포함되어 있다. 그 요소들은 무엇일까? 첫째, 기본 추세와 참여자들의 인식 사이에 재귀적 관계가 있어야 한다. 둘째, 재귀적 관계를 통해 기본 추세에 영향을 미치는 참여자들의 인식에 결함이 있어야 한다. 추세는 편향과 함께 지속 불가능한 지점에 이를 때까지 편향을 강화한다. 일반적으로

---

*   ● 1980년 폴란드에서는 대대적인 파업이 일어나 공산주의 체제를 위협했고, 1982년에는 아르헨티나가 영국령 포클랜드섬을 침공하면서 포클랜드전쟁이 발발했다.

추세는 처음 형성될 때 건전해 보이지만, 상당히 진전되고 나면 그제야 결함이 분명하게 드러난다. 참여자들이 점차 경계하고 주저하면서 추세가 동력을 잃게 되는 쇠퇴기가 이어지고, 궁극적으로 추세가 건전하지 않고 지속 불가능하다는 인식이 시장을 엄습한다. 예측이 자기실현되고 추세는 반전되면서 때로는 치명적인 결과를 몰고 올 수 있다.

국제 대출의 경우, 은행과 채무국 사이에 여러 재귀적 관계가 형성된다. 은행은 부채 비율을 사용해 한 국가의 차입 능력을 측정한다. 이러한 비율은 일반적으로 객관적인 척도로 고려되지만 실제로는 재귀적인 측면이 있다. 앞서 살펴본 바와 같이 수출과 국민총생산GNP은 다양한 방식으로 국제 대출 규모에 영향을 받는다. 게다가 부채 비율은 채무국의 상환 의지가 아닌 상환 능력만을 측정한다. 상환 의지를 측정하려면 본질적으로 정치적 성격을 띤 다른 계산이 필요하다. 결정적인 변수는 부채 상환이 아니라 순자원 이전, 즉 부채 상환과 새로운 신용 유입의 차액이다. 채무국이 자유롭게 돈을 빌릴 수 있는 한 채무국의 상환 의지는 의심받지 않는다. 채무국은 이자를 지불하는 데 필요한 돈을 언제든 빌릴 수 있다. 하지만 신용 흐름이 중단되는 순간, 상환 의지는 중요한 문제가 된다. 은행가들은 대대적인 대출 호황기에 이 문제를 직시하려 하지 않았다. 이러한 태도를 보여주듯, 시티코프의 전 회장이자 CEO였던 월터 리스턴Walter Wriston은 "주권 국가는 파산하지 않는다"라고 단언했다.[1]

앞서 살펴봤듯 제2차 석유파동이 발생하기 전까지는 부채 비율이 대체로 만족스러운 수준을 유지했고 은행들은 대출 업무에 열을 올렸다.

하지만 부채 비율이 마침내 악화되기 시작하자 은행들은 상환을 걱정하기 시작했고 대출 의지가 꺾이면서 1982년 위기가 촉발되었다. 당시 위기는 순자원 이전과 상환 의지 사이의 재귀적 관계를 불러와 자발적 대출이 영구적으로 붕괴되는 결과를 초래했다. 그 후에 일어난 사태에 대해서는 다음 장에서 다룰 것이다. 이 장에서는 1982년까지 시장을 장악했던 제도를 분석하는 데 초점을 맞추고자 한다.

상업은행들이 국제 대출 포트폴리오에서 폭발적인 성장을 지속하고 그러길 원했던 이유는 앞으로 몇 년 동안 뜨거운 논쟁을 불러일으킬 흥미로운 질문이 될 것이다. 이에 대한 답변 중 하나는 은행들이 제도의 건전성에 대한 자신들의 책임을 고려하지 않았다는 점이다. 은행업은 경쟁이 치열한 사업 분야지만 규제 대상이 되기도 한다.

과도한 대출을 방지하는 것은 중앙은행의 역할이다. 상업은행은 규제라는 보호막 아래에서 운영되긴 하지만, 기존 규제의 틀 안에서 수익을 극대화하려 한다. 이들에게는 사업 활동의 체계적 효과에 주의를 기울일 여유가 없다. 수익성이 좋아 보이는 사업을 거부하는 상업은행가는 한직으로 밀려날 수 있다. 어떤 은행이 대출 확대를 자제하기로 결정하더라도 그 자리를 차지하려는 다른 은행이 많다. 따라서 국제 대출 호황이 건전하지 못하다는 사실을 깨달은 은행가조차도 이 경쟁에 뛰어들지 않으면 설 자리를 잃을 수밖에 없는 것이다.

우리는 여기서 한 가지 중요한 교훈을 얻을 수 있다. 참여자들은 호황이 언젠가 폭락으로 이어질 수밖에 없다는 사실을 알아차리더라도, 호황이 일어나는 것을 막을 수 있는 위치에 있지 않다. 이는 모든 호황과 불황의 과정에서 마찬가지다. 은행이 시장의 추세를 완전히 멀리하는 것은 가능하지도 않고 바람직하지도 않다. 예를 들어, 담보 신탁에 관한 분석에서 나는 분명히 좋지 못한 결과를 예측했지만, 주가가 폭락하기 전에는 일반적으로 큰 폭의 상승이 선행하므로 지금이 매수할 기회라고 조언했다. 실제로 일부 투자자들은 기민하게 대응했다. 하지만 그들이 그렇게 하지 않았다 해도, 호황과 불황의 과정은 더디게나마 진행되었을 것이다.

참여자가 할 수 있는 최선은 적절한 시기에 참여를 중단하는 것이다. 하지만 그것이 항상 가능한 것은 아니다. 예를 들어 변동환율 제도에서 금융자산 보유자는 어떤 통화를 보유할지 결정할 때 실존적 선택을 해야 한다. 옵션을 매수하는 것 외에는 특정 통화를 보유하는 것을 피할 수 없기 때문이다. 국제 대출의 경우 시티코프는 호황 후반기에 시장 점유율을 신중하게 축소했지만, 그렇다고 해서 극적인 상황이 전개되는 것을 막진 못했고 결국에는 그러한 상황에 휘말리고 말았다. 대부분의 은행들은 채무국들의 상황이 급격히 악화되고 있음을 알아차렸지만 쉽게 빠져나올 수 없었다.

여기서 얻어야 할 교훈은 금융시장에는 감독이 필요하다는 점이다. 입법이든 규제든 중앙은행의 가벼운 암시든 일정한 형태의 개입만이 호황과 불황이 걷잡을 수 없을 만큼 과도하게 전개되는 것을 막을 수 있다.

중앙은행의 역사는 위기와 그 이후에 뒤따른 제도적 개혁의 역사로 볼 수 있다. 국제 부채 위기의 교훈이 아직 받아들여지지 않았다는 것은 정말 놀라운 일이다. 규제되지 않는 경쟁을 옹호하는 사람들은 그 어느 때보다 목소리를 높이고 영향력을 행사하고 있다. 이들은 규제 기관의 비효율성을 근거로 내세우는데, 이들의 지적이 일리가 있다는 점은 인정해야 한다. 참여자들은 국제 대출 호황이 걷잡을 수 없이 확산되는 것을 막을 수 없었지만, 통화 당국은 그럴 수 있었을 것이다. 그런데 왜 실패했을까?

이 질문에는 뚜렷한 정답이 없다. 신뢰할 만한 통계가 부족했지만 중앙은행들은 유로달러 시장이 폭발적으로 성장하고 있다는 사실을 알고 있었다. 그들은 최후의 대출자로서 책임을 인식한 후 1975년 초에 각자의 책임 영역을 규정했지만, 유로달러 대출의 성장을 규제할 필요성을 느끼지 못했다. 왜 그랬을까? 이 질문에 대해서는 좀 더 철저한 역사적 연구가 필요하지만, 나는 두 가지 잠정적 가설을 제시하려한다.

하나는 중앙은행의 감독 대상인 상업은행을 좌지우지한 경쟁 압박에 중앙은행 자체가 영향을 받았다는 점이다. 중앙은행이 규제를 가했다면 중앙은행의 관리하에 있는 은행들은 다른 은행들에 사업을 빼앗겼을 것이다. 전 세계 모든 중앙은행에서 공동으로 대응해야만 급성장하는 유로달러 시장을 통제할 수 있으니 말이다. 그러기 위해서는 제도적 개혁이 필요했지만, 통화 당국은 개혁의 필요성을 인식하지 못했다. 개혁은 대개 위기가 발생한 후에 일어난다. 사전에는 아무 조치도 이뤄지지 않는다.

바로 이 대목에서 두 번째 가설이 제기된다. 나는 중앙은행이 잘못된 이념에 이끌려 행동하고 있다고 본다. 당시는 중앙은행들 사이에서 통화주의가 득세하고 있던 시기였다. 통화주의는 인플레이션이 신용이 아닌 통화의 함수라고 주장한다. 통화주의가 유효하다면 신용의 증가가 아니라 통화 공급의 증가를 규제해야 한다. 따라서 중앙은행이 통화 공급을 규제하는 한 그 시장은 자체적으로 조절할 것이므로 중앙은행 차원에서 유로달러 시장에 개입할 필요가 없다.

이는 난해한 문제라서 내가 완전히 이해했다고 말하기는 어렵다. 은행 재무상태표에는 한 측면에 통화를, 한 측면에는 신용을 표시한다. 밀턴 프리드먼Milton Friedman은 이 다른 측면이 통화 측면에 의해 결정되므로 중요한 것은 통화라고 말한다.[2] 나는 재귀성 이론을 근거로 프리드먼의 이론이 틀렸다고 믿게 되었다. 양측이 재귀적 양상을 띠며 서로 영향을 주고받기에 통화 공급을 조절하려는 그의 바람은 비현실적이라고 여긴다. 그를 정면으로 비판할 만큼 충분한 전문 지식을 갖고 있진 않지만, 통화 공급이 항상 규제 당국이 바라는 대로 움직이지 않는다는 실증적 증거를 제시할 순 있다.

유로달러 시장의 성장이 1970년대 전 세계 인플레이션에 어떤 역할을 했는지는 아직 밝혀지지 않았다. 국제 대출의 축소가 현재 세계경제를 휩쓸고 있는 듯한 디플레이션(물가 하락) 압력에 어느 정도 영향을 미쳤는지도 알 수 없다. 나는 국제 대출의 확대와 축소가 세계경제에 중요한 영향을 끼쳤다고 굳게 믿고 있다. 그러나 내 견해는 일반적으로 받아들여지지 않고 있고, 이 문제는 오늘날까지도 해결되지 않은 상태로 남아 있다. 내 생각이 맞다면 국제 신용 규모는 경제 정책을 수립할 때 중요한 고려 사항이 되어야 한다. 통화 당국은 1970년대 후반에 걷잡을 수 없는 수준으로 신용 규모가 커지는 문제를 그대로 방치하는 심각한 실수를 저질렀다. 1982년의 위기는 자유 시장의 실패인 동시에 규제의 실패다.

이 문제는 나중에 다시 다룰 것이다. 규제 시장과 자유 시장의 불완전성은 이 책의 주요 주제 중 하나다. 이제 우리는 1982년의 위기에 대응하며 발전한 새로운 국제 대출 제도를 살펴봐야 한다.

5장 　 집단 대출 제도

규제 당국이 적극적이고 독창적으로 개입하지 않았다면 국제 부채 위기는 의심의 여지 없이 은행 제도의 붕괴로 이어져 전 세계 경제에 끔찍한 결과를 초래했을 것이다. 이러한 제도 붕괴가 마지막으로 발생한 시기는 1930년대였다. 그때의 경험을 계기로 재발 방지를 위한 제도적 틀이 확립되었다. 따라서 당국에서 개입하지 않은 채 사건이 전개되도록 방치했다고 보기는 어렵다. 그보다는 당국이 개입한 형태가 역사상 유례없는 상황을 야기했다고 봐야 할 것이다.

중앙은행은 제도적 장치를 마련해 최후의 대출자로서 역할을 할 수 있는 권한과 의무를 갖게 되었다. 하지만 은행에 유동성을 공급하는 것만으로는 거대한 부채 문제를 해결할 수 없었다. 부채 규모가 은행의 자기자본을 크게 웃돌았기 때문이다. 채무국들에 채무불이행을 허용했다면 은행 제도는 지급 불능 사태에 빠졌을 것이다. 각국의 중앙은행은 전통적인 역할을 넘어 채무국들을 구제하기 위해 힘을 모았다.

1974년 영국에서 하나의 선례가 생겼다. 당시 영란은행은 소규모 저축 은행들에 거액을 빌려준 청산 결제 은행들에 책임을 묻기보다 영란은행의 관할 밖에 있었던 저축 은행들을 구제하기로 결정했다. 1982년의 위기는 채무자를 구제하는 이러한 전략이 국제적인 차원에서 적용된 첫 사례였다.

중앙은행은 그러한 전략을 실행할 만한 충분한 권한을 갖지 못했기에 모든 채권국 정부들이 참여하고 IMF가 핵심 역할을 수행하는 임시 조치가 이뤄져야 했다. 국가별 구제 방안이 차례로 마련되었다. 일반적으로 상업은행들은 만기를 연장하고 국제 금융기관들은 새로운 현금을 투입했으며, 채무국들은 국제수지를 개선하기 위해 고안된 긴축 계획에 동의했다. 대부분의 상업은행도 채무국이 이자를 계속 지불할 수 있도록 현금을 추가로 마련해야 했다. 구제 방안은 국제 협력이 이룬 괄목할 만한 성과였다. IMF와 국제결제은행Bank for International Settlement, 각국의 정부와 중앙은행, 그리고 수많은 상업은행이 참여했다. 예를 들어, 멕시코에서는 상업은행 500여 곳이 포함되었다. 이 책에서는 이 참여자들을 '집단Collectives'으로 지칭할 것이다.

이 과정은 단기간에 걸쳐 여러 번 반복되었다. 실제로 일어난 일에 관한 이야기는 흥미진진하지만 여기서는 결과를 분석하는 데에만 집중하려 한다.

위기 이후에 등장한 대출 제도는 1982년에 붕괴된 제도와 여러 면에서 정반대 성향을 띤다. 이전의 제도는 경쟁에 기반했다. 은행들은 이익을 추구하고 서로 치열하게 경쟁을 벌이면서 자발적으로 대출을 해주었다. 반면 새로운 제도는 협력에 기반한다. 은행들은 이미 예치된 자산을 보호하기 위해 대출을 실행하고, 이를 위해 다른 은행들과 공동으로 행동한다. 이전 제도는 긍정적인 방향으로 재귀적이었다. 이를테면 은행의 대출 의지와 능력이 채무국의 상환 능력과 의지를 강화했고, 반대로 채무국의 상환 능력과 의지도 은행의 대출 의지와 능력을 강화했다.

반면 현재 상황에서는 재귀성이 반대 방향으로 작동한다. 은행은 대출 능력과 의지가 없고, 채무국은 상환 능력과 의지가 없다. 둘은 자기강화적으로 상호작용한다. 다양한 참여자가 적극적으로 협력해 시장 붕괴를 막아야만 이 제도가 지탱될 수 있다. 채권국에서는 채무국이 기존 부채를 상환할 수 있도록 새로운 신용을 확대하고, 채무국에서는 필요한 새 신용 규모를 최소한으로 유지하는 긴축 계획을 수용하는 형태로 조치가 이뤄진다. 이 최소한의 금액은 채권국과 채무국 사이의 긴밀한 협상에 달려 있다. IMF는 이러한 협상을 주도적으로 중개해 왔는데, 채무국들은 일반적으로 IMF에 영구적으로 협정을 감시하는 역할을 맡기는 것을 마지못해 허용했다.

이 제도는 채권국과 채무국을 제도의 일부분으로 남기기 위해 그들의 한정적인 이익 추구마저 포기하게 해야 하므로 매우 불안정하다. 채무국의 경우 포기해야 하는 부분은 음(-)의 자원 이전으로 측정되며, 은행의 경우 새로 확대하는 신용 금액으로 측정된다. 하지만 채무국은 새로 연장된 신용 대출에 대한 이자를 지불하고 채권국은 이자를 받게 되므로 양측의 희생은 대칭을 이루지 못한다. 은행은 이자나 원금의 일부를 탕감하는 경우에만 실질적으로 손실을 보게 된다. 그러나 집단 대출 제도는 채무의 무결성을 보존해야 한다는 원칙에 기반한다. 이 원칙이 집단을 유지한다. 안타깝게도 여기에는 한 가지 중요한 문제가 남는다. 채무국은 부채를 상환하기 위해 채권국의 양보가 필요하지만, 이러한 양보는 미래의 채무로 누적된다. 이 문제를 인식한 은행은 대손충당금bad debt reserves을 비축하는데, 집단 대출을 유지하는 원칙을 깨지 않으면서 대손충당금을 채무국에 넘겨줄 방법을 아직 찾지 못했다.

집단 대출 제도에 대한 분석과 예측

집단 대출 제도는 예기치 못한 상황에서 예고 없이 등장했다. 이 제도는 처음부터 과도기적인 형태를 띠고 있었고, 다른 모습으로 변화할 수밖에 없었다. 집단 대출 제도에 제기할 수 있는 가장 흥미로운 의문은 궁극적으로 어떤 결과가 나올 것인가다. 안타깝게도 이 질문에 만족스러운 답을 찾기는 쉽지 않을 것이다.

우선 재귀적 과정에는 미리 정해진 결과가 없다. 결과는 과정이 진행될 때 결정된다. 한편 예측 자체가 결과에 영향을 줄 수는 있다. 이 경우에는 집단이 임무를 완수할 것이라는 희망이 집단을 유지하는 주된 동력 중 하나가 된다. 그 희망과 관련된 모든 진술은 즉시 집단이 관련된 상황의 일부가 되므로 객관적인 토론 진행이 불가능하다. 그럼에도 이 질문은 중요하다. 내가 취한 접근 방식이 답을 도출하는 데 도움이 될까? 그리고 그 답이 재귀성 이론의 발전에 도움이 될까?

나는 1983년 7월과 1984년 3월에 두 편의 논문[1]을 발표했다. 국제 부채 문제를 구체적으로 명시하진 않았지만 재귀성 이론을 사용해 분석하고자 했다. 약간의 수정을 가한 보고서의 내용은 다음과 같다.

많은 부채를 진 국가의 경우 자발적 대출이 붕괴하면서 대대적인 재조정이 불가피했다. 부채 재조정은 4단계로 나눌 수 있다. 첫 번째 단계에서는 수입이 감소하고 두 번째 단계에서는 수출이 증가한다. 이 두 단계를 거치는 동안 국내 경제활동은 둔화된다. 세 번째 단계에서는 국내 경제활동이 회복되고 수입과 수출이 모두 증가한다. 네 번째 단계에서 늘어난 국내총생산GDP과 수출 금액이 늘어난 부채 상환 금액을 초과하면서 조정이 완료된다.

첫 번째 단계는 비자발적으로 일어난다. 신용 흐름이 중단되면 수입이 줄어들면서 무역 적자가 자동으로 해소된다. 생활수준이 낮아지며 생산공정에 차질이 빚어질 수 있고 국가가 불황에 빠질 수 있다. 집단에 요구되는 대출 금액은 채무국이 부채 상환을 충당하기에 충분한 무역 흑자를 신속하게 만들어내느냐 아니냐에 따라 결정된다.

두 번째 단계에서는 실질적인 조정이 시작된다. 통화가 실질적으로 평가절하되고 내수가 감소하면서 방치되고 있던 생산 자원이 수출로 재배치된다. 무역수지가 개선되고 부채 상환 능력도 증가한다.

이 시점에서 상환 의지와 대출 의지가 중요해진다. 채무국은 국내 경기 회복을 지원하기 위해 수입을 늘려야 하는데, 이는 음의 자원 이전에 투입 가능한 금액이 줄어든다는 것을 의미한다. 이 장애물을 통과하면 세 번째 단계가 시작된다. 국내 경기 회복은 음의 자원 이전을 더욱 유리하게 만든다. 경제가 확장되면 수출이 GDP보다 빠르게 증가하고 국가의 신용도가 개선되기 시작한다. 그렇게 조정 과정이 마무리된다.

대출 측면에서 볼 때, 집단 대출은 자원이 만성적으로 부족한 상태에서 운영된다. 상업은행은 생존이 위태로운 은행과 최소한으로 관련된 은행 두 유형으로 나눌 수 있다. 첫 유형이 집단의 핵심을 이룬다. 이들은 참여할 것으로 예상되나 참여할 능력이 제한되어 있다. 최소한으로 관련된 은행들을 대상으로 더 많은 설득이 필요하다. 절박함이 줄어들면 이들은 뒤로 물러나려 하고, 주요 은행들만 남아 새로운 신용을 공급하게 된다. 은행 범주는 유동적이다. 미국, 영국, 일본의 대형 은행들은 늘 핵심 구성원일 것이며, 미국 지방은행들과 수많은 대륙 은행은 초기부터 최소한으로 활동했다. 이 두 유형 사이에는 현재 존립이 위태롭지만 향후 최소한으로 관여할 수 있도록 일정 기간에 걸쳐 준비금을 충분히 비축할 수 있는 은행도 많다.

구성 은행 수가 실제로 또는 잠재적으로 감소하면 집단의 자원이 최대로 활용된 상태 그대로 머물 가능성이 있다. 국제 대출 기관들이 추가로 자금을 수혈하지 않으면 집단은 수요를 충족할 수 없지만, 이 기관들 역시 자금을 최대로 끌어 쓴 상태다. 따라서 집단은 최대의 자원 이전을 추진할 수밖에 없고, 이는 2단계와 3단계 사이의 장애물을 통과하기 어렵게 만든다.

나는 집단 대출 제도를 "위기를 통해 탄생한 제도"로 결론지었다. 이 제도는 "생존하려면 비상 상황이 필요하고, 집단이 계속 존립하는 데 필요한 비상 상황을 만들도록 설계되었다".

집단 대출 제도의 실제 전개

돌이켜 보면 나는 두 가지 심각한 실수를 저질렀지만, 이 분석 틀은 대체로 오랜 기간 검증을 거쳤다. 첫째, 나는 채무국이 두 가지 이유로 음의 자원 이전을 용인한다고 주장했다. 하나는 자본시장에 대한 접근성을 유지하기 위함이고 하나는 자산 압류를 피하기 위함이다. 그런데 수출 시장에 대한 접근성을 유지하기 위함이라는 세 번째 이유가 있었다. 나는 가장 중요한 것으로 드러난 이 이유를 고려하지 않았다. 국내 시장이 혼란에 빠진 상황에서 수출 시장이 봉쇄될 수 있다는 위협은 강력했다. 아르헨티나는 수출품 대부분이 대체 가능한 상품이었기 때문에 수출 금지 조치를 극복할 수 있는 가장 좋은 위치에 있었다. 신발과 철강과 같이 특정 시장으로 수출되는 품목도 많이 보유하고 있었다. 게다가 새로 선출된 아르헨티나 정부는 서방 세계로부터 고립되는 것을 원하지 않았기에 '경제적 포클랜드섬*' 사태만은 피하기로 결정했다. 결과적으로 채무불이행 위협은 내 예상만큼 심각하지 않았다.

나는 분석에서 처음 두 가지 이유에 큰 의미를 두지 않았다. 자본시장에 대한 자유로운 접근과 관련해 1982년 이전에 널리 퍼져 있던 대출 제도는 영구히 붕괴되었다고 주장했다. 이러한 주장은 긍정적인 편향이 부정적인 편향으로 대체되었고, 이를 극복하는 데는 오랜 시간이 걸릴 것이라는 오해에 근거한 것이었다. 개발도상국에 공급된 은행 대출이 예상보다 훨씬 적다는 사실이 이러한 분석을 뒷받침한다. 나는 자산 압류를 다소 공허한 위협으로 치부했다. 그 이후 이러한 관점을 모두 기록으로 남겼다.[2] 나는 가장 강력한 세 번째 이유를 간과한 채 "채무국이 채무를 이행하도록 보장할 유일한 방법은 상환 의무에 근접하는 금액의 신용 대출을 제공하는 것"이라는 결론을 내렸다.

그러나 이 결론은 틀렸다. 1984년 기존 대출에 대한 이자 중 새로운 신용 대출 형태로 선지급해야 하는 금액은 절반 미만이었고, 새로운 신용 대부분은 상업은행이 아닌 다른 곳에서 공급되었다. 결과적으로 상업은행에서 발생한 현금 유출은 내가 상상했던 것처럼 심각하지 않았고, 핵심 은행들과 최소한으로 관련된 은행들 사이의 긴장도 극에

---

*　　● 1982년 아르헨티나는 영국령인 포클랜드제도를 침공했으나 패전했고, 그 결과 국제사회, 특히 미국·영국과의 관계가 악화되어 심각한 외교적 고립을 겪었다. '경제적 포클랜드섬'이란 이에 빗대 경제적 고립 상태를 가리킨 말이다.

달하지 않았다. 사실 핵심 은행들도 악성 부채에 대비해 준비금을 비축하고 자본 비율을 개선하기 시작했다.

내 두 번째 실수는 채무국이 수출을 늘리는 능력을 과소평가했다는 점이다. 세계경제는 예상보다 훨씬 강력했다. 다음 장에서 그 이유를 논할 것이다. 특히 브라질은 내 예상을 크게 웃도는 무역 흑자를 기록했는데, 1984년 브라질 정부의 공식적인 수출 목표액은 90억 달러였지만 실제로는 120억 달러를 넘어섰다. 이러한 수출 강세는 완만한 내수경기 회복으로 이어졌고 덕분에 브라질은 3단계에 진입할 수 있었다.

이 두 가지 실수 탓에 내 분석은 지나치게 비관적으로 흘러갔다. 1984년 2월에 나는 "3단계에서 많은 진전이 이뤄질 가능성은 점점 희박해지고 있으며, 현재 제도에서 4단계는 점점 달성하기 어려워 보인다"라고 전망했다. 그러나 1985년까지 몇몇 주요 채무국이 3단계에 진입했고 최악의 상황은 벗어난 것처럼 보였다. 그 후 1986년 유가가 급격히 하락하면서 멕시코가 큰 타격을 입었다. 이 위기는 외부적 요인에 기인한다 볼 수 있지만, 최근 브라질의 상황은 훨씬 불길해 보인다. 조제 사르네이Jose Sarney 정부의 경제 안정화 정책인 크루자두 플랜 Cruzado Plan*이 실패로 돌아가면서 브라질 경제는 순식간에 과열되었고

---

*　● 1970년대 후반부터 1980년대 초까지 브라질은 외채 급증과 극심한 인플레이션에 시달렸다. 1985년 군사 정권이 막을 내리고 첫 대통령으로 취임한 조제 사르네이는 인플레이션을 억제하고 경기를 안정시키기 위해 '크루자두 플랜'을 시행했는데, 기존 화폐(크루제이루)를 폐지하고 신화폐 크루자두를 도입하며 임금과 물가, 환율을 동결하고 최저임금을 인상하는 등 여러 영역에 걸친 개혁이었다. 초반에는 성공한 것처럼 보였으나 심각한 부작용이 나타나며 다시 엄청난 인플레이션이 발생했다.

국제무역수지는 위험한 수준으로 악화되었다. 재선에서 압도적인 승리를 거둔 정부는 곧 경제를 통제하기 시작했다. 국내의 정치적 고려 사항이 국제 부채 의무보다 우선시될 게 자명하므로 1987년은 브라질 부채 협상에서 위기의 해가 될 것이다.

채무국에 대한 채권국의 입장은 상당히 완화되었다. 미국 재무장관 제임스 베이커James Baker가 1985년 10월 서울에서 열린 세계은행 회의에서 제시한 계획은 채무국의 국내 성장이 필요하다는 사실을 인식하고 있었다. 그 이후 브래들리 플랜Bradley Plan에서는 특히 누적된 부채에 대한 이자와 원금의 일부를 탕감하는 안을 지지했다. 사실 채무국들의 무역 흑자는 미국에 골칫거리가 되었다. 그렇지만 은행들이 수년 전보다 준비금을 잘 비축한 덕분에 1987년에는 대출 탕감 조치와 함께 어느 정도 보호 조치를 취할 수 있게 되었다. 지난 5년간의 경험이 하나의 지침이 된다면, 변화는 제도 붕괴를 초래할 만큼 급진적이지 않을 것이다.

내 분석 틀은 세부적인 부분에서 실수가 있었지만 대체적으로 여전히 유효하다. 성공적인 조정을 위한 청사진이라기보다 실패를 극복하기 위한 모델로 보면 된다. 앞서 살펴본 바와 같이 집단 대출 제도는 붕괴의 위협이 존재해야 함께 유지된다. 이는 1982년 이래로 널리 확산된 많은 협약에서 나타나는 특징이기도 하다.

6장　　레이건의 제국적 순환*

국제 부채 위기가 벌어지던 시기에 나는 주식시장의 호황과 불황의 과정에 유사한 신용 확대와 축소를 다루는 다소 조잡하고 모호한 모델을 연구하고 있었다. 나는 1982년을 전 세계적으로 신용이 확대되던 시기가 끝나는 시점이라고 생각했고, 미국이 '최후의 채무자'로 등장하리라고는 미처 예상하지 못했다.

미국에서는 재정 적자가 대폭 증가했는데, 이는 서로 상충하는 정책 목표가 불러온 의도치 않은 결과였다. 레이건 대통령은 세금을 줄여 경제에서 연방 정부의 역할을 축소하려 했고, 한편으로는 공산주의의 위협에 맞서 강력한 군사태세를 갖추려 했다. 이 두 가지 목표는 한정

---

* 　○이 장은 1985년 8월에 집필을 마쳤으며 이후 수정을 거치지 않았다. 그 이후에 전개된 사건은 실시간 실험(제3부)에서 다룬다.

된 균형 재정으로는 동시에 추구할 수 없었다.

문제는 재정 정책과 통화 정책이 서로 상반된 두 학파에 좌우되었다는 점이다. 재정 정책은 '공급 측면' 경제학에 영향을 받았지만, 통화 정책은 통화주의에 따라 결정되었다.

공급 측면에서는 감세가 생산량과 납세 의지에 상당한 부양 효과를 준다고 믿었다. 인플레이션이 악화되지 않으면서 경제가 빠른 속도로 성장하고, 세수가 증가하면 재정이 균형을 회복할 것이라고 예상한 것이다. 이는 철저하게 재귀적으로 접근한 추론이었으며, 이런 논리가 대개 그렇듯이 심각한 결함을 안고 있었다. 이러한 추론의 정당성은 보편적으로 인정받는가에 달려 있으므로 양자택일의 명제가 된다. 협상에 따라 작동하는 민주주의에서 이러한 명제는 잘 드러나지 않는다. 이 경우에는 정부 정책에 영향을 미치는 또 다른 주요 학파가 있었기 때문에 성공 가능성이 특히 낮았다.

통화주의자들은 우선 목표가 인플레이션을 통제하는 것이며, 이를 위해 통화 공급을 엄격하게 규제해야 한다고 믿었다. 미국 연준은 지금까지 해왔던 것처럼 단기금리를 조정하는 대신에 통화 공급 목표를 고정하고 연방 기금 금리가 자유롭게 변동되도록 허용했다. 연준의 새로운 정책은 1979년 10월에 도입되었으며, 1981년 레이건 대통령이 취임했을 때 금리는 이미 사상 최고 수준을 기록했다. 레이건 대통령은 첫 예산안에서 세금을 인하하고 동시에 군사 지출을 늘렸다. 국내 지출을 줄이기 위한 노력을 기울였지만, 저축은 두 항목을 상쇄할 만큼 충분하지 않았다. 국민 저항이 가장 적은 길을 택했지만, 이는 결국 대규모 재정 적자로 이어졌다.

엄격한 통화 공급 목표액의 한도 내에서 재정 적자를 충당해야 했기 때문에 금리는 전례 없는 수준으로 치솟았다. 재정 정책과 통화 정책의 충돌은 경기 확장 대신 심각한 경기 침체를 초래했다. 예상치 못한 고금리는 경기 침체와 맞물리며 1982년 국제 부채 위기를 촉발했다. 헨리 카우프만Henry Kaufman은 정부의 재정 적자가 다른 채무자들을 시장 밖으로 몰아낼 것이라고 오랜 기간 경고해 왔다.[1] 그의 경고가 옳았다는 것이 증명되었지만, 시장에서 가장 먼저 쫓겨난 것은 국내 신용 사용자가 아닌 외국 정부였다.

제국적 순환이 가져온 영향

연준은 1982년 8월 멕시코 위기에 대응하기 위해 통화 공급을 완화했다. 마침 재정 적자가 빠르게 늘어나기 시작했다. 완화된 정책이 시행되자 경제는 활기를 되찾았고, 경기 침체가 심각했던 만큼 회복은 활기차게 이뤄졌다. 민간 부문과 기업 부문에서 이뤄진 막대한 지출과 은행 제도가 이를 뒷받침했다. 군사 지출은 더욱 증가했다. 민간 부문에서는 늘어나는 실질소득을 누렸고, 기업 부문에서는 감가상각과 기타 세금 감면의 혜택을 누렸다. 은행들은 거의 모든 신규 대출이 은행 대출 포트폴리오의 질을 개선하는 효과가 있었기에 앞다퉈 대출을 늘렸다.

이 모든 부문에서 나오는 수요가 너무나 강력해서 금리는 초기에 하락한 후 역사적 고점에서 안정을 찾다가 결국 다시 상승하기 시작했다. 은행들은 공격적으로 예금을 끌어모았고, 금융자산 보유자들은 정부 채권보다 은행 예금에서 더 높은 수익을 올릴 수 있었다. 외국 자본은 금융자산에 대한 높은 수익과 레이건 대통령이 드러낸 자신감에 매료되어 예금으로 유입되었다. 달러 강세와 양의 금리 차이가 맞물리면서 달러로의 유입은 거부할 수 없는 흐름이 되었다. 달러 강세는 수입을 유도했고, 이는 초과 수요를 충족시켜 물가 수준을 낮추는 데 기여했다. 견고한 경제와 통화 강세, 대규모 재정 적자와 무역 적자가 서로 강화하면서 인플레이션이 없는 성장을 달성하는 자기강화 과정이 진행되었다. 미국이 해외로부터 상품과 자본을 끌어들여 군사태세를 강화하는 데 필요한 자금을 지원했다는 점에서, 나는 이러한 순환 관계를 레이건의 제국적 순환이라고 불렀다. 이러한 순환은 경제 중심부에 긍정적인 영향을, 주변부에는 부정적인 영향을 주었다.

제국적 순환은 통화주의와 공급 측면 경제학 사이에 발생하는 내부 모순을 기반으로 삼고 있음을 알 수 있다. 그 결과는 의도하지도, 예상하지도 못한 것이었다. 중대한 역사적 발전의 상당수는 참여자들이 무슨 일이 일어나고 있는지 충분히 깨닫지 못한 채 발생한다. 1974년과 1982년 사이에 개발도상국으로 향한 막대한 자원 이전은 계획적이고 조직적인 방식으로 이뤄지지 않았고, 앞서 살펴본 바와 같이 집단 대출 제도도 의도되거나 예고되지도 않은 채 자연스럽게 일어났다.

대부분의 전문 경제학자들은 이런 선순환이 나타나거나 유지될 수 없다고 생각했지만 레이건 대통령은 전문 지식이 부족했음에도 경제 자문들보다 무엇이 가능한 상황이었는지 더 잘 이해했던 것으로 보인다. 결국 제국적 순환의 재귀적 과정은 레이건의 탁월한 재귀적 개념인 그의 리더십과 잘 어우러졌다. 레이건은 재정 균형의 필요성을 좋게 언급하는 것으로 만족했고, 경제 자문을 맡은 마틴 펠드스타인Martin Feldstein이 재정 적자 문제를 제기하자 그를 무시하고 결국 교체했으며 재정 적자를 그대로 내버려두었다. 이유는 분명하지 않다. 하지만 당시 유럽인들은 달러 강세에 대해 불평했고, 미국 행정부는 이를 그대로 방치하는 정책을 고수했다.

미국의 선순환은 채무국들에게는 악순환이다. 미국의 무역 적자는 다른 국가의 무역 흑자에 반영된다. 수출 실적이 증가해 과도한 부채를 진 국가가 이자를 상환할 수 있게 된다면 그 효과는 유익한 것으로 판단될 수 있지만, 이 경우에도 그에 따른 혜택은 대출 기관의 몫으로 돌아간다. 그 외 채무국들은 높은 실질금리와 매우 불리한 무역 조건에 허덕였다. 달러는 빌릴 때는 저렴해도 이자를 지불해야 할 때는 비싸다. 수출 경쟁은 수출 상품의 가격을 떨어뜨린다. 채무국의 대외적 성과는 대부분의 예상치를 뛰어넘었지만, 국내 성과는 그리 만족스럽지 못했다. 경제 회복이 거의 이뤄지지 않은 국가가 상당수이고, 비교적 성공을 거둔 국가들조차 1인당 소득은 정체되었다. 이제 막 소득이 증가하기 시작하니 무역 흑자가 악화되기 시작했다. 가장 취약한 몇몇 국가는 국내 경제와 부채 상환 능력이 모두 한계점까지 악화되었다. 아프리카의 여러 국가, 페루와 도미니카 공화국을 포함한 몇몇 라틴아메리카 국가, 카리브해 국가 등이 이러한 경우에 속한다.

선진국의 경우 늘어난 대미 수출이 경기 부양 효과를 가져왔지만, 대응은 매우 미온적이었다. 기업들은 생산 능력을 완전히 가동하는 시점에 달러 가치가 하락할 것을 우려해 생산량을 늘리기 주저했고, 그 우려는 현실로 나타났다. 반면 금융자산을 달러로 보유하는 것은 거부하기 힘든 매력을 발휘한다. 이러한 현상은 특히 환율 변동이 심한 영국에서 두드러졌다. 유럽 전체가 높은 실업률과 낮은 성장률로 침체를 겪으면서 '유럽 경화증Eurosclerosis'이라는 말이 유행처럼 번졌다. 극동 지역은 새롭게 산업화를 거친 국가들의 추진력과 중국의 개방에 힘입어 훨씬 큰 역동성을 보여주었다. 일본은 현 상황에서 가장 큰 수혜국이 되었다. 일본의 입장은 미국과 거의 정반대로, 자본 수출로 상쇄되는 상당한 무역 흑자와 견고한 국내 저축이 특징이다.

제국적 순환이 가져오는 다양한 시나리오

지금까지 개발한 분석 도구를 이용해 레이건의 제국적 순환을 분석해보자. 여기서는 2장에서 채택한 표기법을 사용할 것이다. 네 가지 핵심 요소는 경기 호황($\uparrow v$), 통화 강세($\uparrow e$), 재정 적자 증가($\downarrow B$), 무역 적자 증가($\downarrow T$)다. 언뜻 보기에 이 네 가지 변수의 관계에는 몇 가지 명백한 모순이 있다. 전통 경제학에서는 무역 적자가 증가하면($\downarrow T$) 환율을 하락시키고($\downarrow e$) 국내 경제를 약화시킨다($\downarrow v$).

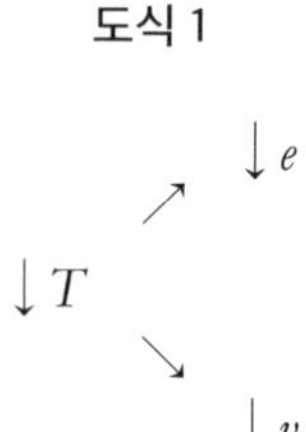

도식 1

하지만 제국적 순환은 재정 적자와 자본 유입이라는 두 가지 다른 변수의 지원으로 이러한 인과관계를 극복할 수 있었다.

경제가 호조세를 보인 이유는 재정 적자의 부양 효과가 무역 적자의 영향보다 컸기 때문이다. 물론 경제활동은 다른 많은 요인에 의해 영향을 받는다. 이 모든 요인을 고려하면 주장을 지나치게 복잡하게 만들 수 있다. 문제는 경기 호황이라는 최종 결과다. 간단히 설명하기 위해 다른 모든 요인의 순효과를 물음표(?)로 표시해 다음과 같은 공식을 세워보자.

도식 2

$$(\downarrow B + ?) \rightarrow (\downarrow T + ?) \rightarrow \uparrow v$$

마찬가지로 달러가 평가절상된 이유는 자본 유입{$\downarrow (N + S)$}이 무역 적자를 초과했기 때문이다.

도식 3

$$\downarrow T < \downarrow (N + S) \rightarrow \uparrow e$$

이 두 관계가 제국적 순환의 주축을 이루고 있다. 이 밖에도 일일이 열거하기 어려울 정도로 많은 관계가 존재한다. 제국적 순환을 강화하는 관계가 있고 제국적 순환에 대항하는 관계가 있는가 하면, 단기적으로는 제국적 순환을 강화하지만 장기적으로는 지속할 수 없는 관계도 있다. 가장 중요한 자기강화 관계는 환율과 투기적 자본 유입($\downarrow S$) 사이에서 발생한다.

도식 4

$$\uparrow e \longrightarrow \downarrow S \longrightarrow \uparrow e \longrightarrow \downarrow S$$

우리는 이미 제국적 순환(도식 1)에 대항하는 두 가지 관계를 확인했다. 여기서는 단기적으로 자기강화적이지만 장기적으로 지속 불가능한 두 가지 관계를 언급할 것이다. 첫째, 투기적 자본 유입은 단기적으로는 자기강화적이지만, 누적되는 이자와 상환 의무를 만들어내며 반대 방향으로 작용한다.

도식 5

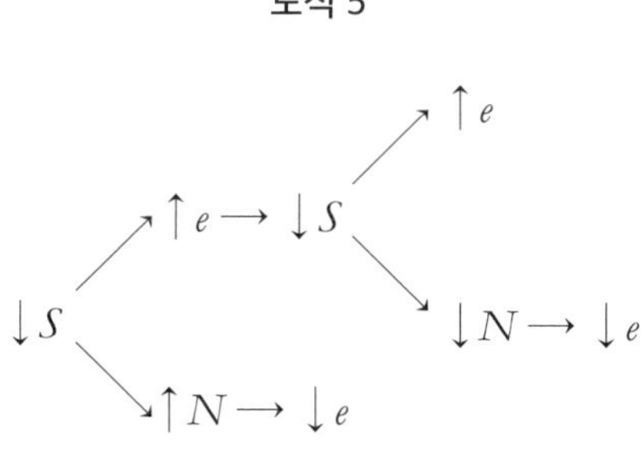

결과적으로 증가하는 부채 상환 의무(↑N)는 제국적 순환의 기반이 되는 관계를 약화시키고 환율의 추세는 반전된다.

도식 6

$$(\downarrow T + \uparrow N) > \downarrow S \to \downarrow e \to (\uparrow S + \downarrow T + \uparrow N) \to \downarrow \downarrow e$$

이때 부채 상환과 투기 자본의 이탈이 무역 적자와 결합하면 재앙과도 같은 달러 붕괴를 초래할 수 있다. 중앙은행 관리자 중에서도 폴 볼커는 이 위험을 가장 먼저 인식하고서 공개적으로 경고하고 나섰다.[2] 문제를 멀리서 바라보면, 국제수지를 역전시킬 만큼 이자 비용이 축적되려면 수년이 걸릴 것이라는 점을 지적해야 한다. 그러면 제국적 순환이 반전되거나 적어도 그 전에 중단될 가능성이 있다. 볼커와 다른 담당 정부 관리자들은 이러한 상황에 대비하기 위해 노력하고 있다.

전 세계가 직면한 중요한 문제는 달러의 폭락 없이 제국적 순환이 멈출 수 있는가다. 달러 강세가 오래 지속될수록, 달러 가치가 더 많이 오를수록 하락의 위험은 더욱더 커진다. 문제는 달러 추세가 명백히 반전되면 현 단계에서는 지속적인 투자 흐름뿐만 아니라 투기 자본의 축적도 전환될 수 있다는 점이다. 물론 투기 자본 축적은 현재 진행되는 흐름보다 몇 배나 더 크다. 이 문제가 널리 알려지면서 달러 자산 보유자들은 매우 초조해졌다. 이것이 외국인이 보유한 시장성 자산을 '핫 머니'라고 표현하는 이유다.

두 번째 예는 재정 적자다. 정부가 적자를 감수하며 재정 지출을 늘리면 단기적으로 경기 부양 효과가 있지만, 금리 메커니즘을 통해 더 생산적인 용도로 쓸 수 있는 자원을 다른 방향으로 돌리므로 장기적으로는 비생산적일 수 있다.

도식 7

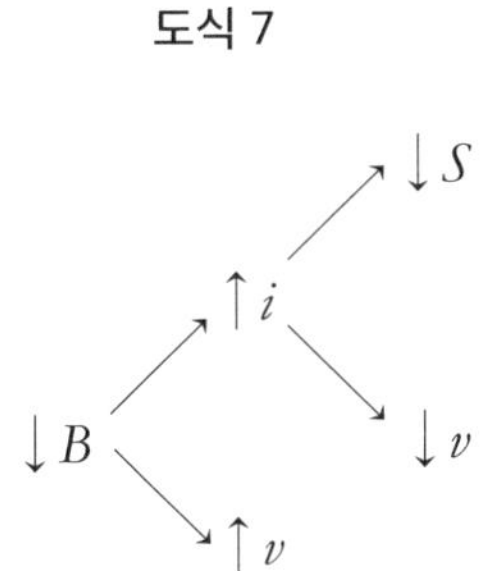

고금리($\uparrow i$)가 외국 자본을 빨아들이는 한 이 문제는 잠재되어 있다. 외국의 저축이 유입된 국내 경제는 생산보다 소비가 더 증가할 수 있다. 자본 유입이 재정 적자와 균형을 이루지 않을 때 문제는 심각해진다. 재정 적자를 충당하는 데 필요한 국내 저축을 창출하려면 금리가 상승해야 한다. 결과적으로 소비가 감소하면 경기 침체가 발생하고, 외국인이 달러 자산을 보유할 의향이 줄어들게 된다. 이에 따라 경기 침체와 대규모 재정 적자가 맞물려 높은 금리와 달러 약세를 초래하는 '재앙 시나리오'를 유발할 수 있다.

이러한 관계를 결합해 만든 제국적 순환의 종합적인 모델은 다음과 같다.

도식 8

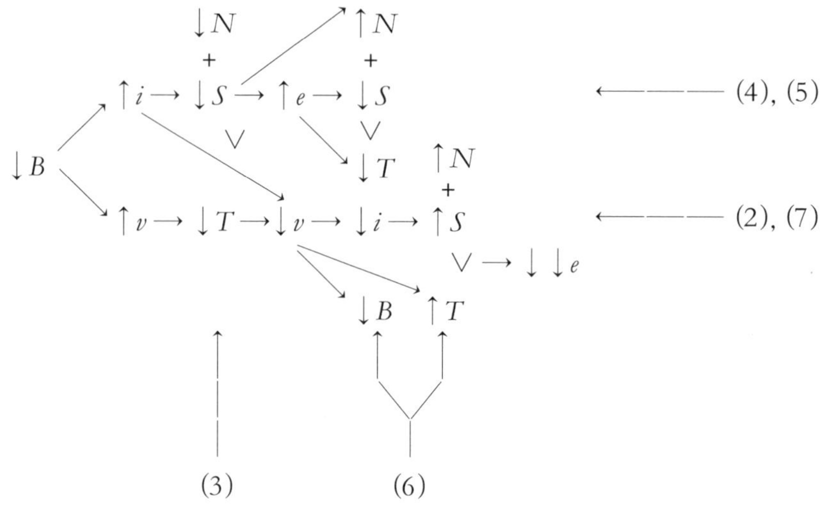

이 모델에서 제국적 순환의 주축 중 하나인 도식 (2)는 가로로, 도식 (3)은 세로로 표시되어 있다. 어떤 관계는 모델을 강화하는 반면 어떤 관계는 모델을 약화한다는 점에서, 이 모델은 안정적이지 않다. 가장 강화된 요인은 투기적 유입과 무역 적자이며, 가장 위험한 요인은 경제활동 수준이다. 제국적 순환의 안정성을 위협하는 주된 요소는 무역 적자와 재정 적자에서 비롯된다. 이러한 상황을 이끄는 두 축은 달러 강세와 경기 호황이다. 하지만 달러 강세는 경제를 약화시키는 무역 적자를 이끌고, 재정 적자는 역시 경제를 약화시키는 높은 금리를 유지한다. 이러한 내부적 불일치는 부채 상환 의무가 축적되기 훨씬 이전에 제국적 순환을 파괴할 가능성이 크다.

이 모델은 분명히 불완전하다. 드러나지 않은 많은 관계가 복잡하게 얽혀 있어 설명하기 쉽지 않다. 아마도 필요한 때가 오면 여기서 무시된 어떤 관계가 제국적 순환을 구제할 것이다. 우리는 이미 그러한 경우를 목격했다. 예컨대 1984년 중반까지 은행들은 국내에서 적극적으로 신용을 확대하고 해외에서 자금을 유치했다. 은행들이 주요 통로 역할을 수행하지 못하게 되었을 때(7장에서 그 이유를 설명할 것이다) 재무부가 그 자리를 대신했다. 원천 과세가 폐지되고 정부 부채의 상당 부분이 외국인에게 직접 매각되었다.

좀 더 완전한 모델을 만들고 변수에 수치를 지정하면 흥미로운 결과가 나올 것이다. 1982년 이후에 일어난 미국 경제 발전을 시뮬레이션해 볼 수 있겠지만, 나는 그런 작업을 수행할 만한 기술을 갖추지 못했기에 전반적인 표현에 그칠 수밖에 없다.

우리는 안정적이진 않아도 끊임없이 진화하는 하나의 제도를 다루고 있다. 무엇이 제국적 순환을 계승할 것인가? 이것이 바로 우리가 답해야 할 질문이다. 그 답을 찾기 전에 현재 시장을 휩쓸고 있는 은행 제도와 기업 구조조정을 자세히 살펴보며 퍼즐을 맞추고자 한다.

7장　　　　은행 제도의 진화

일반적으로 1982년에 발생한 국제 부채 위기는 채무국들에 극적인 전환점이 되었다는 인식이 널리 퍼져 있다. 자원 이전의 방향이 뒤집혔고, 변동 규모는 채무국의 지불 능력에 의해 제한되었다. 제국적 순환 모델에서 그 변동은 비투기적 유입($\uparrow N$)으로 나타난다. 총수익률 이외에 다른 고려 사항에 영향을 받기 때문이다. 많은 부채를 진 국가로 이전된 순자원 규모가 1982년 501억 달러에서 1983년 138억 달러로 바뀌었고,[1] 대부분이 달러 형태였다. 많은 부채를 진 국가에서 미국으로 유입된 자원은 제국적 순환의 주요 기반 중 하나였다.

1982년의 위기가 은행 제도에 비슷한 전환점을 가져오지 않았다는 사실은 잘 알려지지 않았다. 대형 은행들이 너무 깊이 개입되어 있어 자원 이전의 방향을 바꿀 수 없었다. 만약 은행들이 함께 대출을 중단했다면 많은 부채를 진 국가들은 채무불이행을 선언해야 했을 것이다.

은행들이 준비금을 충분히 축적하려 했다면 자본 상태는 악화되었을 것이다. 집단 출범은 이러한 은행들을 지키기 위한 길이었다. 지금까지 채무국들이 고비를 넘길 수 있도록 지원하는 집단의 역할을 다뤘으니, 이제 은행 제도에 일어난 변화를 살펴봐야 한다.

1982년 위기 이후 은행과 연준이 고안한 자구책

집단 대출 제도는 자발적 협력이라는 원칙에 따라 운영된다. 규제 당국은 밀접하게 관련된 은행들이 신규 대출을 연장하고 적게 관여한 은행들의 협력을 유도할 수 있도록 이끌기 위해 노력해야 했다. 이러한 목표를 달성할 유일한 방법은 미상환 대출이 부실하지 않으며 이 대출에 대해 특별히 대손충당금을 마련할 필요가 없다는 가정을 유지하는 것이었다. 여러 감독 기관 간에 의견 차이가 있었지만, 주도권을 쥐고 있는 것은 최후의 대출자인 연준이었다. 은행 제도는 너무 취약해서 강력한 처방도 통하지 않을 것으로 여겨졌다. 회계 기준이 수정되었고 은행들이 이 새로운 기준을 충족할 수 있도록 하기 위해 특별한 조치가 이어졌다. 1984년 3월 1일 아르헨티나에 긴급히 제공된 단기연계차관bridge loan은 연준의 가장 극적인 개입이었다.

유럽 중앙은행들은 다른 방침을 택했다. 그들은 상업은행에 준비금을 마련하고 부실 대출을 상각할 것을 권했다. 은행들은 그럴 여력이 있었다. 유럽 은행들은 전반적으로 깊이 관련되지 않았고, 회계 체계는 은닉 준비금을 대규모로 축적할 수 있도록 허용했다. 영국은 유럽 대륙과 미국 사이 중간 지대에 위치해 있었다. 몇몇 영국 은행은 개발도상국 대출에 노출된 위험이 가장 높은 곳으로 꼽혔지만, 국내 지점을 중심으로 훨씬 건전한 예금 기반을 갖추고 있었기 때문에 미국 은행들처럼 신용 위기에 내몰린 적은 없었다.

이를 두고 연준이 대형 은행들을 과도하게 지원했다는 주장이 제기될 수 있다. 대형 은행들은 금융자산에 부과했으나 현금으로 징수하지 못한 큰 폭의 금리 수익과 상환 계획 변경 수수료를 당기 소득으로 처리하는 것이 허용되었다. 결과적으로 이들은 상당한 수익을 보고할 수 있었고, 일부 은행은 실제로 1983년에 배당금을 인상했다.

역설적이게도 집단 대출 형성과 이에 따른 규제 당국의 관대한 태도는 미국 은행 업계의 조정 과정을 늦추고 교란했다. 채무국들은 가혹한 현실에 직면해야 했지만, 은행들은 부실 여부를 애써 숨겨야 할 만큼 의심스러운 부채를 대량으로 떠안게 되었다. 은행이 이자를 받아낼 수 있는 유일한 방법은 대출을 추가로 늘리는 것이었다. 그러니 문제는 제대로 인식되지 않은 채 점점 커져만 갔다. 은행들은 더 빠르게 성장하려 했다. 가장 적절한 성장 방법은 자산을 묶어놓지 않고 서비스를 제공하는 것이었다. 대형 은행들은 다양한 신규 서비스를 개발하고 공격적인 마케팅을 펼쳤다. 심지어 재무상태표를 부풀리는 일도 마다하지 않았다. 거의 모든 대출이 개발도상국 대출로 구성된 포트폴리오보다 낫다고 여겨졌다. 이 시기는 자금을 빌려 기업을 인수하는 차입 매수, 즉 레버리지 바이아웃leverage buyout의 전성기였고, 은행들은 매우 관대한 대출 조건을 제시했다. 이들은 공격적으로 해외 예금을 유치하러 나섰고, 이렇게 끌어모은 자금을 국내 자산 기반을 구축하는 데 사용했다. 이처럼 은행들은 미국으로 자본을 유치하는 주요 수단이 되었다.

안타깝게도 은행들은 이렇게 눈에 띄게 양호한 수익을 활용해서 자기자본을 충분히 확충하지 못했다. 주식시장은 은행이 보고한 수익이 부풀려졌다는 사실을 알아차렸고, 은행주는 공시된 자산 가치보다 크게 할인된 가격으로 평가되었다. 케미컬은행은 유리한 시기를 포착해 일부 주식을 매각했고, 은행 지주 회사인 매뉴팩처러스하노버도 CIT를 인수하기 위해 주식을 매물로 내놓았다. 하지만 이들은 예외적인 사례였다. 전반적으로 은행들은 이익잉여금에 의존해야 했는데, 이러한 방식으로는 자산 증가 속도를 따라잡을 수 없었다.

그럼에도 확장과 다각화를 위한 경쟁이 치열하게 벌어졌다. 매뉴팩처러스하노버는 거액을 들여 CIT를 인수했고, 지리적 다각화를 막는 기존 제약을 우회하기 위해 '비은행계 금융기관nonbank bank'*이라는 편법을 고안해 냈다. 대형 은행들은 주 경계를 넘어 지점을 확장할 수 있도록 당국에 허가를 요구했지만, 보호를 원하는 지방은행들의 거센 반대에 부딪혔다. 장기간 지속된 이 다툼은 최근에야 해결되었다. 대형 은행들이 주 경계 밖에서 다른 은행들을 인수하는 것이 허용되기 전까지 지방은행들에 잠시 숨을 돌릴 기회가 주어진 것이다.

연준은 경제에 부정적인 영향을 미칠 수 있는 제약을 은행 제도에 가하고 싶지 않았다. 최우선 과제는 시장 붕괴를 막는 것이었고, 이를 위해 강력한 경기 회복을 계획하려 했다. 연준은 경기 회복이 어느 정도 진행되었을 때만 통화 공급을 억제해 금리 상승을 허용했다. 은행을 규제할 수도 있었지만 실제로는 그렇게 하지 않았다. 부실 대출은 계속 누적되었고 자본 비율은 계속 악화되었다. 은행 제도에 대한 신뢰는 여전히 위태로웠다.

결국 국내 대출 포트폴리오에 문제가 드러났다. 특히 농업과 석유 산업을 비롯한 경제의 많은 부분이 경기 회복의 수혜를 입지 못했다. 국제 부채와 달리 국내 대출자의 수가 너무 많았고, 그들에게 이자 갚을 돈을 대출해 파산을 막는 방법은 비현실적인 계획이었다. 컨티넨털 일리노이은행은 허술한 대출 관행을 따랐기에 더욱 심각한 타격을 입었다. 특히 이 은행은 파산한 펜스퀘어은행이 보유했던 부실한 에너지 채권을 대량으로 매입했다. 게다가 지점이 없었기 때문에 차입금에 크게 의존해야 하는 안타까운 처지에 놓이면서 많은 우려를 낳았다.

저축과 대출 업계에도 문제가 생겼다. 1982년 이전에 금리가 상승해 많은 기관의 자본이 모두 손실이 난 상태였다. 1982년 한 해 동안 많은 기관이 대량 부실을 막기 위해 합병되거나 다른 방식으로 구제되어야 했다. 당시 레이건 행정부는 시장 메커니즘에서 해결책을 찾고 있었다. 금융 역사상 가장 주목할 만한 사건 중 하나는, 금융 산업에서 자본이 심각하게 위축된 시기에 많은 규제적 제약이 사라지면서 저축은행과 대부업체가 참여할 수 있는 활동과 투자할 수 있는 자산의 범위가 크게 확대되었다는 점이다. 저축과 대출은 규제가 적용되는 환경에서 문제를 겪었기 때문에, 제약을 철폐하면 문제 해결에 도움이 될 것으로 간주한 것이다. 실제로 민간 기업은 파산한 저축은행과 대부업체를 구제하기 위해 기발한 방법을 고안해 냈다. 새로 투자된 자금 대부분이 과세 대상 이익에서 공제된 손실로 즉시 회수되었고, 눈치 빠른 투자자들은 적은 현금 투자만으로 정부 보증 예금을 유치할 수 있는 인가를 받은 금융기관들을 소유할 수 있었다. 이러한 기관 중 일부는 이렇게 모은 예금을 운영업체에 맡겨 다른 수익 창출 활동을 지원했다. 기관들은 이처럼 공격적인 확장을 통해 얻을 게 많았고 잃을 게 거의 없었다. 이것은 곧 재앙을 불러오는 공식이나 다름없었다. 놀랍게도 당시 이러한 위험은 제대로 인지되지 못했다.

위기를 반복하는 은행들

규제 당국이 제공한 기회를 가장 적극적으로 활용한 회사는 찰스 W. 냅Charles W. Knapp이 이끈 파이낸셜코퍼레이션오브아메리카였다. 이 회사는 연방저축대부보험공사Federal Savings and Loan Insurance Corporation, FSLIC의 예금 보험에 가입된 오래된 기관인 퍼스트차터파이낸셜을 인수한 후, 중개인과 우수한 사내 영업 인력을 활용해 대대적으로 자금을 차입하러 나섰다. 그 후 고정 금리 담보 대출뿐 아니라 다소 위험한 부동산 대출에도 집중적으로 투자했다. 대출 중 하나라도 부실이 발생하면 다른 개발업체를 찾아 그보다 훨씬 큰 규모의 자체 개발 프로젝트를 위한 대출을 받게 하는 대가로 부실 대출을 떠안게 했다. 금리가 상승하기 시작하자 파이낸셜코퍼레이션오브아메리카는 고정 금리 담보 대출 포트폴리오를 기하급수적으로 늘려 평균 금리를 올렸다. 냅은 이렇게 하면 금리가 마침내 하락할 때 고수익 포트폴리오를 확보할 수 있고, 규모가 충분히 커진다면 금리가 하락하지 않더라도 좀처럼 파산할 수 없는 기업이 될 것이라고 생각했다. 규모가 너무 크면 경제에 큰 영향을 끼치므로 정부가 공적 자금을 투입해 파산을 막는, 이른바 대마불사大馬不死 기업이 되길 바란 것이다. 즉, 동전의 앞면이 나오면 이기지만 뒷면이 나와도 잃을 게 없다는 판단이었다. 그의 계산은 적중했다. 회사가 유치한 예금이 1982년 49억 달러에서 1984년 203억 달러로 증가하며 파이낸셜코퍼레이션오브아메리카는 크게 성장했다. 회사의 재무 상태가 나빠지자 냅은 200만 달러에 달하는 어마어마한 퇴직금을 받고 해임되었지만, 회사는 구제되었다.[2]

1984년 여름, 컨티넨털일리노이와 파이낸셜코퍼레이션오브아메리카는 거의 동시에 위기에 빠졌다. 위기는 은행과 저축은행 업계에 진정한 전환점이 되었지만, 이러한 사실은 여전히 제대로 인정받지 못하고 있다. 은행 감독관들은 법적 의무를 되새기며 부실 대출에 단호한 입장을 취하기 시작했고, 규제 당국은 자본 요건을 강화하고 대손충당금을 늘릴 것을 요구했다. 은행들은 재무상태표를 축소하고, 자산을 싸게 매각하고, 대출을 장부에 기록하기보다 여러 대출을 묶어 재매각하는 방식으로 대응했다. 불건전한 성장의 시기가 끝나고 마침내 조정 과정이 시작된 것이다.

조정은 초반에 놀라울 정도로 순조롭게 진행되었다. 은행들은 재매각을 위해 대출을 묶는 데 능숙해졌고, 변동 금리 어음에서 패스스루 주택저당증권mortgage pass-through certificate*에 이르기까지 다양한 금융 상품을 개발했다. 다른 기관들도 필요할 때마다 은행의 역할을 대신했다. 수익률은 높지만 신용 등급이 낮은 채권인 정크본드junk bond**는 기업 합병 광풍이 불었을 때 은행 대출을 대체한 자금 조달 수단이 되었다. 미국 장기국채Treasury bond는 해외 자본을 끌어들이며 유로달러 예금을 대신했다. 때마침 은행이 확대되려는 시점에서 외국인 소유 채권에 대한 원천 과세가 폐지된 것은 우연이 아니다.

분기가 지날 때마다 은행의 재무 상태는 개선되어야 한다. 각각의 은행이 손실을 인식할 때 타격을 받을 수 있지만, 업계 전체는 더 건전해져야 한다. 주식시장은 달라진 전망에 긍정적으로 반응했고, 은행주는 장부 가격을 넘어 프리미엄에 팔리는 수준까지 상승했다.

---

*   ● 담보 대출을 받은 채무자가 상환하는 원리금에서 일부 비용만 제하고 투자자에게 모두 지급하는 방식의 채권. 일반 주택담보대출은 은행의 자기 자본으로 채무자에게 돈을 빌려주지만, 패스스루 주택저당증권에서는 은행이 여러 주택담보대출을 묶어서 하나의 큰 상품, 즉 증권으로 만들어 투자자들에게 판매한다. 즉, 채무자들은 이 증권에 투자한 투자자들에게 돈을 빌리는 셈이다. 은행은 이 상품에서 중개자(패스스루 채널)의 역할만 하며 관리수수료로 이익을 보는데, 금리 변동에 대한 리스크는 제거하고 유동성은 확보할 수 있다는 데서 은행에게 유리하다.

**   ● 과거에는 신용 등급이 높았지만 경영 악화나 실적 부진으로 신용 등급이 급격하게 낮아졌을 때 발행하는 채권을 이른다. 원금 손실 위험이 높은 대신 이율은 높게 설정되어 있다.

하지만 위험한 시기는 아직 끝나지 않았다. 추세가 반전된 후에야 이전에 벌어진 경기과열의 여파를 온전히 체감할 수 있었다. 은행은 숨통이 트인 사이에 추가 신용 대출을 확대해 부실 대출을 은폐했다. 은행이 부실 대출이나 의심스러운 대출에 대비해 준비금을 마련해야 했는데, 부실 대출에 양질의 자금을 투입하는 것은 은행에 이득이 되는 일이 아니다. 오히려 부실 대출을 청산하면 비수익성 자산을 수익성 자산으로 전환할 수 있고, 설정해야 할 의무가 있는 준비금 일부를 다시 확보할 수도 있다. 문제는 부실 대출을 청산하면 다른 부실 대출을 덮어버릴 수 없다는 점이다. 예를 들어, 부채 상환을 할 수 없는 농부가 많았는데 이들이 소유한 토지는 여전히 자산 가치가 높아 적절한 담보로 삼기에 충분했다. 농부들은 파산을 면하고 추가로 대출을 받을 수 있었다. 그러나 파산한 농부들의 부채가 청산되면서 토지 가격이 떨어지고 파산에 내몰리는 농부들이 점차 늘어났다. 석유 산업에서도 유사한 현상이 일어나고 있다. 이 글을 쓰고 있는 시점(1985년 9월)을 기준으로, 부동산에서도 불길한 징후가 나타나기 시작했다. 아마도 다음 차례는 해운업이 될 것이다.

1985년 메릴랜드커뮤니티저축은행과 그 자회사인 에퀴티프로그램 EPIC의 파산은 추세가 반전되었을 때 어떤 일이 벌어지는지 보여주는 패러다임이 되었다. 문제의 기관을 인수한 부동산 개발업체들은 저축 기관의 자회사로서 조합 활동을 이어갔다. 그들은 전문적으로 견본 주택에 자금을 지원하며 좋은 평판을 얻고 있었다. 주택 담보 대출은 민간 담보 보험사의 보장을 받았고 주택 저당 증권 형태로 투자자에게 판매되었다. 오하이오주에서 주정부 보험에 가입한 저축은행들이 예금 인출 사태를 겪자 메릴랜드주의 저축 은행들은 연방 보험에 가입해야 했다. 연방저축대부보험공사FSLIC는 잘못을 깨닫고 부동산 인수조합 자회사가 먼저 매각된 후에 모회사가 FSLIC 보험에 가입해야 한다고 주장했다. 이로 인해 모든 상황이 정리되었다. 자회사는 조합 형태의 새로운 대출을 꾸릴 수 없었고, 새로운 조합 없이는 미상환 담보 대출을 상환할 수도 없었다. 이미 주택 조합의 수입으로는 담보 대출을 충당할 수 없었고, 그 부족분은 상습적으로 새로운 조합을 통해 메워온 것으로 밝혀졌다. 이론상으로는 견본 주택이 결국 판매되어 수입이 발생해야 하지만, 실제로는 자회사가 모회사에 막대한 부채를 지고 있었고 일부 견본 주택은 존재하지도 않았다. 이 자회사는 약 14억 달러의 담보 증권을 발행했고 주택 담보 보험사가 이를 떠안게 되었다. 잠재적 부채는 문제가 된 일부 보험사의 자산을 초과했다. 보험사가 채무를 이행하지 못할 경우 담보 증권의 담보가 위태로워질 수 있었다.*

규제가 촉발하는 재귀성과 딜레마

최근 사건들에 관한 간략한 설명만으로도 규제 당국이 편향에서 자유

---

*   ○그 후 담보 보험사 중 한 곳인 티코모기지보험회사가 파산했지만 담보 증권 시장은 건재했다.

롭지 않다는 것을 충분히 인식할 수 있다. 규제 당국도 규제 대상과 마찬가지로 재귀적 과정에 참여하고 불완전한 이해를 토대로 운영된다. 규제 당국은 전반적으로 자신들이 감독하는 업계에 종사하는 사람들보다 업계 이해도가 떨어진다. 업계가 더 복잡하고 혁신적일수록 감독 당국의 역량은 낮아지기 쉽다.

규제는 언제나 사건이 벌어진 후에 시행된다. 규제 당국이 경기 과열을 따라잡았을 때 당국에서 고집한 시정 조치는 상황을 반대 방향으로 악화시켰다. 이는 연구 기간에 일어난 일로, 규제 당국이 국제 대출이 불건전하다는 사실을 알아차렸을 때는 이미 사태를 바로잡기엔 너무 늦어버렸다. 시정 조치가 오히려 붕괴를 촉발할 수 있었기 때문이다. 마침내 규제 당국은 은행에 손실을 반영하라고 요구했고, 이 같은 조치는 농업, 석유 산업, 해운업 등 여러 부문에서 담보 가치의 붕괴를 부추겼다.

상업은행가들은 많은 실수를 저질렀지만, 적어도 규제 당국이 정한 지침 내에서 활동했기에 할 말은 있다. 상업은행의 업무는 본래 경쟁하는 것이지 제도의 건전성을 걱정하는 것이 아니기 때문이다. 업무에 사기 행위가 수반되지 않는 한, 당국은 사실상 곤경에 처한 은행을 구제할 것이라는 점에서 그들의 변명도 일리가 있다. 이 점은 규제 당국이 짊어져야 할 책임을 가중한다.

당국은 경제 상황이 위기에 이를 만큼 악화될 때마다 적절하게 대응해 왔다. 이는 어느 정도 관련자들의 능력에 기인한다. 연준의 수장이었던 볼커가 없었다면 사태는 다른 방향으로 흘러갔을지도 모른다. 볼커는 관료로서는 드물게 긍정적인 열의를 갖고 어려운 상황을 마주했고 혁신적인 해결책을 제시했다. 하지만 여기에는 제도적인 이유도 있다. 중앙은행은 최후의 대출자 역할을 수행해야 하는 임무를 부여받는다. 중앙은행은 평상시보다 비상시에 비교할 수 없을 정도로 많은 권한을 휘두를 수 있다. 그러나 위기관리에 초점을 맞추면서도 문제 해결에는 제대로 역량을 발휘하지 못한다. 지속적인 해결책을 찾으려면 행정부와 의회를 비롯해 모든 기구가 동원되어야 한다. 이는 필요한 개혁이 적절한 시기에 시행되는 경우가 거의 없음을 의미한다.

1984년에 발생한 은행 위기는 우리에게 해결하지 못한 딜레마를 남겼다. 예금 예탁 기관에 대한 규제 완화와 예금자 보호 사이에는 근본적인 불균형이 존재한다. 예금자 보호는 금융기관이 원하는 만큼 추가로 예금을 유치할 수 있게 해주고, 규제 완화는 금융기관이 예금을 폭넓게 활용할 수 있는 재량권을 제공한다. 이 두 가지 조합은 신용이 무분별하게 확장되는 현상을 일으킬 수 있다. 이 문제는 연방예금보험제도가 도입될 때부터 상존해 있었지만, 연방예금보험공사Federal Deposit Insurance Corporation, FDIC가 설립된 당시에 은행들은 엄격하게 규제되었다. 규제 완화 추세가 가속화되면서 위험과 보상 사이의 불균형이 더욱 뚜렷해졌고, 1984년 위기 때 정점에 이르렀다.

연준은 최후의 대출자로서의 역할을 확대하고 금액에 상관없이 모든 예금을 보장해야 한다는 압박을 받았다. 이로써 예금자가 은행에 요구해야 하는 마지막 규율마저 사라졌다. 규율이 사라진 상황에서 금융기관의 불건전한 대출 행위를 막을 수 있는 것은 규제 당국밖에 없었다.

주주들은 여전히 위험에 노출되어 있으므로 은행에 제약을 가하는 역할을 해줄 것으로 기대된다. 하지만 은행은 더 많이 대출을 실행해 손실을 충당할 수 있으므로 그러한 제약은 그다지 효과적이지 않다. 은행이 손실을 더 이상 감출 수 없게 될 때 자기자본보다 훨씬 많은 손실이 발생할 것이다. 따라서 위험에 노출된 주식과 대출 자본만으로는 건전한 대출 행위를 보장하기에 충분하지 않다.

실제로 1984년 이후 규제 당국은 훨씬 엄격하게 기관들을 규제했다. 하지만 규제 완화를 선호하는 대중적, 정치적 편향은 그 어느 때보다 강했다. 대공황 당시에 적용된 지리적, 기능적 제한이 점차 완화되고 있다. 이론상으로는 규제 완화와 엄격한 감독 사이에 충돌이 발생할 필요가 없지만 실제로는 그러한 충돌이 일어난다. 앞서 살펴본 바와 같이 규제 당국은 실수를 범하기 마련이고, 업계가 다양하고 변화무쌍할수록 적절하게 관리될 가능성이 낮아진다. 일단 예금 예탁 사업을 되도록 단순하게 유지하는 확실한 경우가 있다. 반면에 단순하고 규제가 많은 사업은 고루하고 보수적인 경영진을 양산하기 쉽다. 결국 이 문제는 안정성과 혁신 사이에서 선택을 해야 하는 문제로 좁혀진다. 이 두 가지 요소 중 하나가 빠지면 그 공백이 크게 느껴진다. 결과적으로 선호도는 한 극단에서 다른 극단으로 이동하는 경향을 보인다. 현재 우리는 낡은 규제가 철폐되면서 새롭게 열린 기회에 환호하고 있다. 하지만 점차 안정성이 필요하다는 사실이 대두될 것이다.

폭발하기 일보 직전인 또 다른 문제가 있다. 바로 지급 불능의 금융

기관들을 처리하는 문제다. 전통적으로 금융 당국은 규모가 크고 건전한 기관이 부실 기관을 인수하는 방식을 선호해 왔다. 이렇게 강제된 합병은 업계가 엄격하게 규제되고 파산 사례가 극히 드물며 인수 기관이 재정적으로 건전할 때 손쉬운 타개책이 되곤 했다. 파산한 은행은 업계 구조를 위태롭게 하지 않으면서도 최고 입찰자에게 경매로 넘길 수 있는 귀중한 사업권을 보유하고 있었다. 그러나 신용 확대와 규제 완화가 진행되면서 부실 조직을 '합병'하는 절차가 더욱 빈번하게 이뤄졌고 만족도는 낮아졌다. 사업권의 가치는 떨어지고 인수 기관은 재무 건전성이 희석되는 것을 불안하게 여겼다. 집중된 산업은 더욱 견고해 보인다. 예를 들어, 영국의 청산결제 은행clearing bank들은 예금을 유치하는 데 어려움을 겪은 적이 없었다. 그러나 미들랜드은행은 미국에서 살아남은 어떤 은행보다도 좋지 못한 상황에 놓여 있었다. 산업 집중도가 높아지면 재앙적인 손실이 발생할 위험이 증가한다. 청산결제 은행들이 개발도상국에 대한 대출 이자를 회수하지 못한다면 영국은 어떻게 될까? 미국에서는 뱅크오브아메리카가 퍼스트오브시애틀을 인수하도록 유도했다. 그러나 만일 뱅크오브아메리카를 인수할 필요성이 생긴다면 어떤 기관에서 인수할 것인가?* 우리는 이미 컨티넨털일리노이은행을 인수할 기관을 찾지 못한 첫 사례를 보았다. 대형 은

*   ○ 놀랍게도 1986년 12월 기준으로, 퍼스트인터스테이트는 뱅크오브아메리카를, 케미컬은행은 텍사스커머스은행을, 리퍼블릭은행은 텍사스에서 가장 취약한 은행 중 한 곳인 인터퍼스트를 인수했다. 인수를 통해 다른 주의 경쟁업체들이 주 경계를 넘어 시장에 진입할 발판을 마련하지 못하게 할 목적이었다.

행 몇 곳이 결국 공공 자산이 되는 지점에 도달할지도 모른다. 다른 국가에서도 이러한 현상이 일어났다.

저축과 대출 업계와 마찬가지로 부실 업체를 합병하는 발상이 나쁘게 인식된 사례는 없었다. 앞서 살펴본 바와 같이 1980~1982년 기록적인 고금리가 지속되던 시기에 업계 대부분이 지급 불능 상태가 되었다. 금융 당국은 연방 정부에서 발행한 예금을 유치할 수 있는 특권을 높이 평가한 진취적인 기업가들에게 부실 조직을 매각하는 기발한 계획을 고안해 냈다. 우리는 파이낸셜코퍼레이션오브아메리카의 찰스 W. 냅과 같은 기업가가 이러한 특권을 어떻게 이용해서 돈을 벌었는지 살펴보았다. 이제 규제 당국이 무분별한 신용 확대에 제동을 걸면서 경기과열의 많은 부분이 드러나고 있다. 오직 금리 하락만이 대규모 파산 사태에서 우리를 구제해 주었다.

8장　　미국의 '과점화'*

레이건의 제국적 순환과 관련해 또 다른 중요한 재귀적 발전이 이뤄지고 있다. 인수합병, 기업 분할, 기업 담보 레버리지 바이아웃 등을 통해 미국의 기업 구조가 재편되고 있는 것이다. 이러한 흐름은 일반적으로 재귀적 과정과 관련된 극단적인 특성을 지니고 있으며 역사적 의미를 부여할 수 있는 수준에 이르렀다. 그 뿌리는 제국적 순환이 시작되기 훨씬 이전으로 거슬러 올라가지만, 1982년 이후 엄청난 동력을 얻었다. 기업 구조조정은 제국적 순환과 분명히 서로 연관되어 있지만 지금까지는 다소 편향적인 관계를 유지해 왔다. 지배적인 경제적, 정치적 여건이 구조조정이 일어난 배경이 되었지만, 제국적 순환의 진화는 기업 구조

---

* 　ㅇ이 장은 1985년 6월에 집필한 글을 그대로 놔두었으며 1986년 12월에 간단한 후기를 추가했다.

조정에 중대한 영향을 받진 않았다. 따라서 막연히 기업 합병 광풍으로 설명할 수 있는 구조조정 과정은 제국적 순환을 구성하는 필수 요소라기보다 부수적인 요소로 간주하는 것이 적절할 것이다.

미국의 기업 구조에 미치는 영향을 생각하면 기업 합병 광풍은 이미 복합기업 열풍을 넘어섰다. 복합기업은 비교적 작은 회사에서 출발해 인수를 통해 규모를 키운 반면, 기업 합병 광풍에는 미국 기업 중에서도 큰 규모를 자랑하는 대기업들이 참여했다. 두 발전 사이에는 많은 유사점이 있지만, 차이점이 더욱 뚜렷하다. 복합기업의 호황이 처음에는 자기강화를 거쳐 결국 자멸하는 과정을 보여주는 가장 단순한 사례라면, 기업 합병 광풍은 아마도 가장 복잡한 사례일 것이다. 복합기업 열풍이 호황과 불황의 패러다임을 제공했다면, 기업 합병 광풍은 자기강화와 자기파괴의 상호작용이 순차적이지 않고 동시에 일어나는 재귀적 과정을 보여주는 예다.

나는 기업 합병 광풍의 역사를 설명하지 않고, 독자들이 지난 몇 년 동안 발생한 각각의 기업 관련 사건에 대해 어느 정도 알고 있다고 가정하려 한다. 나는 이 열풍에 전문적으로 뛰어들지 않았기 때문에 기업 합병 광풍에 관한 내 지식은 일반 대중과 그리 큰 차이가 없을 것이다.

제국적 순환과 캐시카우 기업 그리고 기업 합병 광풍

기업 관련 사건은 주식시장이 조직된 이래 계속해서 발생해 왔다. 이를테면 주식의 시장가치가 기업 가치보다 높을 때는 주식을 매도하고, 시장가치가 낮을 때는 주식을 매수한다. 매수자는 기업 자체와 경영진, 외부 그룹 또는 주식에 높은 가치를 책정해야 할 특별한 이유가 있는 다른 회사일 수 있다.

복합기업 열풍에는 주식 매매가 결합되어 있다. 대기업들은 자사 주식을 부풀린 가격에 팔고 다른 기업의 주식을 사들였다. 이들은 기업 인수라는 사건이 자사 주식 가치의 고평가에 도움이 되었기 때문에 다른 회사의 주식을 시장보다 높은 가치로 평가했다. 따라서 복합기업 열풍은 본질적으로 고평가된 증권이 교환 수단으로 사용되는 과대평가 현상을 일으켰다.

반면 현재 기업 구조조정 과정에서 주요 교환 수단은 현금이다. 현금은 여러 방식으로 빌릴 수 있지만 최종적으로 현금을 쥐기 위해 주식을 매수한다는 점에서 다르지 않다. 때로는 주식 교환으로 합병이 성사되는 경우도 있지만, 이는 추세의 특성이 아니다. 주식 매매가 전혀 포함되지 않는 방식으로는 자산과 경영 부문을 처분하는 등의 여러 합병 방식이 있다. 하지만 현재 추세를 특징짓고 재귀적 과정으로 규정할 수 있는 사건은 궁극적으로 현금을 얻기 위한 주식 매수다. 따라서 기업 합병 광풍은 주식의 저평가를 전제로 이뤄진다. 즉 기업 전체의 가치가 주식 시가총액을 크게 웃돌아야 한다.

제2차 석유파동 이후 금융 당국이 인플레이션을 억제하기 위해 고강도 통화 정책을 시행하며 전방위적인 노력을 기울이면서 주가가 과소평가되기 시작했다. 레이건이 대통령으로 취임하고 제국적 순환이 발전하면서 이러한 저평가 현상은 더욱더 두드러졌다.

주식의 상대적 저평가 요인으로는 세 가지를 들 수 있는데 바로 경제, 정치 그리고 세금이다. 처음 두 가지 요인은 레이건의 제국적 순환과 분명한 관련이 있고, 세 번째 요인은 과세 제도의 특성에 기인한다. 내가 이 부분을 강조하는 이유는 재귀적 과정의 필수 성분인 왜곡 요소를 제공하기 때문이다. 이자 비용이 세금 공제 대상이 되는 한, 차입한 현금으로 기업을 인수하면 세금을 절약할 수 있으므로 이득이다. 이것이 레버리지 바이아웃을 선택하는 주요 동기 중 하나다. 이 외에도 더 복잡한 세금 혜택이 많지만, 이 책에서는 자세히 다루지 않을 것이다.*

주식은 전통적으로 주가수익비율로 평가되었다. 금리가 높아지면 주가수익비율이 낮아지는 경향이 있다. 그러나 수익은 세전 현금 흐름의 한 부분, 때로는 미미한 부분에 지나지 않는다. 인수 기업을 선정할 때 사업 가치를 결정하는 최우선 기준은 현금 흐름이다. 따라서 전통적인 주식 평가 방식은 제국적 순환과 같이 수익이 부진하고 금리가 상대적으로 높은 시기에 인수 기회를 창출하는 데 도움이 되었다.

수익성이 높아 돈벌이는 되지만 확장 가능성이 거의 없는 성숙한 기업, 이른바 캐시카우cash cow 기업을 가정해 보자. 이 회사를 차입금으로

---

*   ○ 여러 세금 혜택 중에서도 특히 인수 기업이 자산의 장부 가격을 높이고 높은 장부 가격을 기준으로 감가상각할 수 있도록 허용하는 이른바 일반 유틸리티 원칙General Utilities doctrine은 1986년 세제 개혁법Tax Reform Act에서 삭제되었다. 이자에 대한 세금 공제는 유지되었지만, 법인세율이 48%에서 34%로 인하되어 차입금 사용에 따른 세금 혜택이 줄어들었다.

인수하면 세전 수익으로 이자를 지급할 수 있다. 시장에서 세전 수익을 시중 금리보다 만약 시장이 세전 수익을 시중 금리보다 더 높은 비율로 평가하고 있다면, 잉여 현금 흐름 외에도 이익이 남아서 대출을 갚는 데 쓸 수 있다. 시간이 지나면 결국 인수 기업은 부채가 없는 회사를 갖게 된다. 대출을 모두 상환하는 시점이 다가오면 인수 기업은 이론상으로 주식을 대중에 매각해 자본 이득을 실현할 수 있고, 그런 다음 시장에서 주식을 다시 사들여 같은 과정을 반복할 수 있다. 실제로 초기에 레버리지 바이아웃으로 인수된 기업 몇 군데가 새로 발행된 주식으로 시장에서 재부상했다. 나는 이렇게 주식 재발행으로 상장된 회사가 다시 비상장 회사로 전환된 사례를 아직 보지 못했지만, 이전에 레버리지 바이아웃으로 인수된 기업이 비공개 거래에서 다시 레버리지 바이아웃으로 인수된 사례는 알고 있다.

현재 과세 제도는 특히 레버리지 바이아웃에 취약한 캐시카우 기업들이 생겨나게 했고, 제국적 순환은 기업들을 캐시카우로 바꾸는 예상치 못한 결과를 낳았다. 이러한 효과가 나타나는 메커니즘은 높은 실질금리와 고평가된 통화다. 실질금리가 높으면 금융자산의 매력도가 높아지고 실물 투자의 매력도가 떨어지므로 현금을 사업 확장보다는 주식 매수나 기업 인수 등 금융자산으로 사용하려는 동기가 생긴다. 고평가된 통화는 산업 활동의 수익성을 떨어뜨리는 경향이 있다. 즉 수출 시장이 위축되고 국내 시장은 수입품에 영향을 받아 가격 압박을 겪게 된다.

높은 실질금리와 고평가된 통화의 조합은 강력하게 작용했다. 무역 상품 생산자들은 생존이 위태로울 만큼 상당한 압박을 받았다. 그들은 수익성이 낮은 사업부를 정리하고 시장에서 입지가 취약한 활동을 포기하며 방어할 만한 가치가 있는 영역에 집중하는 등 통합적인 대응에 나섰다. 전통적인 접근법이 흔들리면서 경영에도 변화가 생겼다. 기업이 성장만을 추구하던 시대는 지났다. 교과서에서나 강조하던 잉여 현금흐름과 이익이 마침내 실무에서도 중요한 개념으로 자리 잡았다. 경영진은 마치 투자 펀드매니저가 포트폴리오를 살펴보듯 사업을 바라보기 시작했다. 이러한 변화는 기업 구조조정에 적합한 분위기를 조성했다.

기업 인수가 이뤄질 때마다 시장가격과 인수 기업의 가치 간 격차를 좁히려는 시도가 이루어진다. 여기서 우리는 가장 흥미로운 특징을 찾을 수 있다. 투자자들은 현금으로 주식을 매수하면 인수로 더 이상 수익을 누리지 못하는 지점까지 저평가의 범위가 좁아지고 그때까지 주식이 변동성을 보일 것으로 예상한다. 그런데 그 격차가 좁혀지지 않는 이유는 무엇일까? 이 질문에 답하기 위해서는 정치적 요인을 고려해야 한다. 레이건 행정부는 시장의 마법을 믿고 있다. 이러한 성향은 무엇보다 규제 산업에 적용된 규제를 완화하는 조치에서 알 수 있지만, 일반적으로 기업 활동을 바라보는 정부의 태도에서도 드러난다.

독점 금지법이 공식적으로 개정되진 않았지만, 독점 금지법 위반으로 간주하는 행위가 무엇인지에 대한 기준은 급진적으로 변화하고 있다. 시장 점유율은 더 이상 고정된 맥락이 아닌 동적인 맥락에서 바라봐야 한다. 기업들은 업종을 넘나들며 서로 경쟁할 수 있으므로, 경쟁은 특정 산업으로 한정할 필요가 없다. 병은 캔과 경쟁하고, 플라스틱은 유리와 경쟁하고, 알루미늄은 강철과 경쟁한다. 기술 발전은 이전에는 존재하지 않았던 형태의 경쟁이 이루어질 길을 열어주었다. 장거리 전화 서비스가 가장 좋은 예다. 자연 독점이던 시장이 치열한 경쟁 시장으로 바뀌었다. 미국 시장은 더 이상 고립된 상태로 볼 수 없다. 국제 경쟁은 특히 달러가 강세를 보일 때 소비자의 이익을 보호한다. 미국 생산업체들을 좀 더 소수의 강력한 단위로 통합하는 것이 국익 차원에서 보면 이득이다. 이러한 고려 사항이 현재와 같이 미래에도 계속 유효할지는 의문이지만 아직까지는 우세하므로 대규모 통합은 과거 정권에서 겪었던 정치적 난관에 봉착하지 않을 것이다. 나는 이 과정을 미국의 '과점화'로 부르려고 한다.

카터 행정부 아래에서는 제너럴일렉트릭의 유타인터내셔널 인수 같은 대규모 인수 시도가 중단되진 않았지만, 반독점 조사를 촉발하면서 인수 절차를 늦췄다. 일반적으로 일정 규모 이상이 되는 기업들은 공격 대상이 되지 않으면서 중요한 기업 인수 활동을 할 만한 자격을 갖추지 못했다고 여겨졌다. 경영진은 안전하게 기존 사업 운영에만 전념했고, 기업은 일종의 가사假死 상태에 빠져 있었다. 이러한 견해는 반박되는 경우가 거의 없어 확증되진 않아도 편향의 형태로 널리 퍼져 있었다. 이 편향은 주식 평가에서도 여실히 드러났다. 소규모 기업들은 기업 활동에 더 많이 노출되는 것으로 인식되어 결과적으로 더 높은 가격으로 평가받는 경향이 있었다. 1974년과 1979년 사이에 소규모 기업들의 주가가 대기업 주가를 큰 폭으로 웃돌았고, 따라서 시가총액이 작은 주식을 전문으로 다루는 투자자들이 큰 재미를 보았다. 레버리지 바이아웃과 같은 기업 활동은 사실상 이 부문에 집중되었다.

1980년 이후 점진적이기는 하지만 눈에 띄는 변화가 일어났다. 거래 규모가 크고 안전하다고 여겨지던 산업이 공격 대상으로 떠오르기 시작한 것이다. 예를 들어, 몇 년 전만 해도 궁지에 몰린 기업들이 일종의 방어 수단으로 라디오나 TV 방송국을 인수하곤 했다. 그런데 이제 방송 업계 자체가 인수 대상이 되었다. ABC와 RCA(NBC를 소유한 방송국)는 우호적인 거래를 통해 인수되었고, 공격을 받았던 CBS는 새로운 지배 주주를 확보했다.

처음에는 이러한 추세가 눈에 띄지 않았지만, 여러 산업에 걸쳐 인수 사례가 늘어나면서 투자자들의 관심을 끌었고 이제는 주식 평가에 모두 반영되고 있다. 1980년 이후 상대적 성과 측면에서 다시 시가총액 상위 종목이 유리해졌다. 기업 합병 광풍은 분명히 이러한 흐름에 영향을 주었다. 이 과정이 계속되면 기대치가 현실을 넘어서고 인수 대상인 기업의 주가가 거래를 가로막는 시점이 도래할 것이다. 거래 전 가격과 실제 지불된 가격의 격차는 이미 좁혀졌지만, 거래 속도는 아직 꺾이지 않았다. 기업 합병 광풍은 고유의 동력을 만들어냈고, 이 과정이 잦아들기 전에 불합리한 가격으로 성사되는 거래가 나올 것이다.

기업 합병 광풍의 재귀적 구조

기업 합병 광풍을 분석해 보면 재귀적 상호작용을 주로 자기파괴 또는 자기조정으로 분류할 수 있을 것이다. 자기강화적 관계가 있다면 그것은 수직적이기보다 수평적이다. 즉, 주가를 지속 불가능한 수준까지 끌어올리기보다 영향을 받는 기업의 수와 규모를 확장하는 것이다. 이렇게 하면 수직적 작용이나 가격 변동이 상대적으로 적다. GAF와 같이 인수에 성공한 기업들은 주가가 상승하고, 자본 구성을 재편하는 데 성공하면 다른 기업을 집어삼킬 수 있다. 이 과정이 충분히 오래 지속되면 관심을 받는 인수 대상이 등장하고 기업 가치에서 프리미엄을 인정받아 기대치를 더 쉽게 충족할 것이다. 메사페트롤리엄은 이처럼 프리미엄을 인정받는 기업으로 부상하고 있었지만 우노칼이 제동을 걸었다. 반면 에스마르크는 먼저 다른 기업을 인수했다가 다시 또 다른 기업에 인수되는 순환 과정을 거쳤다.

자기강화적 관계는 처음에는 부정적인 편향을 제거하는 데서 비롯된다. 한 회사에 행해진 조치는 다른 회사에도 적용될 수 있고, 성공에 고무된 사람들은 이전에는 불가능하다고 여겨진 것을 시도하기도 한다. 그러다 보면 결국 과잉이 발생하기 마련이다. 더 확실하게 이해하려면 시장 참여자들을 자세히 살펴봐야 한다. 먼저 기업 거래를 계획하는 인수합병 부서가 있다. 새로운 공격과 방어를 구상하는 변호사와 실제 인수자, 신용 제공자가 있다. 거래가 성사되기 전과 거래가 진행되는 동안에 주식을 보유하며 종종 적극적으로 참여하는 차익 거래자도 있다. 마지막으로 이 과정을 감독해야 하는 규제 기관이 있다. 규제 당국을 제외한 모든 참여자는 성공적인 거래를 통해 많은 수익을 얻으려 한다.

초과 이익은 특히 신용과 연관될 때 다른 초과 이익으로 이어지는 경우가 많다. 이를 단순히 나열하는 것은 큰 의미가 없다. 각각의 거래는 극적으로 이뤄지고 인간의 실수가 수반된다. 특정 사건에 대한 이야기는 대담한 전략과 훌륭한 아이디어뿐만 아니라 많은 실책과 과장, 남용 등을 담고 있다. 이런 관점에서 기업 합병 광풍은 뜻밖의 초과 이익을 창출하는 다른 활동과 다르지 않다. 일반적으로 몇몇 실패가 의욕을 꺾을 때까지 그러한 활동을 추구하는 경향이 나타난다. 신용 대출이 대규모로 사용되면 실패가 눈덩이처럼 불어날 수 있다. 우리는 이미 대규모 차익 거래arbitrage 트레이더인 이반 보스키Ivan Boesky가 억지로 포지션을 청산해야 했을 때 다른 트레이더들도 덩달아 강제로 포지션을 처분해야 했던 사례를 경험한 바 있다.

레버리지 바이아웃으로 축적된 부채에 대해서도 많은 우려가 있었다. 최근까지 신용 대부분은 은행이 제공했다. 앞서 살펴보았듯이 은행들은 국제 부채 위기를 겪은 뒤 난관을 극복할 방법을 모색했고, 레버리지 바이아웃은 당장 진입할 수 있는 적절한 시장이 되었다. 그러나 규제 당국은 컨티넨털일리노이은행과 파이낸셜코퍼레이션오브아메리카가 촉발한 두 위기가 발생하기 전부터 레버리지 바이아웃을 위한 은행 대출을 옥죄기 시작했다. 한동안 자금이 고갈될 것처럼 보였고 기업 활동 속도도 둔화되었다. 그때가 몇몇 대형 석유 회사들이 넘어간 직후인 1984년 하반기였다. 마침 선거가 다가오고 있었고 기업 인수 사례가 더 늘어나면 정치적으로 난처한 상황이 벌어질 것이라는 분위기가 감돌았다. 선거가 끝나자 기업 합병 광풍이 다시 불었지만, 이제 주요 자금 출처는 은행에서 정크본드로 바뀌었다. 이는 아마도 불가피한 선택이었을 것이다. 예컨대, 우노칼은 적대 기업에 신용을 제공했다는 이유로 시큐리티퍼시픽은행을 고소했다. 하지만 이러한 변화는 기술적 진보이기도 했다. 정크본드는 더 유연하고 쉽게 발행할 수 있으며, 세금 목적으로 활용할 수 있는 몇 가지 묘안도 제공했다. 정크본드 금융의 선두기업인 드렉설버넘은 단기간에도 거의 무제한으로 자금을 공급할 수 있다.

이 모든 것이 나쁜 결과로 향할까? 결과가 어떨지는 예측할 수 없다. 앞서 살펴본 바와 같이 주요 재귀적 관계는 자기조정적이다. 대기업에 맞춰 개발한 호황과 불황 모델은 여기에 적용할 수 없다. 이 과정은 모든 민감한 기반을 거치고 나면 자체적으로 소멸할 가능성이 크다. 그러나 재앙을 배제할 수는 없다. 결과적으로 구조조정된 기업에 막대한 부채를 떠안길 것이다. 부채를 상환하기 어려운 상황이 이어질 여러 가능성도 있다. 경제가 불황에 빠지면서 제국적 순환이 반전되고 달러 가치가 하락하면 금리도 동시에 오를 것이며 레버리지가 높은 기업들, 즉 자기자본에 비해 부채가 많은 기업들은 최악의 상황에 직면할 수 있다. 머지않아 석유 가격이 급락하면 필립스 페트롤리엄처럼 부채가 많은 석유 회사의 현금 흐름이 위태로워질 수 있다. 주요 기업 한 곳에서 채무불이행이 발생하면 서로 얽히고설킨 정크본드 보유자들이 도미노처럼 무너질 가능성도 있다.

지금까지 기업 합병 광풍은 제국적 순환의 운명에 별다른 영향을 미치지 않았다. 기업이 단기 지향적인 경영을 추구하도록 유도함으로써 미국 내 실물 투자 활동을 감소시켰지만, 놀랍게도 최근까지 투자가 활발하게 유지되었다. 기업 합병 광풍은 신용 수요에 기여하고 은행이 국내에서 대출하기 위해 해외에서 차입하도록 유도했지만, 은행의 역할이 줄어들자 해외에서 자본 유입이 계속되었다. 만일 재귀적 연관성이 있더라도 그것은 너무 미묘해서 쉽게 식별하기 어렵다. 이는 현재 미국이 외국 자본에 대해 느끼는 일반적인 매력과도 연관이 있다.

그런데 또 다른 불길한 관계가 드러나기 시작했다. 기업 인수에 막대한 신용이 사용되면 담보로 제공된 자산을 처분해 신용 대출을 상환해야 한다. 이처럼 신용의 비생산적 사용과 담보 자산 매각이라는 두 가지 행위는 현재 만연한 디플레이션 추세를 악화시킨다. 따라서 기업 합병 광풍은 제국적 순환의 와해를 앞당길 수 있다.

이 과정이 재앙으로 끝나지 않는다고 가정할 때, 전반적으로 어떤 효과를 불러일으킬까? 여러 효과가 나타난다. 대부분의 활동이 주식시장에 국한되었던 복합기업 열풍과 대조적으로, 현실 세계에서 많은 변화가 일어난다. 이를 모두 감안하면 기업의 수익성이 개선되고, 자산이 재배치되고, 고리타분한 경영진이 교체되고, 산업은 더욱 과점화된다. 제국적 순환이 우위를 점하는 한 이러한 변화는 바람직하며 많은 산업의 생존을 위해서도 필요하다. 수입품을 상대로 벌이는 경쟁이 완화되면 이러한 변화는 새로운 조건에 적합한 상태와 정반대되는 방향으로 나타날 수 있다.* 기업 합병 광풍을 조정 과정으로 받아들이면 재귀적

---

*　　ㅇ추가. 1987년 2월: 주식시장은 해외에서 가격 경쟁이 완화되자 미국의 '과점화'로 기대되는 초과 이익을 반영하기 시작했다.

상호작용의 세계에 내재된 문제에 직면하게 된다. 즉, 무엇에 대한 조정인지 의문을 제기할 수 있다. 이는 마치 과녁이 움직이는 상황에서 과녁을 향해 총을 쏘는 것과 같다.

기업 구조조정이 조정 절차에 해당하더라도 진행 속도를 늦추면 이득을 볼 수 있다. 속도가 느려지면 수익률이 기대만큼 높지 않기 때문에 거래가 적게 성사된다. 이는 개선된 상황으로 볼 수 있다. 보통은 장기적인 경제 여건을 고려할 때 타당하다고 판단되는 수준보다 더 많은 거래를 하려는 경향이 있기 때문이다. 일차적으로는 세법에 책임이 있지만, 다른 사람의 돈으로 게임을 벌이는 참여자들도 일정 부분 책임을 분담해야 옳다. 영국에는 시장의 규칙을 검토하는 인수위원회가 있는데, 미국도 이와 비슷한 제도를 도입하면 이득을 볼 수 있을 것이다.

이론상으로 이 분석은 호황과 불황 모델이 모든 재귀적 과정에 직접적으로 적용될 수 없다는 사실을 보여준다. 이 교훈을 바탕으로 이제 제국적 순환의 최종 결과가 무엇인지 살펴보고자 한다.

추가. 1986년 12월

공교롭게도 기업 합병 광풍은 제국적 순환보다 오래 지속되었다. 정크본드는 유가가 10달러 이하로 떨어지고 LTV의 채무불이행이 발생했을 때 여러 차례 위기를 겪었지만 시장은 회복했다. 정크본드가 우량채권보다 뒤처지긴 했지만, 레버리지 바이아웃으로 인수된 기업의 주식과 정크본드를 보유한 투자자 모두 금리 하락으로 수혜를 입었다. 1986년 세제 개혁법은 1987년 1월 1일에 발효되기 전에 거래 속도를 가속시키는 부작용을 낳았다.

그 후 보스키 사건*이 터졌고 차익 거래 업계는 뿌리째 흔들렸다. 아직 스캔들의 전모는 밝혀지지 않았지만 결말을 그리 어렵지 않게 예상해 볼 수 있다. 내부자 거래에 관한 수사는 이미 많은 주요 시장 참여자를 위축시켰고, 이제 게임 방식에도 큰 변화를 가져올 것이다. 대체로 기업 합병 광풍이 빚어낸 투기적 과열은 사라지고 미국 기업의 지속적인 구조조정만이 남게 된다. 현금이 정크본드로 순유입되던 추세는 역전되고, 레버리지 바이아웃을 활용할 수 있는 범위가 크게 줄어든다. 무엇보다도 거래가 잘못되면 증권을 새로 발행해 조달한 돈으로 이미 발행한 증권을 상환하는 차환 행위가 더욱 어려워지고 정크본드의 부실한 측면이 더욱 뚜렷해진다.

요컨대 보스키 사건은 기업 구조조정의 끝이 아니라 기업 합병 광풍의 재귀적 측면에서 잘 정의된 매우 극적인 전환점으로 볼 수 있다. 다른 유사 사례와 마찬가지로, 전환점을 지나고 어느 정도 시간이 흘러야 피해 사례가 수면 위로 드러난다. EPIC의 기업 합병 광풍은 아직

---

*　● 1986년 기업의 인수 합병 관련 차익 거래(아비트리지)로 유명했던 이반 보스키가 내부자 거래 혐의로 유죄 판결을 받고 증권업에서 영구 퇴출된 사건을 말한다. 그는 합병 가능성이 있는 기업의 주식을 탁월하게 예측해 먼저 투자한 후 공시가 되어 주가가 폭등하면 바로 매도하는 전략으로 부를 쌓았으나, 이는 모두 내부자 거래로 합병 정보를 사전에 빼돌려 거둔 성과였다. 이 사건은 1980년대 월스트리트의 기업 인수 합병 과열과 정크본드 붐에 제동을 건 전환점이 되었다.

현재 진행 중이다(EPIC은 메릴랜드커뮤니티저축은행을 파산으로 몰아넣은 자회사다).

3부

실시간 실험

The Alchemy of Finance

9장   출발점: 1985년 8월

1984년 대통령 선거를 전후로 나타난 제국적 순환의 역사를 살펴보자. 그때까지 제국적 순환은 미국 경제가 성장하고 미국 달러가 계속 상승하면서 차질 없이 작동했다. 전 세계 중앙은행은 이러한 상황이 불건전하고 궁극적으로 지속 불가능하다는 사실을 충분히 인식하고 있었다. 1984년 초에 달러 가치를 낮추려는 시도가 있었지만 실패했고, 달러 가치는 그 어느 때보다 더 높이 상승했다. 경제는 계속해서 호황을 이어갔고 소폭 상승한 금리마저도 극복할 수 있는 수준이었다. 달러 표시 금융자산을 보유한 외국인들은 말 그대로 돈을 긁어모았다. 미국으로 수출하는 기업들도 마찬가지였다. 놀랍게도 미국 산업은 국내로 밀려오는 수입 압력에도 굴하지 않고 제조업을 해외로 이전하지 않으려 했으며 첨단 기술에 투자해 경쟁력을 유지하려 노력했다. 하지만 1984년 4분기에 산업은 한계점에 도달했다. 경제 성장 속도가 둔화되고 금리가 하락하기 시작했지만, 달러는 처음에 하락세를 보이다가 계속 상승세를 이어갔다. 그동안 달러 강세가 경기 호황, 금리 차이와 연관되었다고 보는 견해가 지배적이었다. 그러나 달러가 약세로 돌아서지 않자 추세에 대항하던 사람들은 끝내 항복했고 환율은 천정부지로 올랐다. 하지만 거기까지가 한계였다. 미국 산업은 본격적으로 수입을 늘리고 외국으로 진출해 제조 기지를 설립하기 시작했다. 마침내 달러 강세는 미국에 문제를 일으켰다.

달러 평가절하의 두 가지 시나리오

레이건의 재선 이후로 미국의 경제 정책은 상당한 변화를 겪었다. 도널드 리건Donald Regan 재무장관과 제임스 베이커 대통령 자문이 서로 자리를 맞바꿨다. 그때까지만 해도 연준과 재무부는 대립각을 세웠지만, 이제 두 기관이 공감대를 형성한 것이다. 제국적 순환의 속도를 늦추는 것이 분명한 목표가 되었다. 이 목표를 달성하려면 재정 적자를 줄이고 통화 정책을 완화해야 했다. 미국의 주요 교역 대상국들은 경기를 부양하되 금리를 동결하는 방식으로 미국과 반대되는 정책을 펴도록 권유받았다. 이러한 영향으로 달러가 마침내 하락할 기미를 보였다. 베이커 재무장관은 1985년 5월에 개최된 본 경제 정상 회의에 앞서 환율 제도 개혁에 대해 논의할 의사를 표명했지만, 결국 실행에 옮기지 못했다. 그는 의회에서 예산 삭감 과정을 주도하는 데도 실패했지만,

당시 행정부는 의회가 어떤 형태로든 선택한 예산 삭감을 받아들이겠다는 뜻을 분명히 밝혔다.

달러는 독일 마르크 대비 약 15% 급락하며 민감하게 반응했다. 그 후 약 3개월 동안 안정세를 보이다가 최근 다시 하락하기 시작했다. 지금까지 일어난 조정은 업계에 실질적인 안정을 가져다주지 않을 것이다. 현재 경제는 두 부문으로 나뉜다. 자본재 부문이 특히 취약하고 무역 상품 부문은 침체를 겪고 있지만, 서비스 및 방위 부문은 여전히 견고하다. 금리가 큰 폭으로 인하되어 경제에 활력을 불어넣고 있지만, 달러 가치가 현재 수준을 유지하는 한 경기 부양책의 상당 부분은 늘어난 수입을 통해 해외로 빠져나갈 것이다. 무엇보다 무역 상품 부문에서 수익에 대한 압박이 줄어들지 않을 것으로 보인다.

그렇다면 전망은 어떨까? 두 가지 가능성을 그려볼 수 있다. 첫 번째 가능성은 달러 가치가 20~25% 하락해 무역 상품 부문이 안정을 찾는 것이다. 수입 가격 상승이 유가 하락으로 상쇄될 수 있지만, 인플레이션이 약간 일어나고 달러가 바닥을 다지며 경제가 회복될 것이다. 이른바 연착륙이다. 당국이 자기강화 과정을 통제할 필요성을 인식하고 이를 위해 협력하고 있으므로 제국적 순환이 시작된 이래로 그 어느 때보다 전망이 밝다. 자유 변동 제도에서 관리 변동 제도로 넘어가면서 급격한 환율 변동은 평소처럼 예기치 않게 인식되지 않은 채로 완화될 것으로 예상된다.

두 번째 가능성은 달러가 하락하지 않다가 마침내 약세로 전환할 때 급격하게 하락하는 것이다. 처음에는 달러가 소폭 하락할 때마다 외국의 수출업체들이 이를 흡수하고 시장 약세에도 판매 가격을 인상하지 않을 것이다. 무역 상품 부문은 계속 압박을 받고 약세가 다른 부문으로 확산될 위험이 있다. 연준은 은행 제도에 끔찍한 결과를 안길 수 있다는 생각에 경제가 경기 침체에 빠지지 않도록 계속해서 자금을 쏟아붓지만 경기 부양책의 대부분이 수입 형태로 국외로 계속 유출된다. 결국 본격적인 경기 침체에 빠지면 외국인들이 달러 보유를 꺼리게 되고, 통화 공급량이 증가하면서 장기 금리가 상승하고, 달러 가치가 급격히 하락한다. 인플레이션 전망은 더욱 악화되어 경제는 한계점에 도달하게 된다.

이는 재난과 같은 시나리오로 볼 수 있는데, 그 이유는 경기 침체가 극도로 취약한 재무 구조를 시험대에 노출시켜 심각한 충격을 안길 위험을 초래하기 때문이다. 많은 부채를 진 국가들은 이제 겨우 조정 과정의 3단계에 진입한 상태다. 이들은 수출 수요가 줄어들면 2단계로 되돌아가고, 감당하기 힘든 비용을 혹독하게 치러야 할 수 있다. 미국에서는 조정 과정이 제대로 진행되지 않았다. 경기 침체는 채무자의 소득 능력을 떨어뜨릴 뿐만 아니라 담보로 제공되는 자산의 전매 가격도 떨어뜨린다. 은행은 압류된 자산을 청산하려 할 때 자기강화 과정을 일으키며 다른 채무자들을 벼랑 끝으로 밀어낸다. 이 과정은 이미 석유 산업과 농업 부문에서 진행되고 있으며, 경기 침체기에는 경제의 다른 부문으로 확산될 것이다.

이것이 현재(1985년 8월) 미국이 처한 상황이다. 나는 시장 참여자로서 사건들의 가능한 진행 경로를 평가하고 이를 바탕으로 몇 가지 결정을 내려야 한다. 지금까지 발전한 재귀성 이론이 명확한 예측을 내놓진 않지만, 내 견해를 공식화하는 데 도움을 줄 수 있다. 나는 이전에도 재귀성 이론을 사용해 왔고 앞으로도 그럴 것이다.

퀀텀펀드 투자 실험

나는 한 가지 실험을 제안하고자 한다. 현재 투자 결정으로 이끈 견해들을 기록하고 책을 준비하는 동안 실시간으로 그 견해들을 수정할 것이다. 책이 인쇄에 들어갈 즈음이면 실험을 마칠 것으로 보인다. 독자는 그때 결과를 판단할 수 있다. 내 접근법에 어떤 가치가 있다면 그것은 그 가치를 가늠할 실질적인 실험이 될 것이며 한 시장 참여자의 의사 결정 과정에 대한 통찰을 제공할 것이다.

내가 운용하는 투자 펀드에 대해 약간의 설명을 덧붙여야 할 것 같다.* 퀀텀펀드는 하나의 고유한 투자 수단이다. 이 펀드는 레버리지를 사용하고, 다양한 시장에서 활동한다. 무엇보다 나는 퀀텀펀드를 내 돈처럼 관리하는데, 실제로 내 돈을 펀드에 넣었다는 점에서 이는 상당 부분 사실이다. 많은 펀드가 이러한 특징 중 하나를 공유하지만, 이 모든 특징을 갖춘 펀드는 거의 없다.

레버리지의 역할을 이해하는 가장 좋은 방법은 일반적인 투자 포트

---

*　　○1987년 1월에 집필했다.

폴리오를 말 그대로 단조롭고 느슨하다고 여기는 것이다. 레버리지는 신용이라는 세 번째 차원을 추가한다. 느슨하게 연결된 평면적인 포트폴리오는 촘촘하게 짜인 3차원 구조가 되고, 그 구조 안에서 사용된 신용을 자기자본 기반이 지원해야 한다.

레버리지를 사용하는 펀드는 보통 자기자본과 같은 방식으로 빌린 자본을 사용한다. 하지만 퀀텀펀드는 다르다. 퀀텀펀드는 다양한 시장에서 활동하며, 일반적으로 자기자본을 주식에 투자하고 레버리지를 상품commodities 투기에 사용한다. 여기서 말하는 상품에는 주가지수 선물과 채권, 통화가 포함된다. 주식은 일반적으로 상품보다 훨씬 유동성이 적다. 상대적으로 비유동적인 주식에 전체 자기자본보다 적은 금액을 투자하면 마진 콜이 발생할 때 재앙적인 붕괴 위험을 피할 수 있다.

나는 펀드를 운용할 때 거시경제와 미시경제 투자 개념을 구분한다. 전자는 일반적으로 주식시장을 포함한 다양한 상품 시장에서 위험 노출 정도를 결정하고, 후자는 주식 종목 선정으로 표출된다. 따라서 특정 주식을 보유하는 것은 거시적 측면과 미시적 측면을 모두 갖고 있다. 예를 들어, 주식은 펀드의 전체 주식시장 노출 규모에 영향을 미치고, 해외 주식은 펀드의 통화 노출에 영향을 미친다. 반면 주가지수나 통화 포지션은 거시적 측면만 지닌다. 물론 주가지수와 통화 선물을 활용하면 주식 포지션의 거시적 측면을 언제든지 상쇄할 수 있다.

나는 변동환율 제도가 실존적 선택을 이끈다고 믿는다. 자기자본은 어떤 통화로든 존재해야 하므로 통화에 대한 투자를 막을 길이 없고, 통화 옵션을 매수하지 않는 한 통화 노출에 대한 결정을 내리지 않는 것 역시 하나의 결정이 된다. 물론 통화 옵션 매수의 경우 선택을 피한 대가로 적당한 가격을 지불해야 할 것이다. 나는 제대로 정립된 거시경제 투자 개념이 없더라도 통화에 대한 결정을 내려야 한다는 결론에 도달했다. 그 결과는 참담할 수 있다. 나는 실존적 선택을 마주하고 있음을 알지 못하는 무지한 펀드매니저 동료들이 부러울 때가 있다. 예를 들어, 달러가 계속 평가절상되던 1981년부터 1985년까지 그들은 나와 다르게 손실을 피할 수 있었다.

퀀텀펀드는 주식시장 펀드와 상품 펀드의 특징을 혼합한 형태로 볼 수 있다. 역사적으로 퀀텀펀드는 처음엔 거의 주식만 다루었지만, 거시경제 상황이 점점 불안정해지면서 채권과 통화의 비중을 확대했다. 지난 몇 년 동안 거시경제 투자는 매우 중요해졌다. 우리가 사용하는 레버리지 수준은 순수한 상품 펀드보다 훨씬 낮고, 펀드를 다양한 시장에 노출시켜 포트폴리오의 균형을 맞추고 레버리지를 활용한다.

어느 방향으로든 펀드가 최대로 위험에 노출되는 수준은 자체적으로 적용된 한도에 달려 있다. 증거금 규정이 부과하는 한도에 의존하면 가장 불리한 순간에 포지션을 강제로 청산해야 하므로 문제가 발생할 수 있다. 증거금 요건 이상의 안전마진safety margin이 필요하다. 안전마진은 투입되지 않은 매수력을 보고 정량화할 수 있지만, 투자 유형에 따라 증거금 요건이 크게 달라지므로 신뢰할 수 있는 척도는 아니다. 예를 들어 대부분의 미국 주식은 50%, 해외 주식은 30~35%의 증거금이 필요한 데 비해 S&P 선물의 증거금은 6%에 불과하다. 위험 노출을 어디까지 제한할지는 레버리지 펀드를 운용할 때 가장 어려운 질문 중 하나다. 정답은 없다. 나는 일반적으로 한 시장에 펀드 자기자본의 100%를 초과해 투자하지 않는 것을 원칙으로 삼고 있지만, 시장 구성 요소의 정의를 그때그때 생각에 맞춰 조정하는 경향이 있다. 예를 들어 비시장 관련 주식과 시장 관련 주식을 추가하거나 분위기에 따라 분리하기도 한다.

나는 대체로 펀드의 최근 수익보다 자본을 보존하는 데 더 관심을 기울인다. 그래서 내 투자 개념이 효과가 있을 때 자체적으로 정한 한도를 더 자유롭게 설정하는 경향이 있다. 실질적으로 전체 자본이 축적된 수익으로 구성될 때, 자본과 수익의 경계선을 어떻게 그을지 결정하는 것은 쉬운 일이 아니다. 실험이 시작되는 시점까지의 역사적 기록은 다음과 같이 요약된다. 1985년 이전에 펀드 규모가 두 배 이상 불어난 유일한 해는 1980년이었으며, 그 후 1981년에 폭락이 이어졌다.

실험 1단계를 진행하는 동안 펀드 활동은 주로 거시경제 쟁점을 중심으로 이뤄졌고, 미시경제 개념은 크게 변하지 않았다. 펀드 성과에 대한 기여도도 상대적으로 미미했다. 따라서 펀드의 투자 방침을 요약할 때는 거시적 측면에만 초점을 맞추었다. 대조 기간control period에 따라 상황은 바뀌었다. 특정 투자 개념이 펀드 성과에 기여하는 정도가 높아졌다. 이는 주식시장에 뛰어들 때가 되었다는 내 거시적 결론에 부합했다. 미시적 관점은 대조 기간에만 중요해졌으므로 한 가지를 제외하고는 논의를 자제하려 한다. 그 예외는 일본 부동산 관련 주식 투자로, 실험 2단계에서 논의할 것이다.

펀드의 거시적 방침은 각 일지에 이어지는 표에 요약되어 있으며,

도표 9.1. 퀀텀펀드의 순가치

날짜	A 주식당 순자산가치(달러)	전년 대비 변화	펀드 규모(달러)
1969-01-31	41.25	-	-
1969-12-31	53.37	29.4%	6,187,701
1970-12-31	62.71	17.5%	9,664,069
1971-12-31	75.45	20.3%	12,547,644
1972-12-31	107.26	42.2%	20,181,332
1973-12-31	116.22	8.4%	15,290,922
1974-12-31	136.57	17.5%	18,018,835
1975-12-31	174.23	27.6%	24,156,284
1976-12-31	282.07	61.9%	43,885,267
1977-12-31	369.99	31.2%	61,652,385
1978-12-31	573.94	55.1%	103,362,566
1979-12-31	912.90	59.1%	178,503,226
1980-12-31	1849.17	102.6%	381,257,160
1981-12-31	1426.06	-22.9%	193,323,019
1982-12-31	2236.97	56.9%	302,854,274
1983-12-31	2795.05	24.9%	385,532,688
1984-12-31	3057.79	9.4%	448,998,187
1985-08-16*	4379.00	43.2%	647,000,000

* 회계 감사 받지 않음

펀드의 활동과 성과는 각 실험 단계의 끝부분에 그래프로 표시된다. 대조 기간은 실험 단계보다 두 배 정도 길기 때문에 대조 기간을 나타 낸 그래프는 두 부분으로 세분화했다. 그래프는 거의 동일한 네 기간 으로 나뉜다.

참고로 실시간 실험 기간의 일지 도표에 표시된 번호 (1)~(6)은 다음과 같은 뜻이다.

(1) 선물 계약의 순달러 가치를 포함한다.

(2) 이전 보고서 이후 발생한 순매수(+) 또는 순매도(-)를 의미한다.

(3) 채권은 30년 만기 국채 기준으로 환산했다. 예를 들어, 액면가 1억 달러의 4년 만기 국채는 30년 만기 국채의 시장 가치로 환산하면 2850만 달러에 해당한다.

(4) 만기 2년 이하의 미국 단기국채도 30년 만기 국채 기준으로 환산했다((3)번 참조).

(5) 일본 채권은 미국 국채보다 변동성이 훨씬 적다. 예를 들어 1986년 6월 30일 현재 기준으로 액면가 1억 달러인 일본 국채는 30년 만기 미국 국채로 볼 때 약 6620만 달러와 같은 변동성을 보인다. 책에서 이 차이를 조정하지 않았다.

(6) 순통화 노출은 주식, 채권, 선물, 현금, 마진을 포함하며 펀드의 총자기자본과 같다. 달러 매도 포지션은 주요 통화(독일 마르크 관련 유럽 통화, 일본 엔, 영국 파운드)의 노출이 펀드 자본을 초과하는 금액을 나타낸다. 기타 통화(대부분 주요 통화만큼 변동이 크지 않다)의 노출은 별도로 표시된다. 이러한 통화들은 펀드의 달러 노출을 계산할 때 유의미하게 간주되지 않는다.

또한 이 도표들에 기재된 순자산가치 변동률은 주당 기준으로 표시
된다. 퀀텀펀드의 총자본 수치는 펀드 가입과 환매에 조금씩 영향을
받는다.

실험 시작: 1985년 8월 18일 일요일*

주식시장은 최근 들어 통화 공급의 급격한 증가가 경기 호황의 전조가 된다는 명제를 채택했다. 경기의 영향을 크게 받는 경기순환주는 상승세를 타기 시작했지만, 금리에 민감한 경기방어주는 하락세를 보였다. 나는 어떤 포지션을 취해야 할지 결정해야 했다. 앞서 언급한 명제에 의구심을 품고 있었지만, 맞서 반박할 만큼 확신을 갖지 못했다. 그래서 나는 아무것도 하지 않았다. 내 주식 포트폴리오는 주로 기업 구조조정으로 이득을 볼 수 있는 기업과 자체적으로 주기적 순환을 따르는

---

*　○ 퀀텀펀드의 1단계 포지션과 운용 성과를 보여주는 도표는 321쪽에 실려 있다. 일지 도표에 있는 ⑴~⑹에 대한 주석은 268쪽에서 확인할 수 있다.

손해보험사 주식으로 구성되어 있다.

나는 통화와 관련해 연착륙 가능성에 무게를 두고 있다. 실제로 경기 호황으로 달러가 강세를 띨 가능성을 예측할 수 있다. 매도하는 투기 세력이 너무 많으면 일시적이긴 하지만 급격한 반등이 나오기도 한다. 따라서 달러 매도 포지션에 위험이 없다고 볼 수는 없었다. 나는 통화 포지션을 대폭 줄였다. 내가 지난 며칠 동안 포지션을 다시 구축한 이유는 다음과 같다.

나는 달러 하락이 당국에 의해 유도된 것이므로 연착륙 가능성을 낙관적으로 전망해 왔다. 갑작스러운 하락은 훨씬 위험했을 것이다. 레이건 대통령의 재선 이후 당국은 올바른 방향으로 나아가고 있고, 부처 간 협력이 강화된 것으로 보인다. 은행들은 건전한 영업으로 돌아가고, 재정 적자는 줄어들고, 금리는 인하되는 등 사실상 제국적 순환의 모든 과잉이 조정을 겪고 있다.

나는 과거의 과잉이 조정을 겪는 시기가 가장 위험한 시기라는 통찰을 얻은 후 낙관적인 전망을 조금 내려놓게 되었다. 과잉은 특정 수요를 충족시키고 있었다. 그게 아니라면 애초에 과잉이 발생하지 않았을 것이다. 제도가 과잉을 일으키지 않으면서 작동할 수 있을까? 조정 과정은 자체적으로 동력을 만들어 반대 방향으로 자기강화 추세를 일으킬 수 있다.

모든 것은 경제 전망에 달려 있다. 1985년 하반기에 경제가 호전된다면 아무 문제가 없어진다. 1986년에 경제가 다시 약세를 보이더라도 금융 구조는 이미 그로 인한 결과를 견딜 수 있는 탄탄한 위치에 있을

1985년 08월 16일

	종가			종가
독일 마르크	2.7575		S&P 500	186.12
일본 엔	236.75		미국 국채	76 $^{24}/_{32}$
영국 파운드	1.4010		유로달러	91.91
금	337.90		원유	28.03
			일본 국채	–
퀀텀펀드 자본				$647,000,000
주당 순자산가치				$4,379
1984년 12월 31일 대비 변화				+43.2%

포트폴리오 구조(단위: 100만 달러)

투자 포지션(1)	롱	숏	순통화 노출(6)	롱	숏
주식			독일 마르크 관련	467	
미국 주식	666	(62)	일본 엔	244	
해외 주식	183		영국 파운드	9	
채권(3)			미국 달러		(73)
미국 국채			기타 통화	50	
단기(4)		(67)			
장기		(46)			
상품					
석유		(121)			
금					

것이다. 어떤 경우든 만일의 사태는 너무 동떨어진 이야기라서 현재 투자 결정에 어떤 영향도 주지 못한다.

나는 경제의 실제 경로를 예측하는 작업에서 훨씬 많은 정보를 지닌 전문가들과 지혜를 겨루기에는 스스로 자격이 부족하다고 생각한다. 그것이 내가 경기순환주에 뛰어들지 않겠다고 결정한 이유다.

가장 중요한 변수는 소비자 지출이다. 어떤 전문가들은 소비자 지출이 과도하다고 주장하는 반면 다른 전문가들은 돈을 공급하면 미국 소비자들이 분명 그 돈을 지출할 것이라고 주장한다. 그렇다면 나는 어떻게 판단해야 할까? 내가 가진 유일한 경쟁력은 재귀성 이론이다. 재귀성 이론은 부정적인 측면에서 합의된 관점으로부터 벗어나게 한다. 현재 우리는 담보 가치가 떨어지고 있는 신용 축소 시기에 있다. 소비자들이 경기 부양책에 반응하지 않는다면 내 생각이 맞을 것이다. 이것은 전형적으로 케인스학파가 주장한 상황이다. 말을 물가로 데려가면 그 말은 과연 물을 마실 것인가? 부정적인 측면에 대한 확신을 갖기 전에 더 많은 증거가 필요하다.

최근에 나는 그러한 신호를 감지했다. 아마도 가장 설득력 있는 증거는 시장 움직임 그 자체였을 것이다. 주식시장은 의심스러울 정도로 좋지 못한 방향으로 흘러가고 있었다. 시장이 항상 편향되어 있다는 원칙을 내세웠던 내가 주식시장을 유효한 지표로 받아들이는 것은 놀랄 만한 일이다. 하지만 나는 시장에 예측을 실현하는 방법이 있다고도 주장한 바 있다.

여러 경제 보고서도 경기 약세가 지속되고 있음을 지적했다. 자동차 판매 부진이 한 예다. 나는 이러한 약세를 이미 잘 인식하고 있었기에 이러한 보고서에 큰 의미를 두지 않았다. 제너럴모터스가 저금리 행사를 개시할 때 어떤 일이 일어날지가 더 중요할 것이다. 올해 풍작이 예상된다는 보고서가 내겐 훨씬 인상적이었다. 이는 농업 부문에 더 많은 고통을 안기거나 농산물 가격을 떠받치는 데 훨씬 많은 돈이 투입되어야 한다는 것을 의미하기 때문이다.

통화들은 거래 상한선을 밀어내고 있었다. 독일 중앙은행인 분데스방크Bundesbank가 할인율을 인하할 것으로 예상되었지만, 마르크의 기세는 좀처럼 꺾이지 않았다. 8월 14일 수요일, 나는 독일 마르크 포지션을 절반만 먼저 잡았다. 이후 독일이 할인율을 인하했는데도 마르크가 강세를 유지하자 나는 나머지 포지션도 다 채웠다. 목요일 오후 연준은 통화량 M1(협의통화)을 대폭 늘리기로 발표했다. M3(총유동성)의 증가 폭은 완만했다. 채권 가격은 하락했고, 나는 통화시장에 대한 내 가설이 시험대에 올랐음을 직감했다. 전통적인 시각이 지배적이라면 경기 호황과 금리 인상에 대한 기대 속에 비달러 통화들은 약세로, 달러는 강세로 돌아서야 했다. 그러나 흐름이 바뀌었다면, 달러 자산을 보유한 투자자들은 통화 공급 증가에 대응해 보유한 달러의 일부를 외화로 전환하려 할 것이다. 그러나 실제로 비달러 통화는 약세로 가지 않았고, 덕분에 내 가설은 설득력을 얻게 되었다.

이어서 다른 증거도 나왔다. 금요일에는 주택 착공과 신규 허가가 모두 위축되었는데, 특히 다가구 주택에서 그런 추세가 두드러졌다. 이는 주택 산업이 어려움을 겪고 있다는 내 추측을 뒷받침했다. 그렇다면 상업용 부동산 상황은 더 좋지 못할 것이다. 채권시장은 반등했지만 주식시장은 계속 부진한 모습을 보였다.

나는 앞으로 경기 둔화가 침체로 악화될 것이라고 확신한다. 신용 축소 규모가 통화 공급 증가보다 커질 것이기 때문이다. M1과 M3의 차이는 말이 물가에서 물을 마시지 않는다는 의미로 해석할 수 있다. 나는 장단기 모두 통화 포지션을 최대로 늘리고 반등하는 채권을 매도할 준비가 되어 있다. 통화가 크게 움직이지 않는다면 더 신중하게 대응하고 단기 통화 포지션에서 손실을 감수해야 할 수도 있다.

경기 침체를 예상하는데 왜 채권을 매도해야 할까? 달러 약세로 인해 장기 금리가 상승할 것이고 그러면 경기 침체가 올 것이기 때문이다. 이는 제국적 순환이 역으로 작동하는 것이나 다름없다. 나는 매도가 시기상조일 수 있음을 알고 있다. 그래서 초기에는 작은 규모로 포지션을 설정하려 한다. 주식시장 공매도도 고려하고 있지만, 달러 약세에 반응해 시장이 반등할 경우에만 실행할 예정이다. 추가로 시장 노출을 늘리기 전에 통화와 채권 포지션이 모두 제대로 작동해야 한다.

내 통화 포지션의 대부분은 독일 마르크가 차지한다. 엔 포지션도 상당하지만 엔은 더 천천히 더 늦게 움직일 것이라 예상한다. 그 이유는 이렇다. 일본은 저축률이 매우 높고 국내 투자는 줄고 있다. 그리고 그 많은 저축을 해외에 투자함으로써 국내 소비를 초과하는 생산 수준을 유지할 수 있다. 이것이 바로 일본이 세계에서 강력한 경제력을 갖추게 된 비결이다. 높은 저축률과 지속적인 수출 흑자, 해외 자산 축적이 어우러져 전 세계적으로 일본의 국력과 영향력을 강화했다. 일본은 제국적 순환에 매우 만족하고 있고, 가능한 한 이 순환이 오래 지속되기를 원한다. 일본 관리들은 이 정책을 다음과 같이 표현했다. "우리는 미국이 세계 최고의 경제 대국으로 번영하기를 바란다. 그래야 우리가 세계 2위 경제 대국으로 번영할 수 있기 때문이다." 사이클링 선수가 바람의 저항을 줄이기 위해 앞에 달리고 있는 자동차를 이용하듯 실제로 일본은 미국을 이용한다. 일본은 가능한 한 오랫동안 미국 뒤에 머물고 싶어 하며, 이를 위해 미국의 재정 적자를 해결하는 데 기꺼이 자금을 지원하려 한다. 일본에서 유출된 장기 자본은 1983년 177억 달러에서 1984년 497억 달러로 늘어났고 그 추세는 계속 증가하고 있다. 이것이 엔의 약세를 유지하는 가장 중요한 요인이다. 이제 달러의 추세가 역전되었으므로 엔은 달러 대비 평가절상될 수 있지만 유럽 통화 대비로는 평가절하될 가능성이 크다.

나는 이 결론에 도달하기까지 상당한 어려움을 겪었다. 1970년대에 일본은 엔의 가치를 높게 유지하는 정책을 폈다. 이는 수출업체들이 수출로 수익을 보기 위해 극복해야 하는 높은 장벽으로 작용했다. 이 정책은 일본이 가장 큰 경쟁력을 확보한 산업을 장려하고 수익성이 낮은 오래된 산업의 수출을 억제하는 데 매우 효과적이었다. 나는 전 세계가 일본의 수출 흑자를 점차 용인하지 않으려는 환경에서 일본이 양적 제한에 노출되기보다 가격 메커니즘을 사용해 수출을 스스로 제한할 것이라고 예상했다. 즉 고환율 정책을 펴리라 여겼다.

그러나 나는 두 상황의 근본적인 차이를 인식하지 못했다. 1970년대 일본의 국내 투자 규모는 여전히 매우 높았으므로 이용 가능한 저축을 할당해야 했고, 엔화 강세는 자원을 효율적으로 배분하는 수단이 되었다. 이제 초과 저축을 써먹을 활로를 찾아야 한다. 자본 수출은 최선의 해결책이다. 일본 수출에 대한 저항은 여전히 걸림돌로 남아 있지만, 일본은 관대한 신용 조건을 내걸어 저항을 극복하기를 바라고 있다. 그래서 미국 재정 적자에 기꺼이 자금을 지원하려는 것이다.

미국의 반응은 엇갈린다. 행정부의 일부 인사들은 엔의 평가절상을 밀어붙이고 있고, 다른 인사들은 미국 국채를 일본에 매도해야 한다고 주장한다. 역설적으로 현재 일본의 대규모 미국 국채 매입을 이끈 것은 자본시장 자유화를 요구하는 미국의 압력이었다. 미국에 유리한 금리 차이는 한때 6%에 달할 정도로 높았다. 수문이 열리자 일본 기관들이 몰려들었다. 달러가 하락하기 시작하면서 총수익률은 낮아졌지만 일본 투자자들은 실망하지 않았다. 오히려 달러가 하락해 환위험이 줄어들었다고 생각하는 듯하다. 일본 투자자들은 미국 투자자보다 떼를 지어 몰려다니는 경향이 있다. 이들의 편향이 바뀌면 반대 방향으로 쏠림 현상이 나타날 수 있지만, 그럴 가능성은 낮은 편이다. 금융 당국은 목자牧者 역할을 수행하며 쏠림 현상을 막기 위해 필요한 모든 조치를 취할 것이다. 내 분석이 맞다면 당국은 미국 국채를 선호하는 지배적인 편향이 유지될 수 있도록 엔의 절상 폭을 적당히 조절할 가능성이 크다.

한편 유가를 바라보는 내 관점은 다음과 같다. 유가 하락은 어느 정도 불가피하다. 생산 능력이 수요를 크게 초과하고 카르텔이 해체되는 과정이 진행되고 있기 때문이다. 사우디아라비아와 쿠웨이트를 제외한 거의 모든 OPEC 회원국이 가격을 속이고 있다. 결과적으로 사우디의 생산량은 지속 불가능할 만큼 낮은 수준으로 떨어졌다. OPEC 내에서 사우디의 영향력은 생산량 감소와 궤를 같이했다. 사우디가 통제권을 되찾을 유일한 방법은 저비용 생산국으로서 가격 총력전을 벌여 강력한 시장 지배력을 증명하는 것이다. 그러나 사우디의 시장 경쟁력은 정치적 약점과 맞물려 있다. 결국 사우디는 꼼짝할 수 없는 교착상태에 빠지고 말았다. 시장 참여자들은 곧 엄습할 폭풍에 대비하고 있지만, 당분간은 잔잔한 상태가 이어질 것이다. 재고를 보유하려는 사람이 없어 현물 가격이 제법 견고하게 유지되고 있기 때문이다. 압박이 오래 지속될수록 폭풍이 엄습했을 때 더 격렬해질 가능성이 크다. 공급 곡선이 뒤집히는 것이다. 대부분의 생산업체가 일정 금액의 수익을 창출해야 한다. 그들은 고비용 생산업체의 손익분기점 아래로 가격이 떨어질 때까지 판매량을 늘리려 할 것이다. 그러면 업체 상당수는 부채를 상환할 수 없게 된다. 미국은 국내 생산업체들을 구제하기 위해 보호 관세를 도입해야 하며, 멕시코가 부채 문제와 관련해 미국에 협조한다면 멕시코에도 보호 조치가 확대 적용될 수 있다.

　나는 한동안 많은 돈을 들여 원유 매도 포지션을 유지해 왔다. 선물이 현물보다 한참 낮은 가격으로 형성되어 있어서 포지션을 이월하는데 한 달에 2%의 비용이 들 수 있다. 이제 보유 중인 근월물 포지션을 정리하고, 내년 봄 만기 선물에 새로운 매도 포지션을 잡을 예정이다. 가격은 더 낮겠지만 월별 할인폭도 더 작아질 것이다. 내 분석이 맞다면 가격 하락 시점이 늦어질수록 하락폭은 더욱 커진다.

내가 여기서 설명한 관점은 거시경제적 투자 결정의 기준이 되기에 충분하다. 하지만 제국적 순환에 무슨 일이 일어날 것인가라는 질문에 답이 되지는 못한다. 그 문제에 대해서는 내 견해가 모호하게 들릴 수 있다.

다른 조건이 동일하다면, 경기 침체가 발생하더라도 완만하게 진행될 것이다. 통화 정책은 경기 침체에 진입하기 전부터 완화되었고, 재고는 엄격하게 관리되었으며, 달러 하락으로 인한 무역 상품 부문의 이득은 6~18개월 정도 지난 후에야 체감할 수 있다. 그러나 다른 조건은 같지 않다. 재무 구조는 이미 힘든 상황이고 경기 침체를 견디지 못할 수도 있다. 국내외에서 발생하는 채무불이행이 자기강화적으로 작용할 수 있다. 금융 당국은 이러한 위험을 충분히 인지하고 있고 이를 방지하기 위해 모든 노력을 다할 것이다. 경기 침체와 인플레이션 중 하나를 선택해야 하는 상황에서는 인플레이션이 유리할 확률이 높다. 이는 예측이 아니라 현재 통화 정책에 대한 분석이다.

인플레이션은 실질금리를 낮추고 상품 가격을 끌어올려 부채 부담이 좀 더 감당할 만한 수준이 되게 한다. 문제는 인플레이션 정책의 성공 여부다. 인플레이션 정책으로 달러 기피 현상이 일어나고 명목금리가 상승하면 금융시장은 민감하게 반응할 것이다. 외국인들이 더 이상 미국의 재정 적자를 지탱할 자금을 지원하지 않게 되면 어떤 식으로든 미국의 GNP가 감소할 것이다. 그렇지만 일본이 마이너스 총수익률을 감수하면서까지 미국에 계속 대출을 해줄 수도 있다.

1985년 9월 9일 월요일

실험은 시작부터 좋지 않았다. 내가 전체 포지션을 설정한 직후 통화가 정점을 찍었고 지난 3일 동안 급락했다. 채권도 정점을 찍은 후 떨어졌다. 채권 가격의 상승은 손실이 난 작은 규모의 매도 포지션을 청산하게 할 정도로 충분히 위협적이었다. 하지만 나는 현재 손실을 보고 있는 통화의 매수 포지션은 그대로 유지했다. 내게 유리하게 흘러간 것은 석유뿐이다. 나는 강세장을 이용해 매도 포지션을 내년 봄까지 연장했다. 전반적으로 거래 성과는 부진했고 실험을 시작한 이후로 큰 손실이 나고 있다. 다행히 올해 초에 올린 수익 덕분에 아직은 여유가 있다.

이러한 반전의 원인은 경기 회복을 가리키는 통계가 잇달아 발표된 데 있다. 이로 인해 통화 공급이 급증하고 무역 적자가 감소했으며, 고용 지표가 개선되고 소매 판매도 증가했다. 특히 자동차 업체들이 파격적인 대출 조건을 제시하면서 자동차 판매가 처음 열흘 동안 폭발적으로 증가했다. 이는 결국 말이 물을 마시고 있다는 증거로 볼 수 있다.

나는 증거에 맞서 싸우는 쪽으로 기울었다. 충분히 들여다보면 대부분의 수치를 설명할 수 있는 특성을 찾을 수 있다. 한 가지 눈에 띄는 사실은 자동차 판매 급증이 자동차 업체들의 다소 공격적인 생산 일정을 정당화하고도 남는다는 점이다. 자세히 살펴보면 거의 모든 고용 증가가 자동차와 관련되어 있음을 알 수 있다. 여기서 중요한 의문점이 생긴다. 전체 소비자 지출은 어떻게 변할까? 자동차 판매는 소비자

1985년 09월 06일

	종가	8월 16일 대비 변화(%)		종가	8월 16일 대비 변화(%)
독일 마르크	2.9235	-6.0	S&P 500	188.24	-1.1
일본 엔	242.10	-2.3	미국 국채	75 $^{16}/_{32}$	-1.6
영국 파운드	1.3275	-5.2	유로달러	91.66	-.3
금	320.70	-5.1	원유	27.75	-1.0
			일본 국채	-	
퀀텀펀드 자본					$627,000,000
주당 순자산가치					$4,238
1985년 8월 16일 대비 변화					-3.20%

포트폴리오 구조(단위: 100만 달러)

투자 포지션(1)	롱	숏	8월 16일 대비 순변화(2)	순통화 노출(6)	롱	숏	8월 16일 대비 순변화(2)
주식				독일 마르크 관련	491		+24
미국 주식	653	(65)	+16	일본 엔	308		+64
해외 주식	163		-20	영국 파운드	10		+1
채권(3)				미국 달러		(182)	-109
미국 국채				기타 통화	45		-5
단기(4)			+67				
장기			+46				
상품							
석유		(145)	-24				
금							

행동의 징후일까, 아니면 다른 분야에서 줄어든 지출로 상쇄될까? 한참 뒤에야 답을 알 수 있을 것이다.

현재 나는 경제가 상당히 취약하다는 견해를 고수하고 있다. 달러 하락 폭이 그리 크지 않아 제조업에 숨통을 틔워주진 못했다. 농업은 그 어느 때보다 상황이 좋지 않다. 주택 건설은 경제에 또 다른 활력을 불어넣을 수 있지만(주택 건설은 주로 금리와 고용에 달려 있다), 메릴랜드 커뮤니티저축 및 대출연합의 자본 계획 자회사인 EPIC의 붕괴 사례로 알 수 있듯 신용 위축과 담보 가치 하락의 여파가 건설 산업을 짓누를 것으로 예상된다. 소비자 부채는 심각하고, 현재 나타나고 있는 자동차 판매 호조로 인해 향후 판매량이 감소할 것이다. 다음 달에 1986년형 모델이 판매되면 경제는 자동차 업체들이 파격적인 대출 조건을 내세우기 전과 같은 수준으로 다시 떨어질 것이다.

연준은 금융 구조에 취약성이 많다는 이유로 신용 긴축 정책을 꺼리고 있다. 외국인이 달러를 흡수하려는 속도보다 더 빠르게 달러를 찍어낸다면 연준의 신용 억제를 유도할 만큼 경제가 탄탄하지 않은 한 달러 환율은 다시 하락하기 시작할 것이다. 결국 이 모든 것은 언제나 미국 경제의 힘이라는 똑같은 문제로 귀결된다.

나는 이 문제를 해결할 수 없으니 시장의 흐름에 따르려 한다. 독일 마르크는 급격한 상승과 마찬가지로 급격한 하락에 이어 도중에 반등 후 지지하는 패턴을 형성한 것으로 보인다. 이 패턴이 유지된다면 현재 우리는 두 번째 급락의 저점에 있어야 한다. 이러한 형태가 내 경제 시나리오에 잘 부합한다. 패턴이 깨지면 경제 시나리오를 재평가할 수 있을 때까지 노출을 절반으로 줄여야 할 것이다. 이는 불가피한 손실을 일으키게 된다. 내 예상이 맞으면 추가로 지불하지 않고는 포지션을 다시 설정할 수 없고, 예상이 틀린다면 유지했던 절반 포지션에서 추가 손실이 발생하기 때문이다. 잘못된 시기에 너무 큰 규모로 포지션을 취한 대가인 셈이다.

통화 포지션이 더 안전해 보인다면 다음 청산 때 일부 국채 매수를 고려할 것이다. 금리가 다시 지속 불가능한 수준에 이르렀고, 특히 사우디아라비아가 석유 생산을 늘릴 것이기 때문이다.

내 장기적인 전망은 다시 한번 비관적으로 바뀌고 있다. 재무 구조는 추가로 손실을 입었다. 이미 EPIC의 사례를 언급했지만, 팜크레딧시스템*은 문제를 안고 주식을 상장했고, 남아프리카공화국의 유동성 위기는 다음에 비슷한 상황이 발생했을 때 은행들의 더 신속한 조치를 유도할 수 있는 새로운 선례가 되었다. 미국 경제가 다시 호조세를 보이고 있지만, 미국 금융기관들의 상태는 몇 주 전보다 더 취약해졌다.

---

* ● 미국의 농업 부문에 대출을 해주는 전국적인 협동조합 금융 체계. 1980년대 중반 농업 부채의 위기 속에서 심각한 재정난을 겪었다. 금리가 급등하고 농산물 가격이 폭락하면서 농부들의 채무불이행이 잇따르자 팜크레딧시스템은 막대한 부실채권을 떠안고 사실상 지급불능 상태에 빠졌다. 이후 증권을 발행, 즉 주식을 상장해 자본을 확충하려는 시도를 했다.

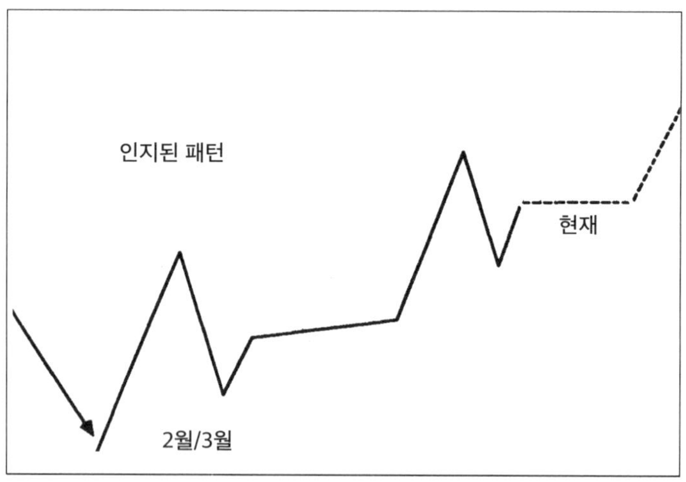

*   ○ 주간 CRB 선물 차트 서비스의 허가를 받아 복제한 도표다. FCS는 나이트-라이더 비즈니스 정보 서비스인 상품조사국에서 발행하는 간행물로, 모든 자료는 저작권의 보호를 받으며 허가 없이 복제될 수 없다.

1985년 9월 28일 토요일

우리는 흥미로운 시대에 살고 있다. 지난 일요일 플라자 호텔에서 G5 경제 선진국(프랑스, 서독, 일본, 미국, 영국)을 대표하는 재무장관과 중앙은행 총재가 모여 긴급회의를 진행했다. 이 역사적인 회의를 통해 자유 변동환율 제도에서 관리 변동환율 제도로 공식적인 전환이 이뤄졌다. 통화시장의 재귀성을 논한 다른 장을 읽은 독자라면 내가 이러한 변화를 이미 뒤늦은 조치로 여기고 있다는 사실을 알 것이다.

나는 간신히 통화 포지션을 유지했고 지난 일요일 G5 회의가 끝난 후 일생일대의 수익을 올렸다. 일요일 밤(홍콩은 월요일 아침)에 엔을 추가로 매수해 시장이 상승하는 내내 보유했다. 지난 한 주 동안 올린 수익은 지난 4년간 통화 거래로 누적된 손실을 상쇄하고도 남았고, 현재 전반적으로 수익이 크게 개선되었다.

주식시장의 뚜렷한 약세는 내가 통화 포지션을 계속 유지하는 데 큰 힘이 되었다. 달러 강세는 경기 호황에 달려 있다. 주가가 하락하면 소비자의 소비 결정과 기업의 투자 결정에 상당한 영향을 미칠 수 있다. 게다가 경기 침체는 담보 가치 하락을 수반하며 주식시장은 담보를 보관하는 가장 중요한 저장소나 다름없다.

독일 마르크는 인지된 패턴 내에서 간신히 유지되었고, 나는 줄곧 신경을 곤두세워야 했다. 하지만 G5가 모였을 때 독일 마르크는 인지된 패턴에 따라 다시 반등을 이어갔다. 회의에 대한 시장 반응은 인지된 패턴을 깨뜨렸다. 추세 패턴은 역사적인 사건을 계기로 깨지기 마

1985년 09월 27일

	종가	9월 6일 대비 변화(%)		종가	9월 6일 대비 변화(%)
독일 마르크	2.6820	+8.3	S&P 500	181.30	-3.7
일본 엔	217.24	+10.3	미국 국채	75 $^{18}/_{32}$	+.1
영국 파운드	1.4190	+6.9	유로달러	91.71	+.1
금	328.40	+2.4	원유	28.93	+4.3
			일본 국채	-	
퀀텀펀드 자본			$675,000,000		
주당 순자산가치			$4,561		
1985년 9월 6일 대비 변화			+7.6%		
1985년 8월 16일 대비 변화			+4.2%		

포트폴리오 구조(단위: 100만 달러)

투자 포지션(1)	롱	숏	9월 6일 대비 순변화(2)	순통화 노출(6)	롱	숏	9월 6일 대비 순변화(2)
주식				독일 마르크 관련	550		+59
미국 주식	530	(85)	-143	일본 엔	458		+150
해외 주식	142		-21	영국 파운드		(44)	-54
채권(3)				미국 달러		(289)	-107
미국 국채				기타 통화	16		-29
단기(4)							
장기		(77)	-77				
상품							
석유		(176)	-31				
금							

런이며 이번 회의는 확실히 역사적 사건으로 볼 수 있다.

이번 회의는 재무부의 주도로 조직되었다. 연준은 상대적으로 늦게 참여했다. 주요 목적은 보호무역주의 압력의 강도를 완화하는 것이었다. 회의는 긴급하게 개최되었지만, 사전에 포괄적인 정책이 수립되진 않았다. 그렇지만 공약을 내걸었으니 정책이 뒤따를 것이다. 통화가 어떻게 관리될지는 아직 지켜봐야 할 일이다. 시장 개입은 단기적으로만 유효할 가능성이 있으니 다른 조치로 뒷받침되어야 한다. 아마도 일본이 대부분의 조치를 취해야 할 것으로 보인다. 일본에서 중앙은행은 여전히 엔의 가치를 어느 정도 원하는 대로 끌어올릴 수 있는 충분한

도표 10.2. 독일 마르크(1985년 12월)

권한과 영향력을 갖고 있지만, 상승세를 유지하려면 당국이 자본 유출을 막고 감세나 정부 지출 확대 또는 두 가지 정책을 모두 도입해 저축을 국내에서 추가로 사용하고, 수입에 적용된 비관세 장벽을 없애는 중요한 조치를 취해야 할 것이다. 충분한 조치를 취하지 않는다면 엔의 평가절상을 유지하기 어려울 테니 말이다.

유럽 통화들은 다른 문제에 직면했다. 투기적 흐름이 더 강해지고 중앙은행의 영향력은 더 약해졌다. 마르크는 엔보다 훨씬 적게 움직였는데, 이는 투기자와 유동자산 보유자들이 새로운 출발의 중요성을 여전히 의심하고 있음을 시사한다. 마르크가 계속 상승한다면 추세를 저지하기 어려울 것이다. 볼커가 달러 가치를 하락시키는 방법이 아니라 하락을 저지하는 방법에 대해 논하는 데 일요일 대부분의 시간을 보냈다 해도 그리 놀랍지 않다.

회의 이후 나는 엔을 주시해 왔다. 엔은 보호무역주의 정서와 관련해 중요한 통화이기 때문이다. 만일 개입 정책이 성공한다면 나는 엔보다 마르크를 더 오래 보유할 생각이다. 엔은 달러당 200이라는 합리적인 수준으로 절상되겠지만 마르크는 고평가될 수 있다. 결국 미국에 경기 침체가 닥칠 경우에는 금이 진정한 승자가 될 수 있다.

주가 흐름은 예상보다 훨씬 좋지 못했다. 실제로 나는 G5 회의가 끝난 후 S&P 선물을 매수했지만 손실을 보고 포지션을 청산해야 했다. 전체적으로 시장의 움직임은 아주 불길하다. 담보 가치가 몇 달 전에 예상했던 것보다 훨씬 심각하게 훼손되었다. 나는 현재 취해진 조치가 시장을 안정시키기 전에 경제가 불황에 빠질 것이라고 본다. 조만

간 추가 조치도 나올 것이다. 보호무역주의 압력이 환율 제도의 변화를 가져온 것처럼 높은 실질금리의 압력은 11월 정상 회의에서 광범위한 군비 협정과 긴장 완화로 이어질 수 있다. 향후 6개월이 걱정되지만, 제국적 순환이 탄생한 이후로 그 어느 때보다 긍정적인 정책이 나올 것으로 전망된다. 유동성에는 많은 장점이 있으니 나 역시 더 많은 유동성을 누릴 수 있으면 좋겠지만, 현재 상황에서 굳이 주식 약세장에 베팅할 필요는 없다고 본다.

원유 매도 포지션은 불리하게 작용하고 있다. 소련이 원유 공급을 감축했고 이란 최대의 원유 선적장인 하르그섬은 사실상 가동을 중단했다. 나는 3월물과 4월물에 취한 매도 포지션을 1월물에 취한 매수 포지션으로 환매수(숏커버링short covering)하기로 결정했다. 지금과 1월물 사이에 할인 폭이 가장 크다. 매도 포지션을 유지하려면 많은 비용이 든다. 나는 1월물 매수로 사실상 포지션을 정리했고 후에 매도 포지션을 다시 설정할 생각이다.

1985년 10월 20일 일요일

일본 총리 나카소네 야스히로가 미국을 방문한 주말에 통화시장은 임박한 조치에 대한 소문으로 떠들썩했다. 나는 소문을 무시하려 했다. 사실 현재 강세장을 이용해 달러 매도 포지션을 어느 정도 줄이고 있고, 미국 국채 차환 기간에 포지션을 더 늘리려 한다.

1985년 10월 18일

	종가	9월 27일 대비 변화(%)		종가	9월 27일 대비 변화(%)
독일 마르크	2.6265	+2.1	S&P 500	187.04	+3.2
일본 엔	214.75	+1.1	미국 국채	76 $^{22}/_{32}$	+1.5
영국 파운드	1.4290	+.7	유로달러	91.80	+.1
금	362.80	+10.5	원유	29.52	+2.0
			일본 국채	-	

쿼텀펀드 자본	$721,000,000
주당 순자산가치	$4,868
1985년 9월 27일 대비 변화	+6.7%
1985년 8월 16일 대비 변화	+11.2%

포트폴리오 구조(단위: 100만 달러)

투자 포지션(1)	롱	숏	9월 27일 대비 순변화(2)	순통화 노출(6)	롱	숏	9월 27일 대비 순변화(2)
주식				독일 마르크 관련	680		+130
미국 주식	522	(148)	-71	일본 엔	546		+88
미국지수선물		(121)	-121	영국 파운드		(72)	-28
해외 주식	142		+10	미국 달러		(433)	-144
채권(3)				기타 통화	34		+18
미국 국채							
단기(4)							
장기			+77				
상품							
석유		(37)	+139				
금							

G5 회의 이후 재무부와 백악관, 연준 사이에 많은 논쟁이 있었고, 일부는 언론에도 보도되었다. 정치인들은 통화시장에 대한 '불순한 개입'을 옹호하는 것처럼 보이지만, 연준은 매도한 모든 달러를 똑같은 금액의 재무부 단기 증권 매도로 균형을 맞춰 통화량은 바꾸지 않는 불태화 개입sterilized intervention*을 해왔다. 정치인들은 불태화 개입이 장기적으로 효과가 전혀 없으며 달러 매도를 허용해 통화 공급을 늘리면 환율이 하락할 수밖에 없다고 주장한다. 이에 대해 볼커는 어차피 달러는 하락할 것이기에 그렇게 공격적으로 대응할 필요가 없다고 답한다. 시장에 달러가 넘쳐나면 달러 가치는 제어할 수 없을 만큼 빠른 속도로 급락할 수 있다. 볼커는 하락을 유도하기보다 붕괴를 막는 데 더 집중하는 것으로 보인다. 나도 그의 입장에 공감한다.

내가 볼커의 입장이라면 차환이 끝날 때까지 금리를 안정적으로 유지하면서 외국에 국채 매수에 필요한 달러를 팔고, 국채 경매**가 끝나고 나면 금리를 낮출 것이다. 이렇게 하면 경매를 성공적으로 완료하고, 달러가 충분히 하락했을 때 더 이상의 하락을 저지하는 데 필요한 대규모 활동 자금을 확보할 수 있다. 경제가 매우 취약하므로 금리와 달러 가치를 모두 낮춰야 한다. 경매가 끝날 때까지 금리 인하를 기다

---

*   ● 불태화 개입은 외환시장 개입 후 통화안정증권을 발행하거나 은행에 요구하는 지급준비율을 높이는 등의 방법을 통해, 금융기관이 자국 통화의 과도한 유동성을 흡수하는 것을 말한다. 이에 반해 태화 개입unsterilized intervention은 이러한 상쇄 조치를 취하지 않음으로써 외환시장 개입이 통화 공급에 직접 영향을 미치도록 두는 방식이다.

**   ● 미국 재무부는 국채를 정기적으로 '경매 방식'으로 발행한다. 기관투자자, 은행, 딜러 등이 경쟁입찰을 통해 금리를 제시하며, 제시 금리가 낮을수록 우선적으로 낙찰받는다.

리면 나중에 매우 유리한 수준에서 대규모로 불태화한 달러를 매도할 수 있을 것이다.

이러한 논리로 일단은 달러를 소량 매입한다. 연준이 금리에 즉각적인 조치를 취하지 않아 달러를 더 비싸게 매도할 수 있게 되면 시장은 실망할 것이다. 이때 나는 매도 포지션을 더 늘리고 싶다. 그사이에 채권 가격이 너무 많이 오르지 않는 한 차환이 이뤄질 때 채권을 매수해도 좋을 것이다. 내 주식시장 포지션은 큰 폭으로 바뀌지 않았지만, 매수 포지션을 줄이고 매도 포지션을 늘려 시장에 살짝 부정적으로 노출된 상태가 되었다. 그렇지만 실제 달러 금액으로 보면 매수 포지션이 매도 포지션을 크게 넘어선다. 지금은 텍사스와 캘리포니아 은행들에 대해 매도 포지션을 늘리고 있다.

1985년 11월 2일 토요일

나는 시기를 잘못 짚었다. 일본 중앙은행이 단기금리를 인상하면서 나를 포함한 시장 전체에 놀라움을 안겨주었을 때만 해도 달러 매도는 괜찮은 선택으로 보였다. 나는 이것을 직접 개입뿐만 아니라 금리 조정에 의해 환율이 영향을 받는 G5 계획의 새로운 단계가 시작되는 것으로 생각했다. 따라서 엔을 대량 매수했다. 엔이 움직일 때 이전에 매도했던 마르크도 다시 매수했다. 이 거래에서 손실을 봤지만 원하던 대로 포지션을 늘릴 수 있었다. 나는 현 시세로 전략상 이익을 얻었다.

1985년 11월 01일

	종가	10월 18일 대비 변화(%)		종가	10월 18일 대비 변화(%)
독일 마르크	2.5910	+1.4	S&P 500	191.48	+2.4
일본 엔	208.45	+2.9	미국 국채	78 $^{23}/_{32}$	+2.6
영국 파운드	1.4415	+.9	유로달러	92.07	+.3
금	326.10	-10.1	원유	30.39	+2.9
			일본 국채	92.75	

퀀텀펀드 자본	$759,000,000
주당 순자산가치	$5,115
1985년 10월 18일 대비 변화(%)	+5.1%
1985년 8월 16일 대비 변화	+16.8%

포트폴리오 구조(단위: 100만 달러)

투자 포지션(1)	롱	숏	10월 18일 대비 순변화(2)	순통화 노출(6)	롱	숏	10월 18일 대비 순변화(2)
주식				독일 마르크 관련	630		-50
미국 주식	546	(148)	+24	일본 엔	813		+267
미국지수선물		(46)	+75	영국 파운드		(88)	-16
해외 주식	209		+57	미국 달러		(596)	-163
채권(3)				기타 통화	34		0
미국 국채							
단기(4)	28		+28				
장기	456		+456				
상품							
석유		(186)	-149				
금							

추세가 진행될 때 노출을 확대하면 일시적 추세 반전에 취약해지므로 그리 합리적인 선택이 아닐 수 있다. 이 실험 초기에 나는 시점을 잘못 잡아 추세가 반전하는 바람에 보유한 통화를 내던질 뻔했던 적이 있다. 그럼에도 내가 기꺼이 노출을 늘리려는 이유는 추세가 반전될 가능성이 줄어들었다고 판단했기 때문이다. 자유 변동환율에 대해 내가 알게 된 일반적 개념 중 하나는 단기 변동성이 전환점에서 가장 크고 추세가 확립되면서 줄어든다는 점이다.

지금이 바로 그 시점이다. 더 이상 자유 변동환율 제도를 시행하지 않는다는 사실은 추세 반전의 위험을 더욱 감소시킬 것이다. 시장 참여자들은 아직 새로운 규칙을 인식하지 못했다. 이들이 기꺼이 감당할 수 있는 노출 규모는 과거에 경험한 변동성에 영향을 받는다. 나 역시 마찬가지다. 그러지 않았다면 현재 노출 수준까지 훨씬 일찍 도달해 더 많은 돈을 벌었을 것이다. 모든 참여자가 변화에 적응할 때 게임의 규칙이 다시 바뀔 것이다. 당국이 상황을 잘 다룬다면 통화 투기로 얻는 보상은 위험에 비례할 것이다. 궁극적으로 보상이 없어지면 투기는 억제되고, 당국은 목표를 달성할 것이다. 그때가 오면 나도 투기를 그만둬야 한다.

나는 채권 가격 변동이 시작되는 시점도 놓쳤다. 일본에서 금리가 상승하고 이어서 독일에서 금리가 소폭 상승하자 시장은 미국에서 금리가 하락해야 한다고 인식했다. 이에 대한 기대감으로 채권 가격이 상승했다. 이로써 경매에서 매수하려던 내 치밀한 계획은 틀어지고 말았다. 나는 달리는 차를 뒤쫓아 최선을 다해 올라타야 했다. 지금까지는 그리 유리하지 못한 가격을 지불해 포지션 절반을 확보했다. 11월에 차례로 열릴 다음 경매에서는 포지션을 두 배로 늘릴 계획이다. 이제 내가 주식시장 노출을 확대할지 고민하는 이유를 말할 것이다.

지금은 전반적인 전망을 재평가할 좋은 시기다. 그램-러드먼Gramm-Rudman 법 개정안을 둘러싼 논란은 여론이 재정 적자 감축안을 선호하고 있음을 분명히 보여주었다. 그램-러드먼 개정안은 대통령이 다른 방법으로는 건드릴 수 없는 프로그램을 중단할 수 있게 해주는 훌륭한 장치였다. 예산 삭감은 1986년 선거 후에 효력을 발휘하기 시작했다. 미국 하원은 한 걸음 더 나아가 이번 회계연도부터 삭감을 시작하고 국방에 더 비중을 둬야 한다고 주장했다. 상원에서 제시한 개정안은 1986년 선거에서 공화당에 유리하게 작용할 것으로 예상되었지만, 하원 민주당은 많은 사회 프로그램을 대상에서 제외하고 시행일을 앞당겨 판세를 뒤집었다. 백악관은 궁지에 몰렸다. 금리 인하를 위한 기반을 마련하기 위해 재정 적자를 처리할 조치를 뭐라도 취해야 했지만, 1986년 선거 전에 세금을 인상하는 것은 자살 행위나 다름없었기 때문이다. 하지만 탈출구가 없는 것은 아니다. 정상 회의에서 소련과 어느 정도 합의에 이르고 국방비를 줄이면 된다. 그러면 예산 문제가 해결될 것이고 공화당이 1986년 선거에서 평화의 정당으로 나서며 재집권에 성공할 수 있을 것이다. 레이건이 이 해결책에 관심이 있는지는 아직 알려지지 않았다.

이 계획이 실현된다면 경제는 낮은 금리, 달러 약세, 주식시장 호황으로 큰 번영의 단계에 접어들 것이다. 이러한 변동으로 조성된 열기는 경제를 다시 활성화하는 데 도움이 된다. 최근 서울에서 열린 세계 은행 연례 회의 때 발표된 베이커 플랜Baker Plan은 과도한 부채를 진 국가들의 붕괴를 막는 데 도움을 줄 수 있다. 기업 합병 광풍은 저금리에 힘입어 한 번 더 활기를 띠겠지만, 주가 상승이 새로운 거래를 비경제적으로 만들어 결국에는 동력이 소진될 가능성이 크다. 기업 구조조정에 따른 혜택으로 더 우호적인 환경에서 이익이 급증하고, 자기자본이 감소하면 주가는 천정부지로 급등할 수 있다. 결국 호황 뒤에는 경제적이지 못한 거래가 무산되고 국제 부채 문제가 다시 불거지는 불황이 뒤따를 것이다. 주가는 폭락을 앞두고 상승할 것이다. 이것이 내가 주식시장 노출을 늘릴지 고민하는 이유다.

이제 진실의 순간이 다가오고 있다. 레이건이 기회를 놓친다면 결과가 심각해질 수 있다. 경제는 경기 침체의 가장자리에서 배회하고 있다. 신용 경색을 막으려면 더 낮은 금리와 달러 약세가 필요하다. 경제를 다시 활성화하려면 상당한 규모의 통화 공급이 필요할 수 있다. 달러 가치가 하락해 수입 경쟁이 완화되려면 시간이 걸린다. 우선 물가 상승에 대한 기대감은 국내 수요를 수입품으로 돌릴 수 있다. 단기금리가 크게 하락하고 채권과 주식 가격이 상승해야만 제때 시장 심리를 반전시켜 경기 침체를 막을 수 있다. 그램-러드먼 개정안에 대한 합의가 나오지 않으면 채권시장은 실망하고, 연준은 공격적으로 금리를 인하하길 꺼리며, 담보 가치는 계속 하락할 것이다.

국제주석위원회International Tin Council의 붕괴는 담보 가치 감소를 보여주는 대표적인 사례다. OPEC의 붕괴는 이제 시간문제일 것이다. 나는 인도 월이 1~3월인 원유 매도 포지션을 확대하고 있고, 마찬가지로 공급이 늘어나면 이익에 도움이 될 것이기에 정유업체 주식도 매수하고 있다. 앞으로 몇 주가 지나면 전반적인 흐름을 이해할 수 있을 것이다. 정상 회의는 11월 19일에 열리는데 다음 경매가 열리기 전에 재정 갈등을 해결해야 한다. 이러한 이유로 나는 경매가 열릴 때까지 기다렸다가 본격적으로 채권 포지션을 취하기로 결정했다.

1985년 11월 9일 토요일

통화에 대한 내 분석이 시험대에 올랐다. 엔이 급등한 후 지난 목요일에 급격한 반전이 일어났다. 분데스방크가 2.60마르크 밑에서 달러를 매수했지만 금요일에 다시 2.645마르크에 매도했다는 소식이 전해졌다. 나는 시장 위험이 적다고 판단했으므로 당황하지 않았다.

채권시장은 상승세를 탈 준비가 되어 있다. 국채 선물에 대한 대규모 옵션 포지션이 다음 주 금요일 만기를 앞두고 있다. 나는 그 전에 선물 가격이 80을 넘어서면 시장이 취약하다고 보고 포지션 전부 또는 일부를 매도할 계획이다. 백악관이 11월 19일 정상 회의 전까지 재정 문제를 합의하지 못하면 민주당은 계속 이 기회를 활용하려 할 것이다. 즉, 다음 주 정도에 교착상태가 지속되다가 해결되는 즉시 경매가 뒤따를 가능성이 있다. 나는 수익을 안고 시장에서 철수하게 되어 기쁘다. 덕분에 경매에서 유리하게 매입할 수 있는 입장이 되었다.

1985년 11월 08일

	종가	11월 1일 대비 변화(%)		종가	11월 1일 대비 변화(%)
독일 마르크	2.6220	-1.2	S&P 500	193.72	+1.2
일본 엔	205.50	+1.4	미국 국채	$79\,^{21}/_{32}$	+1.2
영국 파운드	1.4170	-1.7	유로달러	92.14	+.1
금	324.20	-0.6	원유	30.45	+.2
			일본 국채	93.70	+1.0
퀀텀펀드 자본				$782,000,000	
주당 순자산가치				$5,267	
1985년 11월 1일 대비 변화				+3.0%	
1985년 8월 16일 대비 변화				+20.3%	

포트폴리오 구조(단위: 100만 달러)

투자 포지션(1)	롱	숏	11월 1일 대비 순변화(2)	순통화 노출(6)	롱	숏	11월 1일 대비 순변화(2)
주식				독일 마르크 관련	654		+24
미국 주식	569	(127)	+44	일본 엔	806		-7
미국지수선물			+46	영국 파운드		(86)	+2
해외 주식	206		-3	미국 달러		(592)	+4
채권(3)				기타 통화	42		+8
미국 국채				통화			
단기(4)	82		+54				
장기	498		+42				
상품							
석유		(187)	-1				
금							

주식시장도 강세를 보였다. 괴리는 지속되었지만 금요일에 시장에서 상승폭이 확대되었다. 채권시장의 급등은 주식시장이 일시적 고점에 도달하는 시점과 맞물리고, 그 후에는 조정 국면으로 이어질 수 있다. 나는 이 기회를 이용해 매도 포지션을 환매수하고 매수 포지션에 진입할 준비를 하려 한다. 조정이 일어나지 않으면 포지션을 손실로 청산하고, 정상 회의가 성공하면 더 높은 가격에 매수 포지션을 취할 것이다.

1985년 11월 23일 토요일

나는 계속 시장에 압도되고 있다. 정상 회의를 앞두고 주식과 채권이 모두 크게 상승했고 내가 국채 경매와 관련해 기다리던 매수 기회는 실현되지 않았다. 나는 채권을 매도하는 대신 포지션을 확대했다. 전술적 실수를 이유로 전략적 기회를 놓치고 싶지 않아서 주가지수 선물도 일부 매수했다.

나는 일본 국채 선물에서도 적지 않은 포지션을 설정했다. 이 시장은 내가 경험하지 않은 새로운 곳이지만, 나와 경쟁하는 시장 참여자들도 그다지 숙련된 상태는 아닐 것이다. 일본 정부가 단기금리를 인상했을 때 일본 국채 선물 시장은 102에서 92로 폭락했다. 장기국채를 매수하기에 가장 좋은 기회는 수익률 곡선이 역전될 때라는 사실을 나는 경험을 통해 터득했다. 오늘날 일본이 바로 그러한 상황에 있다. 일

1985년 11월 22일

	종가	11월 8일 대비 변화(%)		종가	11월 8일 대비 변화(%)
독일 마르크	2.5665	+2.1	S&P 500	201.52	+4.0
일본 엔	201.00	+2.2	미국 국채	80 $^{27}/_{32}$	+1.5
영국 파운드	1.4640	+3.3	유로달러	92.02	-.1
금	326.90	+.8	원유	30.91	+1.5
			일본 국채	94.80	+1.2
퀀텀펀드 자본			$841,000,000		
주당 순자산가치			$5,669		
1985년 11월 8일 대비 변화			+7.6%		
1985년 8월 16일 대비 변화			+29.5%		

포트폴리오 구조(단위: 100만 달러)

투자 포지션(1)	롱	숏	11월 8일 대비 순변화(2)	순통화 노출(6)	롱	숏	11월 8일 대비 순변화(2)
주식				독일 마르크 관련	668		+14
미국 주식	664	(83)	+139	일본 엔	827		+21
미국지수선물	126		+126	영국 파운드		(87)	-1
해외 주식	251		+45	미국 달러		(567)	+25
채권(3)				기타 통화	40		-2
미국 국채							
단기(4)	105		+23				
장기	969		+471				
일본(5)	354		+354				
상품							
석유		(214)	-27				
금							

본의 금리 상승은 일시적일 수밖에 없다. G5는 세계 경제활동을 위축시키지 않고 부양하기를 원하기 때문이다. 주요 산업 국가들은 미국의 금리 인하에 보조를 맞출 것이다. 환율에 미치는 영향이 상쇄될 수 있다면 금리는 현재 예상되는 수준보다 더 큰 폭으로 인하될 수도 있다. 나는 일본에서도 미국과 같은 방식으로 투자하고 있는데, 승률이 더 높아 보인다.

나는 현재 주식, 채권, 통화 등 모든 방면에 투자한 상태다. 투자에 술책을 부리지 않는다면, 혹은 이미 술책이 통했다면 더 나은 가격에 수익을 올렸을 테지만, 중요한 점은 내가 원하는 위치에 이르렀다는 사실이다. 나는 채권에서 주식으로 전환할 기회를 엿보고 있지만, 전체적인 노출 규모를 더 이상 늘리지 않는 것이 현명하다고 생각한다.

사건들은 어느 정도 예상대로 전개되었다. 유일한 장애물은 그램-러드먼 개정안에 있었다. 의회는 부채 한도를 한 달 연장하는 법안을 통과시켜 경매를 진행할 수 있게 했지만, 그램-러드먼 개정안의 운명은 아직 정해지지 않았다.

정상 회의는 내 예상대로 진행되었다. 나는 미국과 소련의 관계에 급진적인 변화가 일어나고 있다고 믿는다. 양국은 군사비를 줄여야 하고 긴밀한 협력을 통해 얻을 것이 많다. 레이건 대통령은 이 기회를 포착했다. 그는 소련을 견제하기 위한 전략 방위 구상인 이른바 '별들의 전쟁Star Wars 계획'을 밀고 나가면서 러시아에 굴복했다는 비난을 모면하고 또 다른 긴장 완화의 시대를 예고했다. 이러한 맥락에서 그램-러드먼 개정안은 미국이 겉으로 반색하지 않으면서 국방비를 삭감할 수 있는 유용한 메커니즘으로, 긍정적으로 작용할 수 있다. 국방비에서 가장 눈에 띄게 삭감할 수 있는 항목은 예산국장을 지낸 데이비드 스토크먼David Stockman이 사퇴하기 전에 간절하게 탄원했던 퇴직수당이다. 그램-러드먼은 완벽한 구실을 제공할 수 있다. 나는 그램-러드먼 개정안이 상원보다는 하원의 뜻에 가깝게 상당히 엄격한 방향으로 제정될 것으로 예상한다. 현재 상황에서는 몇 주 전과 달리 1986년 공화당의 선거 가능성에 더 이상 해가 되지 않을 것이다.

그램-러드먼에 이어 곧 할인율 인하가 실행될 것이다. 이것이 내가 현재 채권 노출을 최대로 늘리는 이유다. 경매 이후 시장에는 약간의 변동성이 발생할 수 있지만 내 분석이 정확하다면 아직 승산이 남아 있다.

할인율이 인하되면 나는 채권 노출을 줄이고 주식 포지션을 확대할 것이다. 주식은 채권보다 상방 가능성이 더 열려 있다. 경제가 반등하면 주식이 채권보다 더 좋은 성과를 낼 것이다. 경제가 계속 부진하면 단기금리 하락 폭이 현재 예상치보다 훨씬 커질 수 있지만 달러도 압박을 받아 수익률 곡선이 가파르게 바뀔 가능성이 크다. 긴장 완화가 유럽 통화 대비 달러에 더 악재가 된다는 점을 기억해야 한다. 채권 쪽에서 계속 활동하고 싶다면 매도 포지션에 투자하는 것이 좋다.

주식시장은 대호황의 문턱에 서 있는지도 모른다. 기업들은 부적절한 가격과 수요로 어려움을 겪고 있다. 이러한 불리한 조건은 미국 전역에서 대대적인 기업 구조조정을 촉발했다. 여러 인수 합병과 레버리지 바이아웃이 많은 기업을 집어삼켰다. 살아남은 기업들은 허리띠를 졸라매고 적자 사업부를 정리하고 비용을 절감했다. 생산 능력은 증가하기는커녕 오히려 감소했고, 시장 점유율은 소수 기업에 집중되었다. 달러 약세는 이제 가격 압력을 완화하고 있으며, 수요가 조금이라도 회복되면 바로 수익으로 연결될 것이다. 더 낮은 금리와 인플레이션은 벌어들인 수익을 더 가치 있게 만들 것이다. 기업 주식이 기업의 분할 가치보다 할인된 가격에 팔리던 시기가 지나면 다시 한번 프리미엄을 얹은 가격에 팔리는 시기에 접어들 수 있다. 하지만 그 시기가 오기 전에 금리 인하로 촉발된 인수 물결이 또다시 일어날 가능성이 있다.

1단계 종료: 1985년 12월 8일 일요일

지금이 실시간 실험을 끝내기에 좋은 시점일 것이다. 나는 모든 방면에서 시장 노출을 최대로 늘린 상황을 가정했으며 주어진 제약 내에서 신중하고도 점진적으로 채권에서 주식으로 전환할 계획을 밝혔다. 현재 주식시장 노출의 상당 부분이 지수 선물의 형태로 이뤄지고 있다. 시간이 지나면 구체적인 주식 투자 개념을 발전시킬 것이며, 투자 성과는 이러한 개념이 유효할수록 영향을 받게 될 것이다. 이 지점을 넘어 내 투자 활동에 대해 자세히 설명하면 실험의 주제인 제국적 순환의 미래 예측에서 너무 벗어나게 된다. 나는 계속해서 주기적으로 일지를 기록할 테지만, 이는 예측 수립이 아닌 대조 목적으로 사용할 것이다. 다시 말해, 현재로서는 제국적 순환의 미래에 대한 내 예상을 '고정'하고 사건들에 대한 실험으로 제공하려 한다. 물론 적절하다고 판단되는 방향으로 포트폴리오를 계속 조정할 것이다. 내가 기꺼이 감수할 시장 노출 수준에서 볼 수 있듯, 나는 앞으로 전개될 상황에 대해 확고한 신념을 갖고 있다. 나는 실험을 시작할 때 장기적 전망이 다소 흐릿하다고 언급한 바 있다. 실험은 놀라운 변화를 가져왔다. 이제 미래에 대해 비교적 분명한 관점을 갖게 되었고, 그 생각은 내가 처음에 잠정적으로 생각했던 것에서 크게 달라졌다.

나는 제국적 순환을 내부적 모순으로 인해 지속 불가능한 임시방편으로 여겼고, 제국적 순환이 겨우 저지한 문제들이 붕괴 이후 다시 새롭게 활력을 찾아 모습을 드러낼 것으로 추정했다. 특히 제국적 순환은 미국 정부가 '최후의 대출자' 역할을 하면서 신용 확대 기간을 인위적으로 연장하게 했다. 제국적 순환이 해외 자본을 무한정 끌어들이는 것을 중단하면 경제를 부양할 마지막 엔진이 꺼지고 신용 축소로 지속 불가능한 상황이 발생할 것이다. 통화 공급을 대폭 확대하지 않으면 부채 부담을 감당할 수 없고, 통화 공급을 대폭 확대하면 달러는 급락하게 된다.

나는 이제 악순환으로 치닫지 않고 제국적 순환의 과잉을 성공적으로 완화할 수 있는 또 다른 일시적인 해결책을 모색하고 있다. 그 해결책은 미국에서 재정 부양책을 통화 부양책으로 전환하고 국제 협력을 통해 달러 하락을 통제하는 것이다. 이 새로운 조합은 제국적 순환과 거의 정반대다. 달러 약세와 경기 침체는 재정 감소와 무역 적자 그리고 무엇보다 금리 인하를 동반한다. 달러 약세로 인해 물가는 이전보

1985년 12월 06일

	종가	11월 22일 대비 변화(%)		종가	11월 22일 대비 변화(5)
독일 마르크	2.5115	+2.1	S&P 500	212.02	+5.2
일본 엔	202.10	-.5	미국 국채	$83\,^{28}/_{32}$	+3.7
영국 파운드	1.4425	-1.5	유로달러	92.33	+.3
금	322.30	-1.4	원유	28.74	-7.0
			일본 국채	99.21	+4.7
퀀텀펀드 자본			$867,000,000		
주당 순자산가치			$5,841		
1985년 11월 22일 대비 변화			+3.0%		
1985년 8월 16일 대비 변화			+33.4%		

포트폴리오 구조(단위: 100만 달러)

투자 포지션(1)	롱	숏	11월 22일 대비 순변화(2)	순통화 노출(6)	롱	숏	11월 22일 대비 순변화(2)
주식				독일 마르크 관련	729		+61
미국 주식	724	(72)	+71	일본 엔	826		-1
미국지수선물	368		+242	영국 파운드		(119)	-32
해외 주식	271		+20	미국 달러		(569)	-2
채권(3)				기타 통화	33		-7
미국 국채							
단기(4)	90		-15				
장기	661		-308				
일본(5)	300		-54				
상품							
석유		(150)	+64				
금							

다 더 빠르게 상승하며, 실질금리의 변화는 더욱 뚜렷해질 것이다. 실질금리의 하락은 수출 회복 가능성과 함께 경제의 주요 원동력으로서 재정 적자를 대체하게 된다. 물가 상승은 담보 가치의 하락에 대응하고 자기강화적인 디플레이션 과정을 방지하는 데 도움이 될 수 있다. 동시에 경제 정책의 종합적인 조율은 달러 하락을 한도 내에서 유지하고 자기강화적인 인플레이션 과정이 일어날 가능성을 제거한다.

앞서 언급한 표기법을 사용해 새롭게 떠오른 상황의 핵심 관계를 다음과 같이 나타낼 수 있다.

도식 1번

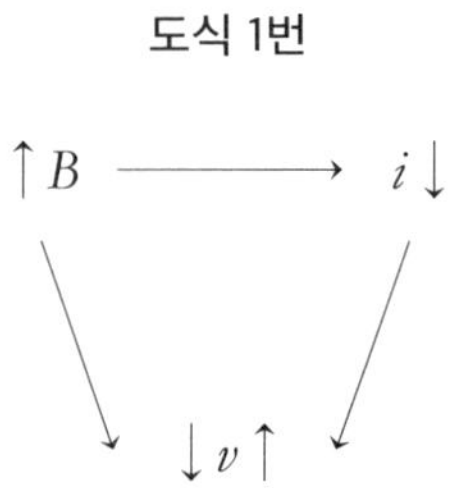

이 도식은 환율이 안정되어 있기 때문에 제국적 순환보다 훨씬 간단하다. 금리가 하락하는 정도는 경제가 불황에 빠지는 것을 막는 데 필요한 경기 부양의 양에 따라 달라진다.

새로운 조합은 제국적 순환과 거의 정반대지만, 둘 사이에는 한 가지 본질적인 차이점이 있다. 새로운 조합은 하나의 조율된 경제 정책의 의도된 결과인 반면, 제국적 순환은 서로 상충하는 경제 정책에서 비롯된 '의도되지 않은 결과'였다. 제국적 순환은 과도하게 무르익어 반전될 때까지 자기강화적이었고, 그 반전 역시 신중하게 통제하지 않으면 자기강화적으로 변한다. 통제 메커니즘으로는 환율 관리가 우선이며 통화 정책과 재정 정책의 조화가 두 번째다.

실험 과정에서 내 예상을 뒤집은 건 조화로운 경제 정책의 출현이다. 나는 그러한 정책의 출현 가능성을 인지했기 때문에 첫 번째와 두 번째 레이건 행정부의 차이점을 강조했다. 실험을 진행한 3개월 동안 단순한 가능성을 역사적 현실로 바꾼 중요한 사건들이 몇 차례 발생했다. 역사적인 G5 회의, 서울에서 발표된 베이커 연설, 그램-러드먼 개정안, 제네바 정상 회의가 바로 그것이다.

새로운 경제 방향의 출현이 흥미로운 이유는 실제로 구성될 정책 수단이 아직 공식적으로 정해지지 않았기 때문이다. G5 회의는 단순히 하나의 환율 정책을 따르겠다는 약속이지, 정책이 무엇인지에 대한 합의는 아니었다. 국채 부채에 대한 베이커 플랜은 분명히 계획이 아니라 계획이 필요하다는 발표에 불과했고, 정상 회의는 초강대국 간 관계의 새로운 출발을 표명했지만 구체적인 결과를 도출하진 못했다. 그램-러드먼 개정안의 운명은 이 글을 쓰고 있는 현재 시점에도 여전히 불확실하다.

실제 정책은 아직 공식적으로 알려지지 않았다. 정책의 영향력이 미칠 범위는 부분적으로는 정책 입안자들의 선견지명에, 크게는 필요성의 압박에 달려 있다. 여기에서 필요성은 금융과 거래 시스템의 무결성을 보존해야 할 필요성, 즉 신용 붕괴를 방지하고 보호무역주의를 저지해야 할 필요성으로 정의될 수 있다. 이 정의는 개인적인 채무불이행이나 특정 무역 제한 사례를 배제하지 않는다는 점에서 다소 허술하다. 여기서 결정적인 문제는 채무불이행이나 보호무역주의가 자기 강화적으로 실행되는 지점에 도달해서는 안 된다는 점이다.

성공은 보장되어 있지 않고 과거의 경험도 그리 고무적이지 않다. 1930년대에도 지금과 비슷한 상황이 벌어져 신용과 국제무역이 모두 붕괴했다. 하지만 1930년대의 기억이 아직 생생하므로 그때와 비슷한 실수를 다시 범하지 않을 것이라는 긍정적인 전망이 나온다. 달러의 완만한 하락과 금리의 조화로운 인하 등 일부 정책 목표에 대해서는 대체로 합의가 이뤄졌다. 하지만 미국의 재정 적자를 줄이고 채무국의 경제를 부양하는 방법 등 다른 문제에 대해서는 합의가 잘 이뤄지지 않았다. 일반적으로 합의된 목표에 대해서도 공통된 행동을 취하기는 어렵다. 예를 들어, 미국이 재정 적자 문제를 제때 해결하지 못한 탓에 일본은 금리를 인상할 수밖에 없었다. 목표 달성을 위한 합의조차 이뤄지지 않은 상황에서 적절한 조치가 취해질 것이라고 어떻게 확신할 수 있을까?

분명히 그 상황은 위험이 없는 상태와는 거리가 멀다. 앞으로 살펴보겠지만 위험은 단기적으로 가장 크다. 위험이 너무도 크고 그 심각성이 인식되면 필요한 조치가 곧 나올 것이라는 확신을 어느 정도 가질 수 있기 때문이다. 그렇게 생각하는 사람은 나뿐만이 아니다. 금융시장은 새로운 정책 도입을 확실한 형태로 지지했다. 채권과 주식 가격의 상승은 두 가지 측면에서 도움이 된다. 우선 당국이 이제 막 추진하는 정책을 독려하고 성공 가능성을 높인다. 예컨대 채권시장의 강세는 연준이 좀 더 자유롭게 금리를 낮출 수 있는 여지를 준다. 이는 경제 정책의 방향과 금융시장의 방향이 서로를 강화하는 재귀적 과정을 보여준다.

실험에 대한 회고와 앞으로의 전망

내게 그토록 큰 시장 노출을 감당할 용기를 준 것은 금융시장의 반응이었다. 통화의 경우 나는 추세 변화가 여전히 불확실했을 때 훨씬 조심스러웠고 시장이 내게 불리하게 움직였을 때 포지션을 축소할지 망설였다. 사실 실시간 실험은 내가 버틸 수 있도록 도움을 주는 수단이 되었다. 내 생각대로 명확하게 전개되는 모습을 보면서 신념을 확고히 할 수 있었기 때문이다. 시장에서 거둔 성공은 사건들이 진행되는 경로를 예측하는 능력과 관련해 내게 자신감을 북돋아 주었다. 1985년은 퀀텀펀드에 기록적인 한 해가 되고 있다. 1년 만에 100%가 넘는 엄청난 수익률을 기록한 것이다. 그러나 이럴 때일수록 조심해야 한다. 재귀성의 개념을 사용해 미래의 사건 경로를 예측하는 것은 그 자체로 재귀적인 과정이며, 어마어마한 성공은 종종 심각한 좌절을 부르는 전조가 된다. 내가 인식하고 있는 내용은 전체의 일부분이며 사건에 의해 조정될 수 있다는 것은 실험을 통해 분명히 알 수 있다. 내가 장기적인 기대를 중히 여기기 시작한다면, 더 나아가 그 기대를 공개적으로 드러낸다면 큰 추락을 맞이하게 될지도 모른다. 나는 이러한 위험을 피하려 한다. 실험을 통제했을 때 현재 내 시장 접근 계획에 무엇이 남아 있을지 알아보는 작업은 꽤 흥미로울 것이다.

실제로 현재 시점에서 시장 노출을 크게 늘리는 것은 지금 수립되고 있는 정책의 최종 결과를 예측하는 것보다 덜 위험하다. 세계경제를 주도적으로 책임지려는 노력이 있다는 사실만으로도 금융시장에 활력을 불어넣기 충분하고, 기대가 실망으로 바뀌더라도 그 실패가 뚜렷하게 나타나기까지 시간이 걸린다. 따라서 정책 공조를 시도하는 것만으로도 시장은 당분간 회복세를 유지할 수 있을 것이다. 최종 결과는 전혀 다른 문제다. 시장의 기대가 충족되리라는 보장이 없다. 강세장에 확신을 갖더라도 그 확신이 현실 세계를 판단하는 데 영향을 주지 않도록 주의해야 한다. 나는 시장에 너무 깊이 관여해서 관점을 유지하는 데 어려움을 느낄 때가 있다.

나는 제국적 순환의 미래를 두 가지 방식으로 평가하고자 한다. 하나는 현재 시장의 회복세에 담긴 '명제'를 파악해 성공 가능성을 평가하는 것이고, 하나는 내가 정립하려는 신용 확대와 축소의 이론적 틀 안에서 현재 시점의 위치를 찾는 것이다. 두 접근법 모두 재귀성이라는 개념을 사용하지만, 전자는 금융시장에 내재된 재귀성에 근접하고 후자는 신용과 담보 가치 사이의 재귀적 연관성을 탐구한다. 말할 필요도 없이 나는 첫 번째 접근법을 무척 신뢰한다.

시장은 경제가 근본적으로 취약하고 인플레이션이 존재하지 않는다는 관점으로 돌아선 것 같다. 초여름에 잠시 나타난 경기순환주의 회복세는 주춤했고 당시 찍은 고점을 아직 넘어서지 못하고 있다. 이 회복세는 경기 회복이 임박했다는 잘못된 기대에 기반했으며 적용 범위도 좁았다. 주식시장의 다른 부문이 하락하는 동안 경기순환주만 상승한 것이다. 그 후 전반적으로 시장이 하락했지만, 인수 합병과 자사주 매입 활동이 이어지면서 하락 폭이 완화되었다. 상품 가격도 최저치를 찍은 후 현재 더딘 회복세를 보이고 있다. 특히 금속은 통화 대비 매우 부진한 모습을 보였다.

최근 주식시장의 회복세는 앞서 경기순환에 따른 변동성보다 훨씬 광범위하게 나타나고 있다. 주식시장은 채권시장의 회복세에 뒤따랐고, 달러 하락이 선행되었다. 분명히 시장은 경기 하락을 할인해 가격에 반영하고 있지만, 경기가 여기서 더 악화될지는 미지수다. 경제학자들은 거의 만장일치로 경기 침체 가능성을 배제하고 있지만, 주식과 채권시장은 경기 침체가 기정사실인 것처럼 움직이는 중이다. 주가가 상승하는 이유는 투자자들이 이미 저 멀리 '골짜기 너머' 미래를 내다보고 있기 때문이라는 분석도 나온다. 지난해의 경기 둔화가 경기 침체와 같은 작용을 했을 수 있고, 아니면 앞으로 시장 약세가 추가로 나타날 수도 있다. 어느 쪽이든 이러한 움직임은 매우 이례적이며, 일반적으로 주식시장의 중요한 호전을 알리는 기술적 지표가 하나도 없다는 점에 투자자들은 놀라움을 금치 못하고 있다. 11월 27일자 《월스트리트저널》에 실린 '이상한 랠리'라는 기사가 이 사실을 조명했다.

제2차 세계대전이 끝난 후 모든 경기 침체를 앞두고 연준의 통화 긴축이 선행하면서 어느 시점에 수익률 곡선이 역전되는 현상이 나타났다. 1982년 여름에 일어난 반등에 앞서 수익률 곡선이 역전되었지만, 그 이후로는 그런 곡선이 포착되지 않았다. 지금 벌어지고 있는 일련의 사건을 설명하려면 다른 이유를 찾아야 한다. 여기에 신용 주기에 대한 내 가설에 기반한 두 번째 접근법이 유용하게 쓰일 수 있다.

나는 대출 행위와 대출의 담보 가치 사이에 재귀적 관계가 성립한다고 언급한 바 있다. 순 신규 대출은 채무국의 부채 상환 능력을 높이는 부양책 역할을 한다. 미상환 부채가 늘어나면 신규 대출의 상당 부분이 미상환 부채를 상환하는 데 사용되고, 경기 부양 효과를 유지하려면 신용이 기하급수적으로 증가해야 한다. 결국 신용 증가는 담보 가치에 부정적인 영향을 끼치면서 둔화할 수밖에 없다. 담보가 완전히 소진되면 담보 가치의 하락은 신용 청산을 추가로 촉발해 전형적인 호황과 불황의 과정을 일으킬 것이다.

나는 이 모델을 통해 전후 기간에 신용 확대가 계속 진행되었고 이제 실물경제에서 신용 축소가 진행되고 있다는 주장을 제시하려 한다. 이전에 일어난 모든 전후 침체는 경기 확장 국면에서 발생했는데, 이는 과잉을 저지하기 위해 시행된 통화 긴축으로 촉발되었을 것이다. 이제 경제는 경기 둔화를 유도할 필요가 없는 축소 국면에 접어들었다. 재정 적자 증가와 같은 새로운 요인이 없다면 담보 가치의 감소만으로도 충분히 경기는 둔화세를 보일 것이다.

문제는 내가 사용한 모델만큼 현실이 단순하지 않다는 점이다. 특히 신용 확대에서 신용 축소로 전환하는 과정은 어느 한 시점에만 일어나지 않는다. 특정 시점에만 일어난다면 당국이 저지하려 붕괴를 앞당길 수 있기 때문이다. 당국의 공식적인 개입은 문제를 복잡하게 만든다. 전환점은 하나의 순간에 발생하지 않고, 신용 구조의 여러 부문이 서로 다른 시간표를 따르며 발생한다. 신용 주기에서 현재 위치를 찾으려면 과정을 세분화하고 신용의 주요 요소를 개별적으로 고려해야 한다. 이 접근법에 따르면 과도한 부채를 진 국가들의 전환점은 1982년, 미국 금융기관들의 전환점은 1984년, 미국 재정 적자의 전환점은 1986년에 발생했다. 개발도상국들의 신용 축소는 아마도 1984년에 정점을 찍었을 것이고, 조정 과정은 주로 기초 상품들의 공급과잉을 유발했다. 미국 은행과 저축 및 대출 기관들의 조정 과정은 최근 들어서야 부동산, 농업, 해운업, 석유 산업의 담보 가치에 영향을 미치기 시작했다. 재정 적자의 감소는 아직 효과가 나타나지 않았지만, 금리 인하로 인해 충분히 보상될 것으로 예상된다. 이제 전체 퍼즐을 맞추려면 기업 합병 광풍과 소비지출이라는 두 가지의 중요한 퍼즐 조각이 필요하다.

레버리지 바이아웃과 기업 합병은 많은 신용이 필요하지만, 그에 상응하는 유동자산을 창출하는 경향이 있다. 이들은 표면적으로 경제를 활성화하는 것처럼 보여도 실제로는 신용 주기의 하락 국면과 잘 어울린다. 경제를 부양하지 않은 채 부채의 총량만 늘리는 것이다. 현금 흐름은 실물자산 매입보다는 부채 상환에 사용되고, 자산 처분은 담보 가치의 하락을 압박하며, 정크본드 매각은 수익률 곡선을 가파르게 만드는 경향이 있다. 따라서 경제에 미치는 순효과는 경기 활성화보다는 침체로 볼 수 있다.

소비자의 지출은 미지의 영역이다. 소비자 부채는 지난 몇 년 동안 꾸준히 증가해 왔고 상환 조건은 더 이상 기간을 연장할 수 없는 지점까지 연장되었다. 최근까지만 해도 주택을 매입하려면 5% 계약금만 내면 되었고, 자동차 대출은 5년에 걸쳐 상환할 수 있었다. 1985년에 소비자 대출 연체율이 상승한 점은 불길한 징조로 보인다. 하지만 금리와 달러의 동반 하락이 상황을 완화시킬 것이다. 그렇다면 이러한 변화는 단순히 체납 문제를 억제할까, 아니면 새로운 수요를 자극할까? 이는 단기적 전망이 달린 매우 중요한 질문이다.

소비자 지출이 계속 부진하다면 채권과 주식시장의 상승세는 상당한 지속력을 가질 수 있다. 사실상 역대 최고의 강세장을 경험하게 될수도 있다. 국내 저축률이 회복되면 외국 자본 유입의 감소를 상쇄할수 있어 달러 약세에도 금리가 하락할 수 있다. 주식시장은 두 상황에서 모두 혜택을 볼 수 있다. 금리가 낮아지면 주어진 수익의 가치가 높아지고, 달러가 하락하면 수입에 따른 물가 압력이 완화되어 수익 수준이 증가한다. 경기 둔화기에는 노동 비용이 계속 억제될 것이다. 불리한 경제 여건과 기업 인수 합병에 위협을 느낀 경영진은 자산을 재배치하고 간접비를 줄인다. 이를 통해 얻은 이득은 경제 여건이 개선되면 수익으로 바로 이어진다. 금리가 하락하면서 기업 인수와 레버리지 바이아웃이 다시 급증하며, 이 과정에서 과도한 가격이 지불될수 있다. 그러나 최근에 일어난 사건들로 인해 과거에 인수된 기업들의 성장성이 높아 보이고, 건전해 보이지 않았던 거래도 이제는 건전해 보인다. 결국 주가가 상승하면 레버리지 바이아웃은 경제성이 떨어지고 합병 활동도 위축될 것이다. 이는 실물자산에 대한 투자 매력도를 높여 투자 수요뿐만 아니라 공급도 끌어올릴 수 있으므로 실물경제에 매우 긍정적인 발전을 일으킨다. 그 시점에 도달하면 미국 경제는 전보다 훨씬 건전해질 것이다. 호황이 걷잡을 수 없이 과도해진 나머지 끝내 폭락으로 이어질 수도 있지만, 그 전에 주가는 크게 상승할 것이다. 이것이 지금 주식을 매수해야 하는 이유다.

반면 금리 인하에 힘입어 소비자 지출이 회복된다면 금융시장의 호황은 단기에 그치고 실물경제는 영국의 사례처럼 긴축과 완화를 오가는 패턴을 따를 가능성이 크다. 국내 저축과 국내 투자가 충분하지 않은 상황에서는 신용과 소비의 초과분을 해외에서 충당해야 하고, 결국 제국적 순환의 말기에 만연했던 상황이 되풀이될 것이다. 금리를 인상해 제국적 순환을 다시 시작하고 국내 경제를 위축시키거나, 돈을 찍어내어 악순환을 반대 방향으로 유도할 수도 있다.

현실은 이 두 극단 사이에 위치할 가능성이 크지만, 그것은 큰 의미가 없다. 극단은 거의 무한대의 가능성을 열어두기 때문이다. 나는 실험을 시작할 때보다 더 정확하게 소비자 행동을 예측할 수 있는 능력을 갖추진 못했다. 당장 할 수 있는 일은 다양한 대안의 결과를 평가하는 것뿐이다.

소비자 지출이 침체되는 시기는 신용 과잉의 마지막 두 영역을 바로잡는 데 많은 도움이 될 수 있다. 주식시장이 상승하면 기업 합병 광풍은 활력을 잃게 되고, 저축률이 상승하고 대출 기관이 기준을 강화하면 소비자의 과도한 부채가 조정될 것이다. 얼마 후에는 더 균형 잡힌 성장을 이룰 수 있는 경제 여건이 갖춰질 것이다.

다시 위기에 빠질 것인가, 황금기가 도래할 것인가

과거의 과잉을 바로잡는 시기에는 항상 위험이 극대화되는데, 지금이 바로 그러한 시기다. 이미 소규모 충격이 여러 차례 발생했다. 부동산 대출 부문에서는 EPIC이 파산하는 사태가 벌어졌고, FSLIC와 팜크레 딧시스템이 부실을 떠안은 채 주식을 상장했다. 국제주석위원회가 채무를 이행하지 못하면서 런던금속거래소에서 주석 거래가 중단되고 많은 금속 거래업체가 폐업했다. 일본의 최대 해운사가 파산했고, 얼마 전에는 싱가포르 증권거래소가 며칠 동안 폐장해야 했다. 앞으로도 여러 크고 작은 사건이 터질 것이다. 우리는 지금까지 경험한 충격을 크게 넘어설 만큼 어마어마한 충격 두 가지에 직면해 있다. 하나는 석유, 하나는 국제 부채와 연관된 것이다.

유가 폭락은 시간문제다. 일단 폭락이 시작되면 스스로 멈추지 못한다. 대부분의 국가는 유가가 낮을수록 수요를 충족하기 위해 더 많이 팔아야 하는 왜곡된 공급곡선 하에 움직인다. 시장에 맡겨둔다면 유가는 일시적으로 한 자릿수까지 떨어질 수 있지만, 그렇게 내버려 두지는 않을 것이다. 배럴당 22달러 이하에서는 국내 산업을 보호해야 하며, 그렇지 않으면 손실이 은행이 감당할 수 있는 수준을 넘어설 것이기 때문이다. 멕시코와 캐나다에도 어떤 형태의 보호 장치가 적용될 것으로 예상된다. 북해 원유 생산업체들은 어떻게 보호될지 궁금하다. 이 문제는 유럽 경제 공동체가 해결하기 어려울 것이다. 이 문제를 어떻게 처리하는지에 따라 유럽 경제 공동체의 미래가 결정될 수 있다.

국제 부채 문제는 여전히 현재 진행형이다. 실제로 일부 국가에서는 부채 비율을 개선할 수 있었지만, 개발도상국이 진 부채는 계속 증가하고 있다. 음의 자원 이전은 1984년에 정점에 도달했을 것으로 보이며, 채무국들이 경제를 복구하기 시작하면서 마이너스 자원 이전이 감소하기 시작했다. 대출 기관의 집단 결속력은 약화되었다. 특히 남아프리카공화국에서 벌어진 폭락 사태는 미국과 유럽 은행들을 분열시켰다. 미국에서는 대형 은행과 지방은행의 이해가 엇갈리고 있다. 베이커 플랜은 이 문제를 인식했으나 해결책을 제시하지 못했다. 해결책이 모색될 때까지 이 제도는 사고에 취약한 상태로 남을 것이며, 다음 사고가 어디에서 발생할지도 명확히 알 수 없다. 은행 제도는 이제 한 번의 충격을 어느 정도 견뎌낼 만큼 탄탄해졌지만, 여러 개의 충격이 동시다발적으로 발생할 수도 있다.

주식시장 호황이 더욱 탄력을 받게 될 때 발생할 수 있는 세 번째 위험이 남아 있다. 바로 주식시장이 폭락할 위험이다. 현재 시장 참여자들은 여전히 문제를 잘 인식하고 있고, 그 결과 상당히 유동적으로 대응한다. 그러나 호황은 그 특성상 신용을 점점 더 많이 끌어들인다. 많은 주식시장 참여자가 신용을 과도하게 늘린 상태에서 금융 충격이 발생하면 반대 매매가 주가 폭락을 초래할 수 있다. 아직 그럴 단계는 아니다. 당장 또 다른 은행의 파산과 같은 갑작스러운 금융 충격이 발생하면 주가가 단기간 급락할 수 있겠지만 시장은 회복될 것이다. 이러한 급락이 반복되면서 강세장이 이어질 가능성이 크다. 참여자들이 급락을 더 이상 두려워하지 않을 때가 바로 폭락에 대비해야 할 때다.

금융 제도는 혹독한 시험을 거쳤지만, 검증은 아직 끝나지 않았다. 실제로 금융 제도는 살아남았고, 최근 경제 관리 방식이 변화하면서 계속 생존할 가능성도 커졌다. 신용 축소 과정은 지금까지 붕괴 없이 달성되었다. 이제 우리는 장기간 열악한 수준의 성장을 감수할지라도 붕괴 없이 신용 축소 과정을 마무리할 방법을 알게 되었다.

부진한 성장은 그리 바람직하지 않지만 현 행정부의 정책 목표에는 완벽하게 부합할 수 있다. 재화와 서비스를 자유롭게 이용할 수 있는 조건이 자원을 완전히 활용하는 조건보다 자본 소유자에게 더 많은 보상을 제공한다는 점은 오래전부터 널리 알려진 사실이다. 이 경우 국민 생산에서 더 많은 몫이 자본 소유자에게 돌아갈 뿐만 아니라 기업가들도 훨씬 큰 행동의 자유를 누릴 수 있다. 오늘날에는 더더욱 그렇다. 정권에서는 자유 기업을 믿고 자유롭게 이를 최대한 또는 그 이상으로 장려한다.

일본도 여러 이유로 잠재력에 미치지 못하는 속도로 경제를 확장하는 것이 유리하다는 사실을 알아차렸다. 일본은 세계 강대국이 되길 열망한다. 국내 소비를 장려하기보다 높은 국내 저축률을 유지하면서 그 저축을 바탕으로 먼저 국내에서 생산 능력을 구축한 후 해외 자산을 매입하는 식으로 경제 대국의 지위를 거머쥐려 한다. 일본은 미국의 압박에 굴복해 통화가치를 절상했지만, 엔을 지탱하는 데 필요한 범위 내에서 국내 경제 정책을 조정할 것이다.

경제 성장이 계속 부진할 것으로 예상하는 가장 유력한 이유 중 하나는 그것이 미국과 일본이라는 두 주요 국가의 정책 목표에 부합하기 때문이다. 제국적 순환에 뒤이어 부상하고 있는 것처럼 보이는 그 조합은 자본주의의 황금기로 불릴 만하다.

자본주의의 황금기가 다시 돌아올 수 있을지는 알 수 없다. 결국 규제받지 않은 자유로운 기업은 과거에 끔찍한 결과를 낳았다. 그렇다면 똑같은 경험을 다시 되풀이할 것인가? 그렇게 되지 않기를 바란다. 아마도 우리는 과거의 실수에서 무언가를 배웠을 것이다.

자유 시장 체제의 치명적인 결함은 내재된 불안정성이다. 금융시장이 자기 조절을 한다는 믿음은 잘못되었다. 다행히 베이커 장관은 이 사실을 잘 알고 있다. 그가 재무부로 자리를 옮긴 이후로 행정부가 적극적인 경제 지도력을 발휘하기 시작했다. 확실히 우리를 새로운 자본주의 황금기의 길목으로 이끈 것은 자유방임주의laissez-faire가 아니라 자유 시장 체제의 과잉에 대응하기 위해 고안된 조화로운 경제 정책이다. 우리가 과거의 경험으로 얼마나 교훈을 얻었는지는 지켜봐야 할 것이다.

새로운 황금기가 불러온 혜택은 불균형하게 제공된다. 자본주의의 특성상 승자와 패자 사이의 괴리가 다소 넓은 것이 사실이다. 특히 금융, 기술, 서비스, 방위 부문이 번영하고 있다. 반면 오래된 산업, 농업, 복지 부문은 어려움을 겪고 있다. 부는 금융 거래를 통해 창출되고 주주들은 지난 50년에 걸쳐 그 어느 때보다 많은 권력을 손에 쥐었다. 동시에 파산 규모와 건수도 50년 만에 최고치를 기록했다. 채무국들은 불황에 허덕이고 아프리카 대륙 전체가 굶주리고 있으며, 중국은 빠른 속도로 자유 시장 체제로 전환하고 있다. 소련도 훨씬 조심스럽기는 하지만 중국과 같은 방향으로 나아가려 하고 있다.

레이건 행정부가 그토록 성공적으로 목표를 달성할 수 있었던 이유는 무엇일까? 의회에서 보호무역주의를 추진한 정당이 민주당이라는 사실에서 알 수 있듯, 민주당은 사실상 패자의 당으로 전락했다. 반면 레이건 대통령은 미국인들에게 승리감을 심어주는 재주가 있었다. 그러나 미국의 상당한 국가 부채가 보여주듯, 국민 정서를 개선하는 대가로 악화된 현실을 감수해야 한다.

솔직히 나는 다시 살아난 자본주의의 생명력에 놀랐다. 제국적 순환이 언젠가 무너질 수밖에 없는 임시방편이라고 생각했기 때문이다. 그것이 자본주의의 황금기로 불리는 새로운 구조로 대체되는 것을 보면서 자본주의 체제의 적응력과 생존력을 인정하지 않을 수 없었다. 정책 입안자들이 금융시장의 내재된 불안정성과 그로 인한 부조리라는 약점을 억제할 수 있을지는 지켜볼 일이다.

추가. 1985년 12월 9일 월요일 저녁

나는 채권에서 주식으로 전환하는 날짜를 앞당기기로 결정했다. 앞서 언급한 '일생일대의 강세장'에 대한 전망과 더 현실적인 고려 사항에 부분적으로 영향을 받았다. 그램-러드먼 개정안이 통과되었을지라도 할인율이 즉시 인하되진 않을 것이다. 시장은 완고하고 연준은 신중하다. 12월의 통계는 상당히 좋아 보이지만, 이는 크리스마스 쇼핑 시즌

1985년 12월 09일

	종가	12월 6일 대비 변화(%)		종가	12월 6일 대비 변화(%)
독일 마르크	2.5345	-.9	S&P 500	204.25	-3.7
일본 엔	203.55	-.7	미국 국채	$82\,^{16}/_{32}$	-1.6
영국 파운드	1.4575	+1.0	유로달러	91.87	-.5
금	316.20	-1.9	원유	27.51	-4.3
			일본 국채	97.00	-2.2

퀀텀펀드 자본	$890,000,000
주당 순자산가치	$5,998
1985년 12월 6일 대비 변화	+2.7%
1985년 8월 16일 대비 변화	+37.0%

포트폴리오 구조(단위: 100만 달러)

투자 포지션(1)	롱	숏	12월 6일 대비 순변화(2)	순통화 노출(6)	롱	숏	12월 6일 대비 순변화(2)
주식				독일 마르크 관련	693		-36
미국 주식	739	(66)	21	일본 엔	828		+2
미국지수선물	277		-91	영국 파운드		(115)	+4
해외 주식	270		-1	미국 달러		(516)	+53
채권(3)				기타 통화	45		+12
미국 국채							
단기(4)	90						
장기	717		+56				
일본(5)	253		-47				
상품							
석유		(157)	-7				
금							

이 며칠 앞으로 다가왔고 과세 변동에 대비해 연말 전에 투자 주문이 이뤄지기 때문일 것이다. 다음 달 선행 지표는 주가와 통화 공급을 포함하므로 양호해 보일 것이다. 이러한 상황에서는 채권은 불리하고 주식이 상승할 가능성이 크다고 전망할 수 있다. 이제 투자자들은 내가 만든 명제를 인식하기 시작했지만, 그들의 반응은 여전히 조심스럽다. 연말은 시기적으로 강세장이 나타나는 기간이며 앞으로 4~5주 동안 화려한 불꽃놀이가 펼쳐질 수 있다.

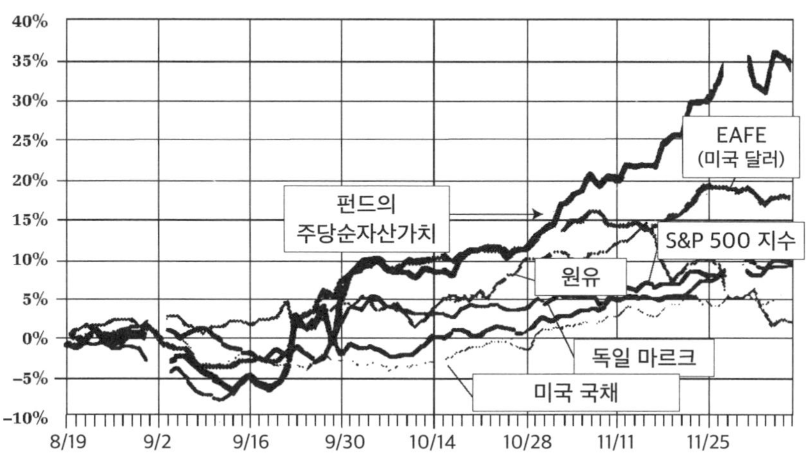

도표 10.3. 시장 대비 펀드의 주당순자산가치(1단계: 1985년 8월 19일~12월 8일)

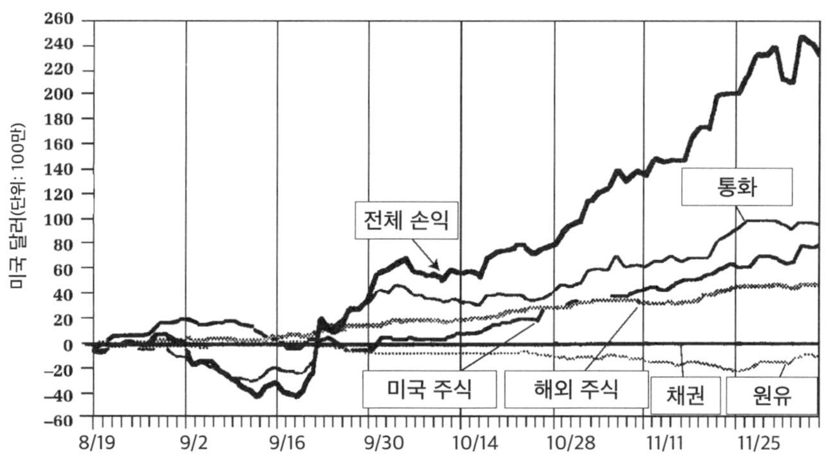

도표 10.4. 펀드 손익(주요 포지션 분석)

참고:

(1) 모든 가격은 첫날 대비 변동률로 계산했다.

(2) EAFE는 유럽, 호주, 극동 주식시장에 대한 미국 달러 기준 모건스탠리의 국제 자본 지수다.

(3) 유가와 국채 가격은 가장 최근 선물 계약의 종가다.

(4) 통화 손익은 선도 계약과 선물 계약만 포함한다. 해외 주식의 손익은 포지션의 통화 손익을 포함한다.

도표 10.5. 통화 가격(1단계: 1985년 8월 19일~12월 8일)

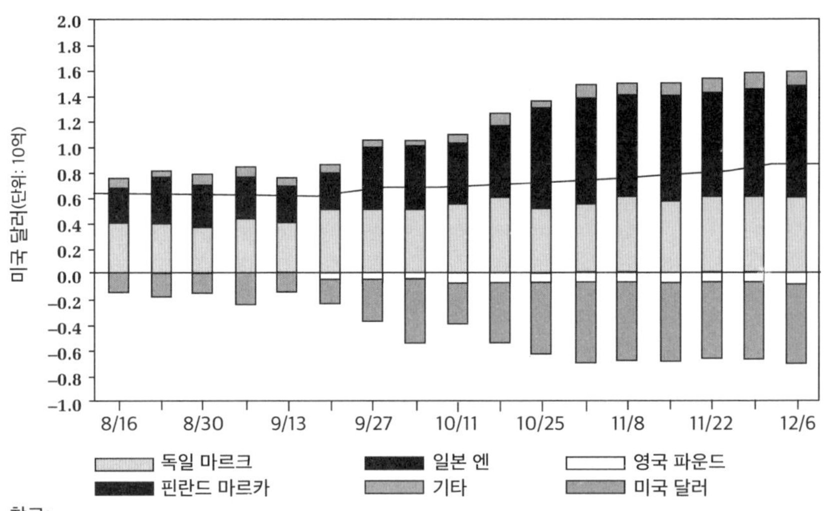

도표 10.6. 순통화 노출

참고:

(1) 미국 달러로 표시된 가격은 첫날 대비 변동률로 계산되었고, 뉴욕 시장의 종가가 사용되었다.

(2) 순통화 노출은 주식, 채권, 선물, 선도, 현금, 증거금을 포함하며 펀드의 총자기자본과 같다. 미국 달러 매도 포지션은 통화 노출이 펀드의 자기자본을 초과하는 금액을 나타낸다.

(3) 통화 노출은 주말 기준으로 표시되었다.

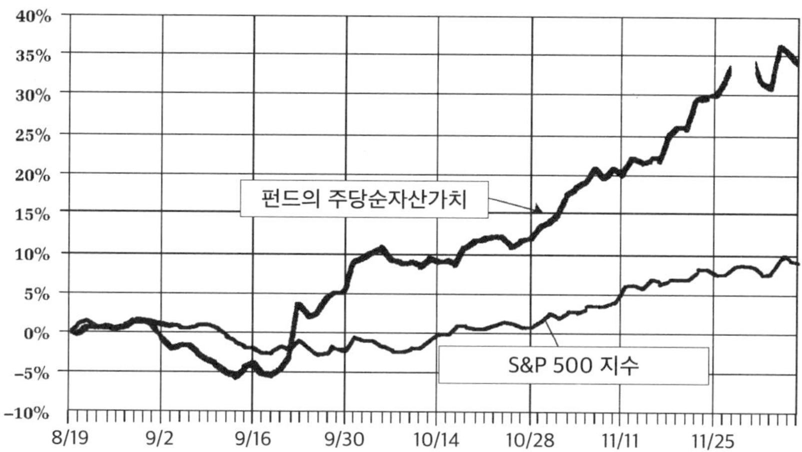

도표 10.7. 미국 주식시장(1단계: 1985년 8월 19일~12월 8일)

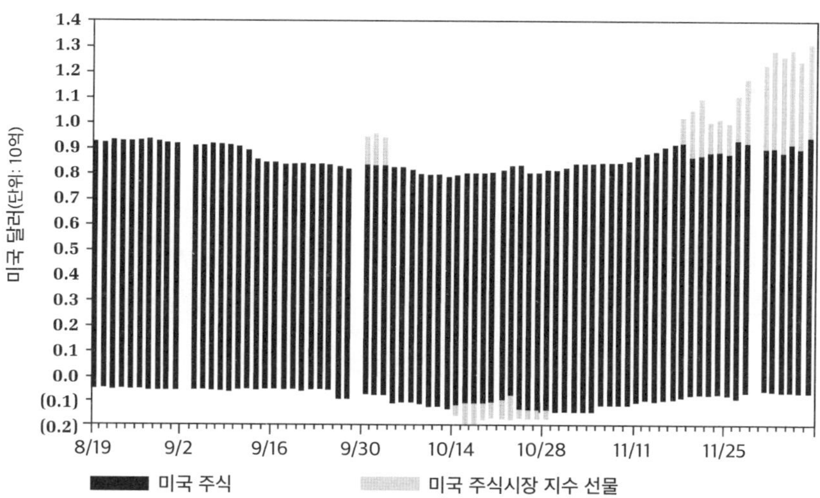

도표 10.8. 미국 주식시장 포지션

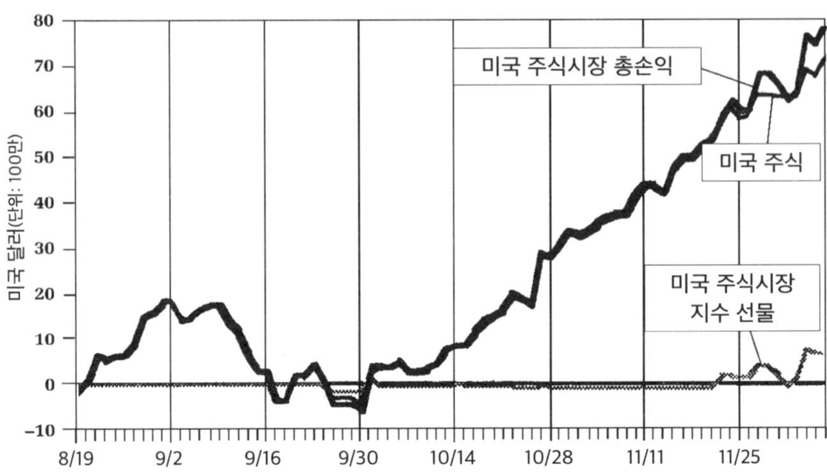

도표 10.9. 미국 주식시장 손익

참고:

(1) 미국 주식시장 총손익은 주식 포지션과 지수 선물을 포함한다.

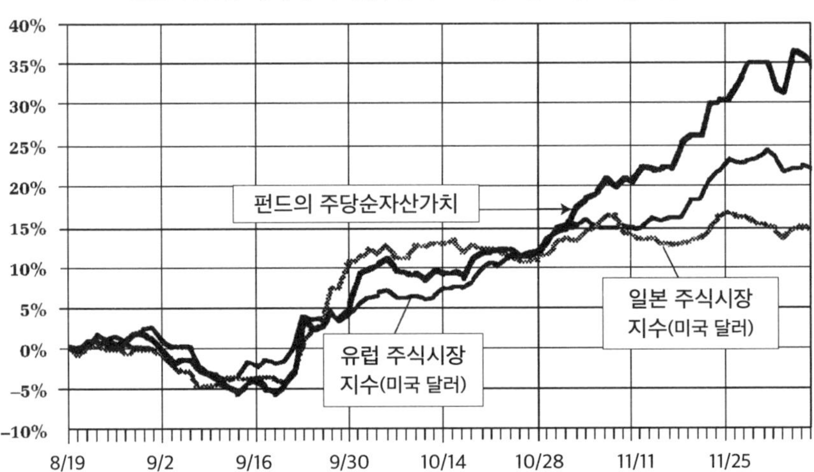

도표 10.10. 해외 주식시장(1단계: 1985년 8월 19일~12월 8일)

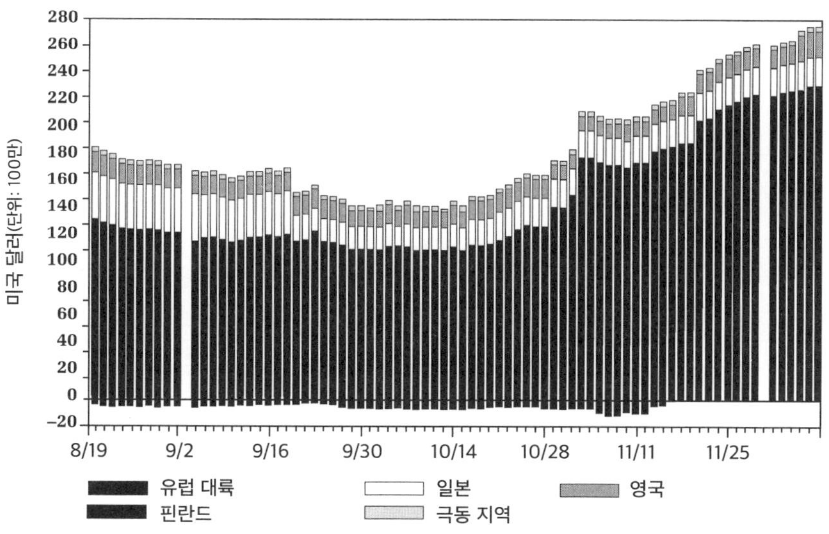

도표 10.11. 해외 주식 포지션

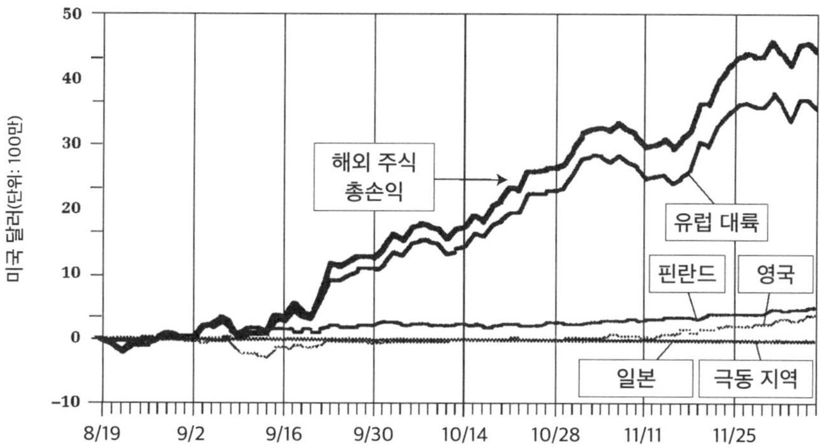

도표 10.12. 해외 주식 손익

참고:

(1) 해외 주식시장 총손익은 해외 주식 포지션에 대한 환전 손익을 포함한다.

(2) 극동 지역 포지션은 홍콩, 한국, 대만, 호주, 태국을 포함한다.

도표 10.13. 상품 가격(1단계: 1985년 8월 19일~12월 8일)

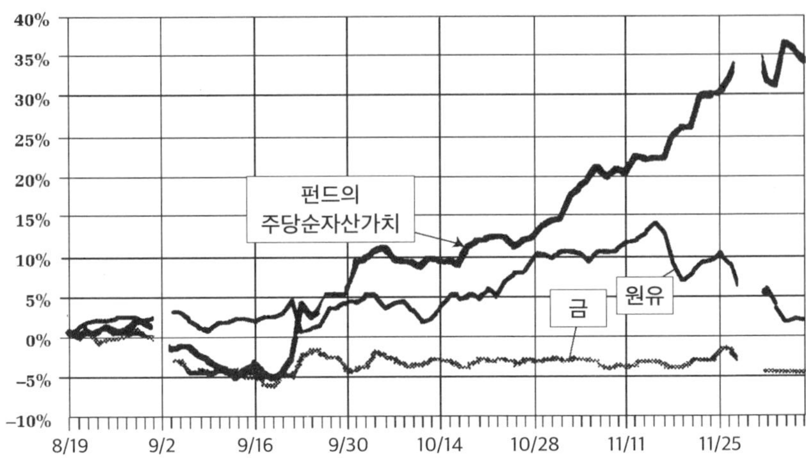

도표 10.14. 상품 포지션

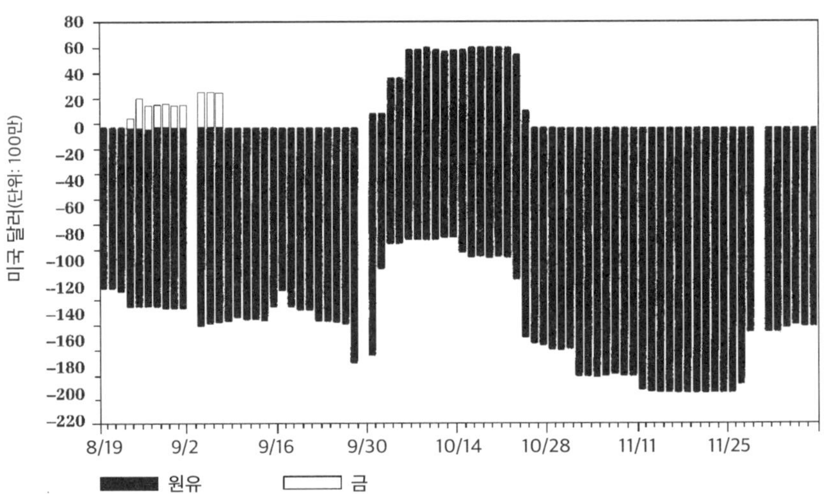

도표 10.15. 상품 손익

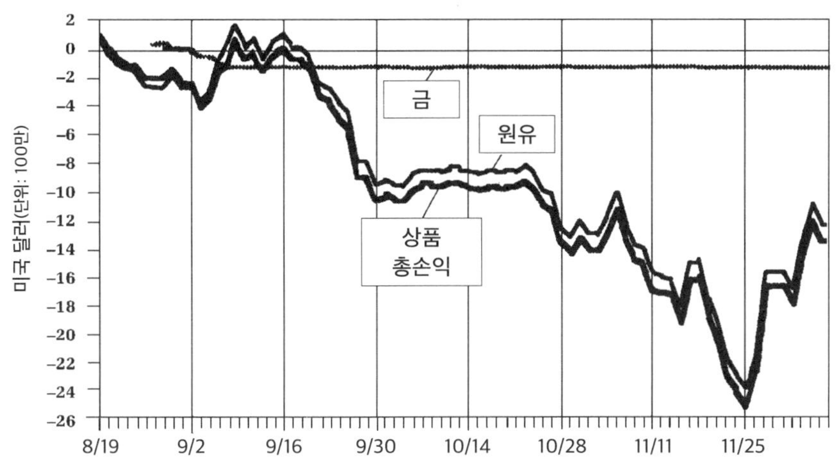

도표 10.16. 채권(1단계: 1985년 8월 19일~12월 8일)

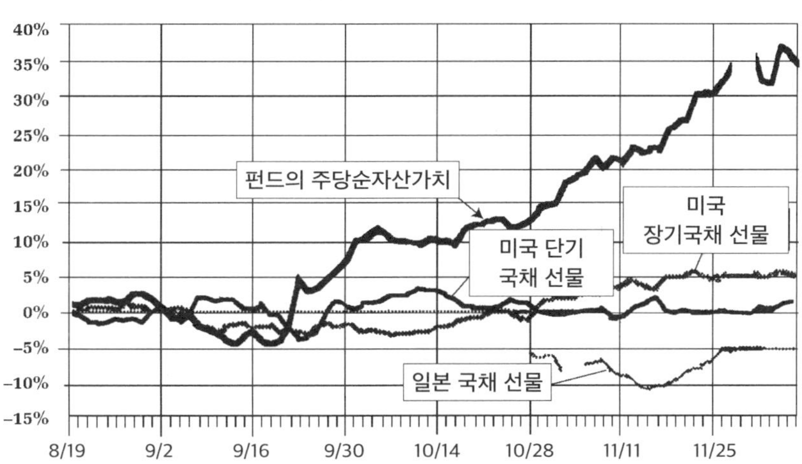

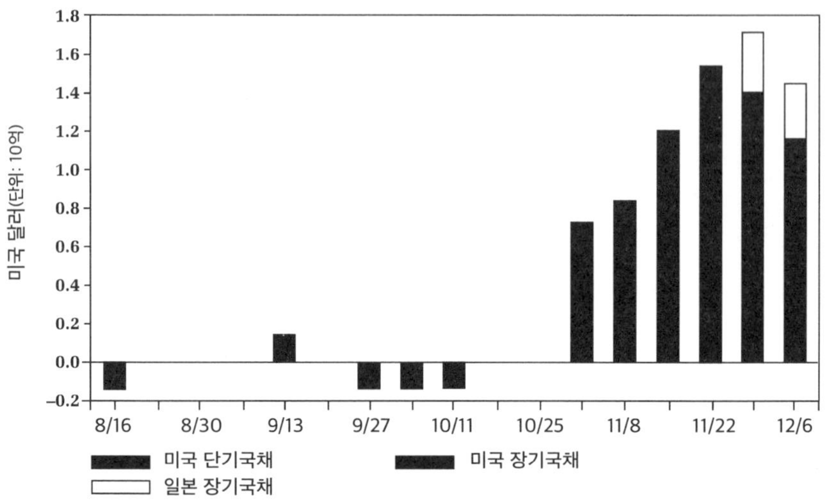

도표 10.17. 채권 포지션

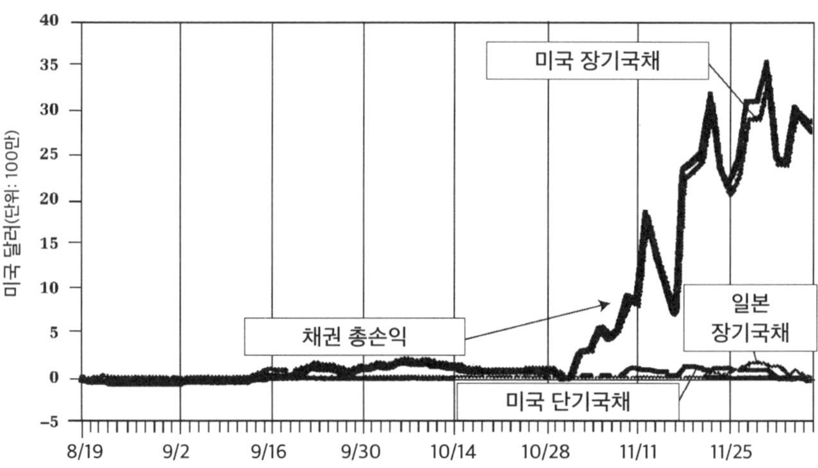

도표 10.18. 채권 손익

참고:

(1) 미국 단기국채 포지션과 손익은 단기국채, 유로달러 선물, 만기가 2년 이하인 중기국채를 포함한다.

(2) 모든 미국 국채는 30년 만기 국채를 기준으로 환산했다. 환산 기준은 주어진 수익률 변화가 가격에 미치는 영향이다. 예를 들어, 액면가 1억 달러인 4년 만기 미국 중기국채를 30년 만기인 미국 국채의 시장가치로 환산하면 2850만 달러에 해당한다.

(3) 일본 국채 선물은 미국 국채보다 변동성이 훨씬 적다. 예를 들어, 1986년 6월 30일 기준으로 액면가 1억 달러인 일본 국채는 30년 만기 미국 국채 약 6620만 달러와 동일한 변동성을 갖는다. 여기서는 이 차이를 조정하지 않았다.

(4) 포지션은 주말 기준으로 표시했다.

11장　　　대조 기간: 1986년 1월~1986년 7월*

1986년 1월 11일 토요일**

주식과 채권시장이 심각하게 폭락하면서 나는 큰 손실을 보았다. 일시적으로 시장이 절정에 달했던 12월의 선물 만기 때 주식시장의 노출을 극대화하고 채권 포지션을 처분하지 않은 탓에 시장이 폭락한 시점에는 채권과 주식에 완전히 노출되어 있었다. 나는 채권 포지션을 절반으로 줄일 방법을 궁리했고, 실제로 시장이 하락했을 때 약 1억 달러어치

---

* 　○이 장은 주로 기록 목적으로 작성되어 반복적인 내용을 다루고 있다. 내가 취한 거시적 조치에 특별히 관심이 없는 독자라면 12장으로 넘어가길 바란다.

** 　○1985년 12월 9일부터 1986년 4월 3일까지 퀀텀펀드의 포지션과 성과를 보여주는 도표는 345쪽에 실려 있으며, 일지 내 표에 있는 괄호 친 주석 (1)~(6)은 268쪽에서 확인할 수 있다.

를 매도했지만 이후 하락세를 따라 추가로 매도하고 싶진 않았다. 그 후 매도한 채권을 다시 일찍 매수했다. 통화와 유럽 주식만은 제대로 거래했다. 일시적으로 통화 강세가 나타났을 때 통화의 초과 보유분을 처분했다. 지금은 레버리지 없이 자기자본만을 외국 통화에 투자한 상태로, 독일 마르크 대비 파운드가 약세일 것으로 예상해 파운드에 매도 포지션을 취했다. 또한 해외 주식시장이 강세를 보일 때 주식을 매도해 주식이 상승할 때도 전체 노출 위험을 안정적으로 유지했다.

당시 폭락은 늘 그렇듯 여러 요인이 복합적으로 작용해 야기된 것이었다. 무엇보다 고용 지표가 호조를 보이면서 시장에 금리 인하를 기대할 수 없다는 확신을 심어줬다. 리비아에 가해진 제재도 불안 심리를 자극했고, 아랍 국가들의 주식, 채권, 달러 매도에 대한 확인되지 않은 소문이 많이 퍼졌다. 나는 어떤 소문을 듣고 통화들을 처분했다. 정크본드에 증거금 요건이 적용되면서 주식시장도 영향을 받았을 수 있다. 첫 폭락이 발생한 후 이틀째인 금요일 오후, 그램-러드먼 법안의 위헌 여부에 관심이 쏠린 가운데 채권시장은 중요한 저항선인 30년 만기 채권 수익률 9.5%를 돌파했다.

이러한 진전으로 시장이 취약해지는 이유는 진전이 일어났을 때 도취 상태에 빠지기 때문이다. 안타깝게도 나 역시 안일했다. 이것이 폭락 때 완전히 노출된 이유다. 나는 이번 사태를 강세장에서 나타나는 전형적인 조정으로 보고 있다. 단 몇 시간 만에 지수 선물이 5%나 폭락한 것은 강세장이 길어지면 앞으로 어떤 일이 일어날 수 있는지를 암시한다.

1986년 01월 10일

	종가	12월 9일 대비 변화(%)		종가	12월 9일 대비 변화(%)
독일 마르크	2.4675	+2.6	S&P 500	205.96	+.8
일본 엔	202.45	+.5	미국 국채	83 $^{04}/_{32}$	+.8
영국 파운드	1.4880	+2.1	유로달러	91.85	0
금	341.70	+8.1	원유	25.79	-6.3
			일본 국채	98.55	+1.6
퀀텀펀드 자본			$942,000,000		
주당 순자산가치			$6,350		
1985년 12월 9일 대비 변화			+5.9%		
1985년 8월 16일 대비 변화			+45.0%		

포트폴리오 구조(단위: 100만 달러)

투자 포지션(1)	롱	숏	12월 9일 대비 순변화(2)	순통화 노출(6)	롱	숏	12월 9일 대비 순변화(2)
주식				독일 마르크 관련	609		-84
미국 주식	1,011	(65)	+273	일본 엔	612		-216
미국지수선물	717		+440	영국 파운드		(278)	-163
해외 주식	318		+48	미국 달러		(1)	+515
채권(3)				기타 통화	21		-24
미국 국채							
단기(4)			-90				
장기	958		+241				
일본(5)	259		+6				
상품							
석유		(224)	-67				
금							

일반적으로 주식시장 호황은 여러 차례 시험을 거쳐 시장이 안전하다고 여겨질 때까지 계속되다 폭락의 시기가 닥치게 된다. 아직은 그러한 시점과 거리가 멀고, 투자 심리는 여전히 매우 조심스럽다. 일어난 일이라고는 금리 인하가 임박했다는 시장의 기대가 빗나간 게 전부다. 채권시장에서 매도 측은 이미 조정을 받았다. 유로달러 선물은 거의 0.5% 포인트 하락했다. 반대로 매수 측에서 과도한 반응이 나타난다면 곧 반등할 것이라 예상된다. 이전과 마찬가지로 나는 경제에 실질적인 동력이 없다는 믿음을 근거로 포지션을 설정한다. 연준이 금리를 낮추지 않을 수도 있지만, 연방 자금 금리가 현재 수준에서 상승하도록 허용할 이유도 없다. 마찬가지로 그램-러드먼 법안의 위헌 여부를 따지는 것은 중요하지 않다고 생각한다. 이 사안이 확정될 때쯤이면 이미 과정이 작동하고 있을 것이다. 내 견해가 틀리면 상당한 손실을 감수하고 포지션을 조정해야 한다. 나는 그때까지 버틸 생각이다. 내일 채권시장에서는 극심한 압박이 느껴질 것으로 예상된다. 얼마나 많은 손실이 발생할지는 아직 지켜봐야 한다. 향후 주식시장은 채권시장보다 더 나은 성과를 낼 것이다.

문제는 내가 앞서 팔지 않았으니 지금 살 수 없다는 점이다. 내가 할 수 있는 건 이번 판을 지켜보며 상황이 걷잡을 수 없이 악화되지 않기를 바라는 것뿐이다. 내가 보유한 현금이 끝까지 버틸 만큼 충분할지도 확신할 수 없다. 이번 하락으로 내 현금 보유액이 고갈되고 폭락 전보다 위험에 더 많이 노출될 것이다. 나는 이번 폭락이 일시적인 사건에 그칠 것으로 예상하므로 지금 현금을 늘릴 필요는 없다. 같은 이유로 현금 보유량을 더 줄이는 것도 전혀 바람직하지 않다고 본다.

추가. 1986년 1월 15일 수요일

이번 주말에는 G5 회의가 개최된다. 내가 G5 회원국의 입장이라면 여러 국가와 협의해 기준 금리를 인하할 것이다. 이는 당국이 협력해 상황을 통제하고 있다는 인식을 심어주며 외환시장의 안정을 유지하는 데도 도움이 된다. 그러지 않으면 일시적인 달러 가치의 상승을 저지하기 어려울 수 있다. 그 기반은 철저히 마련되었다. 그램-러드먼 개정안이 처리되고 있고 정크본드 사용이 억제되었다. 일본은 미국이 금리 인하를 주도하기를 기다리고 있다. 통화 지표인 M1이 목표 범위를 넘어섰고, 1985년 4분기에 경제는 약 3.5% 성장했다. 평소와 같다면 조치를 취할 필요가 없겠지만, 당국이 주도권을 유지할 필요가 있다고 생각한다면 지금이 바로 그때다. 금리를 낮추는 것은 공개적으로 통화주의를 포기하는 것과 같다. 하지만 채권시장은 이러한 흐름을 받아들일 것이다. 금리 인하는 다른 국가들과 협력해야 가능한 일이고, 지금은 환율이 안정적이며, 건전한 통화 관리자로서 볼커가 쌓아 올린 명성에 흠집이 나지도 않을 것이기 때문이다. 다만 문제는 볼커가 금리 인하를 원하는지에 달려 있다.

나는 당국이 내가 원하는 대로 행동할 것이라고 기대하지 않는다. 그렇지만 이미 노출된 포지션의 제약 내에서 기꺼이 베팅하려 한다.

나는 상대적으로 위험이 적은 유로달러 선물을 매수할 것이다. 유일한 위험은 내 포지션이 더 많이 노출된다는 점과, 좋지 않은 시기에는 노출을 줄여야 한다는 점이다. 베팅이 실패하면 어떻게든 노출을 줄일 계획이므로 위험을 감수하려 한다. 결국 내 명제는 당국이 정책을 시행한다는 것인데, 당국이 정책을 유지하지 않는다면 나는 레버리지 포지션을 유지할 이유가 전혀 없다. 손실이 날까 봐 억지로 유지하는 게 아니라면 말이다. 프랑스 군대에서는 '2보 전진을 위한 1보 후퇴'라는 말을 쓴다. 나는 그 반대로 전열을 가다듬기 위해 전진할 것이다. 장기적으로 노출을 지속하지 못할 것으로 판단되면 단기적으로 노출을 더 늘려 현재의 노출 수준을 완화할 것이다.[*]

1986년 1월 21일 화요일 오전

G5 회의에서는 뚜렷한 결과를 도출하지 못했다. 회의 전 떠들썩한 선전과 누설이 이어진 탓에 극적인 발표를 기대하기가 어려웠으며, 간결한 회의 성명은 그다지 고무적이지 못했다. 실제로 무슨 일이 일어날지는 내 방식대로 추측할 수밖에 없다.

---

[*] ● '단기적으로 노출을 늘려 현재의 노출 수준을 완화한다'는 말은 얼핏 모순처럼 보이지만, 실제 트레이딩에서는 매우 현실적인 리스크 관리 방식이다. 일시적으로 포지션을 확대하거나 방향을 조정해 시장이 유리하게 움직이길 기다렸다가, 더 나은 시점에 빠져나올 여지를 확보하겠다는 의미다.

1986년 01월 20일

	종가	1월 10일 대비 변화(%)		종가	1월 10일 대비 변화(%)
독일 마르크	2.4580	+.4	S&P 500	207.53	+.8
일본 엔	202.45	0.0	미국 국채	83 $^{17}/_{32}$	+.5
영국 파운드	1.4125	-5.1	유로달러	91.91	+.1
금	354.10	+3.6	원유	21.27	-17.5
			일본 국채	98.00	-.6
퀀텀펀드 자본			$1,006,000,000		
주당 순자산가치			$6,775		
1986년 1월 10일 대비 변화			+6.7%		
1985년 8월 16일 대비 변화			+54.7%		

포트폴리오 구조(단위: 100만 달러)

투자 포지션(1)	롱	숏	1월 10일 대비 순변화(2)	순통화 노출(6)	롱	숏	1월 10일 대비 순변화(2)
주식				독일 마르크 관련	559		-50
미국 주식	1,014	(73)	-5	일본 엔	612		0
미국지수선물	584		-133	영국 파운드		(270)	+8
해외 주식	314		-4	미국 달러	105		+106
채권(3)				기타 통화	31		+10
미국 국채							
단기(4)	88		+88				
장기	1,026		+68				
일본(5)	261		+2				
상품							
석유		(159)	+65				
금							

전 세계가 금리 인하 필요성을 인식하고 있지만, 미국과 독일의 독립된 두 중앙은행은 공동 대응을 약속하지 않았다. 미국 연준은 회의 전에도 미묘하게 통화 정책을 완화하려는 움직임을 보였지만(다음 주 목요일에 발표되는 지표에서 더 확실한 증거를 확인할 수 있을 것이다), 금리 인하 시기는 각국의 정부가 모인 회의가 아니라 시장의 반응을 보고 결정하기를 원하고 있다. G5가 미국의 통화 정책을 좌지우지하도록 허용하는 것은 독립성을 보존하려는 중앙은행이 받아들이기에 지나치게 위험한 선례로 남을 수 있다.

우려되는 점은 결과적으로 베이커와 볼커 사이에 생길 수 있는 균열이다. 돌이켜 보면 정크본드에 증거금 요건을 적용하는 문제에서 볼커와 행정부의 의견 차이가 드러났고, 이러한 차이는 상당히 중요한 의미를 갖는다. 볼커는 금리를 너무 공격적으로 낮추면, 결국 폭락으로 치달을 수도 있는 주식시장 호황을 부추길 뿐이라고 우려한다. 나도 그의 의견에 동의한다. 볼커가 우려함으로써 호황이 일어날 가능성이 낮아진다. 어떤 경우든 G5는 추진력을 잃었고, 이는 위험한 전개로 볼 수 있다.

나는 회의 전에 예상했던 추가 노출을 줄여야겠다고 느꼈지만, 다음 연준 지표가 나올 때까지 기다린 후 부채를 줄이는 디레버리징 deleveraging 계획을 실행하기로 했다. 주식시장이 더 취약해졌다고 판단해, 이전에 매수한 유로달러 선물을 매도하는 대신 S&P 500 지수 선물을 일부 매도했다.

그날 내내 에너지 가격은 하락이 가속화되어 완전히 바닥을 찍었지만, 하루가 끝날 무렵에는 주식, 채권, 통화 모두 그날의 손실을 만회했다. 이는 중요한 사건이다. 오랫동안 기다려온 유가 붕괴가 마침내 일어난 것이다.

정부의 개입 외에는 급락을 막을 길이 없지만, 정부는 비상시에만 개입한다. 만에 하나 볼커와 베이커가 이견을 보였다면 정부가 적시에 적절한 조치를 취할 가능성이 낮아진다. 이제 은행 제도를 위협하는 가장 위험한 시기가 다가오고 있다. 모든 에너지 대출은 어떻게 될까? 에너지에 의존하는 채무국에는 어떤 일이 벌어질까?

이미 구제책이 존재하므로 상황이 걷잡을 수 없는 수준으로 악화되진 않을 거라고 확신한다. 예컨대 석유 수입세의 경우 멕시코에는 특별 규정이 적용된다. 그러나 세금을 부과하려면 레이건 대통령이 입장을 바꿔야 하고, 비상사태가 발생해야 명분을 내세울 수 있으므로 상황이 악화된 후에야 구제책이 적용될 수 있을 것이다. 유가 하락은 주식과 채권에 모두 긍정적인 영향을 준다. 하지만 특히 시장의 초기 반응이 내가 취할 조치와 같을 가능성이 크기 때문에 레버리지 기반으로 투기하는 것은 그리 바람직하지 못하다.

1986년 2월 22일 토요일

나는 너무 일찍 디레버리징을 실행하느라 주식과 채권시장에서 나타난 강력한 상승세를 충분히 누리지 못했다. 하급 법원이 그램-러드먼 법안에 대해 위헌 판결을 내릴 거라는 소식을 듣고 일시적으로 채권 선물을 매도했지만, 판결이 일주일 연기된 데다 마침 유가가 폭락하면서 다른 모든 요소를 압도한 탓에 나는 고스란히 손실을 감당할 수밖에 없었다. 요컨대, 내 매매 성과는 형편없었다. 그렇지만 펀드는 원유와 달러에서 매도 포지션을 취한 덕분에 괜찮은 성과를 냈다. 주식 선정도 적절했다.

사실 나는 지금 이 시기에 너무 과도하게 노출되어 불안했다. 어쩌면 그래서 레버리지 포지션을 취한 상태에서 거래 성과가 부진했던 것 같다. 나는 유가 하락이 경기 부양책과 금융 충격이라는 두 가지 영향이 복합적으로 작용한 결과라고 본다. 시장은 전자에 반응하지만 나는 후자에 매우 민감하게 대응하고 있다.

국제 부채 문제에 중대한 고비가 다가오고 있다. 유가가 15달러 이하로 떨어지면 멕시코는 100억 달러에 달하는 부채를 상환하지 못하게 될 수 있다. 이를 해결하려면 여러 조치가 실행되어야 한다. 먼저 멕시코는 허리띠를 더 졸라매야 하고, 은행들은 타격을 받을 것이다. 미국은 멕시코 석유에 대한 보조금이나 가격 보호의 형태로 돈을 지불해야 한다. 이는 설사 가능할지라도 복잡하고 섬세한 작업이다. 또한 은행들의 양보는 다른 채무국으로도 확대되어야 한다. 대형 은행들은 한 집단으로서 이제 개발도상국의 대출 금리를 대폭 인하해야만 하는 처지에 있지만, 뱅크오브아메리카는 벼랑 끝으로 내몰릴 가능성이 크다. 뱅크오브아메리카가 컨티넨털일리노이은행과 마찬가지로 구제금융을 받게 되면 예금자들도 보호를 받게 될 것이다. 예금자들은 안심할

1986년 02월 21일

	종가	1월 20일 대비 변화(%)		종가	1월 20일 대비 변화(%)
독일 마르크	2.2960	+6.6	S&P 500	224.62	+8.2
일본 엔	182.20	+10.0	미국 국채	90 $^{06}/_{32}$	+8.0
영국 파운드	1.4545	+3.0	유로달러	92.10	+.2
금	341.00	-3.7	원유	13.53	-36.4
			일본 국채	101.60	+3.7
퀀텀펀드 자본			$1,205,000,000		
주당 순자산가치			$8,122		
1986년 1월 20일 대비 변화			+19.9%		
1985년 8월 16일 대비 변화			+85.5%		

포트폴리오 구조(단위: 100만 달러)

투자 포지션(1)	롱	숏	1월 20일 대비 순변화(2)	순통화 노출(6)	롱	숏	1월 20일 대비 순변화(2)
주식				독일 마르크 관련	783		+224
미국 주식	1,064	(185)	-62	일본 엔	726		+114
미국지수선물		(92)	-676	영국 파운드		(343)	-73
해외 주식	426		112	미국 달러	39		-66
채권(3)				기타 통화	81		+50
미국 국채							
단기(4)			-88				
장기	215		-811				
일본(5)			-261				
상품							
석유		(55)	+104				
금							

지 몰라도, 주식시장은 공황 상태에 빠질 수 있다. 선물 및 옵션 거래에 수반된 신용 규모와 시장의 힘이 맞물리면 시장은 갑작스러운 역전에 매우 취약해진다. 시장은 1월에 두 시간 만에 5% 하락했는데, 다음에는 10% 또는 15% 하락할 수도 있다. 이제 붕괴 위험은 은행 제도에서 금융시장으로 옮겨간 것으로 보인다. 만일 내가 이 위험에 휘말린다면 나 자신이 매우 어리석게 느껴질 것이다. 이때 신중하게 대응하면 비싼 대가를 치를지라도 생존을 보장받을 수 있다.

나는 멕시코의 미겔 데 라 마드리드Miguel de la Madrid 대통령이 오늘 밤 연설할 예정이라는 소식을 듣고 대비 차원에서 주말에 S&P 선물과 달러를 일부 매도했다.

1986년 3월 27일 목요일

나는 1월 말에 레버리지를 줄인 후 거시적 대응을 거의 하지 않았다. 돌이켜 보면 너무 일찍 움직인 탓에 채권시장이 반등할 때 절호의 기회를 놓쳤다. 나는 확실히 유가 하락이 불러올 강세장의 영향을 과소평가했다. 솔직히 정부의 개입 없이 유가가 그렇게까지 하락하리라고는 미처 예상하지 못했다. 원유는 공급곡선이 역전되어 있어 정부 개입 외에는 유가 하락을 막을 방법이 없다. 즉, 유가가 하락할수록 산유국의 요건을 충족하려면 더 많은 석유를 팔아야 하는 것이다. 결국 국내 생산업체들을 보호해야 한다. 이것이 내가 서부 텍사스유에서 브렌트유 계약으로 매도 포지션을 전환한 이유다. 하지만 이 조치는 숏 스퀴즈short squeeze(가격 하락을 예상하고 공매도했지만 가격 상승으로 손실이 발생해 집중 매수하는 행위)와 맞물려 많은 비용을 초래했다.

레버리지를 줄이기로 한 결정을 설명하려면 주관적인 근거를 제시할 수밖에 없다. 레버리지 운용은 상당히 부담스러운 일이고, 나는 최근 충분한 수익을 올렸기에 굳이 레버리지를 활용하면서까지 또다시 긴장하고 싶지 않다. 하지만 기회를 놓치는 것도 고통스럽기는 매한가지다. 다행히 매매할 기회는 놓치지 않았지만 기회를 최대한 활용해 수익을 극대화하진 못했다.

통화 운용에는 거의 나서지 않았다. 내가 유일하게 실행한 조치는 독일 마르크와 영국 파운드 간 거래 포지션을 더 늘린 것이었다. 나는 통화시장의 성격이 다시 변화하고 있음을 인식했다. 최초의 G5 회의에서 대두된 협력 정신은 두 번째 회의에서 약해졌고, 당국은 시장에 대한 통제력을 잃어가고 있었다. 달러 가치는 당국이 원하는 수준보다 더 빠르고 더 낮게 변동했다. 일본과 독일이 모두 우려하기 시작했고, 미국 당국은 분열되었다. 볼커는 우려를 표명했고, 다른 행정부 인사들은 일본의 움직임이 달러 약세가 시작되었다는 반가운 신호라고 생각했다. 달러는 자체적인 동력에 힘입어 하락하고 있었고 그 하락의 원인은 분명하게 밝혀지지 않았다. 아마도 유가 하락과 관련이 있었을 것이다. 유가 하락의 영향은 일시적이었지만(원유 거래에 필요한 달러 액수가 줄어들었다), 추세는 투기적 포지션을 끌어들이기에 충분할 정도로 뚜렷해졌다.

1986년 03월 26일

	종가	2월 21일 대비 변화(%)		종가	2월 21일 대비 변화(%)
독일 마르크	2.3305	-1.5	S&P 500	237.3	+5.6
일본 엔	179.65	+1.4	미국 국채	98 $^{15}/_{32}$	+9.2
영국 파운드	1.475	+1.4	유로달러	92.83	+.8
금	344.40	+1.0	원유	12.02	-11.2
			일본 국채	105.50	+3.8
퀀텀펀드 자본			$1,292,000,000		
주당 순자산가치			$8,703		
1986년 2월 21일 대비 변화			+7.2%		
1985년 8월 16일 대비 변화			+98.7%		

포트폴리오 구조(단위: 100만 달러)

투자 포지션(1)	롱	숏	2월 21일 대비 순변화(2)	순통화 노출(6)	롱	숏	2월 21일 대비 순변화(2)
주식				독일 마르크 관련	1,108		+325
미국 주식	1,272	(170)	+223	일본 엔	492		-234
미국지수선물	124		+216	영국 파운드		(389)	-46
해외 주식	536		+110	미국 달러	81		+42
채권(3)				기타 통화	63		-18
미국 국채							
단기(4)							
장기	326		+111				
일본(5)							
상품							
석유		(28)	+27				
금							

내가 달러 매도 포지션을 그대로 유지한 건 어떤 대단한 확신이 있어서가 아니라 확고한 견해가 없었기 때문이다. 통화 거래로 돈을 벌 확률이 수고로움과 긴장을 해결할 만큼 충분히 높게 느껴지지 않았다. 나는 포지션을 변경하기보다 유지하는 편이 편안하게 느껴졌고, 확신이 없었기에 필요할 때 상황을 재평가할 수 있었다.

그때 연준 부의장 프레스턴 마틴Preston Martin이 사임하면서 금리를 둘러싼 보이지 않는 신경전이 세상에 드러났다. 시장은 달러의 급격한 반등으로 반응했고, 영국 파운드도 독일 마르크에 대비해 가치를 회복했다. 나는 관리 변동환율 제도가 시작된 이래 처음으로 통화 운용에서 큰 손실을 보게 되면서 거시경제 상황을 재평가해야 했다.

재평가를 통해 나는 경제 침체가 계속되고 있음을 발견했다. 지금은 강세와 약세 요소들이 적절한 균형을 이루고 있다. 강세는 주로 낮은 금리와 개선된 수익률에 따른 낙관론에서 비롯되며 주택, 재고 보충, 신규 사업 구성, 서비스 부문의 고용 증가도 긍정적인 영향을 준다. 약세의 주요 원인은 석유 산업에 있다. 석유는 자본 지출의 주요 요소이며 자동차 산업만큼이나 중요하다. 다른 형태의 자본 지출도 약세를 띠지만 시간이 지나면서 개선될 것으로 기대된다. 또 다른 약세의 원인인 재정 적자 감소는 아직 그 효과를 느낄 만큼 시간이 경과하지 않았다. 저축률은 소비자 지출을 억제하면서 개선되고 있는 것으로 보이고, 투자자들은 주식과 장기 채권으로 이동하며 저금리에 대응하고 있다. 이 모든 것이 채권과 주식의 상승세를 이끌고 있다.

취약한 경제를 고려하면 달러 매도 포지션을 줄일 이유가 없다. 오히려 현재 달러 강세를 근거로 금리는 더 하락할 것으로 예상된다. 따라서 나는 채권 매수 포지션을 다시 설정하기로 했다. 채권을 9~9.25% 수익률로 매도했을 때 7.5% 수익률에서 다시 매수하는 것은 그리 쉬운 결정이 아니지만, 상황을 논리적으로 고려하면 그렇게 하지 않을 수 없다. 채권을 매수하지 않고 달러를 매도하는 행위는 일관성이 없고, 지금 달러를 매수하는 것은 잘못된 선택이다. 그렇다면 레버리지는 어떨까? 내가 애초에 노출을 줄인 이유는 레버리지를 향한 거부감이었다. 레버리지는 분명히 긴장을 고조시키지만 동시에 채권을 매수하지 않은 채 달러를 매도함으로써 생기는 긴장을 완화하는 효과가 있다. 나는 좀 더 기민하게 대처해야 할 것이다.

주식과 채권 모두 큰 폭으로 하락할 가능성이 얼마나 될까? 시장에 내재된 역동성을 살펴보면 호황이 자체적으로 붕괴하기에는 아직 이르고 기세가 강력하다는 것을 알 수 있다. 나를 포함한 투자자들은 여전히 매우 조심스럽게 접근하고 있다. 레버리지 바이아웃을 실행하기에는 주가가 너무 오른 상태고, 유가 폭락을 고려하면 실질금리가 여전히 너무 높다. 달러 가치나 금리, 혹은 둘 다 하락해야 한다. 달러는 안정을 찾았으니 이제 금리가 더 변동할 차례다.

내부 요인만 놓고 보면 호황은 아직 갈 길이 멀다. 주가는 출렁이기 전에 지금보다 두 배 이상 뛸 수 있다. 일부 소규모 주식시장은 위험에 훨씬 많이 노출되어 있는데, 이탈리아가 대표적인 사례다. 증시가 폭락한다면 미국보다는 이탈리아에 먼저 충격을 줄 것이다.

현재 유일한 위험은 외부 충격이다. 충격의 잠재적 기원은 명확하게 드러나 있다. 유가가 충돌 경로에 놓여 있으며, 유가는 추세를 멈추거나 반전시킬 어떤 중대한 사건이 발생하기 전까지는 계속 하락할 것이다. 격변을 일으키는 사건은 군사적 사건과 금융 사건으로 구분할 수 있다.

군사적 사건과 정치적 사건은 지극히 예측하기 어렵다. 지금은 중동 지역에서 긴장이 고조되고 있다. 이집트에서는 준¾혁명이 일어났고, 이란과 이라크의 전쟁이 격화될 조짐을 보인다. 미국 함대의 리비아 시드라만 공습은 심각한 반발 없이 지나갔지만 다른 사건이 일어날 수도 있다. 이처럼 군사적, 정치적 사건은 예측하기 힘들기에 경계를 늦추지 않는 수밖에 없다. 약간의 레버리지는 경각심을 높이는 데 도움이 된다.

유가 하락이 금융에 미칠 파장은 훨씬 분명하다. 특히 멕시코는 당장 어떤 사건이 일어날지 모르는 일촉즉발의 상황에 처해 있다. 질서 있는 구제금융이 이어질까, 아니면 대치 상황이 펼쳐질까? 금리 인하라는 양보를 요구했던 멕시코는 한발 물러섰다. 멕시코가 필요로 하는 금리 인하를 대신해 일종의 원유 표시 증권oil-denominated security*이 제공될 가능성이 있다. 멕시코의 요구를 그대로 들어주면 다른 채무국에서도 같은 요구를 할 게 뻔하기 때문이다.

시장의 반응은 분석을 더 복잡하게 한다. 질서 정연한 합의는 상승

세를 강화하지만, 그러한 합의에 대한 의구심은 시장을 시험할 것이다. 현재로서는 시장이 시험을 통과할 확률이 높다. 하지만 문제의 쟁점이 결정되기 전까지는 시장 위험에 노출되지 않는 것이 최선이다.

1986년 4월 6일 일요일*

지난 화요일에 채권 매수 포지션과 같은 금액의 S&P 선물을 매도했다. 이로써 매수 포지션에 대한 레버리지 노출을 효과적으로 제거할 수 있었다. 이제 나는 순노출을 더 축소하기 위해 매도 포지션을 확대할 적절한 진입 시점을 찾고 있다.

조지 H. W. 부시George H. W. Bush 부대통령은 사우디아라비아에 방문해 유가에 대해 논의하겠다고 밝혔다. 이러한 발언에 행정부는 부정적인 반응을 보였다. 이 같은 반응은 의심의 여지 없이 그의 오랜 정적인 도널드 리건이 주도한 것이었다. 이로 인해 석유에 수입세가 부과될 가능성이 줄어들었다. OPEC이 협력해 석유 생산량을 감축할 가능성은 항상 열려 있지만, 나는 그럴 가능성이 낮다고 본다. 이제 연대 구조가 무너졌으니, 새로운 구조를 마련하려면 새로운 기폭제가 될 사건이 일어나야 한다. 유가 급락 사태를 겪은 사우디아라비아가 왜 임시방편

---

* ㅇ1986년 3월 31일부터 1986년 7월 20일까지 퀀텀펀드의 포지션과 성과를 보여주는 도표가 369쪽에 실려 있다. 일지 도표에 있는 (1)~(6)에 대한 주석은 268쪽에서 확인할 수 있다.

의 위험을 감수해야 할까? 미국은 고비용 생산국이므로 이대로 가면 미국의 생산량이 영구적으로 줄 수도 있다. 미국의 생산이 보호될 것으로 기대되었지만, 최근에 일어난 일련의 사건은 그럴 가능성을 줄였다. 유가에 대한 압박은 계속될 것이다.

유가 하락은 어느 순간까지는 호재지만 결국에는 악재로 돌아선다. 특이하게도 대부분의 예측은 미국의 석유 생산이 줄어들 가능성을 고려하지 않았다. 유가 하락은 초기에 경제를 부양하기는커녕 부정적인 영향을 준다. 전반적으로 경제는 약세를 보이며 기대에 미치지 못한다. 이것이 내가 달러 매도 포지션을 줄이지 않으려는 이유다. 오히려 파운드로 매도 포지션을 환매수해 달러 포지션을 더 늘릴 생각이다. 나는 포지션을 너무 오래 유지했던 것 같다. 금리 차이 때문에 파운드로 자금이 몰리고 있는 상황에서 이 추세에 대항할 만한 충분한 근거를 찾지 못했다.

채권 매수와 S&P 선물 매도 포지션을 설정한 것에는 만족한다. 하지만 주식 순매수 포지션은 그리 만족스럽지 않아서 그 위험 노출을 줄일 기회를 노리고 있다. 폭락까진 아닐지라도 규모가 불확실한 조정이 일어날 것으로 예상한다. 적절한 진입 시점은 유가가 다시 하락하기 시작할 때다. 초기에는 채권과 주식 모두 긍정적으로 반응할 것이다. 다만 그것은 4월 15일 OPEC 회의 이후에나 나타날 것이다.

1986년 04월 04일

	종가	3월 26일 대비 변화(%)		종가	3월 26일 대비 변화(%)
독일 마르크	2.3955	-2.8	S&P 500	228.69	-3.6
일본 엔	180.42	-.4	미국 국채	100 $^{11}/_{32}$	+1.9
영국 파운드	1.4500	-1.7	유로달러	93.13	+.3
금	335.40	-2.6	원유	12.74	+6.0
			일본 국채	104.15	-1.3
퀀텀펀드 자본			$1,251,000,000		
주당 순자산가치			$8,421		
1986년 3월 26일 대비 변화			-3.2%		
1985년 8월 16일 대비 변화			+92.3%		

포트폴리오 구조(단위: 100만 달러)

투자 포지션(1)	롱	숏	3월 26일 대비 순변화(2)	순통화 노출(6)	롱	숏	3월 26일 대비 순변화(2)
주식				독일 마르크 관련	1,094		-14
미국 주식	1,171	(167)	-98	일본 엔	474		-18
미국지수선물		(572)	-696	영국 파운드		(380)	+9
해외 주식	499		-37	미국 달러	63		-18
채권(3)				기타 통화	50		-13
미국 국채							
단기(4)							
장기	652		+326				
일본(5)							
상품							
석유		(29)	-1				
금							

도표 11.1. 시장 대비 펀드의 주당순자산가치(대조 기간: 1985년 12월 9일~1986년 4월 3일)

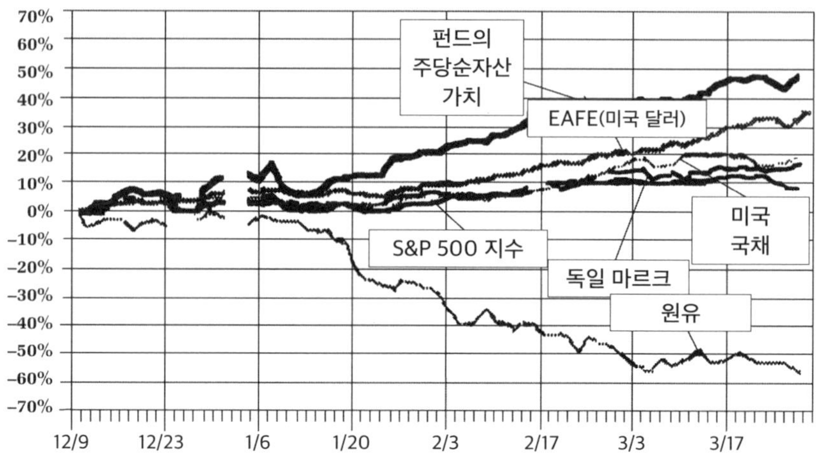

도표 11.2. 펀드 손익(주요 포지션 분석)

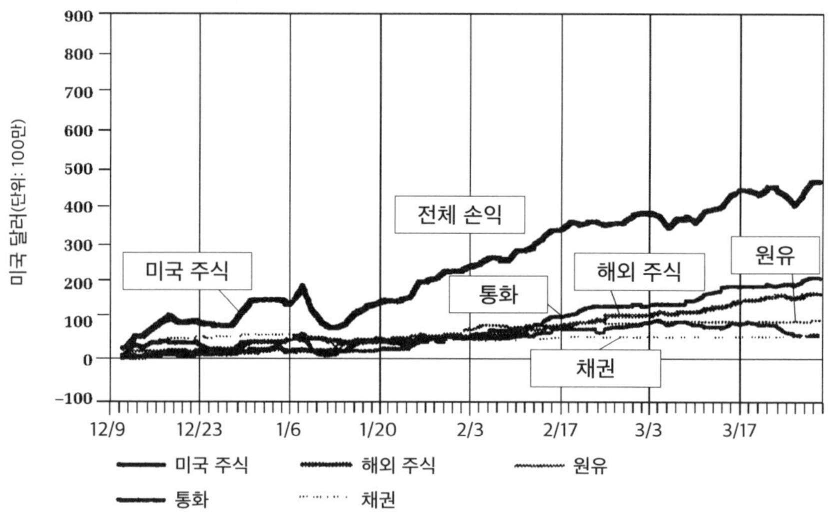

참고:

(1) 모든 가격은 첫날 대비 변동률로 계산했다.

(2) EAFE는 유럽, 호주, 극동 주식시장에 대한 미국 달러 기준 모건스탠리의 국제 자본 지수다.

(3) 유가와 국채 가격은 가장 최근 선물 계약의 종가다.

(4) 통화 손익은 선도 계약과 선물 계약만 포함한다. 해외 주식의 손익은 포지션의 통화 손익을 포함한다.

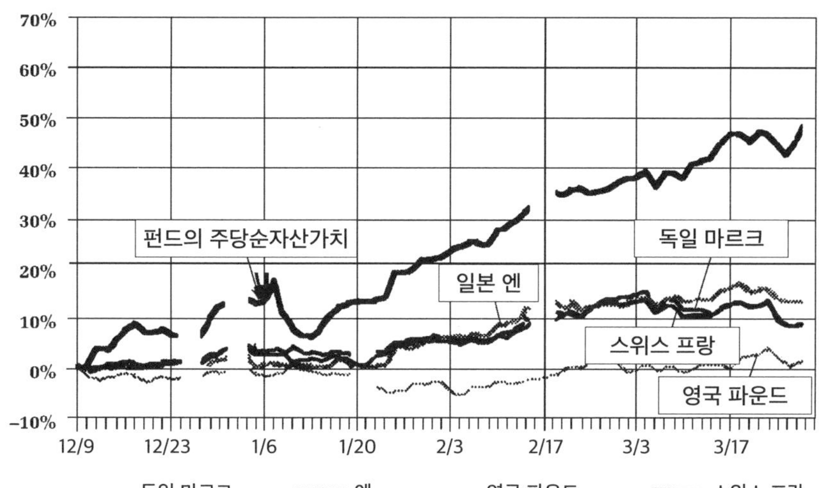

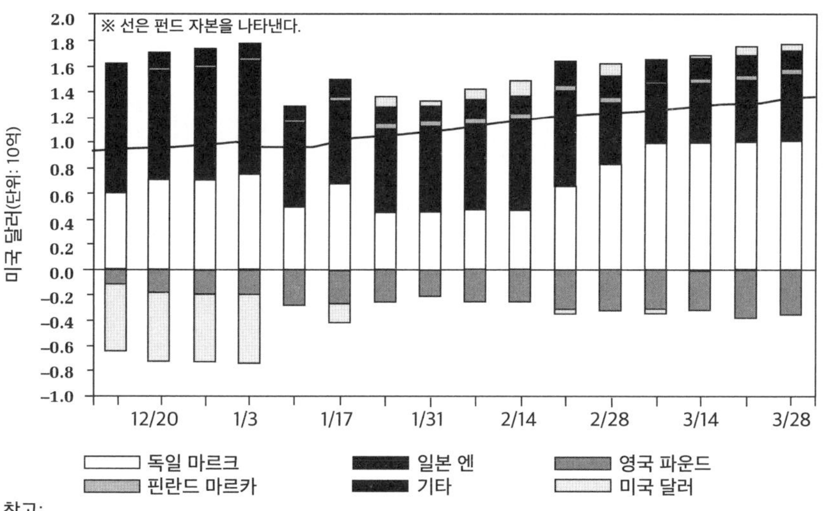

참고:

(1) 미국 달러로 표시된 가격은 첫날 대비 변동률로 계산했다. 뉴욕 시장의 종가가 사용되었다.

(2) 순통화 노출은 주식, 채권, 선물, 선도, 현금, 증거금을 포함하며 펀드의 총자기자본과 같다. 미국 달러 매도 포지션은 통화 노출이 펀드의 자기자본을 초과하는 금액을 나타낸다.

(3) 통화 노출은 주말 기준으로 표시되었다.

도표 11.5. 미국 주식시장(대조 기간: 1985년 12월 9일~1986년 4월 3일)

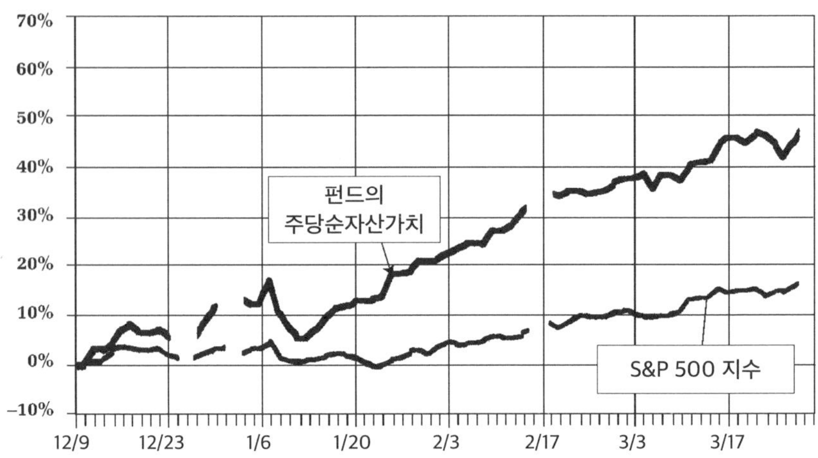

도표 11.6. 미국 주식시장 포지션

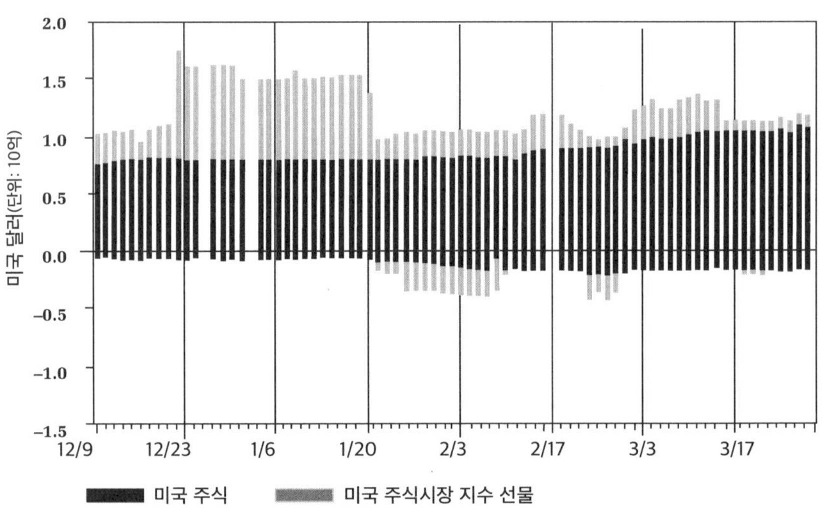

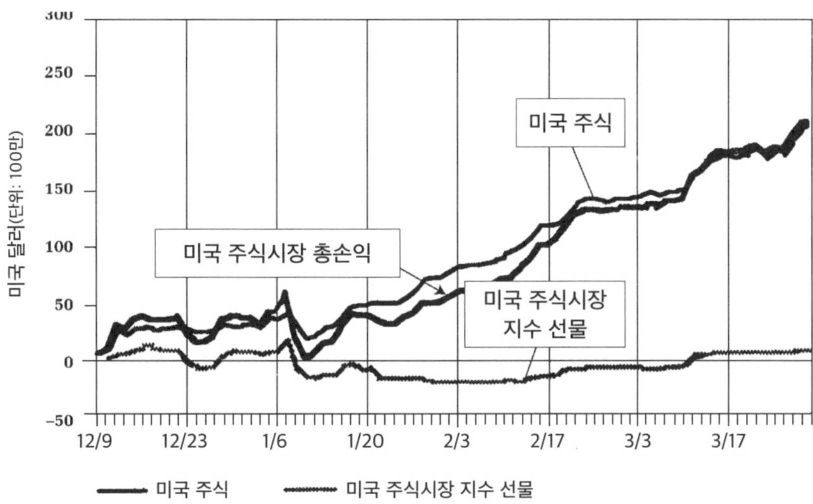

도표 11.7. 미국 주식시장 손익

참고:

(1) 미국 주식시장 총손익은 주식 포지션과 지수 선물을 포함한다.

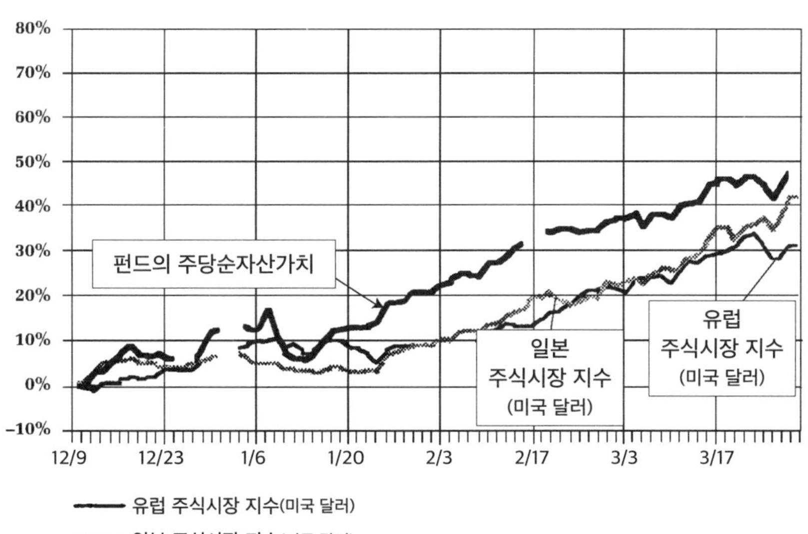

도표 11.8. 해외 주식시장 가격(대조 기간: 1985년 12월 9일~1986년 4월 3일)

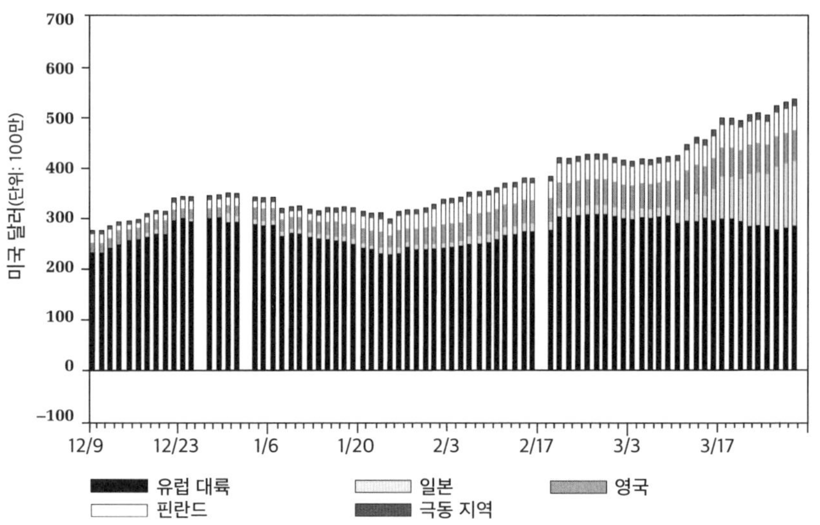

도표 11.9. 해외 주식 포지션

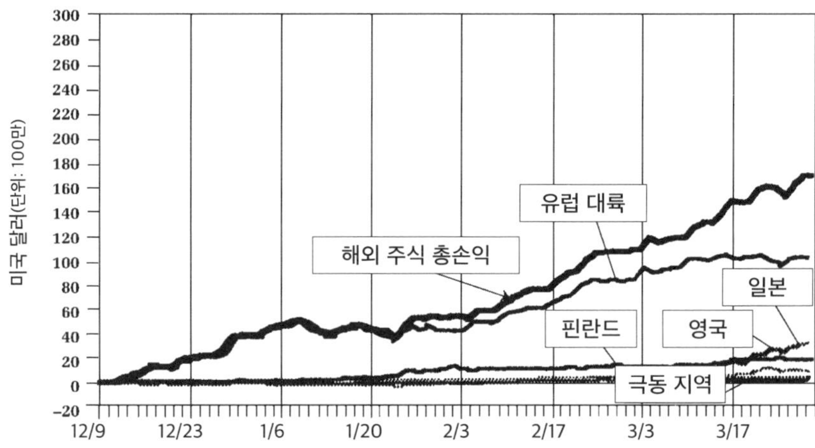

도표 11.10. 해외 주식 손익

참고:

(1) 해외 주식시장 총손익은 해외 주식 포지션에 대한 환전 손익을 포함한다.

(2) 극동 지역 포지션은 홍콩, 한국, 대만, 호주, 태국을 포함한다.

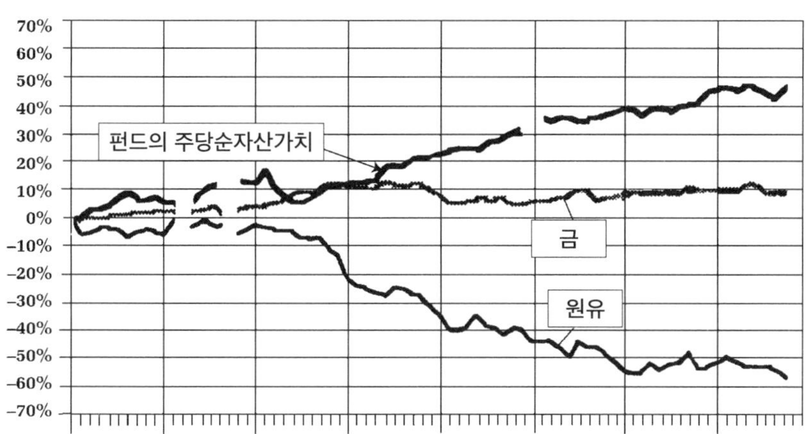

도표 11.11. 상품 가격(대조 기간: 1985년 12월 9일~1986년 4월 3일)

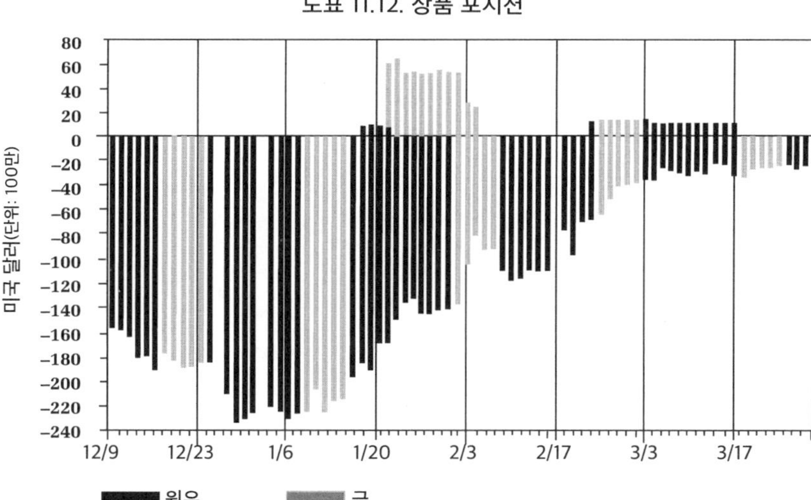

도표 11.12. 상품 포지션

도표 11.13. 상품 손익

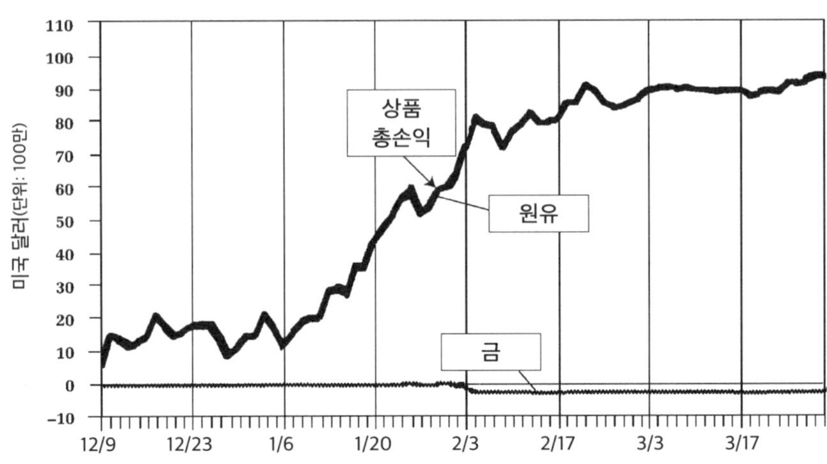

도표 11.14. 채권(대조 기간: 1985년 12월 9일~1986년 4월 3일)

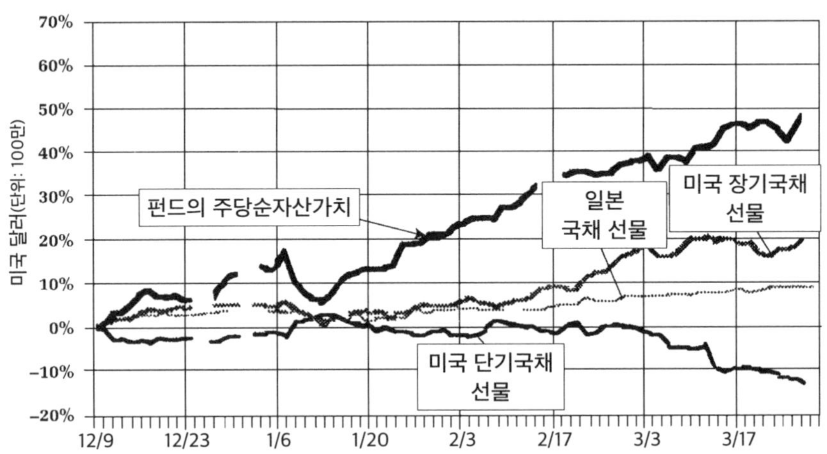

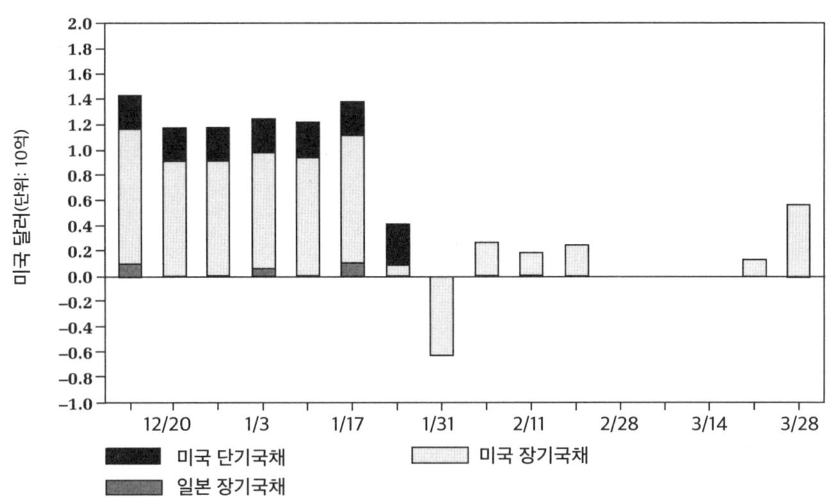

도표 11.15. 채권 포지션

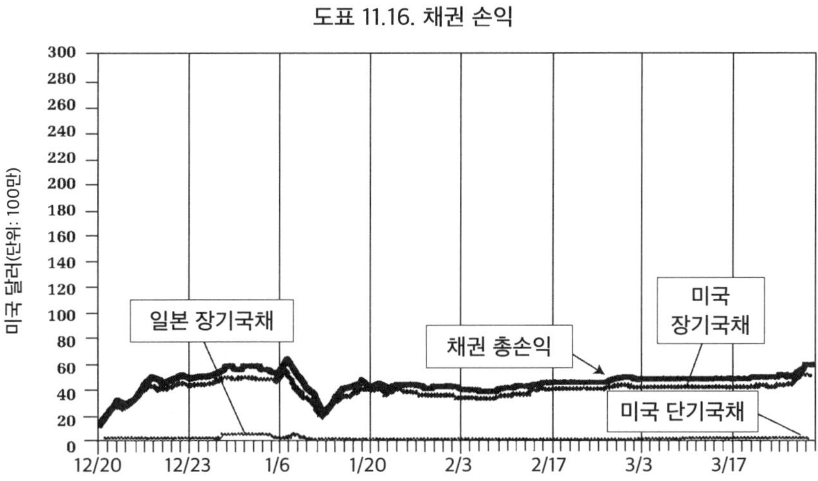

도표 11.16. 채권 손익

참고:

(1) 미국 단기국채 포지션과 손익은 단기국채, 유로달러 선물, 만기가 2년 이하인 중기국채를 포함한다.

(2) 모든 미국 국채는 30년 만기 국채를 기준으로 환산했다. 환산 기준은 주어진 수익률 변화가 가격에 미치는 영향이다. 예를 들어, 액면가 1억 달러인 4년 만기 미국 중기국채를 30년 만기인 미국 국채의 시장가치로 환산하면 2850만 달러에 해당한다.

(3) 일본 국채 선물은 미국 국채보다 변동성이 훨씬 적다. 예를 들어, 1986년 6월 30일 기준으로 액면가 1억 달러인 일본 국채는 30년 만기 미국 국채 약 6620만 달러와 동일한 변동성을 갖는다. 여기서는 이 차이를 조정하지 않았다.

(4) 포지션은 주말 기준으로 표시했다.

1986년 4월 9일 수요일

시장은 지난 이틀간 널뛰었고 나 역시 그러했다. 월요일에는 유가가 급등하고 채권, 주식, 통화가 급락했지만 화요일에는 모든 시장이 회복했다. 월요일에 일어난 가격 변동은 모든 면에서 충격을 안겨주었는데, 내 포트폴리오가 유가에 얼마나 취약한지 깨달았기 때문이다. 생각보다 더 많은 레버리지를 활용하고 있다는 사실도 알 수 있었다. 내가 간과했던 달러와 파운드 간 거래 포지션이 내게 앙갚음이라도 하듯 불리하게 돌아섰다. 이를 수치로 따지면 나는 S&P 선물 헤지hedge를 통해 약 2000만 달러를 절약할 수 있었지만, 조정이 시작되자 1억 달러라는 엄청난 손실을 기록하고 말았다.

월요일에는 독일 마르크, 영국 파운드의 노출과 원유 매도 포지션을 절반으로 줄이고 S&P 매도 포지션의 40%를 환매수했다. 화요일에는 나머지 S&P 매도 포지션을 환매수, 저평가된 주식을 매수했다. 결과적으로 주식과 채권 노출은 늘리고 통화와 원유 노출은 줄이는 효과를 보았다.

나는 월요일 아침에 받은 정보를 바탕으로 원유에 대한 단기 전망을 수정했다. 두 가지 긍정적인 가능성이 눈길을 끌었다. 테러가 해외 항공 여행에 충격을 주면서 올여름 운전자들이 휘발유를 더 많이 사용할 수 있고, 석유 회사들이 사우디아라비아와 네트백net-back 계약*을 체결

---

*　● 최종 시장 가격에서 운송비와 정제비 등을 뺀 순수익을 기준으로 원유 가격을 산정하는 방식으로, 시장 가격의 변동이 산유국의 수익에 직접적인 영향을 미친다.

해 여전히 많은 돈을 벌 수 있으므로 유지보수를 위해 북해 원유 생산을 중단할 수 있다는 점이다. 따라서 다음 주에 열릴 OPEC 회의 전에 거래가 회복세를 보일 여지가 있다. 나는 브렌트유를 매수해 브렌트유와 미국의 서부 텍사스유WTI에 교차 포지션을 설정한 상태다. 수입 관세가 줄어든다는 전망을 감안하면 이 포지션은 합리적인 선택이다.

영국 파운드에 대해서는 딱히 견해가 없다. 파운드는 현재 유가보다는 유리한 금리 차이에 반응하고 있다. 영국 정부는 파운드의 평가절상을 허용할 수 없으므로 파운드가 강세를 보이면 금리 차이는 줄어들 것이다. 이는 파운드 가치의 상승 잠재력을 제한하지만, 그렇다고 해서 매도 포지션을 유지할 이유는 못 된다. 분명한 사실은 내가 포지션을 간과해서 수익을 내지 못했고, 이제 수익을 올리지 못한 채로 포지션을 청산해야 한다는 점이다. 나는 즉시 포지션의 절반을 청산했고, 나머지는 더 유리한 가격에 청산할 수 있기를 바랐다. 실제로 영국 대출금리는 화요일에 0.5% 인하되었고, 이에 따라 미국 주식과 채권이 반등했다.

주식시장과 채권시장은 유가 상승에 부정적으로 반응했지만 나는 오히려 더 낙관적인 시선으로 바라보게 되었다. 내가 보기에 진정한 위험은 추가로 이어질 하락세다. 나는 이번 하락을 강세장의 건전한 조정이며 되도록 신중하게 판단해서 활용해야 할 매수 기회라고 생각한다. 나는 가용 자금을 모두 투입했다.

이 전략은 효과가 있는 것 같다. 경제에 깔린 근본적인 약점이 인식되고 있고, 좀 더 조율된 금리 인하의 필요성에 공감대가 형성되고 있

1986년 04월 08일

	종가	4월 4일 대비 변화(%)		종가	4월 4일 대비 변화(%)
독일 마르크	2.3325	+2.6	S&P 500	242.38	+6.0
일본 엔	179.80	+.3	미국 국채	$101\,^{31}/_{32}$	+1.6
영국 파운드	1.4650	+1.0	유로달러	93.30	+.2
금	340.00	+1.4	원유	12.47	−2.1
			일본 국채	103.58	−.5
퀀텀펀드 자본			$1,290,000,000		
주당 순자산가치			$8,684		
1986년 4월 4일 대비 변화			+3.1%		
1985년 8월 16일 대비 변화			+98.3%		

포트폴리오 구조(단위: 100만 달러)

투자 포지션(1)	롱	숏	4월 4일 대비 순변화(2)	순통화 노출(6)	롱	숏	4월 4일 대비 순변화(2)
주식				독일 마르크 관련	810		−284
미국 주식	1,231	(169)	+58	일본 엔	504		+30
미국지수선물			+572	영국 파운드		(177)	203
해외 주식	578		+79	미국 달러	153		+90
채권(3)				기타 통화	57		+7
미국 국채							
단기(4)							
장기	656		+4				
일본(5)							
상품							
석유		(12)	+17				
금							

다. 리비아를 상대로 미국이 가할 보복은 거의 불가피하지만, 시장의 기대 심리는 리비아에 대한 우려를 덮어버릴 정도로 강력하다. 한동안 거래를 활발하게 하고 난 뒤 다시 숨을 고르며 재정비하는 시간을 갖고 싶다. 레버리지를 줄이고 싶지만 당장 급하게 진행하진 않을 것이다. 당분간 수익이 지속되길 바란다.

1986년 5월 21일 수요일

4월에는 거래를 거의 하지 않았는데, 이처럼 소극적인 활동은 노출을 줄이는 데 도움이 되었다. 약간의 주식과 그보다 많은 액수의 통화 그리고 거의 모든 채권 포지션을 매도했다. 5월 초에는 더 적극적으로 투자에 나섰다. 분기별 차환 시점에 채권을 공략했다. 처음에는 유망해 보였지만 이후 시장이 매우 불리하게 돌아갔다. 나는 일찍 손실을 보았지만, 채권 가격이 계속 하락하는 동안 다시 포지션을 쌓아가기 시작했다. 한편 S&P 선물에 상당한 매도 포지션을 취했다. 주식에는 약간의 마이너스 노출(가격 하락 시 이득을 보는 포지션), 채권에는 플러스 노출(가격 상승시 이득을 보는 포지션)을 설정해 어느 정도 균형을 이루었다. 유가 상승장에서는 매도 포지션을 구축했는데 현재 손실을 기록하고 있다. 나는 금에 대해 매도 포지션을 구축했다. 종합하면 매매 활동으로 약간의 손실을 보았지만, 현재 포지션에서 안정감을 느끼고 있다. 많은 돈을 벌기보다 손실을 제한하는 것이 내 목표다.

1986년 05월 20일

	종가	4월 8일 대비 변화(%)		종가	4월 8일 대비 변화(%)
독일 마르크	2.3100	+1	S&P 500	236.11	-2.6
일본 엔	168.18	+6.5	미국 국채	96 $^{05}/_{32}$	-5.7
영국 파운드	1.5215	+3.9	유로달러	92.96	-.4
금	339.00	-.3	원유	16.04	+28.6
			일본 국채	102.42	-1.1
퀀텀펀드 자본			$1,367,000,000		
주당 순자산가치			$9,202		
1986년 4월 8일 대비 변화			+6.0%		
1985년 8월 16일 대비 변화			+110.2%		

포트폴리오 구조(단위: 100만 달러)

투자 포지션(1)	롱	숏	4월 8일 대비 순변화(2)	순통화 노출(6)	롱	숏	4월 8일 대비 순변화(2)
주식				독일 마르크 관련	485		-325
미국 주식	1,208	(58)	88	일본 엔	159		-345
미국지수선물		(770)	-770	영국 파운드		(21)	+156
해외 주식	573		-5	미국 달러	744		+591
채권(3)				기타 통화	148		+91
미국 국채							
단기(4)							
장기	313		-343				
일본(5)							
상품							
석유		(75)	-63				
금		(29)	-29				

달러는 전망이 매우 불확실하며 반반으로 포지션을 잡는 것이 가장 안전해 보인다. 달러의 평가절하는 당국이 의도한 수준보다 더 많이 진행되었고, 주요 강대국 사이에서도 예상보다 견해 차이가 컸다. 게다가 여전히 통화주의를 바탕으로 움직이는 연준은 하반기에 경제가 회복할 것으로 전망하고 있다. 이 모든 것이 추가로 금리를 인하할 가능성을 낮춘다.

1986년 7월 21일 월요일: 대조 기간 종료

나는 실시간 실험을 마친 후 처음으로 주요 전략을 바꾸기 시작했다. 지금이 '일생일대의 강세장'이라는 명제를 유지하면서 유가 폭락이 초래한 디플레이션 소용돌이 속에서 강세장이 중단될 수 있다는 명제를 채택했다. 향후 몇 달 안에 이 두 번째 가설을 검증할 것이다. 이 명제가 검증을 통과한다면 '일생일대의 강세장'은 그대로 유지되어 시장의 수명이 연장될 것이다. 따라서 나는 가까운 미래에 두 가지 상반된 명제를 바탕으로 매매할 것이다. 이는 다른 실시간 실험에 적합한 주제이므로 이 시점에서 대조 기간을 종료하고자 한다.

나는 지난 보고서를 발행한 이후로 주식 포트폴리오 투자 외에는 거의 한 일이 없다. 주로 통화를 매매했는데, 비용이 많이 들었다. 먼저 달러 매도 포지션을 환매수한 후 다시 이전보다 낮은 수준에서 완전히 헤지된 포지션을 설정했다. 5월 구매 대리인 보고서와 경기 선행 지수가

1986년 07월 21일

	종가	5월 20일 대비 변화(%)		종가	5월 20일 대비 변화(%)
독일 마르크	2.1195	+8.2	S&P 500	236.22	0
일본 엔	179.65	-6.8	미국 국채	99 $^{31}/_{32}$	+4.0
영국 파운드	1.4995	-1.4	유로달러	93.64	+.7
금	355.00	+4.7	원유	13.09	-18.4
			일본 국채	103.32	+.9
퀀텀펀드 자본			$1,478,000,000		
주당 순자산가치			$9,885		
1986년 5월 20일 대비 변화			+7.4%		
1985년 8월 16일 대비 변화			+125.7%		

포트폴리오 구조(단위: 100만 달러)

투자 포지션(1)	롱	숏	5월 20일 대비 순변화(2)	순통화 노출(6)	롱	숏	5월 20일 대비 순변화(2)
주식				독일 마르크 관련	795		+310
미국 주식	1,089	(86)	-147	일본 엔	549		+390
미국지수선물		(950)	-180	영국 파운드		(25)	-4
해외 주식	604		+31	미국 달러	159		-585
채권(3)				기타 통화	202		+54
미국 국채							
단기(4)	29		+29				
장기		(570)	-883				
일본(5)	1,334		+1,334				
상품							
석유		(43)	+32				
금		(34)	-5				

놀라울 정도로 양호하게 나타났는데, 이처럼 미국 경제가 견고한 호조세를 보일 수 있다는 몇 가지 신호에 자극받아 첫 번째 조치를 취했다. 나는 통화에 대해 확신이 없었고 그동안 쌓은 수익을 잃고 싶지도 않았다. 달러 표시 펀드로 달러에 투자하는 것은 절반은 포지션에 발을 넣고 절반은 발을 뺀 것과 마찬가지라서 중립적이라고 볼 수 있을 것이다. 결과적으로 나는 거래 범위의 거의 상단에서 환매수를 했다.

사실 변동성이 심한 통화시장에서 '중립' 포지션을 유지하기는 매우 어렵다. 시장 참여자들은 실존적 선택을 해야 하고, 명확한 견해가 없으면 잘못된 선택을 할 수밖에 없다. 물론 통화 옵션을 매수해 중립 포지션을 취할 수도 있지만, 이 경우 중립을 유지하려면 상당한 비용을 지불해야 한다. 지난 몇 달에 걸친 대조 기간에는 실험 기간만큼 시장을 많이 접하지 않았다. 나는 이 책의 이론적인 부분을 더 연구하고 있었고, 5월과 6월을 유럽에서 보냈다. 대조 기간에 내가 행한 거시적 조치는 이를 반영한다. 그 조치들은 종합적인 결과에 그다지 영향을 주지 못했고, 통화 거래를 고려하면 순기여도는 마이너스였다. 다음 표에서 알 수 있듯 수익의 대부분은 주식 쪽에서 발생했다.

주식 포트폴리오 구성을 자세히 논하기에는 내용이 너무 방대하겠지만, 핀란드 주식 그리고 일본 철도와 부동산 주식 등 적어도 두 가지 주요 투자 주제가 '일생일대의 강세장'이라는 개념과 밀접한 관련이 있다는 점을 지적할 필요가 있다. 부동산 개념은 홍콩으로도 확대된다. 이러한 투자를 모두 합치면 미국 외 주식 포지션의 3분의 2 이상, 전체 주식 포지션의 40%를 차지한다.

1986년 상반기 퀀텀펀드 손익(단위: 100만 달러)

주식	+341.2
채권	+22.3
통화	+53.3
원유	+82.0
금	-2.2
기타	-16.8
합계	+479.8

'일생일대의 강세장'이 앞으로 몇 달 동안 지속될지는 새로운 실험 주제가 될 것이다. 어떤 결과가 나오든 지금까지 이 명제는 내 투자 펀드를 관리하는 데 큰 도움이 되었다. 나는 실험을 다시 시작해서 지난번과 마찬가지로 몰입할 수 있길 바라고 있다.

도표 11.17. 시장 대비 펀드의 주당순자산가치(대조 기간: 1986년 3월 31일~7월 20일)

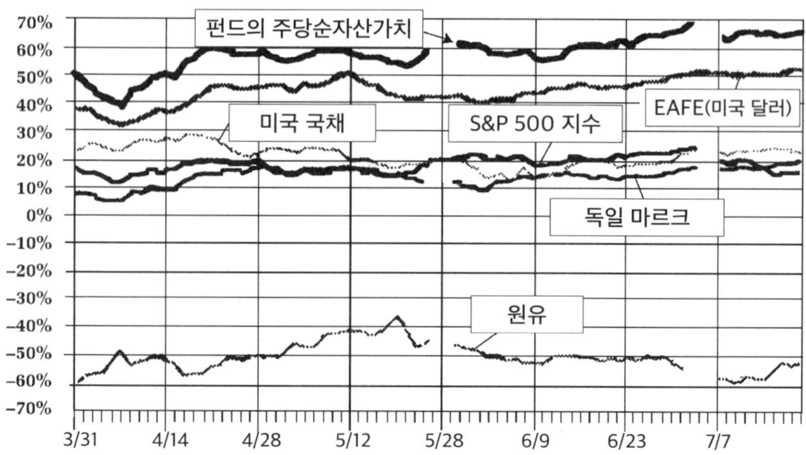

도표 11.18. 펀드 손익(주요 포지션 분석)

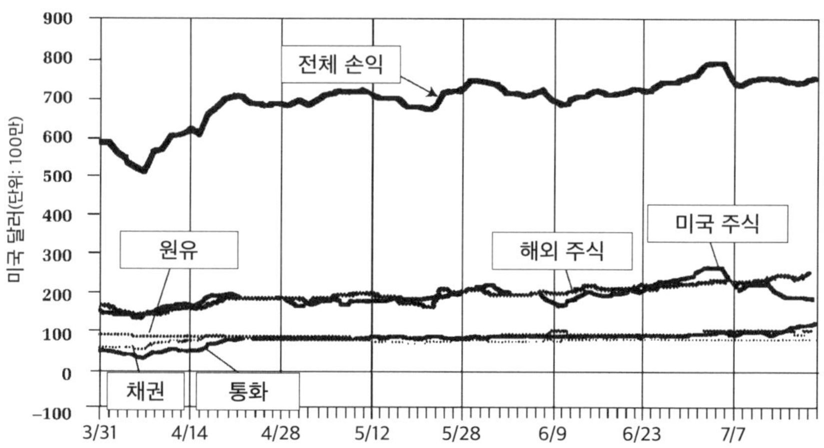

참고:

(1) 모든 가격은 첫날 대비 변동률로 계산했다.

(2) EAFE는 유럽, 호주, 극동 주식시장에 대한 미국 달러 기준 모건스탠리의 국제 자본 지수다.

(3) 유가와 국채 가격은 가장 최근 선물 계약의 종가다.

(4) 통화 손익은 선도 계약과 선물 계약만 포함한다. 해외 주식의 손익은 포지션의 통화 손익을 포함한다.

도표 11.19. 통화 가격(대조 기간: 1986년 3월 31일~7월 20일)

도표 11.20. 순통화 노출

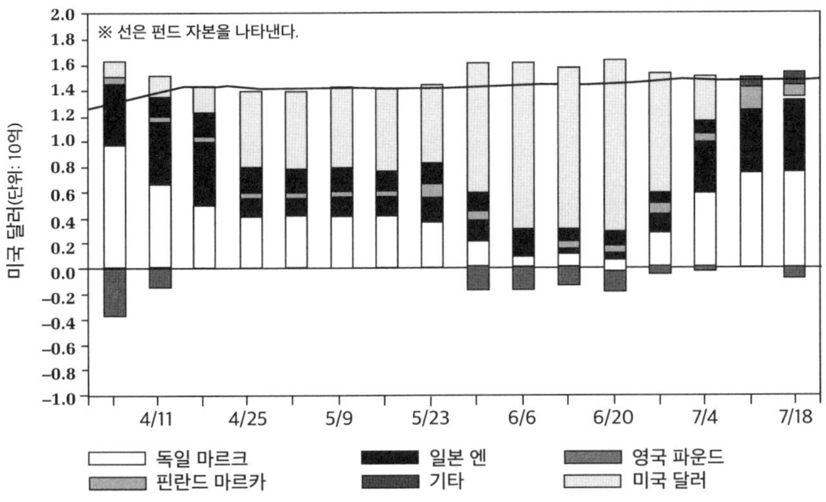

참고:

(1) 미국 달러로 표시된 가격은 첫날 대비 변동률로 계산했다. 뉴욕 시장의 종가를 사용했다.

(2) 순통화 노출은 주식, 채권, 선물, 선도, 현금, 증거금을 포함하며 펀드의 총자기자본과 같다. 미국 달러 매도 포지션은 통화 노출이 펀드의 자기자본을 초과하는 금액을 나타낸다.

(3) 통화 노출은 주말 기준으로 표시했다.

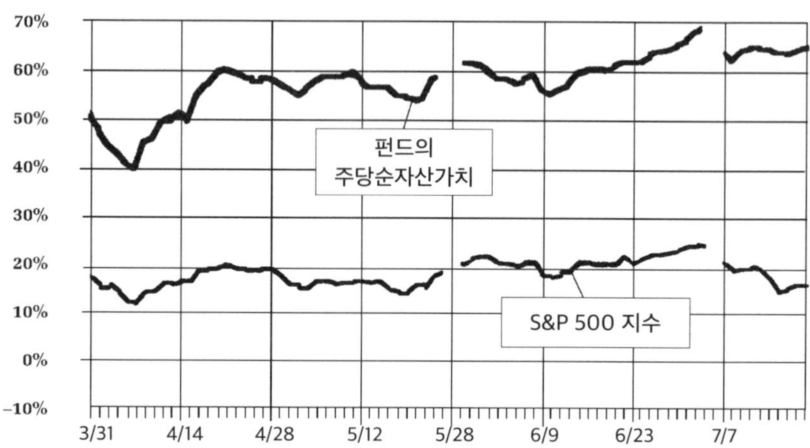

도표 11.21. 미국 주식시장(대조 기간: 1986년 3월 31일~7월 20일)

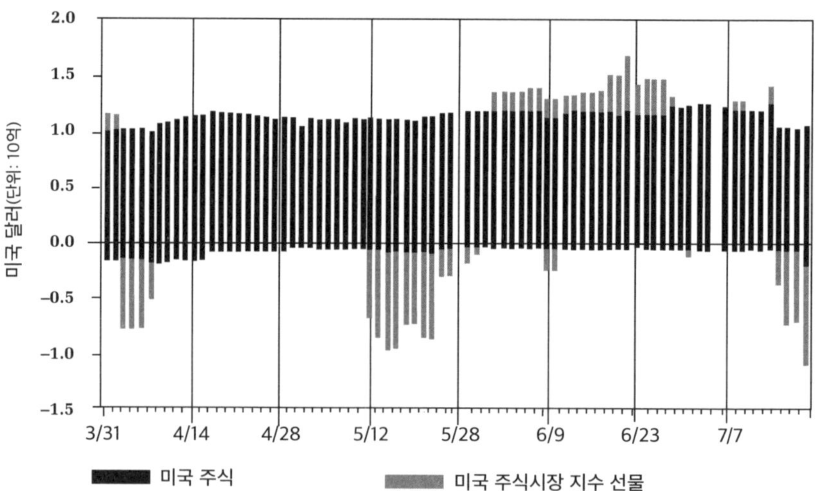

도표 11.22. 미국 주식시장 포지션

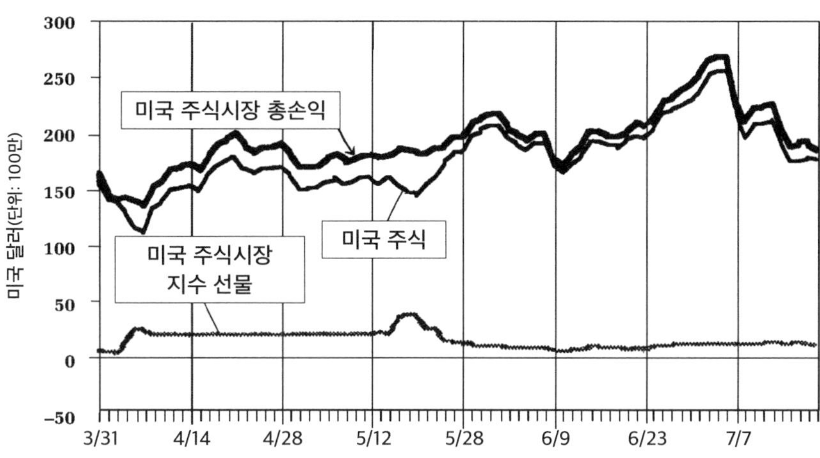

도표 11.23. 미국 주식시장 손익

참고:

⑴ 미국 주식시장 총손익은 주식 포지션과 지수 선물을 포함한다.

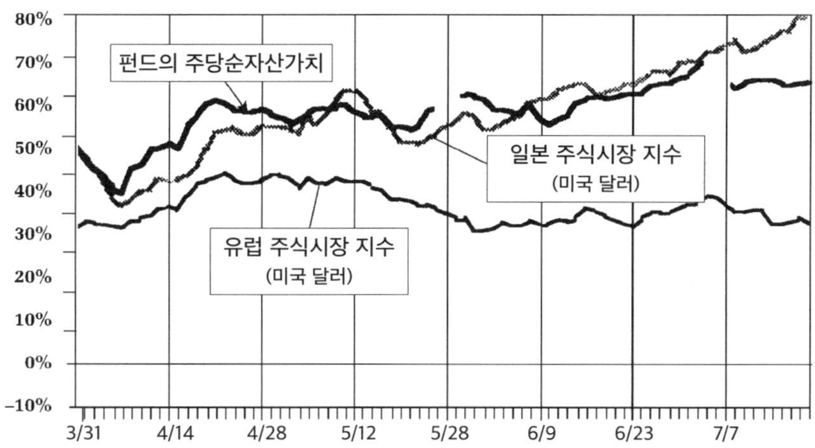

도표 11.24. 해외 주식시장(대조 기간: 1986년 3월 31일~7월 20일)

도표 11.25. 해외 주식 포지션

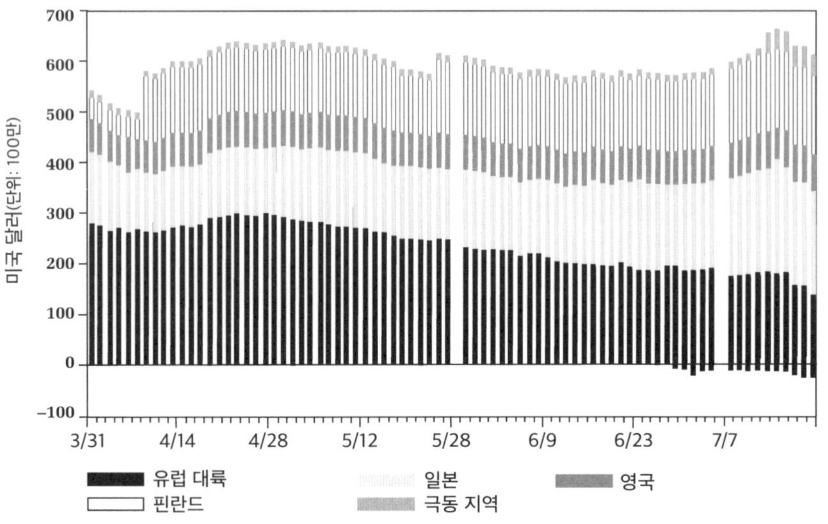

도표 11.26. 해외 주식 손익

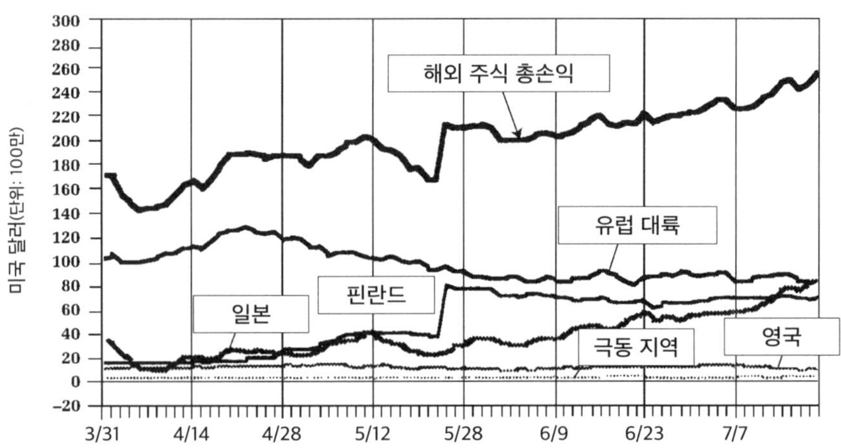

참고:

(1) 해외 주식시장 총손익은 해외 주식 포지션에 대한 환전 손익을 포함한다.

(2) 극동 지역 포지션은 홍콩, 한국, 대만, 호주, 태국을 포함한다.

도표 11.27. 상품 가격(대조 기간: 1986년 3월 31일~7월 20일)

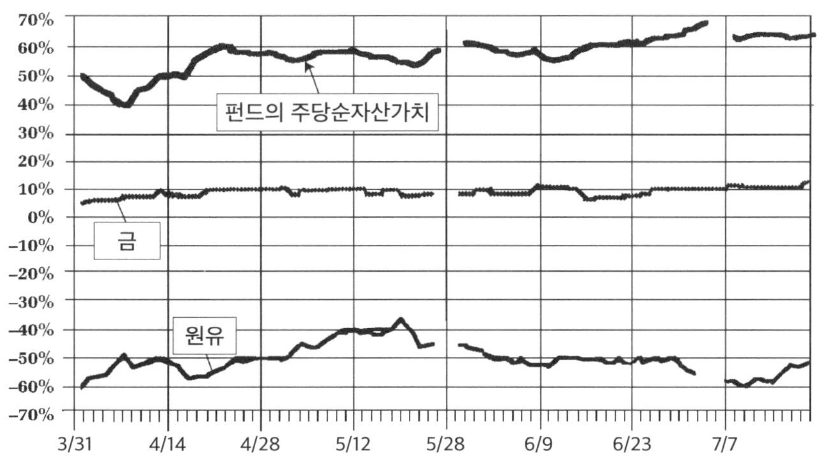

도표 11.28. 상품 포지션

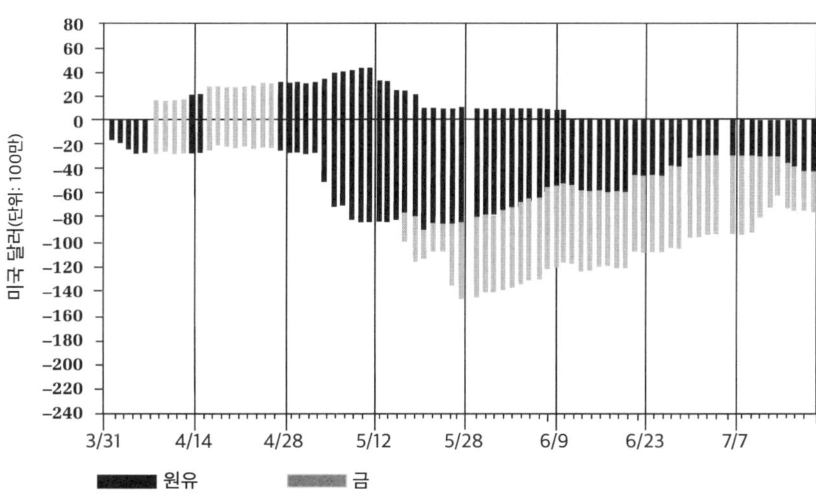

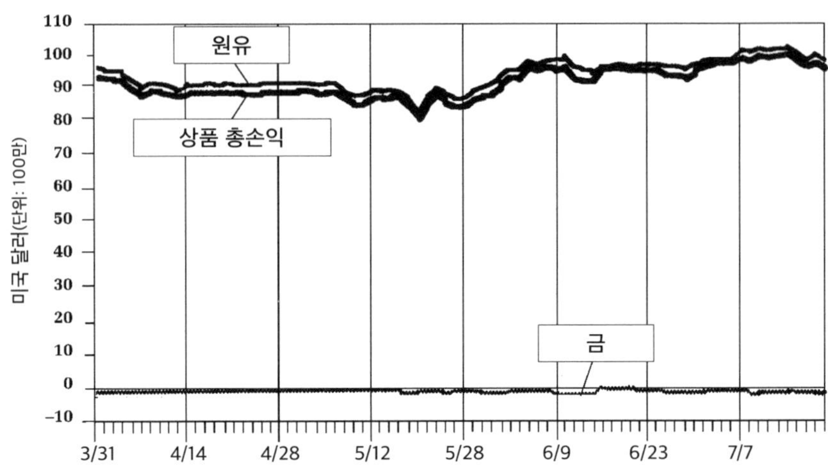

도표 11.29. 상품 손익
미국 달러(단위: 100만)
원유
상품 총손익
금
3/31 4/14 4/28 5/12 5/28 6/9 6/23 7/7

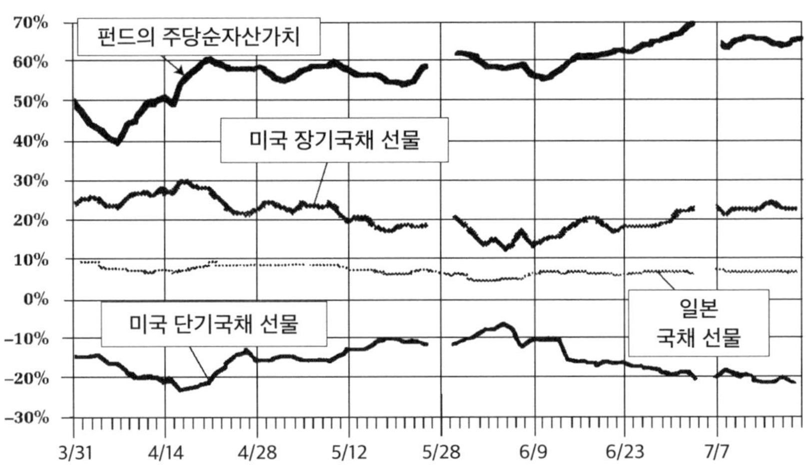

도표 11.30. 채권(대조 기간: 1986년 3월 31일~7월 20일)
펀드의 주당순자산가치
미국 장기국채 선물
미국 단기국채 선물
일본 국채 선물
3/31 4/14 4/28 5/12 5/28 6/9 6/23 7/7

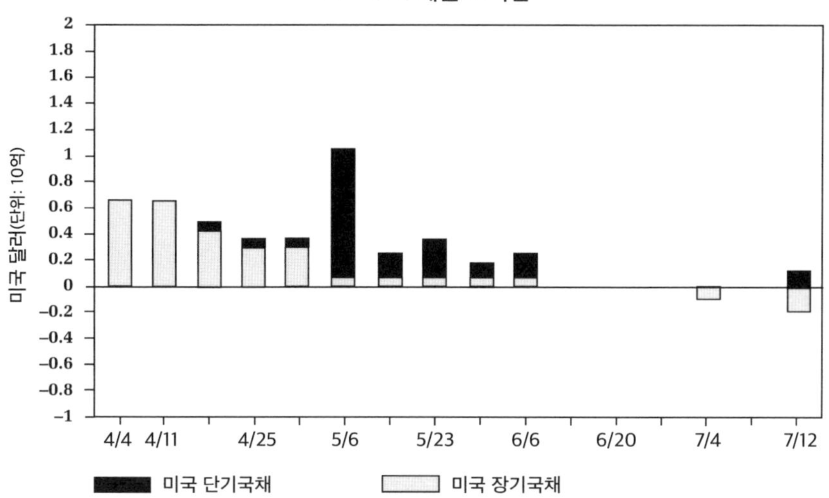

도표 11.31. 채권 포지션

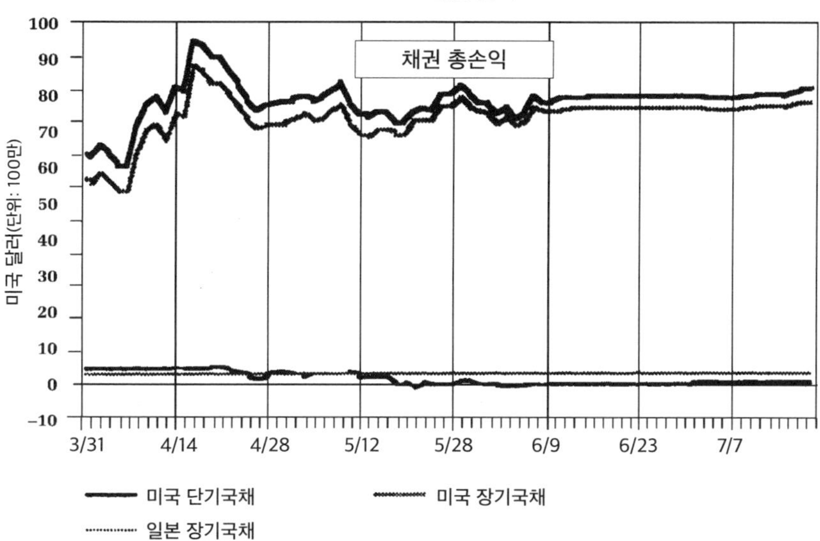

도표 11.32. 채권 손익

참고:

(1) 미국 단기국채 포지션과 손익은 단기국채, 유로달러 선물, 만기가 2년 이하인 중기국채를 포함한다.

(2) 모든 미국 국채는 30년 만기 국채를 기준으로 환산했다. 환산 기준은 주어진 수익률 변화가 가격에 미치는 영향이다. 예를 들어, 액면가 1억 달러인 4년 만기 미국 중기국채를 30년 만기인 미국 국채의 시장가치로 환산하면 2850만 달러에 해당한다.

(3) 일본 국채 선물은 미국 국채보다 변동성이 훨씬 적다. 예를 들어, 1986년 6월 30일 기준으로 액면가 1억 달러인 일본 국채는 30년 만기 미국 국채 약 6620만 달러와 동일한 변동성을 갖는다. 여기서는 이 차이를 조정하지 않았다.

(4) 포지션은 주말 기준으로 표시했다.

12장　　2단계: 1986년 7월~1986년 11월

1986년 7월 21일 월요일*

나는 단 한 번도 머릿속에서 디플레이션 가능성을 지워본 적이 없다. 디플레이션은 실제로 실시간 실험을 시작할 때 가장 먼저 떠올린 명제다. 결국 강세장이라는 명제를 선택하고 디플레이션 가설은 버렸지만, 실험 기간에도 디플레이션 가능성을 계속 떠올렸고 때로는 그에 따라 조치를 취하기도 했다.

현재 이 명제는 유가 폭락에 근거한다. 장기적으로 유가 하락은 생산 비용을 낮추고 가처분 소득을 높여 경제를 부양할 것이다. 이는 세

---

*　　○ 퀀텀펀드의 포지션과 성과를 보여주는 도표는 434쪽에 실려 있으며, 일지 내 표에 있는 괄호 친 주석 (1)~(6)은 268쪽에서 확인할 수 있다.

금 인하 효과와 유사하고, 미국 재무부가 아닌 OPEC이 비용을 부담한다는 추가적인 이점도 있다. 그러나 단기적으로는 시장에 부정적인 영향을 미친다.

첫째, 석유 생산과 탐사 지출에 직접적인 타격을 준다. 무엇보다 생산 가격이 하락할 때 구매를 미루는 강력한 유인이 있다. 명목금리가 미국에서 7%, 일본에서 4% 정도이고 생산 가격이 미국에서 8.5%, 일본에서는 그보다 더 빠른 속도로 하락하는 상황에서 일본 엔으로 현금을 쌓아두기보다 더 나은 방법은 무엇일까? 구매를 무한정 미룰 수는 없는 노릇이기에 디플레이션 효과는 일시적일 것으로 예상된다. 특히 낮은 금리와 가격에 힘입어 소비자 수요가 회복되면 더욱 그렇다. 하지만 디플레이션이 지속되는 동안 축적된 부채 부담이 무너져 내리면 궁극적으로 수요 회복의 전망이 무색해질 위험이 있다.

지난주 LTV(링-템코-보트)가 자발적으로 구조조정에 들어갔다는 소식은 새로운 패러다임을 제시한다. 법원의 보호 아래 운영되는 LTV는 비용 구조를 낮추므로 경쟁사인 베들레헴스틸이 파산에 내몰리고 업계 전체가 끝내 무너지는 시점이 올 때까지도 더 효과적으로 경쟁할 수 있다. 극적인 사건이 전개되는 동안 고객사들은 근근이 하루 벌어 하루 먹고살 만큼만 주문할 것이다. 이 시나리오는 경제의 여러 부문에서 어떤 형태로든 벌어지는 일을 극적으로 각색한 것이다.

텍사스와 다른 석유 생산 지역은 빠르게 무너지고 있다. 세제 개혁 법안은 상업용 부동산 시장을 파괴할 위험이 있고, 이미 취약한 자본재 부문을 약화시킨다. 농업은 불황의 늪에 빠져 있고, 경제의 원동력

중 하나였던 국방비 지출도 감소하고 있다. 소비자 지출은 최후의 주요 동력원으로 남아 있다. 소비자 신뢰가 흔들리면 최종 수요는 원래 수준으로 절대 회복되지 않을 수도 있다. 케인스가 말했듯이 장기적으로 우리는 모두 죽는다.

통화시장의 불안정성은 상황을 더욱 악화시키고 있다. 달러 가치가 하락하면 통화 부양책의 범위를 크게 좁힌다. 경기 부진과 달러 약세가 상호 강화되는 악순환이 발생할 가능성이 실시간 실험이 시작된 이래로 그 어느 때보다 커졌다.

단기적으로 부정적인 영향과 장기적으로 긍정적인 영향의 조합은 J 곡선J curve으로 나타낼 수 있다. J곡선은 일반적으로 통화와 관련해 사용되지만 유가에도 적용 가능하다. J곡선은 한 번의 가치 하락이 미치는 영향을 보여준다. 가치 하락이 지속되면 미끄러운 비탈길이라고 표현해야 할 만큼 J곡선의 하향 기울기가 길게 늘어진다.

나는 유가 폭락에 내재된 위험을 시장이 인식하기 훨씬 전부터 이미 알고 있었다. 하지만 시장이 그 위험을 계속 무시하자 잘못된 안도감에 사로잡혔다. 실제로 최근 시장 변동에서 경각심을 느끼기 전까지도 나는 회복 신호를 찾는 데만 몰두하고 있었다. 7월 7일에 주식시장이 급락했을 때 나는 그것을 매 분기 초에 나타나는 강세장의 전형적인 기술적 조정으로 여겼다. 이제는 주식시장의 폭락이 자기 검증을 수행할 수 있는 상황에 있음을 깨달았지만, 기술적 조정이 필요한 시점에 정확히 폭락이 발생한다고 믿기는 어려웠다. 게다가 대다수 기술적 분석가들이 이 전환을 정확히 예측한 것은 매우 이례적인 일이었다. 일주일 후 시장 하락세가 기술적 조정의 범위를 넘어섰을 때 나는 비로소 그 상황을 심각하게 받아들였다.

나는 약세장이라는 명제를, 앞으로 닥칠 일에 대한 유효한 예측이 아니라 금융시장의 강력한 영향력으로 받아들인다. 그렇다고 동시에 강세장의 명제를 포기할 이유도 없다. 오히려 그 명제가 현재 진행되는 혹독한 시험에서 살아남는다면 더욱 강화되고 오래 지속될 것이다. 이처럼 나는 적어도 단기적으로 두 가지의 상반된 명제를 가지고 운용해야 하는 난감한 입장에 있다. 현재로서는 약세장의 논리가 더 유력하지만, 그것을 미리 예상해서 또는 그것이 시작될 즈음에 행동에 나서진 않았다. 따라서 그 명제가 시장에 미치는 영향력을 완전히 체감할 때 행동에 나설 위험이 있다. 즉, 바닥에서 매도하는 것이다.

이전에도 비슷한 상황을 자주 접했기에 나는 그러한 상황에 대처하는 기술을 터득하기 시작했다. 이를테면 1단계의 막바지에 하나의 명제에 모든 것을 걸기보다는 적어도 부분적으로 상충되는 두 가지 명제를 갖고 매매한다.

원칙적으로 나는 여전히 유효한 명제를 바탕으로 구축한 포지션을 처분하지 않고, 새로운 명제를 바탕으로 반대 방향의 포지션을 추가로 설정한다. 결과적으로 섬세한 균형을 맞춰 시시각각 조정해야 한다. 자산 배분을 조정해 포트폴리오를 보호하지 못한다면 두루두루 포지션을 줄여 생존을 보장해야 한다. 성공적으로 조정하면 바람직한 포지션을 내려놓지 않고도 유동성을 확보할 수 있다. 예를 들어, 전액을 투자한 포지션으로 출발하고 같은 금액만큼 공매도한다면 20% 하락할 경우 매수와 매도에 똑같이 영향을 줄지라도 매수 쪽에 80%만 투자한 상태로 남게 된다. 적절한 시기에 매도 포지션을 환매수하면 이득을 보겠지만, 손실을 감수한 채 환매수하더라도 잘못된 시기에 매수 포지션을 매도하는 것보다는 나은 결과를 얻는다. 실제로 자산 운용은 주식시장에만 국한되지 않기 때문에 매매는 훨씬 복잡하다.

현재의 경우를 살펴보자.* 나는 다소 늦게 대응했다. 폭락이 발생한 지 이미 일주일이 지났고, 내가 움직이기 시작했을 때 시장은 정점에서 5% 하락한 상태였다. 나는 7월 14일 월요일에 기술적 반등이 일어나면 시장이 상승 마감할 것이라고 보고 S&P 선물을 매수했다. 다우지수는 지난 7월 7일 월요일에 63포인트 하락했고, 하락론자들은 그다음 월요일에 시장이 또다시 급락한 후 계단식 하락장이 형성될 것으로 전망했다. 실제로 시장이 하락으로 마감하자 나는 그다음 날에 생각을 바꿨고 그 주말까지 매수 포지션보다 비중이 큰 매도 포지션을 구축했다. 장기 채권을 일부 공매도하고 단기국채 선물을 매수했다. 그런 다음 일본 채권 선물 시장에 뛰어들었다. 미국 국채 매도 포지션은 두 배로 늘렸다. 이러한 전략의 이면에는 결국 금리 인하를 위한 공동의 조치가 이뤄질 것이며, 달러가 하락하면 미국 채권 가격이 내리고 일본 채권 가격이 오를 것이라는 기대가 깔려 있었다. 일자별 포트폴리오 구조 변화는 이후 이어질 도표에서 확인할 수 있다.

---

* 　ㅇ내 시장 전략에 딱히 관심이 없는 독자라면 이 장의 나머지 부분을 건너뛰어도 좋다. 다만 1986년 10월 22일 일지는 일본 주식시장의 흥미로운 호황과 불황을 분석하므로 읽어보길 바란다.

지금은 내가 원하는 포지션을 구축한 상태지만 상황은 시시각각 변할 수 있다. 서로 상충하는 두 명제 간의 싸움이 해결될 때까지 지금보다 훨씬 더 적극적이고 민첩하게 움직여야 한다. 예를 들어, '계단식 하락'이 계속되지 않는다는 실망감에 환매수 반등이 촉발될 수 있으므로 더 높은 가격에 매도할 수 있도록 오늘(7월 21일 월요일) S&P 500 선물 계약을 환매수했다.

시장이 다음에 어떤 방향으로 움직일지는 다음 월요일에 개최되는 OPEC 회의 결과에 달려 있다. OPEC이 합의에 이르지 못한다면 최악의 상황에 대비해야 하고, 모든 예상을 뒤엎고 합의에 도달한다면 상황을 재평가해야 한다.

1986년 7월 28일 월요일 저녁

내 전략을 일일이 설명하기는 어렵다. 지난주 활동을 요약하면 다음과 같다. 약간의 손실을 안고 S&P 선물 매도 포지션을 5000계약(5억 8700만 달러 상당)으로 줄였다. 미국 국채 선물 매도 포지션은 일부 환매수해 약간의 이익을 챙겼다. 가장 최근에 취한 일부 달러 매도 포지션에서도 수익을 냈다. 결과적으로 위험을 조금씩 줄였으며 완전히 헤지된 포지션을 갖출 수 있었다.

월요일인 오늘, 나는 미국 국채 선물 매도 포지션에서 이익을 실현했다. 그 후 달러 가치가 알 수 없는 이유로 하락해 새로운 저점을 찍었

1986년 07월 28일

	종가	7월 21일 대비 변화(%)		종가	7월 21일 대비 변화(%)
독일 마르크	2.1515	-1.5	S&P 500	240.23	+1.7
일본 엔	158.30	+11.9	미국 국채	97	-3.0
영국 파운드	1.4795	-1.3	유로달러	93.43	-.2
금	347.90	-2.0	원유	10.90	-16.7
			일본 국채	103.31	0
퀀텀펀드 자본			$1,514,000,000		
주당 순자산가치			$10,126		
1986년 7월 21일 대비 변화			+2.4%		
1985년 8월 16일 대비 변화			+131.2%		

포트폴리오 구조(단위: 100만 달러)

투자 포지션(1)	롱	숏	7월 21일 대비 순변화(2)	순통화 노출(6)	롱	숏	7월 21일 대비 순변화(2)
주식				독일 마르크 관련	678		-117
미국 주식	1,020	(99)	-82	일본 엔	434		-115
미국지수선물		(1,053)	-103	영국 파운드		(25)	0
해외 주식	581		-23	미국 달러	427		+268
채권(3)				기타 통화	341		+139
미국 국채							
단기(4)	59		+30				
장기		(572)	-2				
일본(5)	1,663		+329				
상품							
석유		(37)	+6				
금			+34				

고, 나는 하락론자의 편에 서서 움직여야겠다고 판단했다. 그리고 다른 참여자들과 마찬가지로 채권과 주가지수 선물을 투매했다. 지난주에 더 높은 가격에 다시 사들인 S&P 지수 선물과 오늘 아침 더 높은 가격에 환매수한 채권 선물을 모두 매도했다. 나는 시장이 예상하는 OPEC 회의 결과가 긍정적인지 부정적인지조차 알 수 없었다. 어떤 이유로든 달러 가치가 하락하고 있고, 채권과 주식 전망이 어둡다는 점은 확실했다. 제대로 설명할 수조차 없는 시장 변동은 더욱 두렵게 느껴지기 마련이다. 나는 우선 행동하고 나서 나중에 근거를 찾기로 했다. 내일 상황을 재검토하고, 필요하다면 오늘의 조치를 되돌릴 것이다.

1986년 7월 31일 목요일 저녁

화요일에는 월요일에 매도한 S&P 선물에서 약간의 수익을 냈고, 채권 선물을 환매수하고 일부를 더 높은 가격에 다시 매도했다. 수요일에 주식시장은 완만하게 하락해 새로운 저점을 기록했다. S&P 선물을 더 환매수하려 했지만, 선물 시장이 반등하면서 1100계약만 체결할 수 있었다. 또한, 상승하는 원유 시장에서는 계속 공매도했다.

오늘 아침에 달러는 새로운 저가를 기록했다. 나는 주가지수 선물 거래에서 좀 더 하락 포지션을 들고 갈 생각이다. OPEC 회의는 이견을 좁히는 데 그친 것으로 보인다. 유가의 다음 방향은 하락으로 예상되는데, 그것은 내가 그동안 어느 쪽으로 움직일지 결정하기 위해 기

1986년 07월 31일

	종가	7월 28일 대비 변화(%)		종가	7월 28일 대비 변화(%)
독일 마르크	2.1040	+2.2	S&P 500	236.59	-1.5
일본 엔	155.30	+1.9	미국 국채	97	0
영국 파운드	1.4928	+.9	유로달러	93.46	0
금	352.00	+1.2	원유	11.73	+7.6
			일본 국채	103.64	+.3
퀀텀펀드 자본			$1,503,000,000		
주당 순자산가치			$10,050		
1986년 7월 28일 대비 변화			-.8%		
1985년 8월 16일 대비 변화			+129.5%		

포트폴리오 구조(단위: 100만 달러)

투자 포지션(1)	롱	숏	7월 28일 대비 순변화(2)	순통화 노출(6)	롱	숏	7월 28일 대비 순변화(2)
주식				독일 마르크 관련	679		+1
미국 주식	983	(106)	-44	일본 엔	431		-3
미국지수선물		(973)	+80	영국 파운드		(15)	+10
해외 주식	582	(44)	-43	미국 달러	408		-19
채권(3)				기타 통화	171		-170
미국 국채							
단기(4)	124		+65				
장기		(442)	+130				
일본(5)	1,686		+23				
상품							
석유		(73)	-36				
금							

다리고 있던 신호다.

경기 침체 상황이 점점 뚜렷해지고 있다. 디플레이션 악순환에 기반한 단기적인 경우 외에도 자본 지출 감소에 기반한 장기적인 경우도 있다. 금융시장의 불안정성은 전 세계적으로 고정 자본 형성에 대한 의욕을 강력하게 꺾는다. 미국에서는 세제 개혁이 불확실성을 더하고, 유럽과 일본에서는 달러 약세가 차익에 하방 압력을 가한다. 문제는 각국 정부가 경기 조정형 정책을 펼칠 여력이 평소보다 훨씬 적다는 점이다. 특히 외국인 투자자들의 신뢰를 유지해야 하는 미국의 경우 더욱 그러하다. 일본과 유럽은 더 많은 조치를 취할 수 있는데도 천천히 진행하고 있다. 그동안 축적된 부채 부담이 가중되고 있다. 예컨대 베들레헴스틸은 우선주에 대한 배당금 지급을 중단했다.

하방은 열려 있고 상승세는 제한적이다. 어제 반등이 일어난 후 주식시장은 여전히 일반적인 기술적 조정에 해당하는 틀에 갇혀 있는데, 오늘이 그 틀을 깨는 날이 될 수 있다. 실제로 그러한 움직임이 나온다면 나 역시 그 추세에 올라탈 것이다.

1986년 8월 4일 월요일 저녁

지난 목요일에 설정한 매도 포지션이 통한 것 같다. 지수 선물은 금요일에 새로운 저가로 마감하며 또 다른 암흑의 월요일을 예고했다. 오늘 주식시장은 더 낮은 지점에서 출발했지만, 유가는 장 초반부터 올

1986년 08월 04일

	종가	7월 31일 대비 변화(%)		종가	7월 31일 대비 변화(%)
독일 마르크	2.0865	+.8	S&P 500	236.00	-.2
일본 엔	154.30	+.6	미국 국채	$97\,^{25}/_{32}$	+.8
영국 파운드	1.4695	-1.6	유로달러	93.57	+.1
금	360.30	+2.4	원유	13.29	+13.3
			일본 국채	104.11	+.5
퀀텀펀드 자본				$1,504,000,000	
주당 순자산가치				$9,834	
1986년 7월 31일 대비 변화				-2.1%	
1985년 8월 16일 대비 변화				+124.6%	

포트폴리오 구조(단위: 100만 달러)

투자 포지션(1)	롱	숏	7월 31일 대비 순변화(2)	순통화 노출(6)	롱	숏	7월 31일 대비 순변화(2)
주식				독일 마르크 관련	601		-78
미국 주식	1,015	(96)	+42	일본 엔	421		-10
미국지수선물		(703)	+270	영국 파운드		(15)	0
해외 주식	562	(44)	-20	미국 달러	497		+89
채권(3)				기타 통화	197		+26
미국 국채							
단기(4)	122		-2				
장기		(383)	+59				
일본(5)	2,388		+702				
상품							
석유		(85)	-12				
금							

랐다. 나는 OPEC이 어떻게든 합의에 이를 것으로 보고 매도 포지션 절반을 환매수하려 했다. 그 후 합의에 대한 세부 사항이 세상에 알려지기 시작하면서 주식시장이 회복세를 보였다. 결국 나는 매도 포지션의 4분의 1만 환매수할 수 있었다. 체결한 거래에서는 소폭의 수익을 실현했지만, 환매수하지 못한 부분에서는 미실현 손실을 기록했다. 오늘 석유 할당제가 합의에 도달하면서 유가 약세 흐름이 꺾였기 때문에 현재로서는 손실을 감수해야 할 것으로 보인다. 이란과 사우디아라비아가 합의했다는 사실은 매우 중요하다. 이는 유가의 추가 하락이 사우디아라비아의 정치적, 군사적 이익에 부합하지 않는다는 것을 의미한다. 협상이 결렬될 수도 있지만, 그러한 사태도 나중에나 발생할 것이므로 그사이에 원유나 주식을 매도하는 것은 합리적이지 않다. 안타깝게도 나는 원유와 주식을 모두 공매도한 상태다. 포지션을 처분하고 싶어도 지금은 인내해야 한다. 나와 같은 포지션을 들고 있는 사람이 많으므로 첫 번째 반등 이후에 다시 신중하게 고민하고 손실을 감수할 준비를 해야 할 것이다.

1986년 8월 9일 토요일

한 주 동안 위험 노출을 두루두루 줄여나갔다. 화요일에는 지수 선물, 석유와 은행 주식의 매도 포지션을 환매수했고, 통화와 단기 채권도 일부 매도했다. 수요일에는 첫 번째 환매수 물결이 지나간 후에 원유 매도 포지션을 환매수하기 시작했다. 목요일에는 채권 선물 매도 포지션을 환매수했고, 오늘은 통화 대부분을 매도했다.

유일하게 남은 주요 포지션은 주식과 일본 채권 선물이다. 새롭게 설정한 위험 노출은 미국 국채 선물 매도 포지션이다. 이는 오늘 환매수에 따른 급격한 반등이 일어난 후에 취한 전술적 조치로, 일본 채권 선물로 헤지한 상태다.

펀드의 자산 가치는 1월 초 이후로 처음 하락세를 보였다. 한 주 동안 주식 가치가 4.2%나 떨어진 것이다. 손실은 주로 원유 투기와 일부 주식 포지션에서 발생했다. 시장 환경의 변화가 끝내 발목을 잡았다. 몇 가지 주식 투자 개념에 구멍이 뚫렸고, 성공적인 헤지 조치가 없는 상태에서 자산 가치가 타격을 입었다. 아직 부정적인 충격을 다 경험한 것은 아니다. 일반적으로 문제는 동시다발적으로 일어나기 때문에 나는 어떤 일이 잘못 굴러가기 시작하면 위험 노출을 두루 축소하는 편이다. 2주 동안 쉴 틈 없이 매매 활동을 했는데도 가시적인 성과를 올리지 못했으니 이제는 차분하게 대응할 차례다. 나는 여전히 시장의 일상적인 변동에 반응하며 너무 깊이 관여하고 있지만, 이제 내 관점을 되찾기 위해 노력할 것이다. 노출을 줄이면 포지션을 더 쉽게 재평가하고 재편성할 수 있다.

나는 OPEC 합의를 중요한 사건으로 본다. 산유국들은 심연의 끝자락까지 갔다가 움츠러들었고, 당분간 심연에서 멀리 떨어져 있을 것으로 보인다. 석유의 역공급곡선은 양방향으로 작동한다. 유가가 한 번 상승하면 어떤 가격이 오든 석유를 퍼 올려야 한다는 부담이 줄어

1986년 08월 08일

	종가	8월 4일 대비 변화(%)		종가	8월 4일 대비 변화(%)
독일 마르크	2.0660	+1.0	S&P 500	236.88	+.4
일본 엔	153.75	+.4	미국 국채	$99\ ^{03}/_{32}$	+1.3
영국 파운드	1.4765	+.5	유로달러	93.61	0
금	375.60	+4.2	원유	14.83	+11.6
			일본 국채	104.01	-.1
퀀텀펀드 자본				$1,472,000,000	
주당 순자산가치				$9,628	
1986년 8월 4일 대비 변화				-2.10%	
1985년 8월 16일 대비 변화				+119.9%	

포트폴리오 구조(단위: 100만 달러)

투자 포지션(1)	롱	숏	8월 4일 대비 순변화(2)	순통화 노출(6)	롱	숏	8월 4일 대비 순변화(2)
주식				독일 마르크 관련	164		-437
미국 주식	1,002	(47)	+36	일본 엔	141		-280
미국지수선물			+703	영국 파운드		(25)	-10
해외 주식	593	(30)	+45	미국 달러	1192		+695
채권(3)				기타 통화	177		-20
미국 국채							
단기(4)	49		-73				
장기		(552)	-169				
일본(5)	2,385		-3				
상품							
석유			+85				
금		(15)	-15				

든다. 요컨대, 석유 카르텔은 재기할 기회를 얻은 것이다. 합의 이후 안정적인 기간이 얼마나 지속될지는 불확실하지만, 그 기간은 투자 결정을 내리는 근거로 삼기에 충분할 정도로 길어질 것이다. 나는 유가가 15달러 이하로 내려가지 않고 연말까지 18달러를 찍을 것이라고 예상한다.

그렇다면 이제 어떻게 해야 할까? 내 부정적인 시나리오는 유가 폭락을 전제로 한 것이다. 이 전망을 포기하고 다시 거리낌 없이 강세장에 베팅해야 할까? 나는 제일 먼저 이 질문을 던졌다. 하지만 부정적인 요소를 너무 많이 알고 있었기에 더 버티기로 했다. 한 가지 장애물인 석유를 넘겨도 그 뒤에 또 다른 장애물이 있다. 가장 중요한 것은 달러 약세다. 달러가 안정될 때까지는 신중한 태도를 유지하는 것이 좋다.

부정적인 사례를 찾다 보니 실시간 실험을 시작할 때 내세운 주장으로 되돌아갔다는 것을 깨달았다. 당시는 제국적 순환이 완화되고 있었고, 이제 반대 방향으로 흘러갈 위험이 있었다. 즉, 경제가 취약하면 달러 약세를 일으키고 금리 하락을 막는 식으로 추세가 뒤집히는 것이다. 경제와 달러는 모두 이 시나리오를 현실로 만들 만큼 충분히 약세를 보이고 있다. 무엇이 그것을 막을 수 있을까? 나는 그 위험을 깨닫는 것만이 우리를 구제할 수 있다고 믿는다. 주식시장은 경제가 침체하고 있다고 알려주고 있다. 악성 부채가 쌓여가고, 보호무역주의 압력은 극에 달했다. 의회가 겨우 몇 표 차이로 이 문제에 관한 대통령의 거부권을 무효화하지 못했을 정도다. 당국은 어떤 조치라도 취해야 한다는 사실을 깨달아야 한다. 각국의 금융 당국은 이전에 플라자 호텔에서 열린 G5 회의에서 한 번 합의를 끌어낸 경험이 있다. 압박이 가해지는 상황에서 다시 합의를 끌어내기는 그리 어렵지 않을 것이다. 일본과 독일은 금리를 낮추고, 미국은 이들 국가와 협력해 달러를 지탱할 수 있다.

볼커는 지난 주말에 분데스방크 총재를 지낸 오트마어 에밍거Otmar Emminger의 장례식에 참석하기 위해 독일로 향했다. 독일에서 이 문제를 주제로 논의가 이어질 것이라는 데는 의심의 여지가 없다. 나는 이를 근거로 어제 통화를 매도했다. 미국 채권 선물을 공매도하는 것은 헤지 역할 외에는 그다지 의미가 없다. 달러 가치가 계속 최저치를 경신하면 달러 매도 포지션을 대체할 포지션을 구축하고, 달러가 안정을 찾으면 대신 주가지수 선물에 매수 포지션을 취할 수 있다. 어떤 경우든 미국 채권 매도 포지션으로 일본 채권 선물 매수 포지션을 상쇄하면 된다.

요컨대, 나는 계속해서 두 가지 대안을 고려해 자금을 운용한다. 지금은 원유 대신 달러가 중대한 변수가 되었다. 당국이 달러를 안정시키는 데 성공한다면 나는 강세장 시나리오를 더 자신 있게 지지할 것이고, 당국이 실패한다면 악순환이 반복될 것이다. 현재로서는 긍정적인 해결 가능성에 기꺼이 베팅하고 싶지만 솔직히 조심스럽다. 한 고비를 넘겼으니 다음 고비도 넘길 수 있을 것이다. 하지만 달러 포지션을 환매수한 결정이 실수로 판명되면 어떤 환상적인 묘책에 기대거나 패배의 쓴맛을 봐야 한다. 지금까지 헤징이 무용지물이었다는 점을 감안할 때 아마도 나는 후자를 선택할 가능성이 크다. 어쨌든 당장 포트폴리오에는 걱정해야 할 레버리지가 남아 있지 않다.

1986년 8월 18일 월요일 저녁

주식시장은 강력한 상승세로 돌아섰고 채권시장도 견조한 흐름을 유지했으며 통화도 안정을 찾은 것으로 보인다. 펀드의 자산 가치는 최고치를 기록했다. 이제 확신을 갖고 강세장 시나리오를 선택할 준비가 되었다.

우리는 벼랑 끝에 섰고 이제 빠져나가야 하는 과정을 거치고 있다. 조화롭게 금리를 인하하기 위한 토대가 마련되었다. 우리는 유가 상승과 더불어 재고 축적의 시기로 향하고 있다. 통화가치가 안정을 찾으면 달러 가치 하락에 따른 긍정적인 효과가 나타나기 시작할 것이다. 이처럼 단기적으로 긍정적인 효과가 건설 경기 침체와 자본 지출의 약화 등 장기적으로 부정적인 효과보다 더 커야 한다. 결과적으로 우리가 경험하고 있는 기준 이하의 성장이 지속될 것이다. 이와 반대로 전 세계 주식시장은 계속해서 새로운 고점을 찍을 수 있다. 세제 개혁안은 올해 남은 기간에 하락 압력을 줄 수 있는데, 이는 장기적인 자본 이득과 단기적인 손실이 모두 내년보다 올해에 더 유리한 세제 혜택을 받을 수 있기 때문이다. 하지만 이러한 요인은 이미 시장에 반영되었을 수 있다. 전문 투자자들은 많은 현금을 조달하고 헤징을 많이 해왔다. 만약 예상치 못한 사건이 터진다면 그것은 시장의 상방에서 일어

1986년 08월 18일

	종가	8월 8일 대비 변화(%)		종가	8월 8일 대비 변화(%)
독일 마르크	2.0170	+2.4	S&P 500	247.38	+4.4
일본 엔	154.32	-.4	미국 국채	$101\,^{04}/_{32}$	+2.0
영국 파운드	1.4900	+.9	유로달러	93.81	+.2
금	376.40	+.2	원유	15.61	+5.3
			일본 국채	105.08	+1.0

퀀텀펀드 자본	$1,594,000,000
주당 순자산가치	$10,423
1986년 8월 8일 대비 변화	+8.3%
1985년 8월 16일 대비 변화	+138.0%

포트폴리오 구조(단위: 100만 달러)

투자 포지션(1)	롱	숏	8월 8일 대비 순변화(2)	순통화 노출(6)	롱	숏	8월 8일 대비 순변화(2)
주식				독일 마르크 관련	169		+5
미국 주식	1,088	(40)	+93	일본 엔	199		+58
미국지수선물	347		+347	영국 파운드		(19)	+6
해외 주식	677	(19)	+95	미국 달러	1,245		+53
채권(3)				기타 통화	223		+46
미국 국채							
단기(4)	43		-6				
장기		(465)	+87				
일본(5)	2,427		+42				
상품							
석유	28		+28				
금	11		+26				

날 것이다. 상방은 제한되어 있고 하방은 열려 있다고 느꼈던 불과 몇 주 전과 비교하면 완전히 정반대되는 상황이다.

이제 실험 2단계를 마무리할 준비가 되었다. 시장은 전환점보다는 여전히 강세장으로 보이는 과정에 있는 것으로 밝혀졌다. 이제 좀 더 느긋하게 자금을 관리하고 검토 횟수를 줄여야겠다. 펀드 포지션은 양호하지만, 주식에서 매수 포지션을 다소 늘리고 원유 매수 포지션을 과감하게 더한다면 더욱 바람직할 것이다.

다소 분주하게 이뤄졌던 지난달의 투자 활동은 399쪽부터 도표로 요약되어 있다.

1986년 9월 8일 월요일

지난 월요일, 금 가격은 백금 시장의 호황에 영향을 받아 400달러를 돌파했다. 채권과 주식은 매도세가 이어지며 급락했다. 나는 이 매도세를 무시했고, 목요일에 다우존스가 최고치를 경신하면서 내 판단이 옳았음을 확인할 수 있었다. 그러나 다른 지수들은 다우존스를 뒤따르지 않았고, 금요일까지 모든 시장이 약세를 보였다. 시장 주도주에도 변화가 있었다. 경기순환 주식과 석유 업체 주식이 주목을 받았지만, 투자자들에게 큰 수익을 안겨준 기존 주도주들은 부진을 면치 못하고 있다. 이는 세제 법안 때문으로 보인다. 내년부터 장기 자본 이익에 대한 세율이 더 높아질 예정이다.

1986년 09월 05일

	종가	8월 18일 대비 변화(%)		종가	8월 18일 대비 변화(%)
독일 마르크	2.0487	-1.6	S&P 500	250.48	+1.3
일본 엔	155.40	-.7	미국 국채	97 $^{12}/_{32}$	-3.7
영국 파운드	1.4940	+.3	유로달러	94.09	+.3
금	422.80	+12.3	원유	16.37	+4.9
			일본 국채	105.15	+.1
퀀텀펀드 자본				$1,638,000,000	
주당 순자산가치				$10,606	
1986년 8월 18일 대비 변화				+1.8%	
1985년 8월 16일 대비 변화				+142.2%	

포트폴리오 구조(단위: 100만 달러)

투자 포지션(1)	롱	숏	8월 18일 대비 순변화(2)	순통화 노출(6)	롱	숏	8월 18일 대비 순변화(2)
주식				독일 마르크 관련	153		-16
미국 주식	1,214	(33)	+133	일본 엔	162		-37
미국지수선물	499		+152	영국 파운드	5		+24
해외 주식	654		-4	미국 달러	1,318		+73
채권(3)				기타 통화	247		+24
미국 국채							
단기(4)	11		-32				
장기			+465				
일본(5)	2,385		-42				
상품							
석유	76		+48				
금			-11				

시장은 인플레이션을 우려하고 있다. 당국이 정책을 조정할 수 있다면 경제가 완만한 성장세를 이어갈 수 있을 것이라는 내 전략적 견해에는 변함이 없다. 나는 달러가 상대적으로 안정적일 것이라 기대한

도표 12.1. S&P 500 선물(9월 계약)

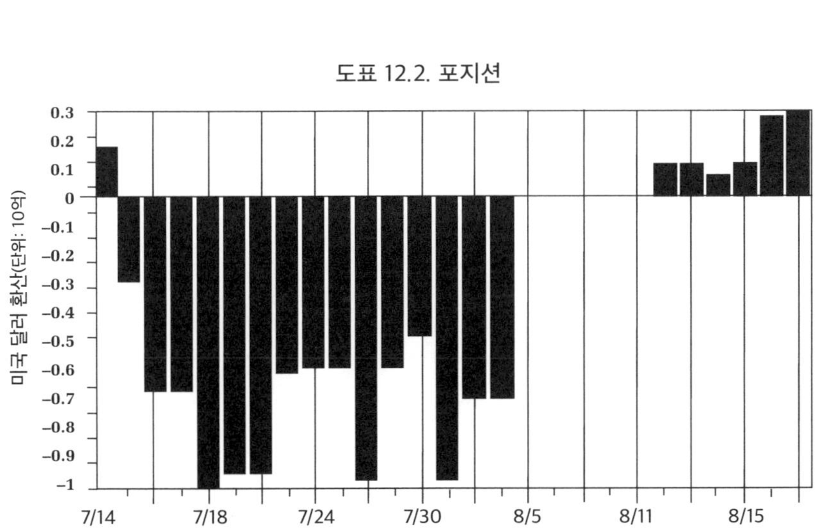

도표 12.2. 포지션

도표 12.3. S&P 주가지수 선물 손익

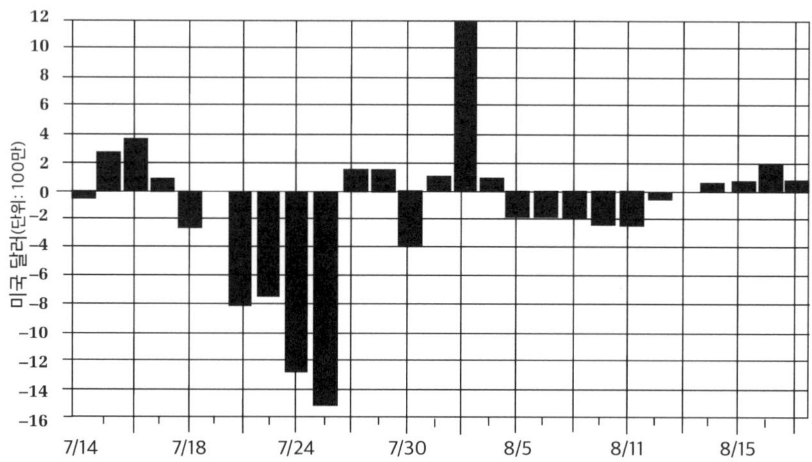

도표 12.4. S&P 주가지수 매매 요약

날짜	종가	미결제 포지션 (100만 달러)	매수		매도		누적 실질 손익 (100만 달러)	명목 손익 (100만 달러)
			금액 (100만 달러)	가격	금액 (100만 달러)	가격		
7/14	238.3	153	153	238.98				(0.435)
7/15	235.05	(301)			(456)	237.44	(0.986)	3.059
7/16	235.1	(647)			(347)	236.04	(0.986)	4.377
7/17	236.15	(655)			(6)	237.50	(0.986)	1.523
7/18	236.85	(982)			(324)	236.12	(0.986)	(1.421)
7/21	236.35	(921)	59	236.1			(0.884)	0.613
7/22	238.4	(929)	35	235.45	(36)	237.50	(0.576)	(7.376)
7/23	237.95	(602)	334	238.75			(3.709)	(3.607)
7/24	238.4	(595)					(3.709)	(4.732)
7/25	240.9	(602)					(3.709)	(10.982)
7/28	234.85	(939)			(353)	235.20	(3.709)	4.668
7/29	235.1	(588)	374	234.58	(22)	235.20	(1.417)	2.215
7/30	237.7	(484)	156	234.79	(47)	235.61	(0.623)	(3.565)
7/31	235.95	(952)			(473)	236.68	(0.623)	1.458
8/1	233.15	(671)	360	233.76	(35)	234.93	2.713	8.893
8/4	237.05	(682)					2.713	(2.334)
8/5	237.75	0	685	237.80			(1.779)	
8/6	237.3	0					(1.779)	
8/7	237.45	0					(1.779)	
8/8	238.1	0					(1.779)	
8/11	241.3	0					(1.779)	
8/12	244.2	61	103	241.18	(43)	243.45	(1.382)	0.755
8/13	246.45	55			(6)	246.62	(1.246)	1.186
8/14	247.55	37			(19)	247.50	(0.772)	0.955
8/15	248.05	70	32	247.97			(0.772)	1.041
8/18	248.25	256	185	247.11			(0.772)	1.951
8/19	247.4	292	37	246.44			(0.772)	1.220

도표 12.5 원유(뉴욕상품거래소NYM 9월 계약)

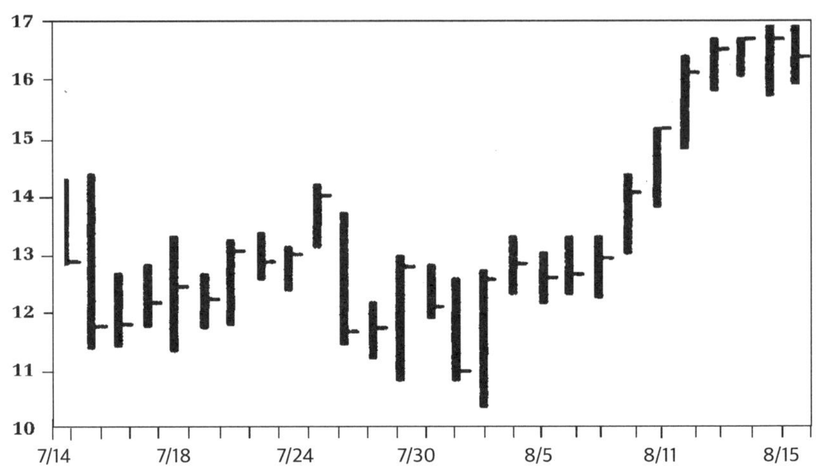

도표 12.6. 포지션

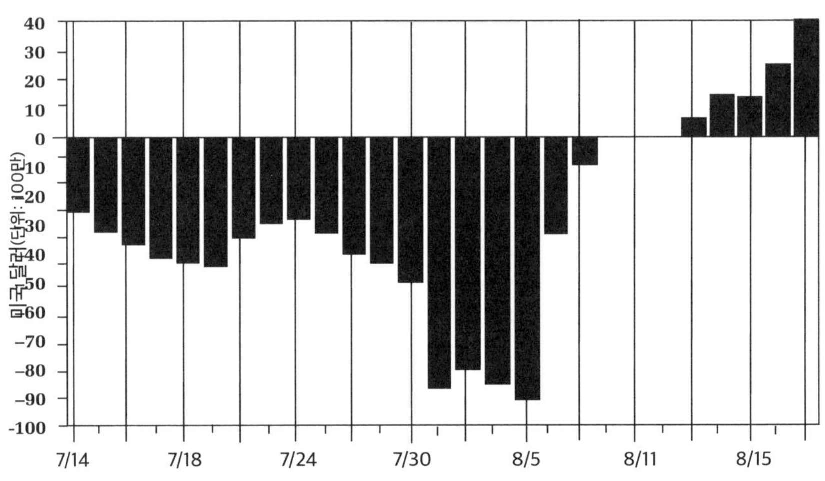

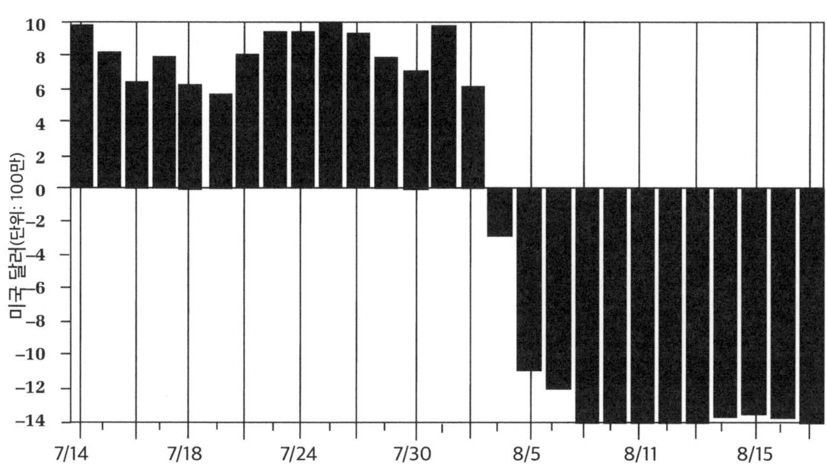

도표 12.7. 원유 손익

도표 12.8. 원유 관련 계약 매매 요약

시작일	종료일	거래 방식	거래 금액 (100만 달러)	평균 가격 (배럴당 미국 달러)	결제 금액 (100만 달러)	기간 내 실질 손익 (100만 달러)	총손실 (100만 달러)
	7/14	미결제 매도 포지션		15.478	(25.534)		7.750
7/15	7/17	매도 포지션 증가	(14.029)	13.038	(41.924)	0.000	7.466
7/21	7/24	환매수	13.737	12.455	(26.535)	3.090	9.032
7/25	7/31	매도 포지션 증가	(49.679)	11.449	(87.654)	0.877	9.395
8/1	8/8	매도 포지션 환매수	99.156	15.271	0.000	(19.824)	(13.186)
8/12	8/19	신규 매수 포지션 구축	29.44	15.405	28.837	0.000	(13.789)

※ 이 수치는 여러 달에 걸친 뉴욕 상품 거래소 원유와 난방유 계약의 포지션을 포함한다. 가격은 배럴당 미국 달러로 표시되는 모든 미결제 계약의 가중 평균치를 나타낸다.

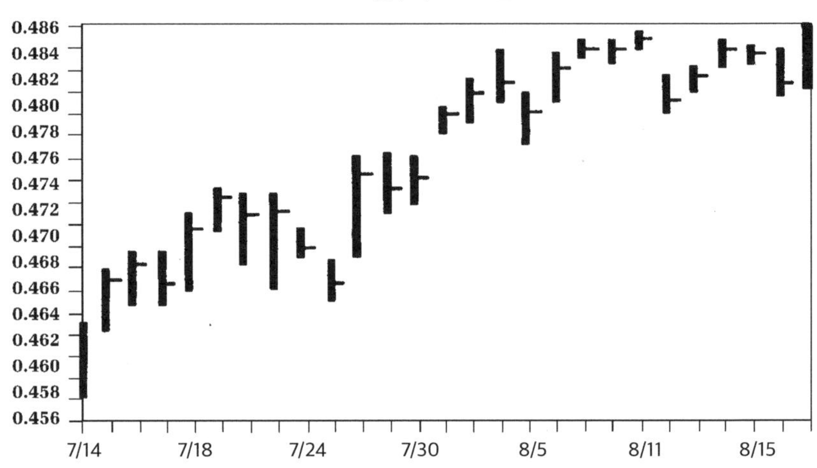

도표 12.9. 독일 마르크(9월 계약)

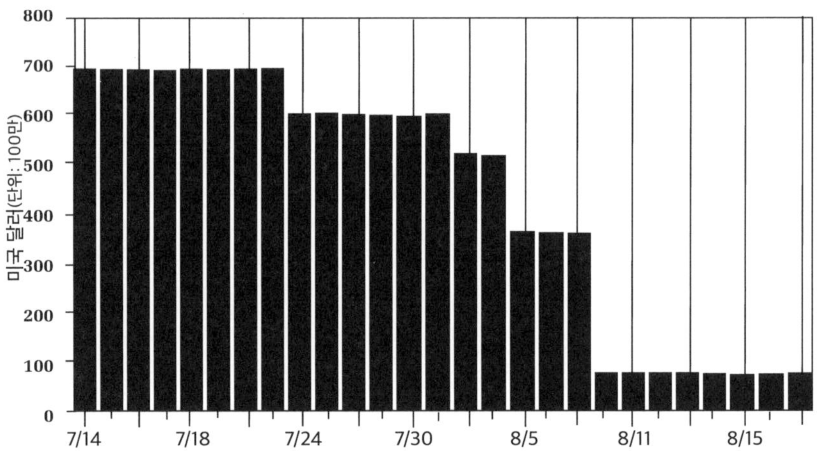

도표 12.10. 포지션

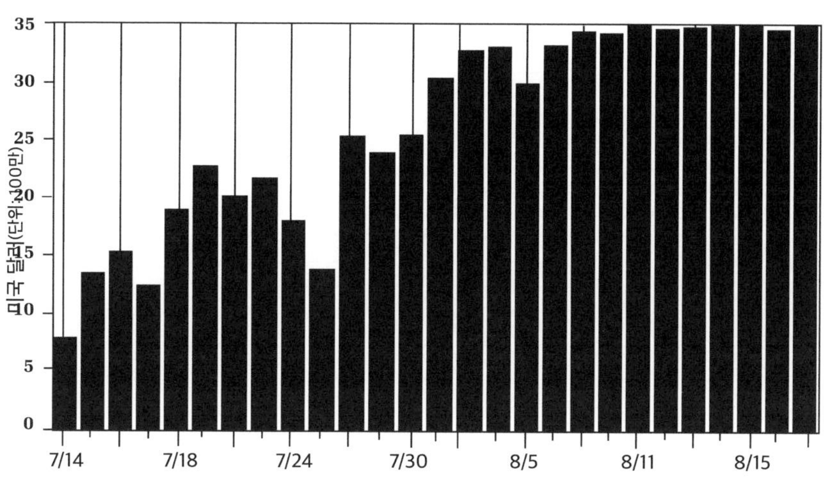

도표 12.11. 독일 마르크 손익

도표 12.12. 독일 마르크 선물 및 선도 계약 매매 요약

날짜	거래 방식	거래 금액 (100만 달러)	평균 가격 (미국 달러/ 독일 마르크)	총 미결제 금액 (100만 달러)	거래 손익 (100만 달러)	총손익 (100만 달러)
7/14	미결제 매수 포지션		0.4580	712.067		7.855
7/24	매수 포지션 감소	125.182	0.4692	598.683	2.990	17.108
8/1	매수 포지션 감소	81.000	0.4809	530.133	3.857	32.103
8/5	매수 포지션 감소	150.380	0.4784	377.627	6.418	29.977
8/8	매수 포지션 감소	297.205	0.4843	84.431	16.131	33.986

※ 이 수치에는 9월 17일 만기인 독일 마르크 9월 선물과 선도 계약의 포지션을 포함한다.

선도 계약의 가격은 선물 가격과 일치한다고 가정한다.

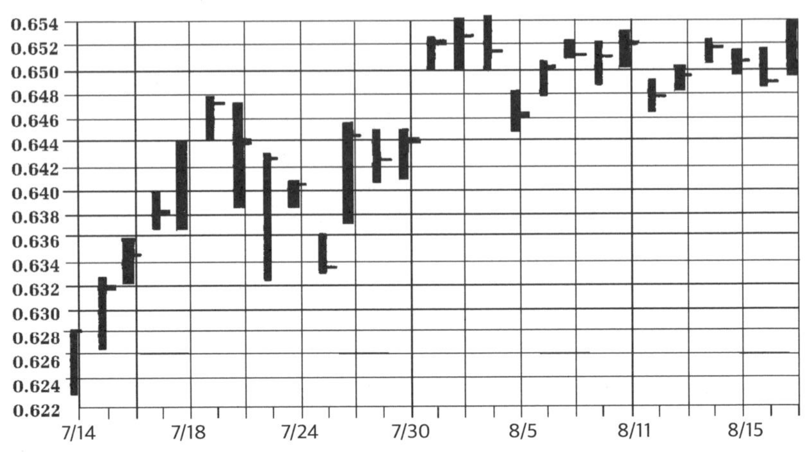

도표 12.13. 일본 엔(9월 계약)

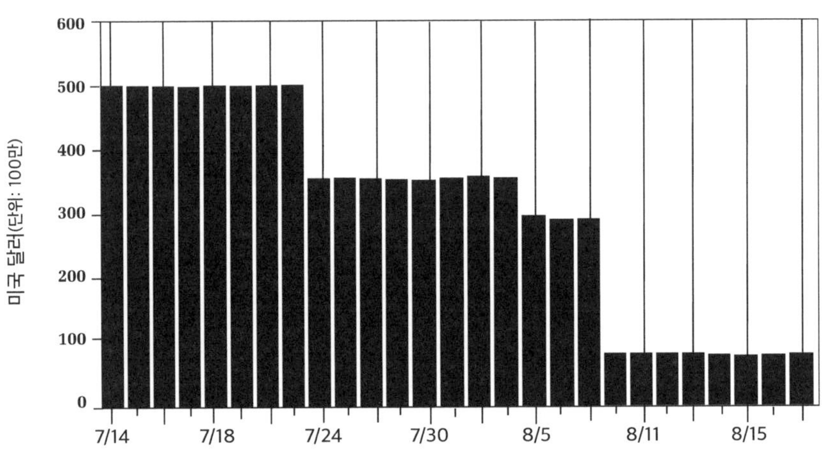

도표 12.14. 포지션(단위: 100만 미국 달러)

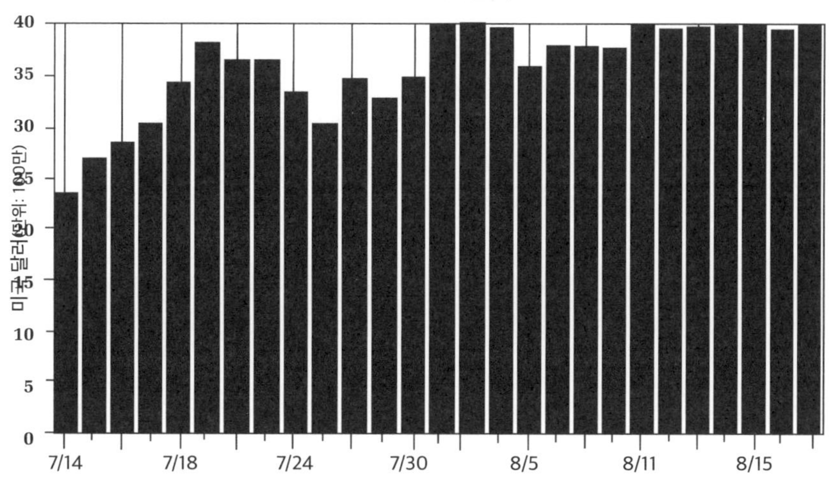

도표 12.16. 일본 엔 선물 및 선도 계약 매매 요약

날짜	거래 방식	거래 금액 (100만 달러)	평균 가격 (미국 달러/ 100엔)	총 미결제 금액 (100만 달러)	거래 손익 (100만 달러)	총손익 (100만 달러)
7/14	미결제 매수 포지션		0.6122	486.666	16.742	23.634
7/24	매수 포지션 감소	(132.040)	0.6408	364.170	5.215	33.178
8/5	매수 포지션 감소	(96.870)	0.6458	269.812	3.140	35.747
8/8	매수 포지션 감소	(188.307)	0.6507	83.977	8.382	38.161

※ 이 수치에는 9월 17일 만기인 엔 9월 선물과 선도 계약의 포지션을 포함한다. 선도 계약의 가격은 선물 가격과 일치한다고 가정한다.

다. 그렇지만 주식시장의 하방을 실험할 필요가 있다. 현재로서는 다우 존스 지수가 40포인트 이상 하락하진 않을 것으로 전망된다. 그럼에도 나는 주도적으로 대응할 수 있도록 S&P 선물 포지션을 절반으로 줄이기로 했다. 일본 주식과 채권의 하락으로 타격을 입었지만 내가 할 수 있는 일은 없다.

1986년 9월 11일 목요일 아침

나는 더 중립적인 포지션으로 전환하기로 했다. 이는 남은 S&P 선물을 모두 매도하고 주식 포지션에 대해 매도 포지션을 취하거나 국채에 대해 소규모 매도 포지션을 구축하는 것을 의미한다. 또한, 주로 독일 마르크에 대해 달러 매도 포지션을 취하기로 결정했다.

미국 경제는 3분기에 강세를 보일 것으로 예상된다. 정보에 따르면 독일 경제는 2분기에 강한 회복세를 보였다. 미국과 일본이 달러 가치를 안정시키는 대가로, 공동으로 금리를 인하하기 위한 기초 작업을 진행했다. 독일도 마지못해 이에 동참할 것으로 보인다. 일시적으로 나타난 강세를 감안하면, 달러에 대한 새로운 공격이 발생해 당국이 억지로 개입하지 않는 한 즉각적인 조치가 이뤄지진 않을 것이다. 나는 이러한 가능성에 대비하기 위해 헤지 차원에서 독일 마르크를 매수하고 있다. 물론 달러가 계속 강세를 보인다면 독일 마르크와 일본 채권에서 모두 손실을 볼 수 있지만 그럴 위험이 크지는 않다고 생각한다.

1986년 09월 08일

	종가	9월 5일 대비 변화(%)		종가	9월 5일 대비 변화(%)
독일 마르크	2.0750	-1.3	S&P 500	248.14	-.9
일본 엔	156.00	-.4	미국 국채	$96\ ^{24}/_{32}$	-.6
영국 파운드	1.4835	-.7	유로달러	94.04	-.1
금	411.00	-2.8	원유	15.62	-4.6
			일본 국채	104.30	-.8
퀀텀펀드 자본			$1,592,000,000		
주당 순자산가치			$10,304		
1986년 9월 5일 대비 변화			-2.80%		
1985년 8월 16일 대비 변화			+135.3%		

포트폴리오 구조(단위: 100만 달러)

투자 포지션(1)	롱	숏	9월 5일 대비 순변화(2)	순통화 노출(6)	롱	숏	9월 5일 대비 순변화(2)
주식				독일 마르크 관련	151		-2
미국 주식	1,189	(32)	-24	일본 엔	137		-25
미국지수선물	261		-238	영국 파운드	6		+1
해외 주식	647		-7	미국 달러	1,298		-20
채권(3)				기타 통화	223		-24
미국 국채							
단기(4)	8		-3				
장기							
일본(5)	2,360		-25				
상품							
석유	72		-4				
금							

주식시장에서는 점점 세금에 대한 우려가 커지고 있다. 이러한 분위기를 읽어내긴 어렵지만, 두루 종합해 볼 때 향후 몇 달 동안은 하방 압력이 강해져 연말에 강력한 반등이 일어날 것으로 보인다. 뚜렷한 확신이 없는 경우에는 노출을 줄이려 한다.

1986년 9월 13일 토요일

지난 이틀 동안 벌어진 격렬한 매도세에 대비하지 못했다. 목요일 개장 전에 설정한 프로그램을 실행했지만, 그 정도로는 포트폴리오를 보호할 정도로 충분하지 않아 큰 차질이 빚어졌다. 더 이상 조치를 취하면 손실이 불어날 수 있기에 조심스러울 수밖에 없다. 위험에 과도하게 노출되진 않았고, 노출을 즉시 축소할 필요도 없다. 하지만 총알이 거의 바닥난 상태라서 추가로 교전을 벌이기도 어렵다. 나는 가능한 한 행동을 줄일 생각이다. 지금 상황은 내가 재빨리 대처해 모면한 7월과 8월의 폭락과 뚜렷한 대조를 이룬다. 어찌 보면 나는 그 폭락에 속아 넘어간 셈이다. 폭락에 대비하려다 보니 감정적으로 지쳤고, 더 심각한 폭락이 발생했을 때 방심하고 말았다.

돌이켜 보면 시장이 통합되고 있는 시점에 등장한 세제 개혁안이 시장을 혼란에 빠뜨릴 수 있다는 사실을 알아차렸어야 했다. 먼저 매도하고 나중에 다시 매수하게 하는 유인책에 저항할 수 없었다. 이제 시장이 어느 정도 그리고 얼마나 빨리 하락할지가 관건이다. 뮤추얼펀드

1986년 09월 10일

	종가	9월 8일 대비 변화(%)		종가	9월 8일 대비 변화(%)
독일 마르크	2.0630	+.6	S&P 500	247.06	-.4
일본 엔	154.60	+.9	미국 국채	97 $^{21}/_{32}$	+.9
영국 파운드	1.4812	-.2	유로달러	94.05	0
금	404.70	-1.5	원유	14.88	-4.7
			일본 국채	104.01	-.3

퀀텀펀드 자본	$1,586,000,000
주당 순자산가치	$10,269
1986년 9월 8일 대비 변화	-.3%
1985년 8월 16일 대비 변화	+134.5%

포트폴리오 구조(단위: 100만 달러)

투자 포지션(1)	롱	숏	9월 8일 대비 순변화(2)	순통화 노출(6)	롱	숏	9월 8일 대비 순변화(2)
주식				독일 마르크 관련	153		+2
미국 주식	1,098	(30)	-89	일본 엔	135		-2
미국지수선물	259		-2	영국 파운드	5		-1
해외 주식	673		+26	미국 달러	1,293		-5
채권(3)				기타 통화	277		+54
미국 국채							
단기(4)	1		-7				
장기		(96)	-96				
일본(5)	2,377		+17				
상품							
석유	96		+24				
금							

1986년 09월 12일

	종가	9월 10일 대비 변화(%)		종가	9월 10일 대비 변화(%)
독일 마르크	2.0597	+.2	S&P 500	230.68	-6.6
일본 엔	155.30	-.5	미국 국채	94 $^{22}/_{32}$	-3.0
영국 파운드	1.4772	-.3	유로달러	93.96	-.1
금	416.50	+2.9	원유	15.06	+1.2
			일본 국채	103.05	-.9

퀀텀펀드 자본	$1,484,000,000
주당 순자산가치	$9,610
1986년 9월 10일 대비 변화	-6.4%
1985년 8월 16일 대비 변화	+119.5%

포트폴리오 구조(단위: 100만 달러)

투자 포지션(1)	롱	숏	9월 10일 대비 순변화(2)	순통화 노출(6)	롱	숏	9월 10일 대비 순변화(2)
주식				독일 마르크 관련	905		+752
미국 주식	1,109	(42)	-1	일본 엔	355		+220
미국지수선물	55		-204	영국 파운드	3		-2
해외 주식	629		-44	미국 달러	221		-1072
채권(3)				기타 통화	249		-28
미국 국채							
단기(4)			-1				
장기			+96				
일본(5)	2,348		-29				
상품							
석유	97		+1				
금							

환매 상태에 주목해야 한다. 흥미롭게도 나는 7월처럼 하방이 열려 있다고 생각하지 않는다. 향후 3개월 내 어떤 저점에 도달하든 연말에 강한 회복세의 발판이 될 것이고 가격은 지금보다 오를 것이다.

1986년 9월 28일 일요일

이제 시장이 어느 정도 안정을 되찾았으니 생각을 정리하고 장기적 전략을 수립해야겠다. 나는 몇 가지 중요한 문제에 직면했다. 자본주의의 황금기라고 불렸던 구성이 여전히 유효할까? 아니면 경제가 다른 국면으로 전환하고 있는 걸까? 후자의 경우라면 다음 구성은 무엇이 될까? 이는 내가 실시간 실험을 시작할 때 던졌던 질문과 매우 흡사하다. 제국적 순환의 결과는 어떻게 될까? 실제로 이 질문은 다음과 같이 표현할 수도 있다. '자본주의의 황금기'는 지속적인 현상일까, 아니면 수명을 다한 임시방편일까?

많은 징후가 후자의 경우를 가리킨다. 몇 가지만 언급하자면 가파른 수익률 곡선, 금값 상승, G5 회의에서 나타난 혼란 등이 바로 그러한 신호다. 주식시장도 주요 정점의 신호를 보이고 있지만 '일생일대의 강세장'에서 기대할 만큼 만족스러운 수준, 즉 거품이 무르익어 터지기 일보 직전인 상태에는 아직 도달하지 못했다. 이러한 이유로 나는 지금의 시장을 절정의 신호보다는 기술적 조정이라는 관점에서 바라보려 했다. 강세장이 막을 내렸는지는 확실하지 않지만, 폭락의 정도가

1986년 09월 26일

	종가	9월 12일 대비 변화(%)		종가	9월 12일 대비 변화(%)
독일 마르크	2.0530	+.3	S&P 500	232.23	+.7
일본 엔	154.60	+.5	미국 국채	95 $^{21}/_{32}$	+1.0
영국 파운드	1.4360	-2.8	유로달러	94.01	+.1
금	427.20	+2.6	원유	14.43	-4.2
			일본 국채	103.36	+.3
퀀텀펀드 자본			$1,503,000,000		
주당 순자산가치			$9,728		
1986년 9월 12일 대비 변화			+1.2%		
1985년 8월 16일 대비 변화			+122.2%		

포트폴리오 구조(단위: 100만 달러)

투자 포지션(1)	롱	숏	9월 12일 대비 순변화(2)	순통화 노출(6)	롱	숏	9월 12일 대비 순변화(2)
주식				독일 마르크 관련	990		+85
미국 주식	1,071	(53)	-49	일본 엔	295		-60
미국지수선물		(275)	-330	영국 파운드		(10)	-13
해외 주식	623		-6	미국 달러	228		+7
채권(3)				기타 통화	238		-11
미국 국채							
단기(4)							
장기		(180)	-180				
일본(5)	1,986		-362				
상품							
석유	94		-3				
금							

심각해서 이를 진행 중인 강세장의 일부로 보기는 어려웠다. '자본주의의 황금기'라 부르는 국면은 끝났다고 선언하고 다음 단계를 파악하는 편이 더 나을 것 같다. 다음 단계가 '일생일대의 강세장'의 새로운 국면으로 드러날지라도 다른 이름을 붙여도 될 만큼 전혀 다른 특징이 많다. 현재로서는 상황이 어떻게 전개될지 상당히 불확실하다. 이전 단계의 연속으로 입증되더라도 새로운 국면이라고 선언하면 부적절한 틀에 갇히지 않고 계속 열린 마음을 유지하게 할 수 있다. 어떤 확정적인 결론을 내리기에는 아직 너무 이르다.

이전 단계에서는 국제 협력을 바탕으로 달러 가치 하락을 통제하고 금리 인하를 조율할 수 있었다.

세계경제는 여전히 부진을 면치 못했고, 결국 통화 부양책이 금융자산 시장의 큰 상승세를 이끌었다. 전 세계 '실물경제'와 '금융경제' 간 격차가 벌어지면서 국제 협력을 위협할 만큼 긴장이 고조되었다. 시장 붕괴를 피하려면 새로운 출발이 필요했다. 안타깝게도 새로운 정책 이니셔티브가 등장할 조짐은 보이지 않고 동맹국 간 논쟁만 오가고 있다. 교착상태가 어떻게 해결될지 예측하기는 아직 이르다. 나는 세 가지 주요 가능성을 꼽고 싶다.

머들링 스루muddling through.*J 곡선이 마침내 작동하기 시작하면서 미국 경제에 어느 정도 활력을 불어넣었지만, 주요 교역 상대국들은 약

---

*　● 진흙탕 속에서 시간을 끌며 힘겹게 나아가듯 경제가 돌파구를 찾지 못하는 현상, 즉 경기 침체의 장기화를 의미한다.

화되고 있다. 세계경제는 여전히 부진을 면치 못하고 있고, 통화 정책은 완화적이다. 국제무역과 금융 제도의 붕괴를 모면했다는 점이 분명해지면 신뢰가 회복되고 축적된 막대한 유동성이 다시 한번 금융자산에 투자된다. 그렇게 되면 우리는 '일생일대의 강세장'을 경험하게 될지 모른다.

악순환. 경제와 달러의 약세는 서로를 강화해 더 높은 금리와 재정 적자를 초래한다. 보호무역주의가 우위를 점하고 부채 상환 거부를 포함한 보복을 유발한다.

새로운 정책 이니셔티브. 금융시장의 압력(달러 가치 하락, 채권과 주식 시장 하락, 금값 상승)에 대항해 당국이 공동으로 조치를 취한다. 또 다른 금리 인하 시기가 다가오고 달러가 동시에 안정을 찾는다. 미국과 소련이 군비 축소 협정에 합의하면 군비를 절감할 수 있게 된다. 국제 부채가 마침내 정치적 문제로 인식되고 개발도상국들의 경제를 부양하려는 조치가 취해진다.

악순환은 정책적 대응을 불러일으킬 수밖에 없으므로, 우리는 머들링 스루와 새로운 정책 이니셔티브가 뒤따르는 악순환 등 두 가지 주요 대안을 구분해야 할 것이다. 실제로 이 두 가지의 요소가 결합된 형태로 사건이 전개될 가능성이 크다. 어느 쪽이든 금융시장은 단기적으로 계속 압박을 받을 것으로 보인다.

나는 OPEC 회의가 끝난 후 미국과 독일 간 분쟁이 수습되고 경기 침체가 장기화할 가능성에 베팅했다. 최근에는 이 베팅에 대해 헤지를 하기 시작했다. 그러나 근래의 G5 회의는 내 예측에서 벗어난 결과를 내놓았다. 나는 적극적으로 이에 대응할 계획이다.

논의가 어떻게 교착상태에 빠졌는지는 금방 이해할 수 있었다. 베이커는 희생양이 필요했고 독일은 그 역할을 맡지 않으려 했다. 거래 조건은 명확했다. 독일이 금리를 인하하는 대가로 미국은 달러를 안정시켜야 했다. 아마도 머뭇거린 쪽은 베이커였을 것이다. 베이커가 약점을 드러낸 격이다. 베이커는 보호무역주의 압력을 막아내기 위해 제안할 만한 다른 대안이 없으니 11월 선거 전에 달러를 안정시키겠다고 동의할 수도 없다. 금융시장이 선거 전까지 더 적절한 정책적 대응을 끌어낼 수 있는 시간은 아직 충분히 남아 있다.

나는 내 몫을 다할 생각이다. 독일 마르크 포지션을 5억 달러 늘리고, 미국 국채 매도 포지션을 1억 8000만 달러에서 5억 달러로 늘리고, 주가지수 선물 매도 포지션을 2억 7500만 달러에서 7억 5000만 달러로 늘릴 계획이다. 또한, 1억 5000만 달러의 금을 매수하려 한다. 하방은 불과 몇 주 전보다 더 열려 있는 것으로 보인다. 정책 불일치가 해결되기 전까지는 악순환이 이어질 것이다.

1986년 10월 1일 수요일 저녁

하나의 전술적 실수는 또 다른 실수를 낳는다. 월요일에 내가 취한 조치는 독일 마르크를 매수한 것 외에는 모두 잘못되었다. 어제 발표된 사전 회의의 중요성을 평가절하하진 않을 것이다. 그러나 나 스스로 악순환의 고리를 만들지 않도록 조심해야 할 것이다. 당분간은 가만히 지켜볼 생각이다. 비록 손실을 보긴 했지만, 나는 내 포트폴리오가 상당히 균형 잡혀 있다고 믿는다. 나는 외부에서 주식과 채권의 회복세를 지켜볼 준비가 되어 있다. 특히 한 달 동안 중국에 가 있을 예정이다.

1986년 10월 22일 수요일

포트폴리오에서 일본이 차지하는 비중이 걱정되어 중국 체류 기간을 줄였다. 도쿄에서 하루를 보내고 이제 뉴욕으로 돌아가는 길이다. 일본 주식시장은 지난 며칠 동안 하락을 넘어 완전한 폭락을 기록했다. 시장 전체가 15% 정도 떨어졌지만, 내가 보유한 부동산 관련 주식은 최근 고점 대비 25~40% 하락했다. 내 포트폴리오에서 노출 비중이 큰 채권시장도 약세를 보였다.

자세히 들여다보니 무슨 일이 일어나고 있는지 이해할 수 있었다. 엔의 가치가 너무 많이 오른 탓이었다. 그로 인해 일본은 태평양 연안의 신흥 공업국들에 뒤처지고 있고, 수출 기업들은 심각한 타격을 입었다. 완화적인 통화 정책만으로는 이러한 상황에 충분히 대처하기에 역부족이었다. 실제로 이것이 초래한 투기적 호황은 폭락으로 끝을 맺었고 역효과를 낳았다. 문제를 인식한 일본 당국은 더 이상 금리를 낮추기보다 자본 유출을 적극적으로 장려해 엔 가치의 상승 압력을 완화하기로 했다. 이 정책은 성공했고 엔은 안정을 찾았지만 시장은 붕괴

1986년 10월 01일

	종가	9월 26일 대비 변화(%)		종가	9월 26일 대비 변화(%)
독일 마르크	2.0175	+1.7	S&P 500	233.60	+6
일본 엔	153.85	+.5	미국 국채	96 $^{22}/_{32}$	+1.1
영국 파운드	1.4450	+.6	유로달러	94.03	0
금	425.20	-.5	원유	15.16	+5.1
			일본 국채	103.02	-.3
퀀텀펀드 자본			$1,511,000,000		
주당 순자산가치			$9,562		
1986년 9월 26일 대비 변화			-1.7%		
1985년 8월 16일 대비 변화			+118.4%		

포트폴리오 구조(단위: 100만 달러)

투자 포지션(1)	롱	숏	9월 26일 대비 순변화(2)	순통화 노출(6)	롱	숏	9월 26일 대비 순변화(2)
주식				독일 마르크 관련	1,415		+425
미국 주식	1,014	(83)	-87	일본 엔	282		-13
미국지수선물		(575)	-300	영국 파운드	1		+11
해외 주식	635		+12	미국 달러		(187)	-415
채권(3)				기타 통화	240		+2
미국 국채							
단기(4)							
장기		(466)	-286				
일본(5)	1,987		+1				
상품							
석유	99		+5				
금	150		+150				

1986년 10월 21일

	종가	10월 1일 대비 변화(%)		종가	10월 1일 대비 변화(%)
독일 마르크	1.9845	+1.6	S&P 500	235.88	+1.0
일본 엔	155.10	-.8	미국 국채	94 $^{22}/_{32}$	-2.1
영국 파운드	1.4340	-.8	유로달러	93.92	-.1
금	425.20	0.0	원유	15.19	+.2
			일본 국채	101.35	-1.6
퀀텀펀드 자본				$1,488,000,000	
주당 순자산가치				$9,422	
1986년 10월 1일 대비 변화				-1.5%	
1985년 8월 16일 대비 변화				+115.2%	

포트폴리오 구조(단위: 100만 달러)

투자 포지션(1)	롱	숏	10월 1일 대비 순변화(2)	순통화 노출(6)	롱	숏	10월 1일 대비 순변화(2)
주식				독일 마르크 관련	1,316		-99
미국 주식	1,104	(108)	+65	일본 엔		(104)	-386
미국지수선물		(579)	-4	영국 파운드	3		+2
해외 주식	572		-63	미국 달러	273		+460
채권(3)				기타 통화	235		-5
미국 국채							
단기(4)							
장기		(466)					
일본(5)	1,607		-380				
상품							
석유	102		+3				
금	122		-28				

했다.

나는 역사의 한 페이지를 장식한 대표적인 호황과 불황의 과정에 적극적으로 뛰어들었지만, 제때 빠져나오진 못했고 지금은 심각하게 휘말린 상태다. 시장에서 탈출해야 하는 건 맞지만, 도대체 언제 어떻게 빠져나와야 할까? 일본 시장에 대한 지식이 극히 제한적이라 어떻게 해야 할지 모르겠다. 내 무지에 대한 대가를 톡톡히 치르게 될 것 같다.

'일생일대의 호황'에 대해 글을 쓰다가 '일생일대의 불황'을 맞이하게 됐으니 너무나 당혹스럽지만, 실제로 일어난 일이니 어쩔 수 없다. 나는 일본 주식시장의 붕괴가 현대 금융사의 한 획을 긋는 주요 사건이 될 것이라고 본다. 이 붕괴는 미국 금융시장에서 목격할 수 있는 그 어떤 현상보다도 고전적인 붕괴에 가까웠다. 직접 경험하며 알게 된 사실은 일본 시장이 지나치게 고평가되어 있고 안일주의가 만연하다는 점이다. 일본은행 총재 스미타 사토시澄田智가 여러 차례 위험을 경고했음에도 시장은 이를 무시했다. 나는 단위 신탁unit trust*들이 투자자들에게 구두상으로 9%의 수익을 보장했다는 이야기를 뒤늦게 들었는데, 이게 사실이라면 불건전한 행위다. 이러한 투기 과열의 징후를 알아차렸어야 했지만 충분히 주의를 기울이지 못했다.

그나마 유일하게 내세울 수 있는 핑계는 내가 일본에 영구적으로 거주하지 않는다는 점이다. 나는 15년 전에 일본에 진출한 적이 있었다.

---

* ● 투자자의 자금을 모아 신탁 형태로 운용하는 영국식 펀드 구조로, 이를 설정하고 운용하는 투자 회사(운용 조직)를 가리키는 의미로도 쓰인다.

당시 외국인 투자자들에게 자문을 제공하는 중개인으로 일했는데, 내부 사정을 잘 알고 있어 손실을 보지 않은 채로 일본을 떠날 수 있었다. 지금은 일본의 호황에 매료되어 가끔 해외에서 불쑥 찾아와 투자하는 전형적인 외국인 투자자의 처지가 되었다. 상승장에서 매수했다가 하락장에서 매도해야 할 경우, 장부상으로는 커다란 이익을 보더라도 실질적으로는 손실로 끝맺을 수 있다.

일본으로 내 관심을 끌어모은 명제는 부동산과 주식시장의 호황을 일으킨 과도한 유동성에 기반하고 있었기에 더 이상 유효하지 않다. 1973년 호황 이후 제자리걸음을 하고 있던 일본 철도 주식은 자산 가치에 크게 못 미치는 낮은 가격에 팔리고 있었다. 철도 회사는 수익을 크게 올리지 못할지라도 자산을 축적할 방법을 확보했다. 상업용 부동산의 수익률은 전통적으로 금리보다 낮지만, 돈을 빌려서 추가로 부동산에 투자하면 수익을 보호할 수 있다. 따라서 철도 회사는 물리적 성장뿐만 아니라 부동산의 가치 상승을 누리게 된다.

문제는 철도 회사의 주주들이 아무 혜택을 보지 못한다는 점이다. 철도 회사는 규제 대상이라서 요금 인상을 원할 경우 배당을 늘릴 수 없다. 하지만 변화의 바람이 불고 있다. 철도청이 지분을 매각해 민영화를 달성하려면 더 나은 수익을 증명할 필요가 있다. 내수를 진작하려면 부동산 개발 속도도 높여야 한다. 즉, 철도 회사는 외부에서 자금을 조달해야 한다. 결과적으로 철도 회사와 증권 인수 기관은 모두 주가 상승에 관심을 가질 수밖에 없다. 실제로 대부분의 철도 회사는 상승장에서 신주인수권부사채bond with warrant를 발행해 왔다. 외국인 투자자들은 이 재귀적 명제를 가장 먼저 인식했지만, 이것이 제대로 작동하려면 국내 투자자들이 따라줘야 했다. 실제로 그러한 흐름이 이어졌다. 새로운 회계연도가 시작할 무렵(10월 1일), 투자자에게 9%의 수익을 보장하는 단위 신탁이 새로 설정되면서 부동산 관련 주식이 사상 최대 거래량과 최고가를 기록했다. 그때가 매수의 절정기였다. 뉴욕 증시가 폭락하자 일본 부동산 관련 주식 투자 비중이 컸던 피델리티인터내셔널투자신탁에 환매 신청이 빗발쳤고, 피델리티는 일본 주식을 억지로 매도해야 했다.

나는 당시 이러한 상황을 알고 있었고 다음 반등 때 비중을 줄일 생각이었지만, 반등 시점은 좀처럼 오지 않았고 하락세가 폭락 수준으로 이어졌다. 나는 자본 수출을 촉진하는 일본 정부의 정책이 달라지고 있음을 미처 알아차리지 못했다. 엔의 가치가 안정되고 있다는 사실에서 신호를 감지했어야 했는데 안일하게 대응하고 말았다. 그 점에 대해서는 변명의 여지가 없다. 이제 재귀적 명제가 역으로 작동하기 시작했다. 주식시장에 구멍을 낸 요인들이 부동산 호황을 둔화시킬 가능성이 크다. 건설 물량이 큰 폭으로 증가할지라도 부동산 가격의 상승은 뒤처질 것이다. 이것이 최선을 다해 현재의 포지션에서 벗어나야 하는 이유다.

감정적으로 대응해 더 큰 실수를 범하지 않도록 각별히 주의해야 한다. 출국 전에 헤지를 해놓긴 했지만 일본 시장의 폭락에서 포트폴리오를 보호하기에는 충분하지 않았다. 사실상 손실을 봐야 했다. 일본에서 발생한 손실은 감당할 수 있지만, 여기에 다른 손실까지 합치면 손실은 크게 불어날 수 있다. 그렇다고 이대로 가만히 있을 수도 없다. 변화하는 상황에 대응해야 한다. 지금 무슨 일이 벌어지고 있는 걸까?

첫째, 엔의 가치는 정점을 찍은 것으로 보인다. 엔이 10% 정도 하락해도 그리 놀랍지 않을 것이다. 자본 유출이 경상수지 흑자를 크게 웃돌고 있고, 지난 두 달 동안 엔의 수요와 공급이 균형을 유지한 것은 자본 거래의 상당 부분이 헤지되었기 때문이다. 시장 참여자들이 엔의 정점이 지났다는 확신을 갖게 되면 달러를 보유하려는 수요가 커질 수 있고, 이는 추세 반전을 불러올 것이다. 하지만 일본 정부는 정치적 부담을 우려해 엔의 과도한 평가절하를 허용하지 않을 것으로 보인다. 나는 어제 엔을 모두 매도했고, 독일 마르크 매수 포지션의 절반 정도에 해당하는 금액을 공매도하려 한다. 독일 마르크가 엔에 동조해 약세를 보이지 않는다면 절반은 달러에 대해, 절반은 엔에 대해 마르크 매수 포지션을 늘릴 수도 있다. 동시에 나는 상황을 명확하게 이해할 수 있을 때까지 금 매수 포지션을 절반으로 줄이려 한다.

유연하게 대응할 수 있도록 보유한 일본 채권의 약 20%를 매도했지만, 현재 하락한 가격으로 포지션을 청산하는 것은 잘못된 결정이 될 것 같다. 수익률은 약 50~70bp 상승했다. 이전과 달리 일본 정부는 특히 주식시장이 계속 하락하고 엔이 약세를 보일 경우 금리를 추가로 인하하지 않을 것이다.

마찬가지로 내가 취한 미국 국채 매도 포지션은 몇 주 전보다 이득이 줄어들었다. 일본 투자자들이 다음 경매에 대거 참여할 가능성이 크기 때문이다. 그때쯤이면 시장에 OPEC 합의의 효과가 충분히 나타날 것이기에 그때 매도 포지션을 환매수하고 아마도 매수 포지션으로 전환할 것 같다.

현재 내 미국 주식 포트폴리오는 상당히 잘 헤지된 것으로 보이며, 이 상태로 유지하면 만족스러운 결과가 나올 것이다. 나는 매도 포지션을 선호하는 편이지만 실수를 반복하지 않도록 자제하고 있다. 현재 일본인 투자자들의 매수세에 힘입어 절정에 도달한 홍콩 부동산 주식의 경우 주저 없이 수익을 실현하려 한다. 그리고 계약 만기 시점인 11월 하순까지 원유 계약을 매도할 계획이다. 실제로 1월에는 매수 포지션을, 3월에는 거의 같은 가격에 매도 포지션을 취해 더 높은 가격에 공매도할 수 있도록 준비하고 있다. 유가가 오르면 선도 할인 폭이 더 커질 것으로 기대된다.

이제 '일생일대의 강세장'이 지나갔다고 확신한다. 그 어느 때보다 불건전한 투기 활동이 이따금 나타날 수는 있지만, 투기를 일으킨 주된 동력은 소진된 상태다. 성숙한 강세장의 필수 요소인 맹목적인 신뢰는 급하게 다시 쌓을 수 있는 것이 아니다. 이탈리아와 프랑스 그리고 현재 일본에서 고전적인 절정기가 있었지만, 그 끝은 일반적으로 '일생일대의 강세장'에서 기대하는 수준만큼 극적이진 않았다. 미국에서 가장 최근에 일어난 절정기는 9월에 투자자들이 뮤추얼펀드를 환매하려 순간적으로 몰려든 때였다. 이러한 신호를 알아채지 못했다는 것은 참으로 어리석은 일이었다. 사실은 강세장이 최고조에 이르기 전에 통화 당국이 제재에 나섰다. 당국은 금리를 인하할 수 있겠지만 그 효과는 더 이상 같지 않을 것이다. 강세장은 실물자산에서 통화 자산으로 이동하는 자본 도피에 기반했고, 추가적인 통화 부양책은 금을 포함한 유동성 자산으로의 이동을 야기할 가능성이 크다.

현재는 일시적인 소강상태에 접어들었다. OPEC은 수습되었지만 탄탄한 기반이 조성되지 않았고, 환율은 안정되었지만 적절한 국제 협력이 이뤄지지 않고 있다. 미국 경제는 세제 개혁이 시행되기 전에 잠시 한숨 돌리고 있고, 주식시장은 같은 이유로 연말까지 완료되어야 하는 거래로 인해 활기를 띠고 있다. 내년에는 어떤 일이 벌어질까?

1986년 10월 25일 토요일

나는 엔의 가치가 폭락하기 전에 7억 5000만 달러 상당의 엔을 매도했다. 또한 독일 마르크가 달러 상승을 버티지 못하자 마르크 포지션을 7억 5000만 달러로 줄였다. 이제 내 포지션은 마르크를 매수하고 엔을 매도해 완전히 헤지된 상태다. 이 전략으로 돈을 벌지는 못했지만 수익을 잃지도 않았다.

나는 첫 번째 반등에서 일본 주식 포지션의 절반을 청산하려 했지만 실패했다. 일본 중개인이 약속을 어기고 총노출의 8분의 1에 해당하는 약정 금액의 절반만 가져갔다. 무엇보다 그가 이제 내 의도를 간파하고 있다는 점이 가장 불리한 문제였다. 피비린내 나는 거래를 해야 할 것이다.

미국 국채와 S&P 선물 매도 포지션이 슬슬 불안하게 느껴지기 시

1986년 10월 24일

	종가	10월 21일 대비 변화(%)		종가	10월 21일 대비 변화(%)
독일 마르크	2.0355	-2.6	S&P 500	238.26	+1.0
일본 엔	161.7	-4.3	미국 국채	95 $^{29}/_{32}$	+1.3
영국 파운드	1.413	-1.5	유로달러	93.99	+.1
금	407.5	-4.2	원유	15.02	-1.1
			일본 국채	101.95	+.6
퀀텀펀드 자본			$1,455,000,000		
주당 순자산가치			$9,214		
1986년 10월 21일 대비 변화			-2.2%		
1985년 8월 16일 대비 변화			+110.4%		

포트폴리오 구조(단위: 100만 달러)

투자 포지션(1)	롱	숏	10월 21일 대비 순변화(2)	순통화 노출(6)	롱	숏	10월 21일 대비 순변화(2)
주식				독일 마르크 관련	792		-524
미국 주식	1,069	(123)	-50	일본 엔		(735)	-631
미국지수선물		(675)	-96	영국 파운드	2		-1
해외 주식	523		-49	미국 달러	1,396		+1,123
채권(3)				기타 통화	216		-19
미국 국채							
단기(4)							
장기		(465)	+1				
일본(5)	1,234		-373				
상품							
석유	99		-3				
금	80		-42				

작했다. 달러가 회복세를 보이면서 금리 상승 가능성이 적다는 주장이 힘을 잃고 있고, 만일 국채가 반등하면 S&P 선물 매도 포지션이 흔들릴 수 있다. 이제 모든 참여자가 일본이 10월 국채 차환분을 매수할 것으로 예상하고 있으므로 그 전에 조치를 취해야 한다. 화요일에 7년 만기 국채 경매가 진행되는데 그때 거래를 해야 할 것이다. 입찰 성공 후 예상되는 반등장에서 매수 포지션을 매도하거나 줄일 수 있다.

현재 주식시장은 프로그램 매매와 포트폴리오 보험 제도가 지배하고 있다. 이러한 제도는 근본적으로 불건전하다. 하락장에서 사실상 마음의 평안을 준다는 명분 아래 손실을 보장할 뿐이다. 하락이 계속되거나 투자자가 약세장에서 헤지를 해제할 만큼 강인한 정신력이 있는 경우에만(사실 그럴 가능성은 거의 없다. 그런 성격의 소유자라면 애초에 포트폴리오 보험을 매수하지도 않았을 테니까) 수익을 실현할 수 있다. '포트폴리오 보험'이라는 표현 자체가 생명보험에 비유한 잘못된 표현이다. 죽음은 언젠가는 일어나니 확정된 사실이지만, 폭락은 확실하지 않기 때문이다.

주식시장의 반등은 포트폴리오 보험의 결함을 드러내고, 그 후에 시장은 하락하기에 더할 나위 없이 좋은 위치에 이를 것이다. 하락세에 이어 단기금리 인하가 뒤따를 것으로 예상된다. 그동안 주식시장은 최근에 기록한 고점을 찍을 수 있을지 재시험할 수 있을 것이다. 다른 조건이 동일하다면, 연말에는 앞서 세금 문제로 매도세가 촉발된 후 강한 회복세가 나타나게 된다. 물론 11월 선거도 시장에 영향을 미치겠지만 어떻게 영향을 줄지는 아직 알 수 없다.

1986년 11월 1일 토요일

정신없이 바쁘고 힘든 한 주였다. 사우디아라비아가 새로운 네트백 거래를 하기로 결정하면서 이번 주는 유가 폭락으로 시작했다. 나는 폭락을 앞두고 원유 포지션 대부분을 청산할 수 있었지만, 유가 하락으로 인해 나머지 계획을 실행하는 데 더 많은 비용을 들여야 했다. 그럼에도 화요일 오후까지 주가지수 매도 포지션의 절반을 환매수했고, 5억 달러 규모의 국채 매도 포지션에서 8억 달러 규모의 매수 포지션으로 전환했다. 하지만 7년 만기 채권 경매의 결과는 그리 좋지 못했고 (내가 가장 많이 매입했을 것이다), 나는 화요일 밤까지 모든 포지션에서 손실을 보고 있었다. 그때 두 가지 예기치 않은 일이 발생했다. 아흐메드 자키 야마니Ahmejd Zaki Yamani가 사우디아라비아 석유장관직에서 해임되었고, 일본 할인율이 인하될 것이라는 징후가 나타났다. 갑자기 내 포지션의 전망이 밝아졌다. 나는 이 기회를 이용해 일본 부동산 관련 주식 비중을 줄이고 미국 국채 비중을 12억 달러로 늘렸다. 또한 독일 마르크를 매수하고 엔을 매도하는 교차 포지션도 10억 달러로 늘렸다. 2억 5000만 달러 상당의 독일 마르크를 추가로 매수해 달러에 대해 어느 정도 순매도 포지션을 구축했다.

결과적으로 미국 채권을 추가로 매입한 시기는 그리 적절하지 못했다. 사우디아라비아의 신임 석유장관이 OPEC 가격조정위원회의 긴급회의를 소집하면서 유가가 급격히 반등했기 때문이다. 상황은 지극히 혼란스럽지만, 현재 이러한 변화가 곧 이란의 승리를 의미하며 사우디

1986년 10월 31일

	종가	10월 24일 대비 변화(%)		종가	10월 24일 대비 변화(%)
독일 마르크	2.0661	-1.5	S&P 500	243.98	+2.4
일본 엔	163.25	-1.0	미국 국채	98 $^3/_{32}$	+2.3
영국 파운드	1.4065	-.5	유로달러	94.11	+.1
금	403.60	-1.0	원유	15.27	+1.7
			일본 국채	102.96	+1.0
퀀텀펀드 자본				$1,469,000,000	
주당 순자산가치				$9,296	
1986년 10월 24일 대비 변화				+0.9%	
1985년 8월 16일 대비 변화				+112.3%	

포트폴리오 구조(단위: 100만 달러)

투자 포지션(1)	롱	숏	10월 24일 대비 순변화(2)	순통화 노출(6)	롱	숏	10월 24일 대비 순변화(2)
주식				독일 마르크 관련	1,280		+488
미국 주식	1,015	(99)	-30	일본 엔		(955)	-220
미국지수선물		(327)	+348	영국 파운드	3		+1
해외 주식	460		-63	미국 달러	1,141		-255
채권(3)				기타 통화	201		-15
미국 국채							
단기(4)							
장기	1,073		+1,538				
일본(5)	1,232		-2				
상품							
석유		(28)	-127				
금	79		-1				

아라비아는 석유 판매량을 줄이게 될지라도 가격을 인상할 것이라는 분석이 지배적이다. 나는 현재 상황을 다르게 해석하지만 아직 확신이 서진 않는다. 내가 보기에 사우디아라비아는 공개적으로 유가를 18달러에 고정하겠다는 입장을 취할 테지만, 네트백 거래를 포기하지 않은 채 모든 수단을 동원해 시장 점유율을 높이려 할 것이다. 전면적인 감산 없이 유가를 18달러로 유지하는 것은 불가능하므로 아마도 협상은 결렬되어 또다시 가격 전쟁이 벌어질 것이다. 사우디아라비아는 이란의 화를 돋우지 않도록 주의해야 한다. 나는 다시 석유를 공매도하기 시작했는데 많은 위험을 부담할 여유가 없어 매도 물량은 소량에 그쳤다. 채권에서는 이미 충분히 위험에 노출되어 있다. 채권에서 너무 늦지 않게 일이 잘 풀린다면, 석유 부문에서 좀 더 과감하게 나설 수 있을 것이다.

지난 이틀 동안 경제 지표가 호조를 보이면서 내 전략적 포지션을 약화시켰다. 달러는 반등했지만, 특히 금요일에 일본과 미국의 공동 성명이 발표되자 엔과 독일 마르크로 구성된 교차 포지션이 유리하게 돌아섰다(433쪽 도표 참조). 일본과 미국의 공동 성명은 교차 포지션의 근거가 되는 명제를 확인해 준다. 바로 달러에 대해 어떤 압력이 가해지든 그 영향은 유럽 통화와 아마도 금에 집중된다는 것이다. 그러나 미국 경제가 예상보다 견고한 것으로 드러나면 변동성이 큰 독일 마르크가 엔보다 더 많이 하락할 수 있다. 따라서 교차 포지션에 위험이 없는 것은 아니지만, 달러가 더 강세를 보일 것 같진 않다. 나는 주로 채권과 교차 포지션(채권 매수, 주가지수 매도)에서 위험을 안고 있다. 경제 지표는 세제 개혁 전에 일시적인 회복세를 보여줄 뿐이므로 이러한 지표에 대해 과도하게 걱정하지 않으며 유가에 대해서는 내 나름대로 관점을 취하고자 한다.

한편 다음 주 화요일에 치러질 선거가 끼칠 영향을 가늠할 수 없어 걱정된다. 문제는 거시적 조치(중국으로 떠나기 전에 설정한 헤지로 비싼 대가를 치러야 했다)와 투자 포트폴리오에서 이미 손실이 발생한 탓에 내가 감당할 수 있는 손실 한도가 줄어들었고, 이러한 현상이 계속 생겨날 거라는 점이다. 나는 좀 과도하게 위험에 노출된 것 같아 불안한 마음을 지울 수 없다.

1986년 11월 8일 토요일

나는 국채 입찰에 베팅했지만 초기에 올린 수익이 손실로 바뀌면서 실패를 맛보게 되었다. 결국 손실을 제한하기 위해 포지션을 줄였다. 석유 관련 뉴스에 모순이 있었고, 나는 뒤로 물러나 사태를 지켜보기로 했다. 동시에 금 포지션도 처분했다. 내가 보유한 포지션은 총 세 가지 유형으로 구성되어 있다. 먼저 채권을 매수하고 주가지수를 매도해 구축한 교차 포지션은 임시방편이다. 둘째로, 일본 채권 매수 포지션은 점진적으로 청산하거나 부분적으로 독일 채권으로 전환할 예정이다. 마지막으로, 통화 포지션은 타당한 근거에 기반해 구축했다.

최근 내가 취한 거시적 조치에서 대부분 손실이 발생했지만, 엔 매

도표 12.16. 일본 엔, 독일 마르크, 미국 달러 환율

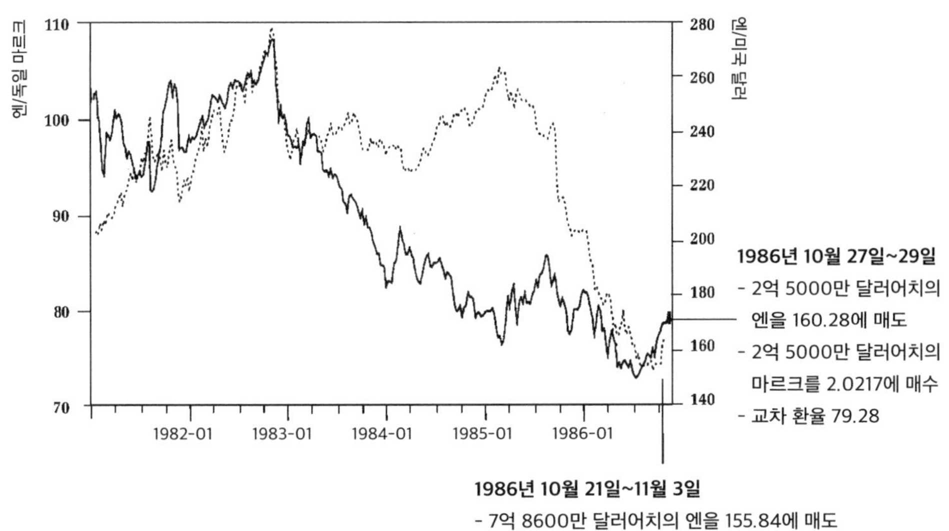

도 결정만큼은 수익을 안겨주었다. 엔 포지션에서 올린 수익은 다른 포지션에서 발생한 손실을 상쇄하거나 독일 마르크 포지션에서 올린 수익을 지키는 데 이용될 수 있는데, 둘 중 하나만 가능했다. 어느 쪽이든 내가 취한 거시적 조치는 투자 포지션의 악화를 막지 못했고 펀드의 자산 가치는 하락했다.

지금이야말로 실시간 실험을 종료하기에 적절한 시점이다. 실험이 일일 매매 활동 기록으로 변질되고 있기 때문이다. 이 실험에 흥미가 없는 것은 아니다. 나는 모든 것을 감안할 때 긍정적인 결과를 가져다주는 듯한 확률적 시행착오 방법을 따르고 있다. 하지만 오류가 많아 다소 혼란스럽다. 실험의 본래 목적에서 다소 멀어지기도 했다. 독자에

1986년 11월 07일

	종가	10월 31일 대비 변화(%)		종가	10월 31일 대비 변화(%)
독일 마르크	2.0610	+.2	S&P 500	245.77	+.7
일본 엔	163.00	+.2	미국 국채	$96\,{}^{10}/_{32}$	-1.8
영국 파운드	1.4310	+1.7	유로달러	93.92	-.2
금	388.60	-3.7	원유	15.17	-.7
			일본 국채	103.09	+.1

퀀텀펀드 자본	$1,461,000,000
주당 순자산가치	$9,320
1986년 10월 31일 대비 변화	+.3%
1985년 8월 16일 대비 변화	+112.8%

포트폴리오 구조(단위: 100만 달러)

투자 포지션(1)	롱	숏	10월 31일 대비 순변화(2)	순통화 노출(6)	롱	숏	10월 31일 대비 순변화(2)
주식				독일 마르크 관련	1,334		+54
미국 주식	1,022	(71)	+35	일본 엔		(956)	-1
미국지수선물		(544)	-217	영국 파운드	7		+4
해외 주식	436		-24	미국 달러	1,076		-65
채권(3)				기타 통화	201		0
미국 국채							
단기(4)							
장기	750		-323				
일본(5)	983		-249				
상품							
석유		(28)	+28				
금	41		-38				

게 1단계만 진행했을 때보다 더 균형 잡힌 실험을 보여줄 수 있다면 한동안 버거울지라도 거대한 거래 조치 과정을 단계별로 설명할 가치가 있겠지만, 전부 다루기에는 한계가 있으니 이쯤에서 멈추고 본래의 문제, 즉 제국적 순환에 내재된 모순을 해결할 방법으로 되돌아가야겠다. 그런데 대중을 상대로 내 생각을 기록하고 공개하는 데 열중하느라 실수를 즉시 인식하고 바로잡는 일에 차질이 빚어지지 않을지 우려도 된다. 수정을 거치면 기록이 더욱 산만해지기 때문이다. 나는 지금 중국으로 떠나기 전에 설정해 놓은 헤지로 인해 너무 큰 대가를 치러야 했기 때문에 지금도 그 헤지에 대해 고민하고 있다.

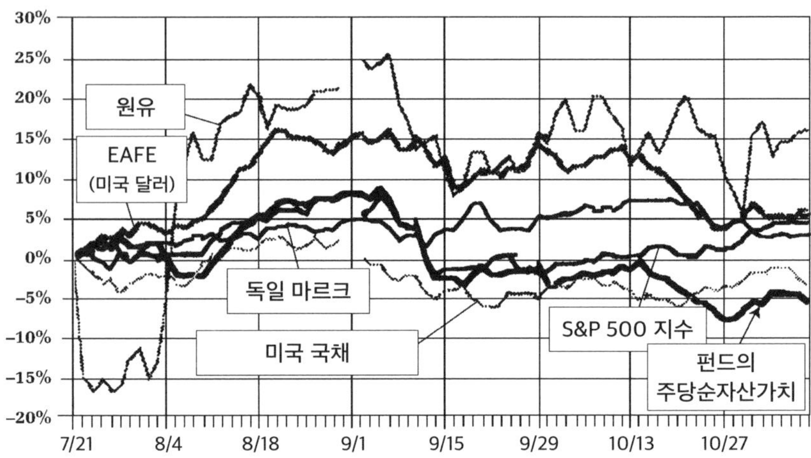

도표 12.17. 시장 대비 펀드의 주당순자산가치(2단계: 1986년 7월 21일~11월 7일)

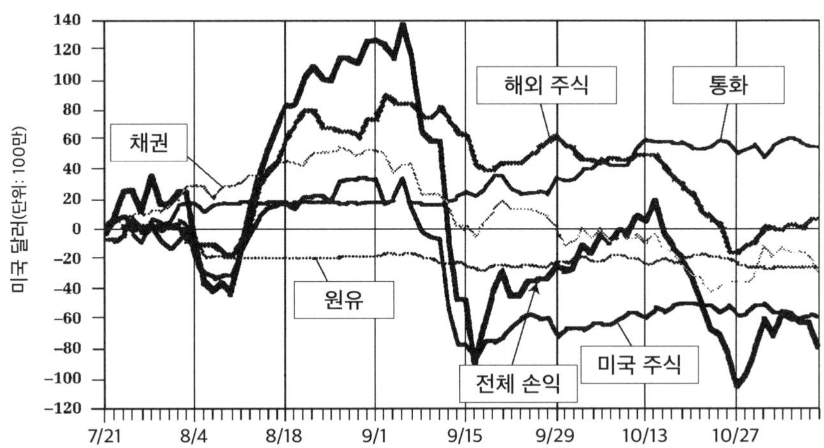

도표 12.18. 펀드 손익(주요 포지션 분석)

참고:

(1) 모든 가격은 첫날 대비 변동률로 계산했다.

(2) EAFE는 유럽, 호주, 극동 주식시장에 대한 미국 달러 기준 모건스탠리의 국제 자본 지수다.

(3) 유가와 국채 가격은 가장 최근 선물 계약의 종가다.

(4) 통화 손익은 선도 계약과 선물 계약만 포함한다. 해외 주식의 손익은 포지션의 통화 손익을 포함한다.

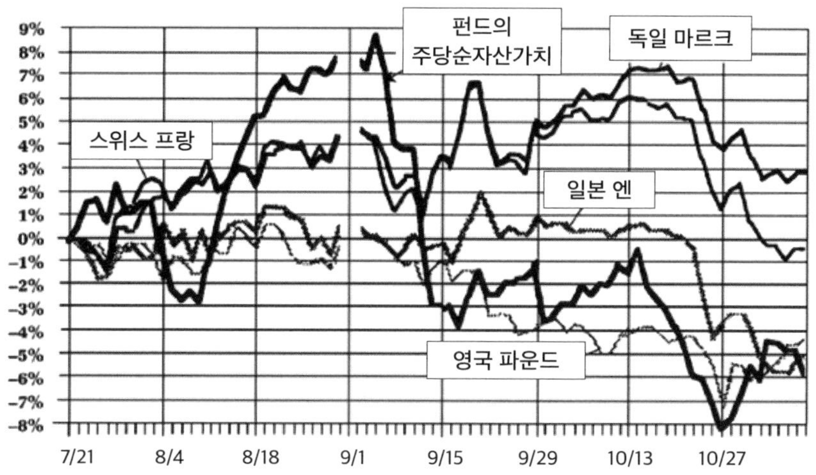

도표 12.19. 통화 가격(2단계: 1986년 7월 21일~11월 7일)

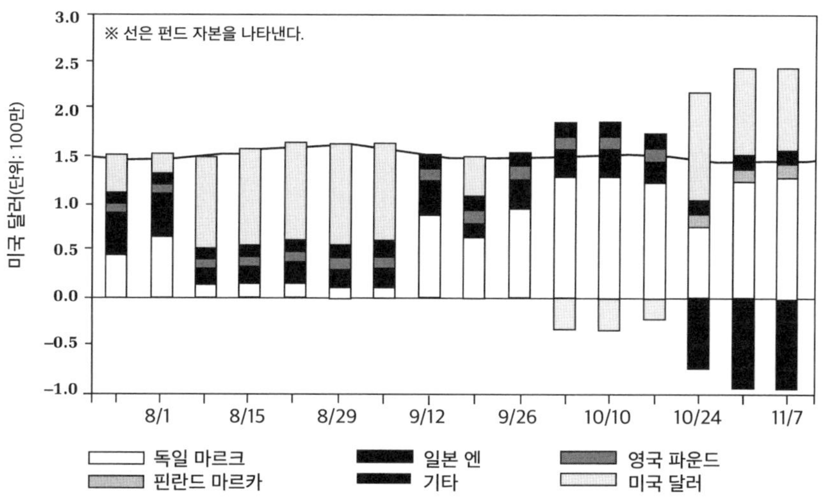

도표 12.20. 순통화 노출

참고:

(1) 미국 달러로 표시된 가격은 첫날 대비 변동률로 계산했다. 뉴욕 시장의 종가가 사용되었다.

(2) 순통화 노출은 주식, 채권, 선물, 선도, 현금, 증거금을 포함하며 펀드의 총자기자본과 같다. 미국 달러 매도 포지션은 통화 노출이 펀드의 자기자본을 초과하는 금액을 나타낸다.

(3) 통화 노출은 주말 기준으로 표시되었다.

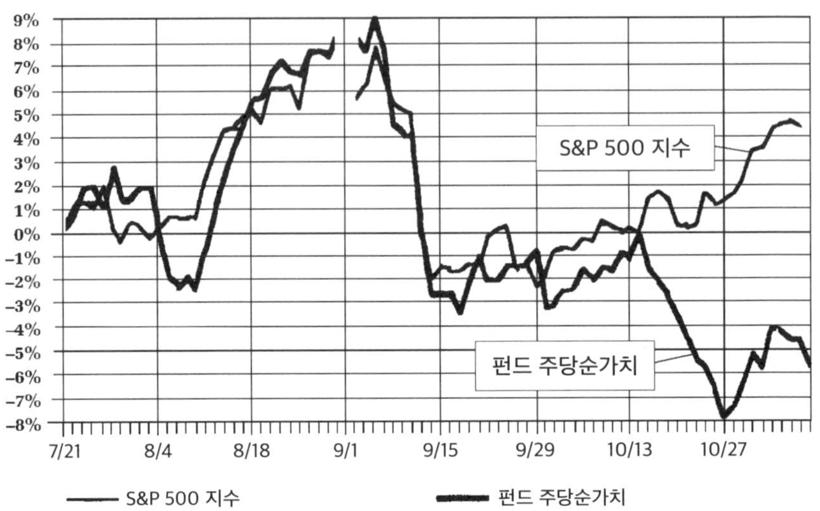

도표 12.21. 미국 주식시장(2단계: 1986년 7월 21일~11월 7일)

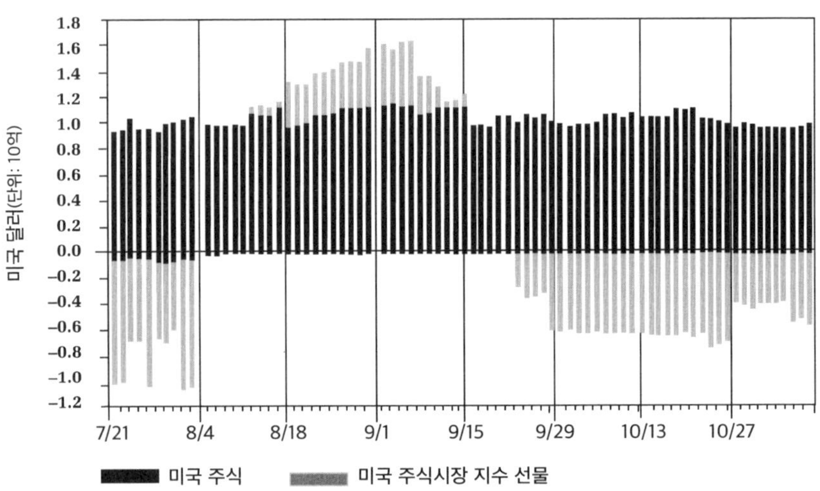

도표 12.22. 미국 주식시장 포지션

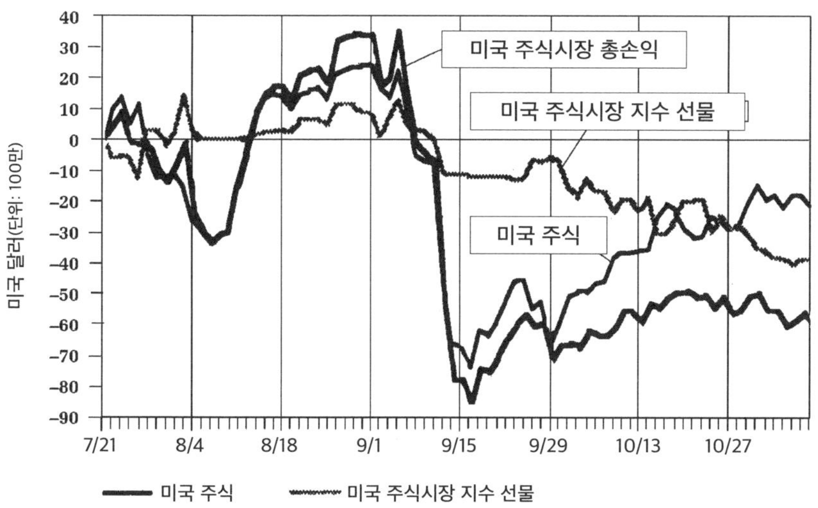

도표 12.23. 미국 주식시장 손익

참고:

(1) 미국 주식시장 총손익은 주식 포지션과 지수 선물을 포함한다.

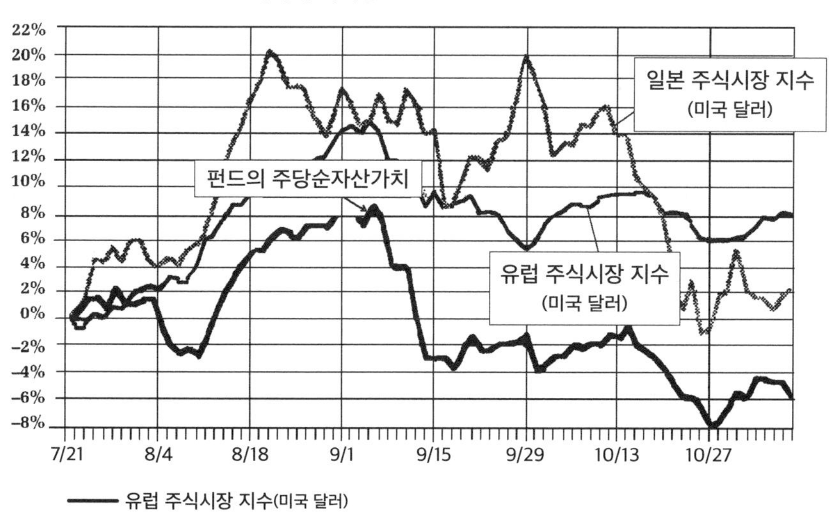

도표 12.24. 해외 주식시장(2단계: 1986년 7월 21일~11월 7일)

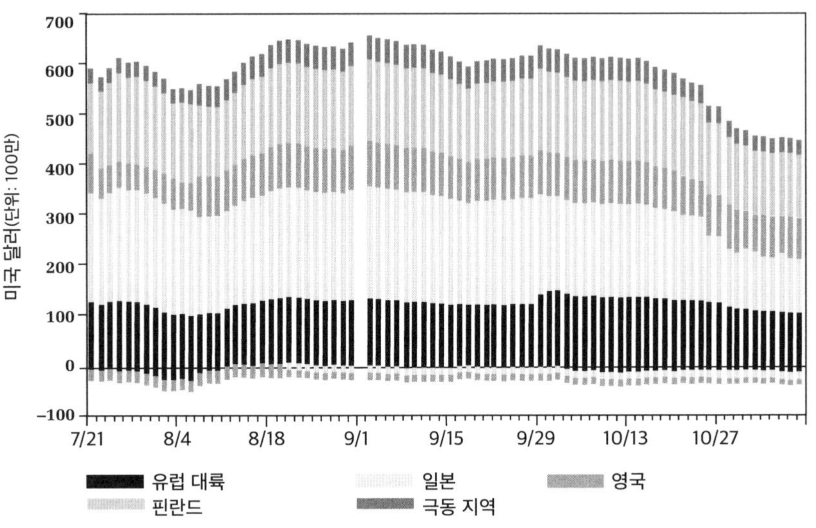

도표 12.25. 해외 주식 포지션

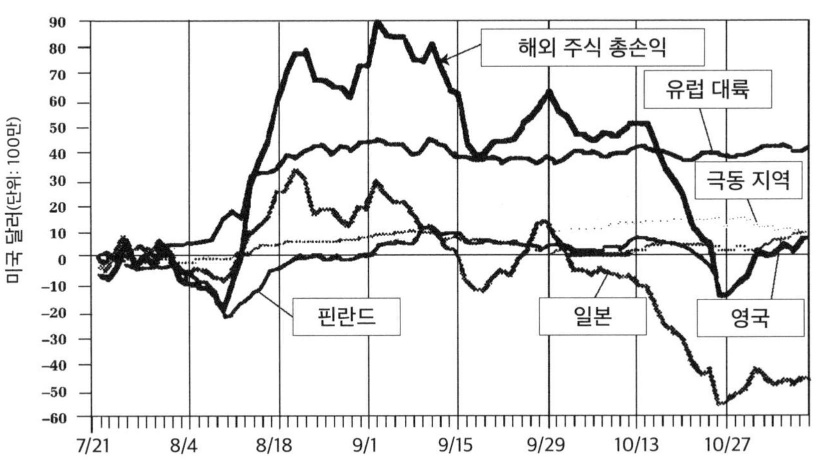

도표 12.26. 해외 주식 손익

참고:

(1) 해외 주식시장 총손익은 해외 주식 포지션에 대한 환전 손익을 포함한다.

(2) 극동 지역 포지션은 홍콩, 한국, 대만, 호주, 태국을 포함한다.

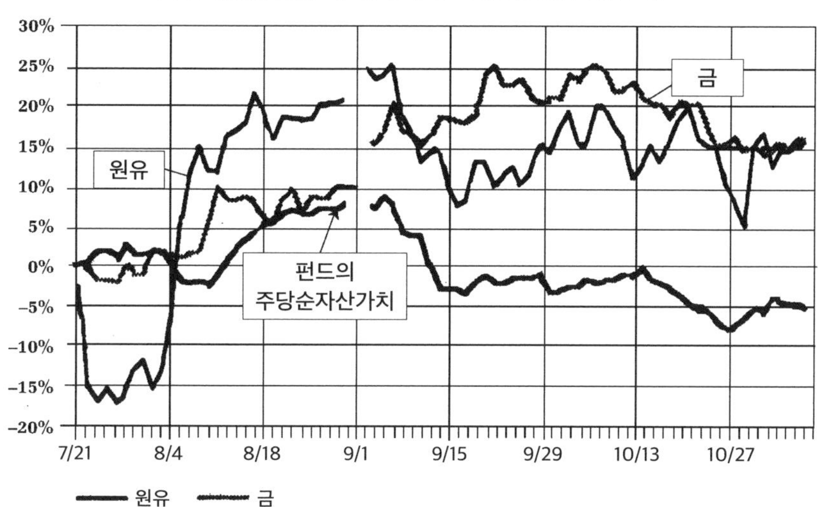

도표 12.27. 상품 가격(2단계: 1986년 7월 21일~11월 7일)

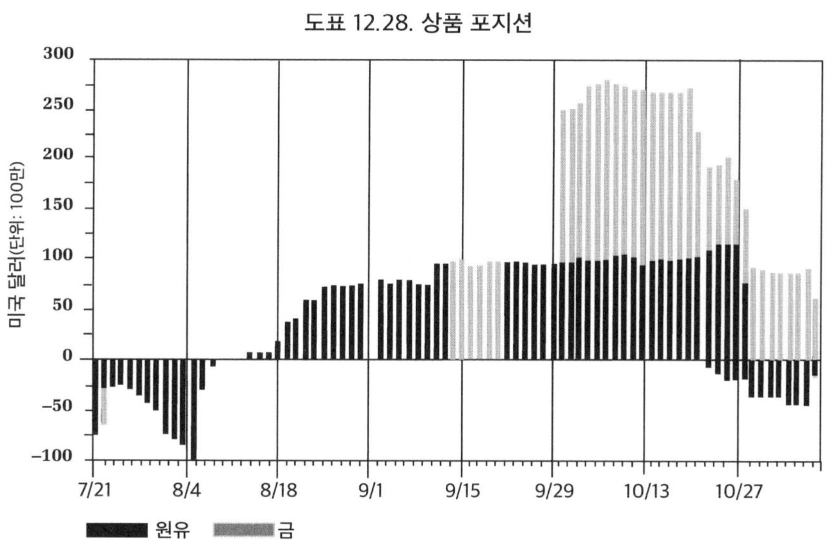

도표 12.28. 상품 포지션

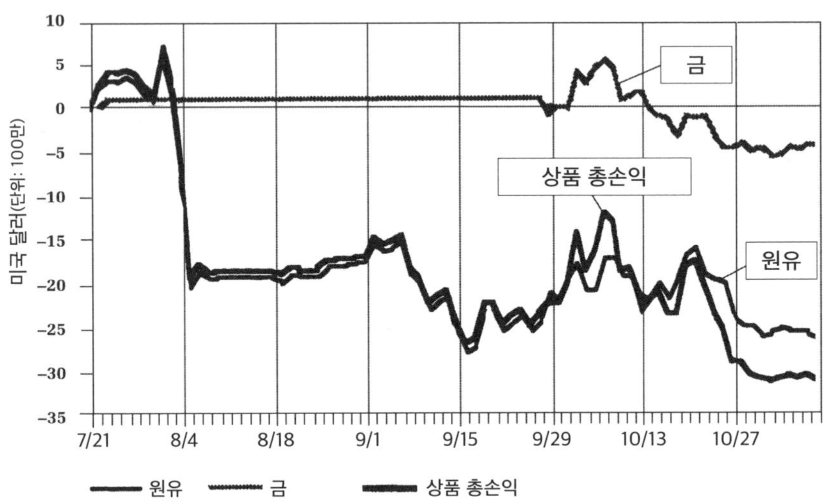

도표 12.29. 상품 손익

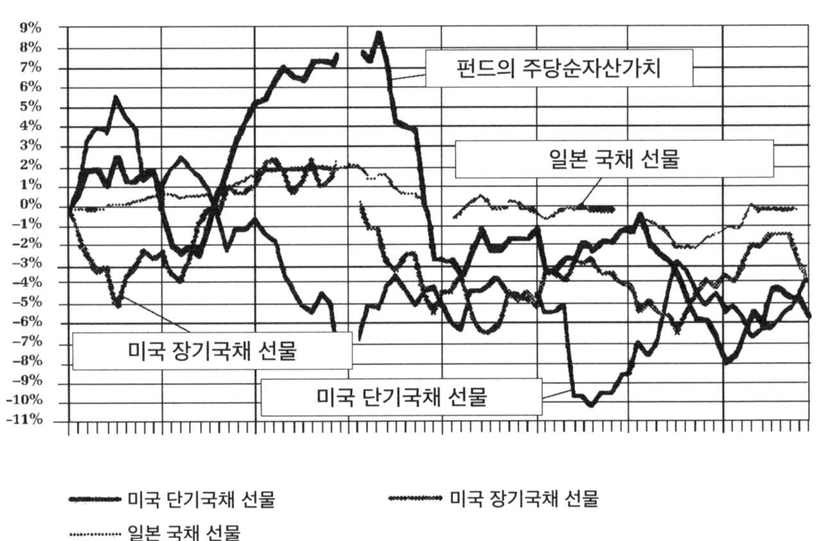

도표 12.30. 채권(2단계: 1986년 7월 21일~11월 7일)

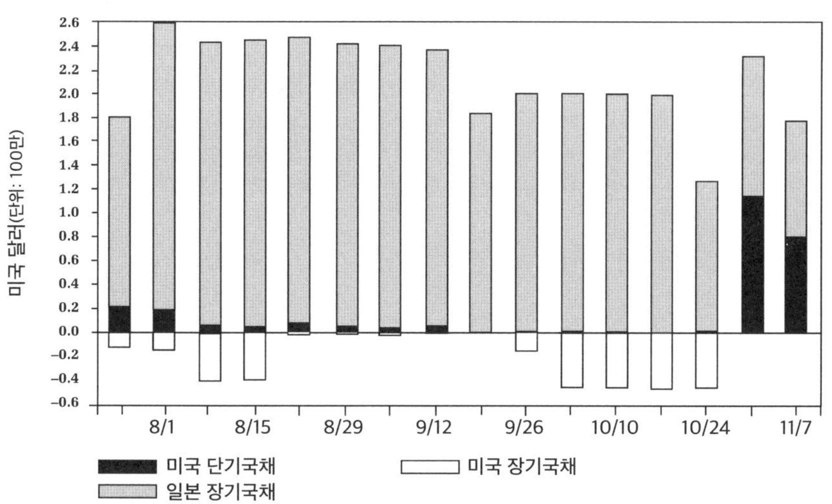

도표 12.31. 채권 포지션

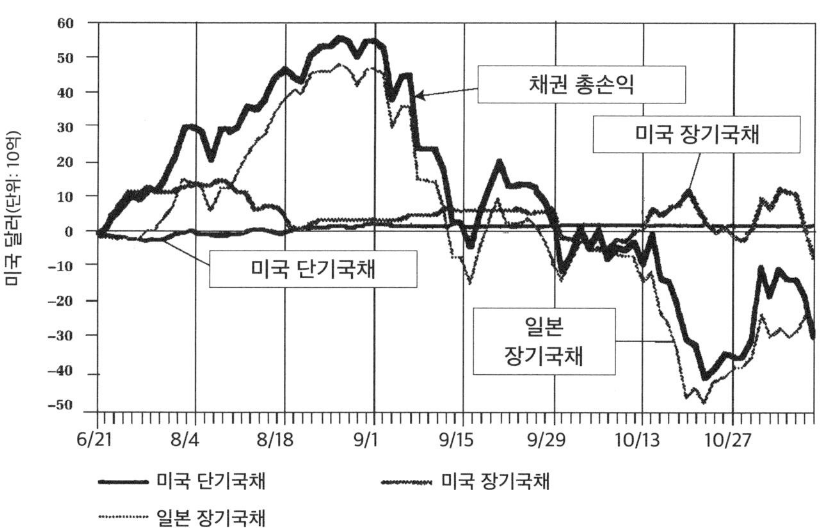

도표 12.32. 채권 손익

참고:

(1) 미국 단기국채 포지션과 손익은 단기국채, 유로달러 선물, 만기가 2년 이하인 중기국채를 포함한다.

(2) 모든 미국 국채는 30년 만기 국채를 기준으로 환산했다. 환산 기준은 주어진 수익률 변화가 가격에 미치는 영향이다. 예를 들어, 액면가 1억 달러인 4년 만기 미국 중기국채를 30년 만기인 미국 국채의 시장가치로 환산하면 2850만 달러에 해당한다.

(3) 일본 국채 선물은 미국 국채보다 변동성이 훨씬 적다. 예를 들어, 1986년 6월 30일 기준으로 액면가 1억 달러인 일본 국채는 30년 만기 미국 국채 약 6620만 달러와 동일한 변동성을 갖는다. 여기서는 이 차이를 조정하지 않았다.

(4) 포지션은 주말 기준으로 표시했다.

13장   종결: 1986년 11월

'일생일대의 강세장'은 너무 일찍 끝났다. 또 다른 강세장이 나타날 가능성을 배제하지는 않지만, 그것은 분명 이번과는 다른 양상으로 전개될 것이다.*

'일생일대의 강세장'이 중단되었다는 사실 자체가 전반적인 상황에 대해 귀중한 통찰을 제공한다. 경제에 대혼란을 주기 전에 강세장이 조기에 종결된 것은 이번 사건뿐만이 아니다. 제국적 순환도 그러했다. 찾아보면 다른 사례도 많을 것이다. OPEC은 거의 해체 직전까지 갔지만, 의견 차이가 벌어지자 회원국들은 결국 벼랑 끝에서 물러났다. 국제 대출도 마찬가지다. 나는 집단 대출을 비상 상황에서 탄생한 제도

---

*   O 추가. 1987년 1월: 나는 너무 성급하게 단정 지었다. 하지만 시장이 장밋빛 전망에 도취되면 이번 장에서 설명할 '벼랑 끝' 위기 모델이 더욱 적절하게 활용될 것이다.

로 분석했다. 집단 대출이 생존하려면 비상 상황이 필요하고, 이 제도
는 또한 스스로를 계속 유지하는 데 필요한 비상 상황을 만들어내도록
구조화되어 있다. 자유 변동환율의 경우, 나는 환율이 점증적으로 불안
정하다고 주장했다. 이 불안정성의 여파가 감당할 수 없을 정도로 확
대되기 전에 G5가 개입해 관리 변동환율 제도로 전환했다.

이러한 관점에서 바라보면 미국의 재정 적자는 또 다른 사례가 된
다. 나는 1985년에 재정 적자가 정점을 찍은 후 그램-러드먼 개정안
여부와 상관없이 이것이 점진적으로 개선되기 시작할 거라고 예상했
다. 이제 나는 이 견해를 수정해야 한다. 실제로 1985년에 재정 적자가
절정에 이르렀지만, 그 정점이 반대 방향으로 향하는 기점이 되진 않
았다. 위기가 잦아들자 위기에 대처하는 우리의 의지도 함께 사그라들
었다. 재정 적자는 거의 줄어들지 않았고, 얼마든지 쉽게 확대되어 다
시 위기 상황을 불러올 수 있다.

벼랑 끝으로 몰려도 결국은 살아난다?

우리는 이러한 사례를 일반화해서 하나의 가설을 세울 수 있다. 바로
금융 체계가 벼랑 끝으로 몰리다가 위기를 넘기고 다시 반등하는 경향
이 있다는 가설이다. 이 가설은 우리 경제가 경기 침체에 빠졌다가 다
시 반등하는 경향과 잘 부합한다. 두 경향 사이에는 논리적 연관성이
있다. 바로 경기 침체의 위험이 구제책을 촉발한다는 점이다. 우리는

금융 체계가 벼랑 끝으로 내몰릴 때마다 위기를 극복하고 다시 회복할 거라고 기대할 수 있지만 꼭 그럴 거라고 확신할 수는 없다. 오히려 확신에 찰수록 그렇게 되지 않을 위험이 커진다. 우리는 이를 자기파괴적 예언 체계라고 부른다.

내가 설명할 체계는 고전 경제 이론의 조정 과정과 어느 정도 유사하다. 결국 자기파괴적 예언은 일종의 자기조정 메커니즘이다. 하지만 몇 가지 결정적인 차이점이 있다. 첫째, 고전적 조정 과정은 균형으로 향하는 경향이 있지만 자기파괴적 예언 체계는 그러한 경향이 없다. 둘째, 여기서 설명된 방식은 실물경제보다는 금융 체계의 변동성을 중시한다. 고정자산에서 금융자산으로 이동이 이뤄진다. 특정 산업의 경기는 환율에 따라 오르내리지만, 전반적으로 금융 경제를 유지하기 위해 실물경제가 희생되고 있다고 말할 만하다. 이와 같은 근본적인 불안정성은 긴장을 고조해 정치적 수단을 불러올 수 있다. 주된 위험은 국내의 보호무역주의와 채무국의 상환 거부이며, 이것이 바로 금융 체계의 불안정성을 키우는 요인이다.

하지만 항상 그런 것은 아니다. 1973년 고정환율 제도가 붕괴한 이후로 상황은 점점 더 불안정해졌고 그 붕괴 자체가 불안정성의 신호였지만, 우리가 처음으로 위기에 처한 시점은 1982년이었다. 1982년 이전과 이후의 상황에는 질적인 차이가 있는 것 같다. 1982년 이전에는 상황이 악화되었지만 근본적으로 금융 제도가 존속할 수 있었기 때문에 붕괴가 허용되었다. 그러나 1982년 이후 금융 체계는 기본적으로 불건전해졌고 단지 붕괴의 위협 속에 유지되어 왔다. 체계를 더 건전한 기반 위에 재편할 수 있을지에 대해서는 17장에서 논할 것이다. 여기서는 지금 설명하고 있는 체계를 신용과 규제 주기의 개념과 조화시켜야 한다.

정상적인 주기의 패턴이 깨졌다는 것은 처음부터 분명히 드러난 사실이었다. 나는 우리가 미지의 영역을 지나고 있다고 강조한 바 있다. 하지만 이 사실에 함축된 의미를 이해하지 못했고, 주기를 보여주는 기존 도표를 사용해 이 미지의 영역을 탐색하려 했다. 계속 길을 잃은 것은 당연했다! 처음에는 제국적 순환의 출현에 놀랐고, 실험을 진행하는 과정에서 자본주의 황금기가 너무 일찍 끝나버린 것에 놀랐다. 2단계 실험에서는 호황과 불황 패턴이 현재 상황을 설명하기에 부적절하다는 점을 깨달았다. 우리에게는 다른 모델이 필요하다. 이는 마치 레코드판에 새겨진 홈에 바늘이 잘못 걸려 음악이 제대로 재생되지 않는 것과 같다. 우리는 좀 더 구체적으로 분석해야 한다.

정상적인 신용 주기의 흐름은 당국이 개입하면서 중단되었다. 따라서 당국의 태도에서 실마리를 찾아야 한다. 당국은 재난이 닥치면 협력하고, 위험이 사라지면 분열한다. 이것이 '벼랑 끝으로 내몰리는' 현상의 핵심 메커니즘이다. 집단 대출 제도는 전형적인 사례지만, 앞서 언급한 환율 제도와 재정 적자, OPEC, 1929년과 같은 강세장 등 다른 사례들도 이 패턴에 부합한다. 이 메커니즘은 불황이 치명적인 결과를 몰고 올 때만 작동하므로 1982년 이후에만 작용했다. 때로는 환율 제도와 '일생일대의 강세장'처럼 절정에 도달하기 전에, 때로는 국제 부채 위기나 OPEC처럼 절정에 도달한 뒤에야 효과가 나타난다.

당국이 개입했는데도 지속적인 추세 반전이 이뤄지지 않는 이유는 무엇일까? 여기에는 두 가지 요인이 작용한다. 첫째, 과거에 발생한 과잉이 해소되지 않고 억제되기만 해서 그 상처가 계속 곪아간 것이다. 악성 부채의 누적이 바로 이를 보여준다. 둘째, 질서 정연한 조정이나 억제만으로는 지배적인 편향을 결정적으로 반전시키기에 충분하지 않을 수 있다. 예를 들어, 은행들은 1982년 이후에도 확장적 기조를 이어가고 있고, 특히 신뢰가 심각하게 훼손되지 않은 미국에서는 강세장의 분위기가 다시 쉽게 달아오를 수 있다. OPEC의 경우 1986년의 경험이 재발 방지에 필요한 결속력을 형성하기에 충분했는지 아직 두고 볼 일이다.

두 요인의 영향은 경우에 따라 다르게 나타난다. 결과적으로 명확한 주기적 패턴이 아니라 훨씬 뚜렷하지 않으면서 다채로운 패턴이 나타나게 된다. 어떤 추세는 완전히 반전되고, 어떤 추세는 일시적으로 완화되며 그 외 추세는 다양한 형태로 나타난다. 예컨대, 1984년에 은행 규제가 강화되었을 때 많은 위험이 금융시장으로 전가되었다.

이 모든 것은 어떻게 끝이 날까? 이론상으로 경제는 무한정 벼랑 끝으로 몰릴 수 있지만 어떻게든 구렁텅이에서 벗어날 것이다. 세상에 영원히 지속되는 것은 아무것도 없기 때문이다. 그 방식은 두 가지 중 하나로 나타날 수 있다. 사고로 인해 제도가 무너지거나, 경제가 모든 과잉에서 서서히 벗어나 벼랑 끝으로 향하지 않을 수도 있다. 위기에서 위기로 넘어가는 과정에서 많은 과잉이 조정을 겪는다. 현재 은행들은 1982년만큼 위험에 노출되어 있지 않다. 채무국에서는 많은 구조적 변화가 일어났고, 미국의 재정과 무역 적자는 모두 정점에 이른 것으로 보인다. 1929년과 같은 호황은 조기에 끝난 듯하다. 반면에 금융 자산은 '실질적인' 부의 창출 속도를 능가하는 속도로 계속 축적되고 있으며, 이러한 불균형은 조정되어야 할 과잉 중 하나다.

긍정적인 해결책으로는 환율의 안정성 증대, 실질금리의 지속적인 하락이 있다. 또 주가가 상승해 '실물' 자산 투자가 증권 매수보다 더 큰 수익을 낼 수 있는 지점까지 도달해야 한다. 연방 정부가 현재 금리 로 계속 자금을 빌리는 한 그 지점에 도달할 방법을 찾기란 쉽지 않다. 반면에 부정적인 해결책은 늘어나는 금융 불안정성, 보호무역주의, 전 세계적인 경기 침체, 금융자산에서 유동자산으로의 자금 이동 등을 수 반할 것이다. 어떤 결과가 나올지는 예측할 수 없다.

내가 도출한 모델은 호황과 불황 모델보다 예측력이 부족하다. 호황 과 불황 모델은 적어도 사건의 방향과 순서를 알려주지만, '벼랑 끝' 모 델은 시장이 절정에 이르렀다고 해서 반드시 추세 반전이 뒤따르진 않 으므로 사건의 방향과 순서를 설명하지 못한다. 그렇다고 해서 이 모 델이 설명력이 없는 것은 아니다.

다음 벼랑에 대한 전망

실험을 시작할 때 제기한 '최종 결과가 무엇인가'라는 질문에 대한 답 은 여전히 찾지 못한 상태다. 그런 점에서 실험의 2단계는 단번에 끝나 지 않고 서서히 사그라든다. 하지만 이와 관련해서 좀 더 확실한 답을 얻을 질문이 있다. 우리는 다음에 어느 벼랑 끝으로 몰릴 것인가? 이에 대한 정확한 답은 랜덤워크에서 수익성을 추구하는 행위로 투기를 전환하는 데 도움이 될 수 있다.

다음 위기는 분명히 보호무역주의일 것이다. 민주당이 의회에서 다수 의석을 차지하면 필연적으로 취하는 조치가 있고, 그러한 조치가 미칠 심각성은 경제활동의 속도에 따라 크게 영향을 받을 것이다. 지난 5년 동안 쌓은 경험으로 판단하건대, 보호무역주의 압력은 제도의 분열을 허용하지 않는 범위 내에서 수용될 것이다. 정부는 이미 이를 위해 의회와 협력할 의향이 있다고 밝혔다. 1987년에는 보호무역주의와 부채 탕감이 어느 정도 결합된 형태의 조치가 등장할 것이다.

금융 제도에 대한 궁극적인 도전은 전 세계에 불어닥친 경기 침체이며, 1987년 상반기는 그 점에서 엄격한 시험을 거치게 될 것이다. 1986년 4분기 경제활동 중 일부는 1987년에 시행될 세제 개혁안에 영향을 받을 것이다. 세제 개혁은 경제 내 왜곡을 제거하는 데 확실히 도움이 될 테지만, 과거의 과잉이 조정될 때 개혁의 부정적인 영향이 가장 심각하게 체감되기 마련이다. 오랫동안 기다리던 소비자 지출이 감소하는 때가 마침내 다가오고 있는지도 모른다. 게다가 일본 경제는 이미 취약하고 독일 경제는 점점 취약해지고 있다. 전 세계적인 경기 침체와 보호무역주의 법안이 맞물리면 우리를 벼랑 끝으로 내몰 수 있다.

경기 침체가 발생할 가능성은 얼마나 될까? 단순히 지난번 경기 침체가 발생한 지 4년이 흐른 시점이므로 또 다른 경기 침체가 임박했다는 주장은 설득력이 떨어진다. 경기 확장 국면에서는 통화 당국이 과열된 경제를 진정시키기 위해 경기 침체를 유도한다. 하지만 현재 경제는 확장 국면에 있지 않고 경기과열도 없다. 경제를 적극적으로 부양하지 않으면 경제가 자연스럽게 경기 침체에 빠지기 쉬운 신용 축소 국면에 있다고 주장하는 편이 더 설득력 있다. 경기 부양책이 어느 쪽에서 등장할지는 알기 어렵다. 하지만 통화 당국은 금리 인하를 적어도 한 차례 이상 단행할 수 있다. 달러 약세는 무역수지에 영향을 줄 수 있고, 유가 상승 전망은 재고 축적을 부추길 수 있다. 미국 경제는 경기 침체 대신 앞으로 몇 년 더 평균을 밑도는 수준의 성장을 경험할 수 있다. 사실 내 분석은 아직 결론에 이르지 않았다. 1987년 금융시장에는 어떤 일이 일어날까? 그것이 현재 진행 중인 실시간 실험의 주제가 될 것이다.

추가. 1986년 12월 29일

실험이 종료된 뒤에 두 가지 중요한 사건이 발생했다. 바로 보스키 사건과 OPEC 합의다. 두 사건은 모두 상승세를 암시했다. 보스키 사건은 기업 합병 광풍이 불러온 투기 과열에 극적인 전환점으로 작용했다. 다른 전환점과 다르게 이것은 제도를 위태롭게 하지 않으므로 그 여파가 고스란히 참여자들에게 전달될 것이다. 이에 따라 기업 구조조정이 중단되지는 않겠지만 그 속도는 둔화될 것이다. 정크본드로 향하는 자금 흐름은 역전되어 정크본드가 부담해야 하는 위험 프리미엄을 대폭 끌어올릴 것이다. 결과적으로 신용 대출에 대한 수요를 낮추고,

연준이 통화 공급을 완화하는 방향으로 이끌 것이다. 이 모든 영향은 국채, 그리고 간접적으로는 우량주에도 긍정적으로 작용한다. 우리는 채권시장이 OPEC 합의 소식에 크게 동요하지 않았다는 점에 주목해야 한다. 유가 상승은 재고 축적을 촉진하고 특히 1987년 1분기에 경제에 대한 하방 압력을 완화할 가능성이 크다. 나는 채권과 주식에 모두 투자한 상태에서 연말을 맞이하고 있다. 할인율이 내려갈 때까지 현재 포지션을 처분할 생각은 없다. 당장 예상되는 문제는 달러 약세다.

추가. 1987년 2월

'일생일대의 강세장'이 너무 일찍 끝났다는 판단은 분명히 시기상조였다. 주식시장은 해가 바뀌자마자 불황에서 벗어났고 얼마 지나지 않아 새로운 고점에 도달했다. 내가 강세장이 끝났다고 생각한 시점은 장기 자본 이득에 대한 세금 우대 정책이 폐지되면서 매도 압박이 발생해 상승세를 일시적으로 저지한 것에 불과했다. 매도 압력이 해소되자마자 시장은 다시 상승세로 돌아섰다.

현재의 주가 상승은 1982년 8월에 시작된 상승장의 세 번째 파동에 해당한다. 이 파동은 1985년 10월에 시작된 두 번째 파동과 같은 특징을 많이 보였지만 어떤 면에서는 더 상승한 단계에 걸맞게 더 빠르고 거칠게 진행되었다. 예를 들어, 첫 번째 매수세의 절정은 지난 파동보다 빨리 찾아왔고 더 급격한 가격 변동을 야기했다(S&P 선물은 6%를 기록했는데, 1986년에는 4.8%에 불과했다). 1929년 폭락으로 이끌었던 과거 강세장과 유사하다는 인식이 널리 확산되고 있다. 다우존스 평균 지수를 서로 겹쳐보면 놀라운 유사성을 보여준다(도표 참조). 로버트 프렉터Robert Prechter는 엘리어트 파동 이론에 근거해 시점을 예측하는 전문가로, 시장을 움직일 수 있는 이 시대의 예언자로 불린다. 실제로 그의 예측 덕분인지 1987년 1월 23일 주가는 1928년의 패턴에서 이탈하게 되었다.

일본 주식시장이 1986년 10월에 발생한 급격한 폭락에서 회복해 최근 새로운 최고점을 경신했다는 사실도 의미심장하다. 이러한 발전은 내 결론의 타당성과 적절성에 어떤 영향을 줄까? 강세장의 부활은 내가 실험 마지막에 발전시킨 '벼랑 끝' 모델과 잘 맞아떨어진다. 이 모델의 특징은 결정적인 추세 반전을 경험하는 대신 계속해서 같은 위기를 향해 나아갈 수 있다는 점이다. 이 모델이 강세장의 부활을 수월하게 수용할 수 있다는 점은 모델의 예측력이 매우 떨어진다는 내 주장을 뒷받침해 준다. 이 모델은 사건의 진행 경로를 이해하기 위한 개념적 틀을 제공할 뿐이다. 구체적인 예측은 사용자가 직접 해야 한다. 모델은 그저 지배적인 시장 기대가 자기파괴적일 가능성이 크다는 일반적인 가설만 제공한다.

사용자의 예측이 빗나갈 수 있다. 그렇다면 예측을 수정하는 것은 사용자의 몫이다. 금융시장 참여자라면 강력한 금전적 동기를 갖는다. 금융 자문가, 학자 또는 정치인의 경우 실수를 인정하기보다 일부러 애매모호하게 만드는 것이 더 유리할 수 있다. 이 모델도 그런 점에서 유용하다. 실제로 내가 '벼랑 끝' 모델을 만들어 사건의 경로를 예측

도표 12.33. 1980년대와 1920년대의 다우존스 지수(출처: 튜더 투자회사)

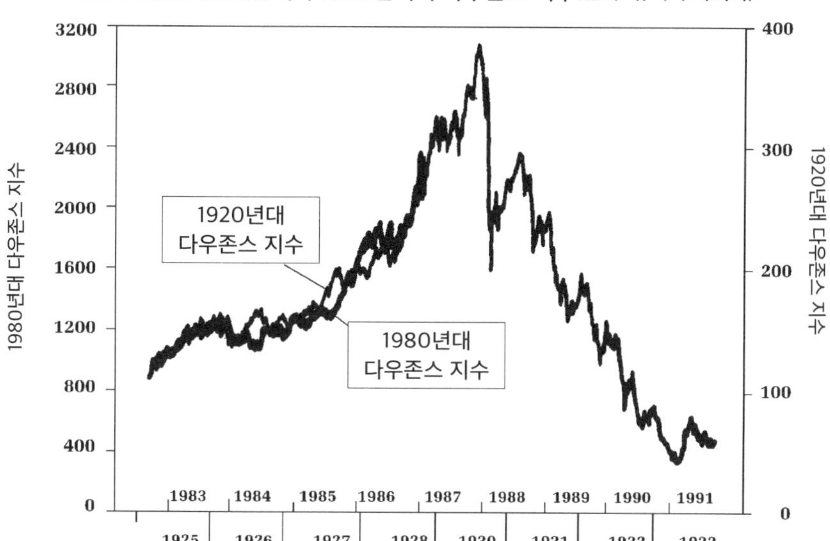

하지 못했다는 사실을 감추려 한 게 아니냐는 의문이 들 수도 있다. 만약 그렇다면 나는 큰 대가를 지불해야 할 것이다. 새로 재개된 강세장에 대응할 때 이 모델을 사용할 것이기 때문이다. 나는 현재 강세장이 1929년의 강세장과 유사하지만 1929년의 최고점에 도달하기 훨씬 이전에 중단될 것이라는 가정 아래 매매하고 있다.

분명히 시장의 내적 역학, 더 정확하게는 시장의 변증법적 요인으로 인해 반전이 일어나기까지는 갈 길이 멀다. 오히려 1986년 하반기의 조정과 달리 가치의 추가 하락은 호황의 '자연스러운' 수명을 연장시켰다. 호황이 다시 중단된다면 그 원인은 외부에 있어야 하는데, 이러한 외부적 제약이 무엇인지에 대해서는 이미 충분히 논의했다. 보호무역주의와 맞물린 경기 침체는 활황기보다 더 위험할 수 있다. 결국 통화 당국은 폭등을 용납하지 않겠지만, 적어도 미국 주식시장에서는 그렇게 폭등할 시점이 오려면 아직 멀었다.

하지만 일본은 다르다. 일본 주식의 가치 평가는 펀더멘털과 관련이 없어진 지 오래다. 일본에 만연한 저금리와 금리 하락 기조를 감안하더라도 현재의 주가수익비율PER은 과도하다. 게다가 많은 기업의 실적이 주식 거래를 통해 올린 이익으로 인위적으로 부풀려져 있다. 기업 이익에 대한 전망은 그리 좋지 않고, 기업들은 잉여 현금을 주식시장 투기에 쓰고 있다. 기업 투자자들을 유치하기 위해 설립된 전문 펀드들은 불법적으로 최저 수익률을 보장하고 있다. 1986년 10월, 주식시장이 폭락한 시기에 이러한 이른바 '특금特金 펀드'에 대한 정부의 조사가 대대적으로 보도되면서 큰 파장을 불러일으켰다. 하지만 시장은 안정을 되찾았고 1987년 초에 최고치를 경신했다. 호황은 얼마나 오래 지속될 수 있을까? 1986년에 이탈리아가 곧 닥칠 문제를 안고 있는 요주의 시장이었듯, 1987년에는 일본이 그러하다.

일본 주식시장의 동력은 유동성이며, 유동성은 취약한 경제와 엔화 강세가 결합해 만들어진다. 일본인 또는 외국인이 보유한 달러를 엔으로 환전하면 그중 일부가 주식시장으로 흘러 들어간다. 특히 중앙은행이 엔의 강세를 막기 위해 엔을 공급할 때 이러한 경향이 두드러진다. 중앙은행이 개입하지 않으면 적어도 엔 매도자가 달러 표시 자산을 얻기 위해 일본 주식을 매도하거나 매수하지 못할 가능성이 있다.

일본 정부는 해외 투자를 장려하는 캠페인을 벌여왔고, 전반적으로 자본 유출이 무역 흑자를 지속적으로 웃돌면서 매우 훌륭한 성과를 거두었다. 엔이 계속 강세를 보이는 것은 해외 자본 유입과 일본 투자자들의 헤지 덕분이다. 시장 참여자들이 추세가 바뀌고 있다는 확신을 얻어 헤지를 축소하게 되면 엔의 가치는 저절로 하락한다. 비록 주식시장 붕괴가 엔의 하락보다 선행하긴 했지만, 추세 전환은 지난 10월에 일어난 일이다. 또다시 같은 일이 일어날 가능성을 배제할 수 없다. 연말부터 엔 가치에 대한 상승 압력이 다시 높아졌고 주식시장 호황이 새롭게 재개되었다. 엔에 대한 압력이 완화되면 일본은행의 비자발적 매도는 엔 보유자의 자발적 매도로 대체될 것이다. 이때 유동성에 구멍이 생겨 엔이 새기 시작하면 부풀려진 주가 수준을 고려할 때 주가가 쉽게 무너질 수 있다.

오늘날의 일본과 1920년대 미국 사이에는 주목할 만한 유사점이 있다. 일본은 선도적인 경제 강국으로 부상하고 있지만, 일본 주식시장은 다른 경제 강국에 비해 그리 성숙하지 못하다. 일본과 미국의 유사성은 이게 전부다. 일본 당국은 전통적으로 금융시장에 개입해 왔고 금융시장 참여자들을 단단히 통제하고 있다. 1965년에 주식시장이 붕괴했을 때 일본 정부는 괴로워하는 주주들이 시장에 투매한 주식을 대신 매입해 보유하는 회사까지 설립했다. 1929년 미국의 대공황과 같은 사태는 일본에서 반복되지 않을 것으로 보인다.

일본 주식시장 하락은 초기에 다른 시장에 긍정적인 영향을 줄 수 있다. 대규모 자금이 일본에서 다른 주식시장으로 이동할 가능성이 크기 때문이다. 하지만 하락이 폭락으로 이어진다면 전 세계가 공포에 떨 수밖에 없을 것이다.

WORLD
ECONOMIC
FORUM

4부

평가

The Alchemy of Finance

14장　　금융 연금술의 범위: 실험 평가[*]

실시간으로 진행한 실험은 내 예상과 상당히 다른 양상을 보였다. 더욱이 2단계의 결과는 1단계의 결과와 크게 달랐다. 1986년 6월에 평가를 작성했지만, 그 이후에 일어난 사건을 고려해 다시 작성해야 했다. 1단계는 내 접근법이 성공적으로 작동하는 경우를, 2단계는 그렇지 않은 경우를 보여준다. 이러한 차이는 평가 작업을 더 복잡하게 만들지만 더 완전하게 평가할 수 있도록 도와주기도 한다.

　내가 제시한 접근법을 평가할 땐 금융시장에서 수익을 창출하는 능력과 미래에 사건이 전개되는 과정을 예측하는 능력을 구분해야 한다. 이번 장과 다음 장에서는 이러한 구분이 필요한 이유와 그것이 광범위하게 미칠 영향을 살펴볼 것이다.

---

[*]　　○ 1986년 6월에 집필했고 1986년 12월에 수정했다.

먼저 금융 성과를 살펴보자. 1단계는 내 펀드가 가장 높은 성과를 기록한 시기와 일치했다. 실험을 시작한 시점부터 대조 기간을 종료한 시점까지 11개월 동안 S&P 지수는 27%, 미국 국채 선물은 30%, 독일 마르크는 23%, 엔은 34% 상승했지만 내 퀀텀펀드의 주당 가치는 126%나 상승했다. 이 시기는 거의 모든 투자자와 심지어 통화 추세의 반대편에 있던 투자자에게까지도 호황기였지만, 그럼에도 내 펀드만큼 좋은 실적을 올린 펀드는 거의 없었다. 레버리지는 양방향으로 작용하므로 이러한 실적을 올릴 수 있었던 이유를 완전히 설명하진 못한다. 레버리지를 활용해 수익을 얻으려면 시장에서 적절한 편에 서야 한다. 우연의 일치를 허용한다 해도 가설을 세우고 검증하는 과정이 결과에 긍정적으로 기여했다는 점은 분명하다.

반면 2단계에서는 손실이 발생했다. 1986년 7월 21일부터 그해 연말까지 S&P 지수는 2%, 일본 국채 선물은 1%, 일본 주가지수는 5% 상승했지만 미국 국채 선물은 2%, 퀀텀펀드 주가는 2% 하락했다. 독일 마르크는 10%, 금은 14%, 유가는 40% 상승했고, 엔은 2% 하락했다. 두 단계의 성과를 종합하면 결과는 대체로 만족스럽다.

매매 기록을 살펴보면 1단계에서도 내 거래 방식이 완벽하지 않았음을 알 수 있다. 채권을 너무 늦게 매수했고, 또 너무 일찍 매도했다. 하지만 내겐 훨씬 높은 가격에 포지션을 재조정할 용기가 있었다. 주식 시장이 '일생일대의 강세장'임을 인식하기까지 다소 시간이 걸리기도 했다. 통화 매매에서는 훌륭하게 대응했다. 나는 G5의 플라자 합의를 계기로 위험 수준이 낮아졌다는 통찰을 얻은 덕분에 큰 수익을 낼 수 있었다.

2단계에서는 내가 저지른 한 가지 주요 실수가 큰 영향을 미쳤다. 나는 '일생일대의 강세장'이라는 말이 세간에 널리 알려지기도 전에 이미 호황이 끝났음을 인정하지 않았고, 결과적으로 일본에서 뼈아픈 실패를 맛봐야 했다. 전형적인 호황과 불황이 연속으로 나타난 시장에 참여했는데도 결국 적절한 시기에 빠져나오지 못한 것이다. 한번 저지른 실수는 바로잡기 어려웠지만, 적어도 내가 갖춘 분석 틀 덕분에 어떤 상황에 놓여 있는지 이해할 수 있었다. 호황기에 뛰어난 실적을 올리고 불황기에는 손실을 줄이는 데 도움이 되는 방법이야말로 진정한 성공을 안겨준다.

퀀텀펀드 순가치(클래스 A 주식)

결산 연도	주당 순가치	전년 대비 변화(%)	펀드 규모
1984-12-31	$3,057.79		$488,998,187
1985-12-31	$6,760.59	+121.1%	$1,003,502,000
1986-12-31	$9,699.41	+43.5%	$1,567,109,000
1987-03-31	$12,554.16	+29.4%	$2,075,679,000

연평균 상승률		
1969-1986	+35.4%	
1984-1986	+78.1%	

※ 1986년, 1987년은 회계 감사 받지 않음

내가 거둔 금융 성과는 사건을 예측하는 능력과 극명한 대조를 이룬다. 우리는 이와 관련해 금융시장의 사건과 현실 세계의 사건을 구분할 줄 알아야 한다. 금융시장에서 벌어지는 사건은 금전적 성공을 확정하고, 현실 세계에서 벌어지는 사건은 내 접근법의 과학적 이점을 평가할 때만 유의미하다.

금융시장에 대한 내 예측은 초라하기 그지없다. 좋게 말하자면 내 이론적 틀을 활용하면 전개된 사건의 의미를 이해할 수 있다. 물론 흠 잡을 데 없는 매매라고 할 수는 없다. 성공적인 방법이라면 확고한 예측을 내놓을 것으로 기대하겠지만, 내 모든 예측은 그저 가설에 불과하고 시장 상황에 따라 계속 수정될 수 있다. 때때로 확신을 품게 되어 상당한 보상을 얻을 수도 있지만, 그 경우에도 사건이 예상을 빗나갈 위험은 늘 상존한다. '일생일대의 강세장'이라는 개념이 대표적인 예다. 1단계에서는 큰 수익을 안겨주었지만, 2단계에서는 도움이 되기는 커녕 오히려 장애 요인이 되었다. 내 접근법은 유효한 예측을 할 때가 아니라 잘못된 예측을 수정할 때 비로소 제대로 작동한다.

현실 세계에서 발생한 사건을 고려하면 내 매매 기록은 암울하기 짝이 없다. 내 예측에서 두드러진 특징은 실현되지 않은 상황을 계속 기대한다는 점이다. 나는 실시간 실험을 하는 동안 경기 침체가 임박했다고 자주 전망했지만 그런 일은 일어나지 않았다. 실험을 시작했을 때 제국적 순환이 반전되리라 생각했지만, 절박한 상황에 몰린 G5가 플라자 합의에 이르면서 반전을 막을 수 있었다. 되돌아보면 나는 1981년 이후로 은행 제도 붕괴를 우려했는데 현실은 달랐다. 마찬가지로 유가 폭락에 이어 수입산 원유에 세금이 부과될 것으로 예상했지만, 그런 징후는 보이지 않았다. 한편 내 예상이 적중한 사건들도 있었다. 하나는 유가 붕괴였고, 다른 하나는 미국의 재정 적자를 메우기 위해 자금을 지원하려는 일본의 의지였다. 플라자 호텔에서 G5 회의가 열릴 것이라고는 미처 예상하지 못했지만, 그 상황은 내 이론의 틀에 완벽하게 들어맞았고 나는 그에 따라 정확하게 대응했다.

예측이 틀려도 성공할 수 있는 이유

높은 금융 성과와 예측 실패가 어떻게 조화를 이룰 수 있을까? 이번 장에서는 이 질문을 다룰 것이다. 먼저 이 질문이 제기되는 이유를 독자에게 다시 한번 알려줄 필요가 있다. 이것이 과학 실험이라면 내가 거둔 금융 성과는 내 결정이 근거한 가설의 유효성을 입증할 것이다. 하지만 이 실험은 과학 실험이 될 요건을 충족하지 못한다. 이 점을 분명히 하기 위해 개인적인 이유 그리고 주제와 관련된 내용 등 두 가지 고려 사항만 짚어보려 한다.

내 의사 결정 과정은 내가 사무실에 있었느냐 없었느냐와 같은 개인적 요인에 크게 영향을 받았다. 실시간 실험 자체도 중요한 개인적 요인이 되었다. 금전적 성과가 내 생각의 유효성을 판단할 수 있는 기준이 되었다는 사실이 내겐 그 어느 때보다 더 열심히 노력하게 된 원동력이 되었다. 실험을 한창 진행한 시기보다 대조 기간에 내 이해가 훨썬 모호하고, 시장에서 내 움직임에 망설임이 있었다는 사실이 이를 증명한다. 모호한 접근은 흔히 일어나는 일이다. 나는 실험 과정에서 날카로운 집중력을 기를 수 있었다. 특히 생각을 기록하는 훈련이 큰 도움이 되었다. 독자의 눈에는 내 이론이 그다지 잘 정리되지 않은 것처럼 보일지도 모른다. 하지만 내가 생각을 글로 정리하는 수고로움을 감수하지 않았다면 그렇게 일관된 기록을 남기지도 못했을 것이다. 또한 나는 내 인생에서 가장 중요한 두 가지 관심사인 철학적 사색과 금융시장 내 투기를 결합할 수 있다는 사실에 고무되었다. 둘을 결합하면 하나만 할 때보다 더 많은 이득을 얻을 수 있으니 나는 글쓰기에 더욱 집중하게 되었다.

그 외 외부적으로 발생한 사건이 고려 사항에 포함되었다. 1단계는 당국이 주도권을 발휘하려 했던 역사적 순간과 맞물려 있다. 당국은 먼저 달러 가치를 떨어뜨리고 금리를 낮추기 위해 서로 협력했다. 내가 사용한 이론적 틀은 이러한 상황을 다루는 데 특히 적합했다. 결국 시장과 규제 당국 간 상호작용은 규제와 신용 주기 개념에서 다루는 주요 주제 중 하나다. 그 이론적 틀은 다른 역사적 시기에는 그리 유용하지 않을 수 있다.

예를 들어, 1981년과 1982년 사이에 연준이 통화량을 조절하고 시장 원리에 따라 금리가 결정되도록 놔둔 시기가 있었다. 그러자 국채 시장은 도박장으로 변질되었다. 주식과 통화시장도 마찬가지였지만 비교적 그 정도가 덜한 편이었다. 시장을 상대로 가설을 세우고 실험하는 내 접근 방식은 무용지물이 되었다. 시장의 추세를 파악하고 이를 설명할 가설을 세웠을 때는 이미 추세가 바뀌어서 새로운 가설을 찾아야 했고, 결과적으로 나는 항상 시장보다 뒤처졌다. 이 가망 없는 싸움을 포기하고 더 유능한 사람에게 국채 선물 투기를 맡길 때까지 계속 고점에 사서 저점에 팔며 손실을 기록했다. 나는 컴퓨터를 기반으로 투기하는 빅터 니더호퍼Victor Niederhofer를 알게 되었다. 그는 시장을 도박장이나 다름없다고 보고 한 컴퓨터 시스템을 개발했는데, 1982년 국제 부채 위기로 시장의 성격이 바뀌기 전까지 그 시스템을 매매에 활용해 훌륭한 실적을 올렸다. 그는 그동안 내게 벌어다 준 돈을 모두 잃기 전에 거래를 멈추고 수익을 지킨, 보기 드문 용기를 지닌 사람이다. 어떤 접근 방식이 효과가 없을 때 그것을 깨닫게 해주는 접근법이야말로 유효하다고 볼 수 있겠지만, 그래도 효과가 있는 시점에 그것을 입증하는 것이 더 설득력이 있다.

이 두 가지 고려 사항은 실험 기간에 거둔 금전적 성공을 설명하는 데 큰 도움이 된다. 동시에 이것은 나의 성공이 과학 실험으로서 요건을 갖추지 못했다는 사실도 보여준다. 첫째, 실험이 수행되었다는 사실이 결과에 영향을 미쳐서는 안 되지만 내 경우에는 영향을 미쳤다. 둘째, 과학적 이론은 보편적으로 타당해야 하지만 내 이론은 간헐적으로만 작동하는 것 같다. 하지만 과학적 실험과의 차이는 그보다 더 심오하다. 나는 이론적 틀에 대해 과학적 요건을 주장한 적이 없다. 오히려 재귀적 과정은 과학적 방법으로 예측할 수 없으며, 실시간 실험은 대안을 모색하기 위한 신중한 시도였다고 주장해 왔다. 요점을 명확히 전달하자면, 나는 그 대안을 연금술로 묘사했다. 과학적 방법은 사물을 있는 그대로 이해하려 하지만, 연금술은 바람직한 현상을 일으키려 한다. 다시 말해, 과학의 일차적인 목표는 진리를 찾는 것이지만, 연금술의 목표는 운영상의 성공을 거두는 것이다.

자연현상의 영역에서는 두 가지 목적이 구분되지 않는다. 자연은 법칙이 이해되든 안 되든 작동하는 법칙에 순응한다. 인간이 의지대로 자연을 이끌 유일한 방법은 그 법칙을 이해하고 적용하는 것이다. 이것이 연금술이 실패하고 자연과학이 최고로 군림하는 이유다.

하지만 사회현상은 다르다. 사회현상에는 생각하는 참여자가 있다. 사건은 다른 사람의 생각과 독립적으로 작용하는 법칙을 따르지 않고 발생한다. 반대로 참여자의 생각은 주제에서 빠지지 않는 부분이다. 자연과학 분야에는 없는 연금술의 특성을 활용해 볼 여지가 있다. 운영상의 성공은 과학적 지식 없이도 달성할 수 있다. 마찬가지로 연금술이 천연 물질의 성질을 바꾸는 데 효과가 없었듯이 과학적 방법은 사회적 사건을 처리하는 데 비효율적이다. 나는 다음 장에서 사회과학이 처한 어려움을 다시 다룰 것이다. 이번 장에서는 연금술의 기회를 탐구하려 한다.

실시간 실험은 내 접근 방식이 실제 세계보다 금융시장을 다룰 때 더 효과적이라는 점을 보여준다. 그 이유는 쉽게 알 수 있다. 금융시장 자체가 현실 세계의 사건을 예측하는 메커니즘으로서 불완전하게 작동하기 때문이다. 지배적인 기대와 실제 사건의 진행 경로 사이에는 항상 괴리가 있다. 금전적 성공은 현실 세계의 전개가 아닌 지배적인 기대 심리를 예측하는 능력에 달려 있다. 하지만 앞서 살펴본 바와 같이 내 접근 방식은 금융시장의 미래 흐름에 대해 견고한 예측을 내놓는 경우는 드물고, 단지 사건의 전개 과정을 이해하기 위한 틀에 불과하다. 이 접근법이 타당하다면 이론적 틀이 금융시장의 작동 방식에 부합하기 때문이다. 즉 시장 자체가 미래에 대한 가설을 세운 후 실제 사건의 진행 경로를 실험한다고 볼 수 있다. 실험에서 살아남은 가설은 강화되고, 살아남지 못한 가설은 폐기된다. 나와 시장의 가장 큰 차이점을 정리하면 다음과 같다. 시장은 참여자들이 무슨 일이 일어나고 있는지 제대로 이해하지 못한 채 시행착오를 겪는 것처럼 보이지만, 나는 의식적으로 그러한 과정을 겪는다. 아마도 그것이 내가 시장보다 더 잘할 수 있는 이유일 것이다.

이 견해가 맞다면 금융시장은 가설 검증을 동반한다는 점에서 신기하게도 과학적 방법과 닮은 구석이 있다. 그러나 근본적인 차이점이 있다. 과학 실험은 진실을 확립하는 역할을 하지만, 금융시장에서는 운영상의 성공 여부가 기준이 된다. 자연과학과 달리 두 기준은 일치하지 않는다. 어떻게 그럴 수 있을까? 시장가격은 항상 지배적인 편향을 반영하지만, 자연과학은 객관적인 기준을 내세운다. 과학적 이론은 사실을 근거로 평가받지만, 금융적 결정은 참여자들의 왜곡된 견해에 따라 평가된다. 금융시장은 과학적 방법 대신 연금술의 방법을 구현한다.

중요한 것은 시장을 지배한 기대를 통찰해 내는 것

연금술을 통해 가설을 검증하는 메커니즘으로서 금융시장을 해석하는 것은 참신하면서도 도전적인 작업이다. 그것이 일반적으로 받아들여지지 않은 방식이라는 사실도 도전 욕구를 자극한다. 시장 참여자들이 스스로 무엇을 하고 있는지 모르는데 시장이 어떻게 무언가를 실험할 수 있을까? 해답은 그들이 달성한 결과에서 찾을 수 있다. 공식화되지 않은 가설을 내세워 시장에 뛰어들면 결과는 복불복이 될 것이다. 반면에 신중하게 가설을 세우고 특정 예측이 실제와 크게 동떨어지지 않는다면 지속적으로 시장 평균을 웃도는 성과를 거둘 수 있다. 가설을 검증하는 메커니즘으로 시장을 취급하는 것은 그 자체로 효과적인 가설이 될 수 있다. 이는 랜덤워크보다 더 나은 결과를 낳는다.

이 결론은 내가 과학적 방법이 아닌 연금술적 방법을 선택한 이유가 타당하다는 사실을 증명한다. 자연과학의 방법을 따르면 랜덤워크 이론에 도달하게 된다. 검증되는 가설은 사실로 인정되지 않으므로 고려 대상에서 제외되어야 한다. 그러면 뒤죽박죽인 가격 변동만 남게 된다. 반면에 참여자에게 유리한 관점에서 상황을 들여다보면 시행착오 과정을 발견할 수 있다. 그 과정을 이해하기란 쉽지 않다. 무슨 일이 일어나고 있는지 알지 못한 채 막연한 생각만으로 참여하는 사람이 많다. 고백하건대, 랜덤워크는 내게 그리 낯선 개념이 아니다. 미래를 예측하려는 시도는 간헐적으로만 이뤄지며, 종종 백색소음만 남을 때가 많다. 하지만 실험 1단계에서 살펴보았듯이 가치 있는 추측을 공식화하는 데 성공하면 커다란 보상을 얻고, 2단계에서 종종 나타나듯 내 인식에 결함이 있을지라도 실수를 식별하는 데 도움이 되는 기준을 갖게 된다. 이 기준이 바로 시장의 행동이다.

실시간 실험은 내 의사 결정 과정이 시장 움직임에 얼마나 큰 영향을 받는지 보여주었다. 이는 시장이 항상 틀린다는 내 원래 주장과 모순되는 것처럼 보인다. 그러나 그저 모순처럼 '보일' 뿐이다. 시장은 투자 결정을 판단할 기준을 제시하고, 사건의 경로를 형성하는 데 인과적인 역할을 수행한다. 시장에서는 현실 세계에서 일어나는 사건보다 정보를 더 쉽게 구할 수 있으므로, 시장 행위는 참여자들의 기대치를 평가할 수 있는 가장 편리한 순환 메커니즘을 제공한다. 그러나 시장을 그런 용도로 활용한다고 해서 시장이 항상 옳다고 생각할 필요는 없다. 실제로 시장이 항상 옳다고 믿는다면 시장을 능가하는 수익률을 올리는 것은 순전히 우연에 달려 있으므로 순환 메커니즘을 통해 얻을 수 있는 이득은 거의 없게 된다.

16장에서 주장하는 내용은 다음과 같다. 시장 메커니즘이 최적의 자원 배분을 보장한다는 고전 경제 이론의 주장은 거짓이며, 시장 메커니즘의 진정한 이점은 참여자들이 자신들의 잘못된 이해를 인식할 수 있는 기준을 제공한다는 점이다. 그러나 시장이 제공하는 기준이 항상 옳은 것은 아니다. 늘 지배적인 편향이 시장에 반영되어 있다는 점을 알아야 한다. 참여자들이 시장이 항상 옳다는 잘못된 인식을 갖고 시장에 뛰어든다면 시장의 반응을 오해할 수 있다. 실제로 효율적 시장에 대한 믿음은 시장을 더욱 불안정하게 만든다. 시장이 항상 편향되어 있다고 참여자들이 인식한다면 자연스레 조정 과정이 발생하지만, 효율적 시장에 대한 믿음은 그러한 과정을 가로막는다. 그러니 효율적 시장 이론에 대한 믿음이 강해질수록 시장은 더욱 비효율적으로 변하게 된다.

금융시장은 현실 세계의 전개를 얼마나 잘 예측할 수 있을까? 지난 매매 기록을 살펴보니 놀랍게도 내가 예상한 많은 위기가 실제로 발생하지 않았다. 하지만 금융시장도 나와 똑같은 우려를 반영한 것이 틀림없다. 그렇지 않다면 내 잘못된 예상이 그토록 큰 보상을 가져다주지 못했을 것이다. 이는 흥미로운 가능성을 제기한다. 아마도 시장은 내가 예측한 몇몇 상황을 예상했고, 그것이 일어나지 않도록 반응을 일으켰을 수 있다. 이러한 현상은 은행 제도와 달러의 붕괴, 그리고 1929년식 폭락이 뒤따랐던 '일생일대의 강세장' 사례에도 적용되는 것으로 보인다. 통화 당국은 금융시장의 과도한 상승세를 매우 우려했고, 결국 투기 거품을 일으킬 수 있는 과도한 유동성 공급을 거부했다. 당국의 조치는 신중하지 않았고 만장일치로 통과되지도 않았다. 미국에서는 볼커가 과도한 유동성을 공급하지 않겠다는 계획을 밝혔지만 공개시장위원회Open Market Committee에서 좌절되었다. 결국 당국은 금리 인하에 동참해 달라고 독일에 호소해야 했다. 베이커 장관이 또다시 금리 인하 정책을 추진하자 독일은 주저했고 G5 회의는 거의 파행으로 치달았다. 일본이 자체적으로 대책을 마련했지만, 그 대책이 시행될 무렵에 이미 일본 주식시장은 대규모 투기 거품이 터져 본격적으로 폭락하기 일보 직전이었다. 일생일대의 강세장이 조기에 끝날 가능성을 알아차리기가 어려웠던 것도 당연하다.* 미국이 유동성 과잉을 계속 만들어낼 가능성은 있지만, 신뢰가 너무 심하게 훼손되었기 때문에 투기 거품이 생기진 않을 것 같다. 오히려 투자자들이 유동성과 금으로 이동할 가능성이 크다. 나는 시장이 예상되는 위기를 모면할 수 있다는 사실을 마침내 깨달았고, 우리가 자기파괴적 예언의 시대를 살고 있다는 결론을 내렸다.

유가 폭락이 실제로 발생했기에 이 논리와 맞지 않는 것처럼 보이지만, 그것은 당국이나 내가 끔찍한 결과를 잘못 판단했기 때문일 수 있다. 나는 수입 석유에 대한 세금 부과가 불가피할 정도로 은행 제도와 경제가 심각한 타격을 입을 것이라고 예상했지만, 미국 경제는 그러한 과세 없이도 그럭저럭 잘 넘기고 있었다. 결국 협력은 OPEC의 몫으로 돌아갔다. 현재 OPEC이 이뤄낸 합의는 G5 합의보다도 영구적이지 않다. 두 회의에서 앞으로 극적인 전개가 펼쳐질 것이다.

이 주장은 흥미로운 관점을 제공한다. 나는 금융시장에서 합리적이고 효과적으로 거래할 방법뿐만 아니라 실제 금융시장의 작동 방식을 보여주는 모델을 발견했을 수 있다. 현재 널리 사용되는 모델들은 시장이 사건을 예견할 뿐이지 형성할 수는 없다는 오해에 기반하고 있다. 내 접근 방식은 금융시장이 미래 사건을 촉발하거나 중단시킬 수 있다는 것을 알게 해준다. 나는 이 논리에 따라 실제로 디플레이션 악순환과 달러 가치 폭락 등 온갖 금융 재난이 발생하기 직전에 금융시

---

* 　O 1987년 1월 강세장이 재개되기 전에 작성했다.

장이 보낸 위험 신호를 인지했고, 덕분에 위기에서 벗어날 수 있었다. 금융시장은 긍정적인 측면과 부정적인 측면에서 끊임없이 사건을 예측하지만, 사건은 예상되었다는 이유만으로 정확히 그대로 실현되지 않을 때가 많다. 돌이켜 보면 금융시장이 전혀 해로워 보이지 않는 사건을 예상할 때 그토록 들썩이는 것도 그리 놀랄 만한 일이 아니다. 주식시장이 지난 두 번의 경기 침체를 일곱 번이나 예측했다는 해묵은 농담이 있는데, 이제 그 이유를 이해할 수 있을 것이다. 같은 이유로 금융 위기는 예기치 못한 때에만 발생하는 경향이 있다.

이 부분은 아무리 강조해도 모자란다. 많은 사건이 널리 예상되었는데도 여전히 실제로 발생한다. 유가 폭락과 제2차 세계대전의 발발이 대표적인 예다. 통념과 반대되는 역발상 투자가 유행처럼 번지고 있지만, 일반적인 기대에 대항해서 베팅을 하는 것은 결코 안전하지 않다. 호황과 불황 모델에서 사건이 거의 항상 지배적인 기대를 강화하고 오직 변곡점에서 기대와 모순되는 경향이 있다는 점을 떠올려 보자. 변곡점은 식별하기 대단히 어렵다. 역투자 관점이 지배적인 편향이 된 지금, 나는 반反 역투자가가 되었다.

15장　　사회과학의 딜레마

우리는 이제 사회과학이 처한 곤경을 평가할 위치에 서 있다. 과학적 방법은 성공적인 실험이 검증하고자 하는 가설의 타당성을 입증한다는 가정에 기반하고 있다. 그러나 생각하는 참여자들이 있는 상황에서는 실험에 성공하더라도 그것이 검증되는 진술의 진실성이나 유효성을 보장하진 않는다. 실시간 실험이 대표적인 예다. 비확정적이고 때로는 명백히 잘못된 예측이 금전적 성공으로 이어지기도 한다. 물론 이러한 실험은 과학적 실험이 아니었다. 나는 이 실험의 연금술적 성격을 여러 번 강조한 바 있다. 그러나 연금술이 성공할 수 있다는 사실 자체가 과학적 방법에 의문을 제기하는 셈이다. 과학적 이론이 더 우수한 결과를 도출하지 못한다면 문제는 더욱 심각해진다. 나는 사회과학을 자연과학에 비유하는 것은 잘못되었으며 이를 인정할 때 더 나은 결과를 얻을 수 있다고 주장하고자 한다.

과학적 방법은 과학자들이 진술의 진실성이나 유효성을 평가할 수 있는 객관적인 기준을 재량껏 세울 수 있을 때 작동한다. 과학자의 이해는 결코 완벽할 수 없지만, 객관적인 기준은 오해를 바로잡을 수 있게 해준다. 과학적 방법은 사람과 사람을 서로 연결해 각 참여자의 기여가 다른 모든 참여자의 비판적 평가를 받는 과정이다. 모든 참여자가 동일한 기준을 따를 때에만 비판적 과정이 지식으로 인정된다. 따라서 과학적 방법이 성공적으로 인정받으려면 객관적 기준을 반드시 마련해야 한다.

객관적 기준은 사실로 채워진다. 사실에 부합하는 진술은 진실이고, 그렇지 않은 진술은 거짓이다. 안타깝게도 항상 이처럼 간단하게 사실을 신뢰할 수는 없다. 사실은 그 사실과 관련된 진술과 완전히 독립적일 때에만 하나의 객관적인 기준이 될 수 있다. 다른 사람의 생각과 상관없이 하나의 사실이 다른 사실을 따라 이어지는 자연과학의 경우가 이에 해당한다. 하지만 사건에 참여자의 편향이 포함되는 사회과학에서는 그렇지 않다. 과학자뿐만 아니라 참여자도 사건에 간섭할 수 있다. 실제로 참여자의 생각이 사건의 진행 경로를 형성하는 데 인과적 역할을 하지 않는다면, 관찰자가 사건에 대해 진술해도 사건의 진행 경로에 영향을 미칠 수 없다. 그러면 사회과학자가 처한 상황 역시 자연과학자의 상황과 다르지 않을 것이다. 그러나 참여자들의 생각은 문제를 야기한다.

생각하는 참여자가 없는 사건의 구조는 단순하다. 하나의 사실이 끝없이 이어진 인과 고리 안에서 다른 사실을 뒤따른다. 생각하는 참여자가 있으면 사건의 구조는 엄청나게 복잡해진다. 참여자의 생각은 사건의 진행 경로에 영향을 미치고, 사건의 진행 경로는 참여자의 생각에 영향을 미친다. 심지어 참여자들은 서로 영향을 주고받는다. 만약 참여자들의 생각과 사실이 어떤 확정적 관계에 있다면 아무 문제가 없을 것이다. 과학적 관찰자가 참여자들의 생각을 무시하고 사실에만 초점을 맞추면 된다. 그러나 이러한 관계는 정확하게 확정될 수 없다. 이유는 단순하다. 참여자의 생각이 사실과 관련이 없기 때문이다. 참여자의 생각은 참여하는 사건과 관련이 있고, 그 사건은 참여자의 생각이 사건에 영향을 미친 뒤에야 사실이 된다. 따라서 이러한 인과 고리는 사실에서 사실로 직접 연결되는 것이 아니라 사실에서 인식으로, 인식에서 사실로 이어진다. 여기에는 사실에 완전히 반영되지 않은 참여자들의 모든 관계가 포함된다.

이처럼 복잡한 구조는 사건의 진행 경로에 관한 유효한 진술을 하는 관찰자의 능력에 어떤 영향을 미칠까? 관찰자의 진술도 더욱 복잡해질 것이다. 특히 과거와 미래의 근본적인 차이를 고려해야 한다. 즉, 과거의 사건은 기록의 문제이고 미래는 본질적으로 예측할 수 없다. 실시간 실험에서 알 수 있듯, 설명은 예측보다 쉬운 작업이다. 일반화는 과거만큼 미래에 강력하게 적용되지 않으며, 과학에서 연역–법칙(D-N) 모델의 특징인 아름다운 대칭성이 파괴된다. 이는 시대를 초월하여 유효하다고 가정되는 과학적 일반화의 원칙에 어긋난다.

자유 변동환율에 대해 내가 제안한 것처럼 보편적으로 타당한 개념을 확립할 순 있지만, 이를 사건의 진행 경로를 예측하는 데 사용할 순

없다. 게다가 문제는 사실이 일반화의 유효성을 판단할 수 있는 적절한 기준을 제시하지 못한다는 점이다. 사실보다 더 중요한 고려 사항이 있기 때문이다. 예측이 적중했다고 해서 그 예측의 근거가 되는 이론이 반드시 검증되었다고 볼 수는 없다. 반대로 유효한 이론이 반드시 사실과 대조되어 검증될 수 있는 예측을 만들어내는 것도 아니다.

실제로 사실에만 한정해서는 사회적 사건이 발생하는 과정을 제대로 이해할 수 없다. 참여자의 생각은 그가 참여하는 상황을 이루는 필수 요소인데, 그러한 상황을 마치 사실로만 구성된 것처럼 취급하면 내용이 왜곡된다. 과학적 방법의 연역-법칙 모델은 사실과 진술을 엄격하게 분리하는 방식에 기반한다. 따라서 우리는 연역-법칙 모델이 사회적 사건 연구에 적용될 수 없다는 결론을 내릴 수밖에 없다.

연역-법칙 모델을 과학적 방법과 동일시하면 곤란하다. 과학적 이론에서도 특히 통계 또는 확률론적 모델, 경제 이론의 이상적인 사례와 관련된 법칙 등 다른 모델들을 인정하고 있다. 과학 실습은 이론과 크게 다르며, 이러한 차이에 관한 연구는 연역-법칙 모델이 처음 개발된 이후로 과학적 이론을 더욱 정교하게 발전시켰다. 그럼에도 연역-법칙 모델은 과학적 방법이 추구하는 이상을 구현한다. 예측과 설명에 동등하게 사용될 수 있고 검증될 수 있는 보편타당한 일반화가 바로 그 이상이 된다. 자연과학은 인정받아 마땅한 많은 업적을 쌓았기에 이론적 모델에 얽매이지 않고도 어디에서든지 연구를 진행할 수 있다. 그러나 사회과학은 그만큼 많은 성공을 거두지 못했기에 연역-법칙 형식으로 부여되는 명성이 더욱 절실하다. 연역-법칙 모델을 포기한다는 것은

과학에서 가장 가치 있고 설득력 있으며 매력적인 요소를 포기하는 것
과 같다.

금융 시장에서 드러나는 과학적 이론의 한계

그런데 더 중요한 이야기가 남았다. 사건의 진행 경로가 참여자의 편
향에 영향을 받을 때 관찰자는 자연과학에서는 불가능한 방식으로 미
래의 사건을 조작할 수 있다. 이것이 내가 연금술을 언급하면서 전달
하려 했던 문제의 핵심이다. 연금술이 자연현상에 영향을 미칠 수 없
듯, 사회과학은 자연과학에서는 볼 수 없었던 문제에 직면하게 된다.
과학의 기반이 되는 비판적 과정은 참여자들이 똑같은 목표를 공유할
때만 원활하게 작동한다. 과학의 공언된 목적은 진리를 추구하는 것이
지만, 그 대상이 조작된다면 참여자들은 진리를 이해하기보다 사건의
진행 경로를 바꾸는 데 더 관심을 기울일 수 있다. 참여자가 자신의 견
해가 과학적이라고 주장함으로써 영향력을 강화할 수 있다면 비판적
과정은 더욱 훼손되고 만다.

그렇다면 그러한 위기에서 어떻게 과학적 방법을 보호할 수 있을까?
첫 번째 단계는 위험을 인식하는 것이다. 이를 위해서는 '과학의 단일
성 원칙'을 거부해야 한다. 사람들은 다양한 동기를 가지고 과학에 참
여한다. 현재로서는 두 가지 주요 목표로 나뉜다. 진리를 추구하는 것,
이른바 '운영상의 성공'을 추구하는 것이다. 자연과학에서는 진실된 진

술이 거짓된 진술보다 더 효과적이라는 점에서 두 목표가 일치한다. 반면 사회과학에서는 그렇지 않다. 잘못된 생각은 사람들의 행동에 영향을 미치기 때문에 효과적일 수 있다. 반대로 어떤 이론이나 예측이 작용한다는 사실이 그 이론이나 예측의 타당성을 결정적으로 입증해주진 않는다. 마르크스주의는 첫 번째 유형의 괴리를 잘 보여주는 대표적인 사례이고, '일생일대의 강세장'에 대한 내 예측은 두 번째 유형의 괴리에 해당한다.

운영상 또는 실험상의 성공과 진리의 괴리는 여러 면에서 과학적 방법을 저해한다. 한편으로 그 괴리는 과학적 이론의 효과를 떨어뜨리고, 한편으로는 비과학적 이론이 운영상의 성공을 거두게 한다. 더욱 심각한 문제는 연금술 이론을 과학적 이론으로 포장해서 이익을 볼 수 있다는 점이다.

이 세 가지 제약 중에서 앞의 두 제약은 본질적으로 내재되어 있어 제거할 수 없다. 하지만 세 번째 제약은 막을 수 있다. 사회적 상황을 다룰 때 과학적 방법의 한계를 인식하기만 하면 된다. 나는 이를 위해 사회과학을 자연과학에 비유하는 것은 잘못되었다고 선언하고자 한다. 자연과학의 방법은 사회적 사건 연구에 적용되지 않는다. 그렇다고 해서 사회적 사건을 연구할 때 진리를 추구하는 행위를 포기해야 한다는 의미는 아니다.

동기에 대해 논쟁을 벌이는 것은 전혀 생산적이지 않다. 모든 이론은 의도가 아니라 그 자체의 가치로 평가받아야 마땅하며, 그렇지 않다면 과학적 방법의 핵심인 비판적 과정이 크게 흔들릴 것이다. 이론의 본래 가치가 아닌 그 근원을 기준으로 판단해야 한다고 주장한 두 사상, 즉 마르크스주의와 정신분석학이 과학적 방법을 뒤엎는 데 가장 성공적이었다는 점은 주목할 만하다.

이러한 전복을 막을 유일한 방법은 사회현상 연구를 위한 특별한 관습을 정립하는 것이다. 과학적인 이론으로 인정받기 위해 연역-법칙 모델의 틀에 맞출 것을 요구하는 대신 연역-법칙 형태의 이론을 사회적 연금술의 형태로 다루면 된다. 이러한 관습은 과학적 지위를 주장하는 모든 이론, 예측 또는 설명에 대해 기계적으로 자격을 박탈하지 않으면서도 이들의 주장이 타당한지 입증할 책임을 부여할 것이다. 이는 연금술적 목적으로 과학적 방법을 남용하는 것을 방지하고, 내 이론처럼 어떤 절대적인 예측을 내놓지 않는 이론도 유효한 개념으로 인정받을 길을 열어줄 것이다. 이러한 관습은 꼭 필요하다. 이러한 관습이 없다면 내가 이 책에서 제시한 주장이 매번 모든 경우에서 반복되어야 하는데, 그러한 환경은 대단히 비현실적이다. 비유하자면, 마르크스주의가 과학적이지 않다고 마르크스주의자를 설득할 수는 없는 노릇이다.

나는 진리를 추구하는 데 지대한 관심을 갖고 있지만, 내 견해를 전달하려면 운영상의 성공이 필요하다는 점을 충분히 이해하고 있다. 앞서 밝혔듯이 이러한 고려 사항은 실시간 실험을 이끈 주요 원동력이 되었다. 주식시장에서 거둔 성공은 내 생각을 자유롭게 밝힐 기회를 제공했다. 나는 이미 참여자로서 성공을 거두었기에 과학자로서 운영상의 성공을 거두지 않아도 되는 행운을 누리고 있다.

하지만 학계에 종사하는 사람들은 지위와 연구비를 놓고 자연과학자들과 직접 경쟁해야 해서 그러한 행운을 누리지 못한다. 자연과학은 보편적으로 타당한 일반화와 절대적인 예측을 제시해 왔다. 하지만 기존 방식과 반대되는 관습이 없는 상황에서 사회과학자들은 자연과학과 유사한 결과를 도출해야 한다는 커다란 압박을 받고 있고, 그 때문에 과학적으로 보이는 공식을 많이 만들어낸다. 사회과학을 자연과학에 비유하는 것은 잘못되었다고 선언한다면 자연과학을 모방해야 하는 부담에서 그들을 해방시킬 것이다.

참여자가 자신의 견해에 대해 과학적 지위를 주장함으로써 운영상의 성공을 거둘 수 있는 분야는 학계 외에도 많다. 재무 예측과 정치가 대표적인 예다. 관념의 역사는 여러 사례로 어지럽혀 있다. 마르크스주의는 의도적으로 과학적인 모양새를 내세운 정치적 신념이며, 자유방임 정책도 완전경쟁 이론으로 불리는 하나의 과학적 이론을 통해 지적인 영향력을 발휘했다. 지크문트 프로이트Sigmund Freud도 카를 마르크스Karl Marx처럼 과학적 지위를 주장했다.

다른 관념들의 동기를 비난할 근거는 없다. 결국 나도 다른 사람들처럼 내 견해가 받아들여지길 바라는 간절한 마음으로 그 견해를 뒷받침할 수 있는 모든 근거를 모아 제시하고 있다. 게다가 증권 분석가로 일하던 시절에는 영업을 위해 왜곡된 견해를 알고도 옹호한 적이 많았기에 내 의도가 남들보다 순수했다고 말할 수도 없다.

문제는 동기가 아니라 운영상의 효과다. 사회적 사건의 구조를 살펴보면 모든 예측이 참여자의 결정에 따라 달라진다는 것을 알 수 있다.

그러나 운영상의 성공을 추구하는 것은 종종 사람들로 하여금 더 절대적인 예측을 늘어놓으며 자연과학과 경쟁하게 만든다. 이는 사회현상 연구에서 진리를 추구하는 행위를 위협하는 운영상의 효과를 불러온다. 과학의 단일성 원칙이 팽배한 상황에서는 진리와 운영상의 성공이 서로 충돌하고, 둘 중 무엇을 추구해야 할지 갈등할 수밖에 없다. 이 문제는 원칙을 내려놓아야만 해결할 수 있다.

나는 과학의 단일성 원칙을 포기함으로써 연역-법칙 모델의 엄격한 요건에서 벗어날 수 있었다. 한 걸음 더 나아가 진리를 추구하면 절대적인 예측을 하지 못하게 된다고 주장했다. 그렇다면 내가 내놓은 예측이 최선이라는 뜻일까? 물론 그렇지 않다. 실시간 실험은 미래에 적절한 전문 기술이 개발되면 그 기술을 토대로 개선해야 할 여지가 많다. 따라서 실시간 실험을 한 아마추어의 연구 정도로 간주하는 것이 바람직하다.

5부

처방

The Alchemy of Finance

16장 자유 시장과 규제

균형 개념을 또다시 비판할 필요는 없을 것이다. 서론에서 나는 균형 개념이 가설적 개념으로 현실 세계와 관련성이 있을지 의문이 든다고 단언했다. 이후 장에서도 다양한 금융시장과 거시경제적 발전 과정을 살펴보면서 금융시장이 균형으로 향하는 경향을 보이지 않음을 증명했다. 시장은 균형을 잃고 한쪽으로 치우치는 경향이 있다고 주장하는 것이 더 합리적이다. 이러한 경향은 머지않아 지속 불가능해져 결국에는 조정으로 이어진다.

균형은 자원의 최적 배분을 보장하는 것으로 여겨진다. 그런데 시장이 균형으로 향하지 않는다면 시장 메커니즘을 뒷받침하기 위해 내세웠던 주요 주장은 타당성을 잃게 된다. 물론 시장이 모든 것을 최적화한다고 믿을 만한 근거는 없다. 이는 의외의 결론처럼 들릴 수 있지만, 사실 그리 놀랍지도 않다. 최적이라는 개념은 균형 개념과 마찬가지로 참여자들이 완전한 정보를 이용하지 못한 채 활동하는 세계에서는 낯선 개념이다. 즉, 두 개념은 모두 완전한 정보를 전제로 한다. 따라서 둘 다 현실 세계와 거의 관련이 없는 개념처럼 보이는 것도 당연하다.

그 외에도 시장 메커니즘을 뒷받침하는 주장이 많다. 실제로 14장에서 논했듯이 흥미로운 주장을 곳곳에서 접할 수 있다. 나는 금융시장을 과학적 방법과 다소 유사한 과정으로 해석했다. 말하자면 금융시장은 시행착오의 과정으로 볼 수 있는데, 이때 실험 종료 시점의 시장가격이 실험을 판단하는 기준이 된다. 그 기준은 과학적 방법의 요건을 충족하지 못한다. 자연과학자들이 연구하는 사건은 과학자들의 진술과 독립적으로 발생하는 반면 시장가격은 참여자들의 결정과 독립적이지 않기 때문이다. 그럼에도 가격은 다른 자연현상과 마찬가지로 실재하고, 과학적 관찰이 가능하기 때문에 유용한 기준이 된다. 더욱이 시장 참여자들에게는 매우 중요한 관심사다. 따라서 시장 메커니즘은 편향될지라도 어느 정도 객관적인 기준을 제공한다는 장점이 있다.

이 장점이 얼마나 중요한지는 시장가격이 없을 때 어떤 일이 벌어질지 생각해 보면 알 수 있다. 시장경제의 결함에 대한 반발 심리로 가격 메커니즘을 멀리한 중앙 계획경제 체제를 떠올려 보자. 이 경우 생산량은 물리적인 양으로 측정되어야 하고, 시장 과잉보다 훨씬 심각한 왜곡이 발생할 것이다.

'객관적'이라는 과대평가

윈스턴 처칠Winston Churchill은 민주주의가 최악의 정부 형태라고 말했다. 시장 메커니즘에 대해서도 이와 같은 논리가 적용될 수 있다. 시장 메커니즘이 최악의 자원 배분 제도가 될 수 있기 때문이다. 실제로 선거 메커니즘과 시장 메커니즘 사이에는 상당한 유사점이 있다. 선거가 한 국가의 정치적 지도력을 최적화한다고 주장하기는 어려운데, 유권자의 표를 얻는 데 필요한 기술은 후보자가 당선되고 나서 일을 할 때 필요한 자질과 그다지 관련이 없기 때문이다. 하지만 후보자가 선거에 출마해야 한다는 사실 자체가 하나의 규정이 되어 일부 심각한 과잉을 방지하는 데는 도움이 된다.

객관적인 기준의 가치는 아마도 주관적으로 가장 잘 인식될 것이다. 우리는 모두 환상의 세계에 살고 있다. 나는 추상적인 개념을 좋아해서 남들보다 내가 상상한 세계에 깊이 빠져드는 경향이 있다. 시장은 항상 내 현실 감각을 유지하는 데 도움을 주었다. 시장이 종종 이상하게 움직이며 참여자들을 비현실적으로 행동하도록 이끄는 상황에서 내 현실 감각이 시장에 근간을 두고 있다는 점은 역설적으로 들릴 것이다. 하지만 나는 시장 참여자로서 단순히 현실과 연결되어 있음을 아는 데 그치지 않고 실제로 그것을 본능적으로 느낀다. 동물이 정글에서 일어나는 사건에 본능적으로 반응하듯 나는 시장에서 일어나는 사건에 반응한다. 예를 들어 나는 재앙이 닥칠 즈음이면 일종의 허리 통증을 느꼈는데, 그 통증을 징후로 해석해서 임박한 위기를 예측할 수 있었다. 물론 그 재앙이 어떤 형태로 나타날지는 알 수 없었지만, 위기를 알아차릴 즈음에는 허리 통증이 싹 사라졌다. 시장에 참여하느라 주변을 신경 쓰지 못해 인간관계가 거의 박살 났을 정도로 시장이 내겐 전부였던 시절이 있었다. 이제 시장을 분리해서 바라볼 수 있게 되었지만, 내 시장 감각은 다소 떨어졌다. 사건은 종종 내게 백색소음으로 다가와 그 의미를 이해할 수 없을 때가 있다. 예를 들어, 실시간 실험을 진행하는 동안에는 시장 동향의 윤곽이 뚜렷해 보였지만 대조 기간에는 더 흐릿하게 느껴졌다.

시장 참여가 추상적인 개념을 체계화하는 능력과 어떤 관련이 있는지 관찰하는 과정은 흥미롭다. 적극적인 시장 활동이 이 글을 집필하는 데 방해가 될 거라고 생각하기 쉽지만, 오히려 그 반대인 것 같다. 투자 결정의 규칙을 정립할 때 현실과 너무 동떨어지는 것을 막아주기도 한다. 나는 3년 동안 철학 에세이인 〈의식이라는 부담(The Burden of Consciousness)〉을 저술하느라 주식시장에서 돈을 버는 능력을 잃어버렸고 나만의 추상적인 개념에 빠져들었다. 3년 동안 국제 부채 문제를 이해하려고 노력하면서, 시장에서 매매하는 내 능력이 이제 부족해졌다는 것을 깨달았다. 무엇보다 부채 문제에 대한 분석도 점점 현실과 멀어지고 있음을 느꼈다. 반면 실시간 실험은 내 투자 활동과 표현 능력을 모두 최고조로 끌어올렸다.

내가 이런 이야기를 하는 이유는 시장 참여가 주관적인 관련성을 넘어 더 깊은 의미를 담고 있기 때문이다. 내가 학자였다면 부채 문제를 계속 분석하고, 현실이 내 기대와 일치하지 않는다면 외부적 요인을 탓하며 내 분석을 옹호할 수도 있었을 것이다. 비록 몇 년이 지체되기는 했지만, 내가 예측한 내용 중 일부는 궁극적으로 실현되었다. 나는 시장주의자로서 지체되는 상황을 견딜 수 없었고, 내 주장의 결함을 찾아내야겠다고 생각했다. 반면 내가 학자였다면 내 주장이 정당하다고 입증했을 것이다. 시장은 학문적 토론장보다 더 고된 작업장이라 할 수 있다.

그렇지만 객관적인 기준을 재량껏 사용하다 보면 그 기준의 이점을 과대평가하기 쉽다. 우리는 객관적인 기준에 너무 집착한 나머지 본질적으로 갖고 있지 않은 가치를 부여하려는 경향이 있다. 수익, 그러니까 효율은 어떤 결과를 달성하기 위한 수단이 아니라 그 자체로 결과의 성격을 띤다. 우리는 모든 활동의 가치를 그것이 벌어들이는 돈의 액수로 측정하는 경향이 있다. 예컨대, 예술가는 작품이 팔리는 가격에 따라 가치를 평가받는다. 심지어 우리는 금전이 아닌 다른 동기부여를 통해 의욕적으로 해야 하는 활동에서도 수익을 창출하려 한다. 정치인은 강연료를 벌거나 회고록을 팔고, 백악관 보좌관은 로비스트가 되고, 조달을 담당하는 고위 관료는 산업계에서 고수입을 벌 만한 일자리를 구하고 싶어 한다. 규제 기관에서 일하는 법률가도 마찬가지다. 이익을 얻으려는 동기는 누구에게나 있으므로 이제 우리는 누군가가 이익 이외의 다른 요인에 이끌려 동기부여가 되는 상황을 오히려 받아들이기 힘들어한다. 미국의 경영진은 더 나은 일자리를 찾을 수 있는 지역이 있음에도 그곳으로 이주하지 않으려는 영국인을 이해하지 못한다. 또 우리 눈에는 인종차별 정책을 견디기보다 문명을 파괴하는 길을 선택하는 남아프리카공화국의 흑인이 매우 야만적으로 보이며, 이슬람 근본주의 같은 현상도 상식에서 완전히 벗어난 것으로 여겨진다. 사람들에게 동기를 부여하는 가치를 객관적인 용어로 간단하게 옮길 수는 없다. 각각의 가치는 매우 복잡해서 우리는 돈으로 쉽게 측정할 수 있는 이익과 물질적 부를 최고의 가치로 격상시켰다. 물론 이것은 과대평가다. 사실 불완전한 이해의 세계에서 모든 가치에는 일종의 과장이나 편향이 개입되기 마련이다. 문명사회에서 이익의 가치와 객관성의 가치는 모두 과장되어 있다.

균형에 대한 착각

시장가격이 제공하는 기준을 자세히 살펴보자. 과학적 방법과 연금술을 구분하면 도움이 될 것이다. 나는 사회현상을 연구할 때 두 가지 종류의 타당성을 구분해야 한다고 주장해 왔다. 하나는 진실성이며, 다른 하나는 유효성이다. 자연과학에서는 이론이 진실일 때만 유효하므로 둘을 구분할 필요가 없다. 이것이 바로 연금술이 작동하지 않는 이유다. 이 사고방식에 따르면 시장가격은 유효성의 기준을 제공해도 진실성의 기준을 제공하진 못하고, 미래의 시장가격은 다양한 참여자들의 행동을 결정할지라도 그들의 이해가 정확한지는 결정하지 못한다. 시장가격이 균형으로 향하는 경향을 보인다면 두 기준이 합쳐져 시장가격이 '적절한' 가격이 될 것이다.

우리는 이제 균형 개념이 얼마나 중요한지 알고 있다. 균형은 자연과학과 사회과학을 잇는 다리 역할을 하며, 사회현상 연구를 특징짓는 진실성과 유효성을 가르는 복잡한 이분법을 걷어낸다. 안타깝게도 불완전한 이해는 균형 개념을 부적절하게 만들기 때문에 자연과학과 사회과학을 연결하는 다리는 안정적이지 않다. 균형으로 향하려는 본질적인 경향이 없다면 사건의 진행 경로는 과학적 방법으로는 확정될 수 없지만 연금술의 방법으로는 형성될 수 있다.

자연과학의 방법과 기준을 사회 영역으로 옮기려는 시도는 지속 불가능하며, 충족할 수 없을 만큼 허황된 기대를 낳는다. 이러한 기대는 당장 과학적 지식의 쟁점을 넘어 우리의 사고방식 전체를 물들인다. 경제 정책이 최적의 자원 배분을 목표로 삼아야 한다는 믿음은 19세기 중반부터 정치사상과 행동을 지배해 왔다. 좌파는 자원 배분을 국가에, 우파는 시장 메커니즘에 맡기고 싶어 했다. 전 세계 많은 지역에 영향을 끼친 마르크스주의는 최적화를 추구함으로써 시장 메커니즘을 완전히 포기하도록 이끌었다. 심지어 시장주의 경제에서도 국가는 시장 메커니즘의 불완전성을 바로잡는 데 중요한 역할을 맡았다. 국가 개입의 해로운 부작용이 점점 더 분명하게 드러났고, 지배적인 편향은 자유 시장을 선호하는 방향으로 돌아섰다.

우리는 마르크스주의의 오류를 기꺼이 인정하면서도 완전경쟁 이론에 비슷한 오류가 내재되어 있다는 사실은 인정하려 들지 않는다. 두 이론 모두 완전한 지식이라는 가정을 기반으로 세워졌다. 그 가정이 시장 균형을 만들어내거나, 역사의 흐름에 대해 절대적인 예측을 낳기도 한다. 두 이론 모두 지식의 한계가 아직 인식되지 않았고 과학이 최고로 군림했던 19세기에 시작되었다는 점은 짚고 넘어갈 필요가 있다.

최적화를 달성할 수 없다는 현실을 인식하면 시장 메커니즘의 장단점을 좀 더 제대로 평가할 수 있게 된다. 이 책에서는 부의 분배와 관련된 문제는 다루지 않을 것이다. 그 주제가 중요하지 않다고 생각해서가 아니라 내 분석이 그다지 도움이 되지 않기 때문이다. 나는 시장 메커니즘의 한 가지 약점인 태생적 불안정성에 초점을 맞추고 싶다. 불안정성의 원인은 내가 재귀성이라고 일컫은 생각과 현실 사이의 관계에서 비롯된다. 모든 시장에서 항상 재귀성이 작동하는 것은 아니다. 하지만 재귀성이 작동하면 균형으로 간주될 수 있는 모든 것에서 인식과 사건이 무한정 멀어질 수 있다.

불안정성이 반드시 해롭기만 한 것은 아니다. 불안정성을 동적 조정이라고 소개하면 아마 긍정적인 요소로 들릴 것이다. 그러나 불안정성이 극단으로 치닫게 되면 갑작스러운 반전을 일으켜 치명적인 결과를 초래할 수 있다. 특히 신용과 관련된 경우라면 더더욱 그러하다. 담보가 청산될 때 시장가격이 급격히 하락할 수 있기 때문이다. 따라서 과도한 불안정성을 방지하는 것은 시장 메커니즘이 원활하게 작동하기 위한 필수 조건이다. 이는 시장 메커니즘이 자체적으로 보장할 수 있는 조건이 아니다. 그와 반대로 나는 규제되지 않는 금융시장이 점진적으로 더 불안정해지는 경향이 있다는 증거를 제시했다. 그 증거는 통화시장에서 가장 명확하게 드러나지만, 신용의 확대와 축소를 설명할 때도 상당히 설득력이 있다. 주식시장 호황은 항상 신용 확대와 관련이 있기 때문에 신용 없이도 주식시장이 본질적으로 불안정해질지는 여전히 의문으로 남는다. 과도한 불안정성은 규제를 통해서만 예방할 수 있다.

불안정성이 얼마나 과도한지는 판단하기 나름이고, 기준은 시대에 따라 달라진다. 오늘날 우리가 허용하는 혼란의 정도는 실업률 수치로 측정되는데, 대공황의 기억이 아직 생생하고 완전고용 정책의 단점이 그리 부각되지 않았던 수십 년 전에는 상상도 할 수 없는 수준이었을 것이다. 이와 유사하게 복합기업 열풍이 발생한 1960년대부터 기업 합병 열풍이 불었던 1980년대까지는 기업 구조조정에 대한 규제가 크게 완화되었다.

규제의 문제점은 규제 담당자도 인간이기에 실수를 저지르기 쉽다는 점이다. 자의적인 행동과 권력 남용을 방지하기 위해서는 규칙과 규제를 미리 정해두어야 하는데, 모든 상황에 대응할 수 있을 만큼 충분히 유연한 규제를 고안하기는 어렵다. 규제는 경직되기 쉬워 혁신을 저해할 수 있다. 규제로 인한 경직성과 왜곡은 규제되지 않는 시장의 불안정성만큼이나 누적되는 경향이 있다. 소득세가 대표적인 예다. 소득이 오를수록 세율이 가파르게 인상되는데, 그 효력이 오래 발휘될수록 조세 회피가 더욱 만연해지고 세법은 더욱 복잡해진다.

나는 이와 같은 고도의 일반론은 더 이상 논하고 싶지 않다. 자칫 공허한 구호로 변질될 수 있기 때문이다. 다음 장에서 몇 가지 정책을 제안할 것이기에 이번 장에서는 한 가지 일반적인 사항만 언급하려 한다. 규제와 무제한 경쟁이 모두 극단으로 치닫게 되면 경제에 해로울 수 있지만, 한 극단에서 실패했다고 해서 다른 극단으로 전환하는 것이 정당화될 수는 없다는 것이다. 양극단은 대안이 아니라 한계로 취급되어야 하며, 그 사이에서 올바른 균형을 이뤄야 한다. 인간은 본래 한 방향 또는 다른 방향으로 치우치려는 성향이 있어 균형을 잡는 일이 그리 간단하지 않다.

나는 약 25년 전에 집필한 〈의식이라는 부담〉에서 이러한 논리에 따라 어느 정도 정교한 체계를 개발했다. 우선 변화 속도를 결정적인 변수로 삼았고, 불완전한 이해를 가진 인간이 변화 속도를 한 방향 또는 다른 방향으로 과장해서 받아들일 수밖에 없다고 주장했다. 한 극단은 기존 방식이 다른 방식으로 바뀌는 것을 상상할 수 없기에 기존 구성을 그대로 받아들여야 한다는 전통적 또는 독단적 사고방식을 낳는다. 다른 극단은 기존 방식이 반증될 때까지 모든 가능성을 고려하는 비판적 사고방식을 지니고 있다. 각 사고방식은 하나의 사회적 조직 형태에 연결되고, 그 조직은 참여자들의 불완전한 이해도에 적합한 수준으로 각 사고방식에 대응한다. 따라서 전통적인 사고방식은 부족 사회, 독단적 사고방식은 전체주의 사회, 비판적 사고방식은 열린 사회와 관련이 있다. 물론 나는 칼 포퍼에게 영향을 많이 받았다. 나는 열린 사회를 선택했지만, 그 선택에 조건이 없는 것은 아니었다. 전체주의 사회는 자유가 부족하고 열린 사회는 안정성이 부족하듯, 각 사회 조직 형태는 반대 형태에서만 발견되는 특성이 결여되어 있다. 그러나 인간의 내재된 편향을 고려할 때, 둘 사이의 안정적인 균형은 자유 시장의 안정적인 균형만큼이나 달성하기 어렵다. 시장 심리는 어느 한 방향으로 치우칠 가능성이 크다.

지난 반세기 동안 시행된 규제는 오늘날의 관점에서 과도한 수준으로 보일 것이다. 이제 우리는 과도한 규제 완화의 길로 나아가고 있다. 어떤 규제는 안정성을 유지하기 위해서라도 꼭 필요하다는 사실을 일찍 인식할수록 거의 자유로운 시장 체제의 이점을 보존할 확률이 높아진다.

17장　　　국제 중앙은행을 향해

우리는 금융시장이 본질적으로 불안정하다는 결론에 이르렀다. 금융시장의 붕괴를 막으려면 어떤 실질적인 조치가 필요할까? 나는 이 질문에 답을 제시할 만한 자격이 부족한 사람이다. 내 강점은 제도의 결함을 파악하는 데 있지, 제도를 구상하는 데 있지 않다. 나는 오랫동안 케인스 같은 경제 개혁가가 되고 싶다는 꿈을 키워왔지만, 내 견해에 대해 평가받으면서 스스로의 한계를 더욱 절감하게 되었다.

　내가 쌓아온 고유의 전문성은 모든 제도에 결함이 있다는 통찰에서 비롯된 것이지만, 특정 제도에 대한 이해도는 늘 전문가보다 뒤떨어진다. 이는 금융과 경제는 물론 증권 분석에서도 마찬가지다. 나는 증권 분석가 관리직 시험에 응시했을 때 모든 과목에서 낙제점을 받았고, 신용 및 건전성 주기를 분석할 때 화폐 이론에 대한 탄탄한 기초가 부족함을 느꼈다. 독자들이 보았듯이 실시간 실험에서 내 가장 큰 약점은 경제 예측이었다. 투자 활동에 나서고 이 책을 집필할 때 특정 주제에 대한 최신 기술과 지식이 실제로는 부족해도 알고 있다고 가정할 수 있었지만, 새로운 금융 제도를 구상할 때는 부족한 지식이 결정적인 결함이 되었다.

그럼에도 나는 내가 분명히 기여할 만한 부분이 있다고 생각한다. 특히 일반적인 통념은 아무 답도 제시하지 못하기 때문이다. 케인스와 구분되는 케인스주의Keynesianism는 1970년대에 인플레이션이 발생하면서 신뢰를 잃었고, 통화주의는 변동환율 제도와 대규모 국제 자본 이동을 설명하지 못하고 있다. 공급 측면의 경제학은 케인스학파가 강조한 수요 측면에 대한 말장난에 지나지 않다는 것이 점차 드러나고 있다. 이처럼 전반적으로 문제가 있어도 명확한 개념은 없다. 이러한 상황에서는 내 막연하고 실험적인 개념이 오히려 유용할 수 있다.

불균형을 초래하는 불균형들

첫째, 나는 경제 정책과 제도 개혁을 구분해야 한다고 생각한다. 둘 다 필요하지만 하나만으로는 충분하지 않다. 어떤 제도도 완전히 기계적으로 작동할 수 있다고 보기는 힘들다. 지난 경험으로 볼 때 금본위제, 브레턴우즈 체제 혹은 자유 변동환율 제도 등 모든 제도는 적절한 경제 정책이 뒷받침되지 않았을 때 무너졌다. 일종의 제도 개혁 없이 경제 정책만 시행해서는 현존하는 불균형을 바로잡을 수 없다. 다양한 불균형은 서로 연결되어 있기 때문에 다른 불균형에 영향을 주지 않으면서 하나의 불균형만 다루기는 불가능하다.

우리는 수많은 불균형과 불안정성에 직면하고 있다. 몇 가지만 언급해 보자면, 불안정한 환율과 국제 부채 문제, 미국의 만성적인 재정 및 무역 적자, 일본의 만성적인 무역 흑자, 전 세계 농수산물 및 광물의 공급과잉, 석유를 비롯한 불안정한 원자재 가격, 불안정한 국제 자본 이동과 국제 금융시장 등이 있다. 이러한 불안정성 중 일부는 경제 정책으로 야기되며 다른 정책을 추진해야만 바뀔 수 있다. 다른 불안정한 요인은 현 제도에 내재되어 있으며 이를 치료하려면 제도 자체를 바꿔야 한다.

첫 번째 종류의 불균형을 보여주는 사례로는 자체 소비량보다 더 많이 생산하려는 일본과 자체 생산량보다 더 많이 소비하려는 미국을 들 수 있다. 이러한 경향을 방치하면 결국 일본이 세계를 지배하는 경제 강국으로 부상하고 미국은 쇠퇴하게 될 것이다. 이러한 전환은 엄청난 동요와 혼란을 초래할 수밖에 없다. 금융 제도가 아닌 경제와 금융 정책을 바꿔야만 혼란을 막을 수 있다. 전환이 이뤄진다면 제도 자체가 그 전환을 수용할 수 있어야 한다. 그러지 못하면 그 제도는 관련된 모든 당사자에게 손해를 끼치고 붕괴할 것이다.

두 번째 불균형 사례는 현존하는 환율 제도다. 앞서 살펴본 바와 같이 자유 변동환율은 점증적으로 환율을 불안정하게 만들고 있다. 이제 각국 정부도 이 사실을 인지하고 플라자 합의에 따라 환율을 관리하기로 약속했다. 하지만 관리 방법에 대해서는 합의하지 않았다. 환율 관리는 경제 정책 조율에 버금간다. 자발적으로 조율이 이뤄질 수 있다면 다행이지만, 그러지 못한다면 다른 제도를 고안해야 할 것이다. 이번 장에서는 제도 개혁의 가능성을 살펴보려 한다. 적절한 경제 정책은 간단히 짚고 넘어갈 것이다.

제도 개혁이 필요한 세 가지 주요 문제 영역으로는 환율, 석유를 비롯한 원자재 가격, 국제 부채 등을 들 수 있다. 각 문제는 개별적으로 다룰 수 없고 전반적인 제도의 일부분으로 다뤄야 하는 측면이 있다.

네 번째 주요 문제 영역은 바로 국제 자본시장이다. 하지만 이 문제는 아직 주목받지 못하고 있다. 국제 자본시장은 다양한 불균형을 반영하고, 수용하고, 또 생성하는 데 도움을 준다. 국제 자본시장의 빠른 발전은 보편적으로 환영할 만한 혁신으로 인정받고 있다. 그 시장은 변화하는 요구에 즉각적으로 적응하는 대표 사례로 여겨진다. 돌이켜보면 국제 자본시장의 급속한 성장은 1970년대 국제 은행 대출의 급속한 성장과 유사하게 또 다른 과잉으로 인식될 수 있다. 알다시피 국제 대출 호황은 잘못된 근거에 기반하고 있다. 국제 자본시장의 결함이 인식되는 건 시간문제다.

현재로서는 사안별로 문제를 처리하는 것을 선호하는 경향이 강하다. 예를 들어, 환율이 당국의 개입 없이 변동하도록 방치해서는 안 된다는 데는 보편적으로 합의가 이뤄졌다. 개입이 점진적이고 잠정적이어야 한다는 주장에도 대체로 이견이 없다. 이러한 논쟁은 목표 환율대target zone를 암묵적으로 설정할 것인지, 아니면 명시적으로 설정할 것인지에 대한 문제를 중심으로 전개되고 있다. 고정환율로 되돌아갈 가능성은 어느 정도 배제되고 있다. 국제 부채 문제에도 새로운 조치가 필요하다는 인식이 있지만, 베이커 플랜은 사례별 접근을 강력하게 주장하고 있다. 그 이유는 간단하다. 한 국가에 부여된 이권은 다른 모든 국가로 쉽게 확산될 수 있고, 이에 따라 제도 개혁에 대한 논의가 제도 붕괴를 촉발할 수 있기 때문이다. 유가 문제는 OPEC이 전담하고 있어서 석유 소비국들이 협력해 산업을 안정시켜야 한다는 발상은 아직 거론조차 되지 않고 있다.

제임스 베이커가 지지한 단계적 접근법은 도널드 리건이 취했던 자유 방임 정책보다도 크게 진전된 방식이다. 이는 시장을 자체 장치에 맡길 수 없으며 시장 붕괴를 피하려면 당국이 어느 정도 방향을 제시해야 한다는 인식에 기반한다. G5가 플라자 회의에서 취한 조치는 전 세계 주식과 채권시장을 상승세로 이끌었다. 하지만 플라자 합의가 일으킨 상승세는 사라졌고, 시장은 또다시 위험하게 표류하고 있다. 특별한 조치를 통해 동력을 되찾을 수 있다면 다행이겠지만, 효과적인 국제 협력이 없다면 보호무역주의, 환율 변동, 부채 상환 붕괴의 위험이 그 어느 때보다 커지고, 제도 개혁의 필요성도 더욱 대두될 것이다.

제도 개혁으로 전환하려면 접근 방식을 완전히 바꿔야 한다. 개별적인 문제를 각각 다루는 대신 모든 문제를 동시에 해결해야 한다. 개별적으로 다루기 어려워 보이는 문제는 더 커다란 해결책 안에서 해결될 수 있다. 계획이 포괄적일수록 성공 가능성이 높아진다. 앞서 언급한 서너 가지 주요 문제들은 아마도 개별적으로 다룰 수 있겠지만 동시에 다루는 것이 더 효과적일 수 있다. 나는 특히 국익을 위해 공동의 이익을 포기해야 하는 국제 협력 문제에서 현존하는 제도의 급격한 변화가 적절하지 않다는 것을 깨달았다. 하지만 개혁이 가능하고 필요한 시기는 따로 있다. 그때는 대체로 바로 위기가 발생하는 시점이다.

이제 주요 문제 영역을 개별적으로 후술할 것이다. 하지만 내가 제시할 해결책은 국제 중앙은행의 창설과 관련된 것으로, 주요 문제를 서로 연결할 것이다. 역사적으로 중앙은행은 위기에 대응하며 발전해왔다. 각 중앙은행은 고유한 역사를 지니고 있으며 한 금융 중심지의 발전은 다른 금융 중심지에도 영향을 주었다. 현재의 문제는 근본적으로 국제적인 성격을 띠고 있으므로 해결책도 국제적으로 고려해야 한다. 국제 중앙 금융기관의 시초는 1930년 독일 부채 문제에 대응하기 위해 조직된 국제결제은행, 1944년 브레턴우즈에서 설립된 IMF와 세계은행이다. 다음 단계로 이들 기관의 기능을 확대하거나 새로운 기관을 설립해야 한다.

환율

환율 불균형은 세계경제를 혼란에 빠뜨리는 주요 원인이 되었다. 장기 투자를 불안정하게 만들고, 이미 이뤄진 투자의 가치를 위태롭게 하며, 미국 내 보호무역주의 정서의 근원이 되기 때문이다. 시장 메커니즘은 통화가치를 재조정하는 데 실패하고 있으며, 오히려 투기가 통화가치 변동을 과장하는 경향이 있다. 앞서 살펴보았듯이 자유 변동환율 제도는 서서히 불안정해지고 있다.

　그렇다면 어떻게 해야 할까? 여러 방법을 생각해 볼 수 있다. 암묵적이든 명시적이든 목표 환율대는 급진적이지 않으므로 가장 자주 언급되는 대안이다. 금을 가치의 기준으로 삼든 삼지 않든 고정환율 제도로 되돌아가는 방법도 있다. 혹은 국제통화를 확립하는 가장 대담한 방식을 취할 수도 있다.

　어떤 방식을 선택하든 해결해야 할 여러 문제가 있다. 가장 먼저 해결해야 할 문제는 국제 자본 이동이다. 국경을 넘은 자본 이동은 매우 바람직하며 장려되어야 하지만, 앞서 살펴보았듯이 투기적 자본 이동은 점점 불안정해지고 있다. 투기로는 수익을 올릴 수 없도록 제도적 장치를 마련해야 한다. 환율 변동이 금리 차이의 범위 내에서 유지되는 것이 이상적이다. 하지만 이를 위해서는 환율을 어느 정도 고정하는 제도가 수반되어야 할 것이다.

　목표 환율대가 투기를 억제할 가능성은 적다. 오히려 당국을 상대로 제한된 위험을 감수하고 투기하도록 유도하는 것에 가깝다. 일련의 목표 환율대를 설정함으로써 당국은 이때 투기자들이 선택한 시간과 장소에서 투기적 공격에 노출될 것이다. 역사는 이러한 조건에서 투기자들이 대개 승리한다는 것을 보여준다. 목표 환율대를 명시적으로 설정하는 제도는 그 제도 내에서 투기를 보상하고 그 제도를 상대로 투기 공격을 조장하기 때문에 최악의 상황을 초래한다고 볼 수 있다.

　공표되지 않은 목표 환율대는 성공 가능성이 다소 높은 편이다. 당국은 투기자들과 복잡한 술래잡기를 벌이게 되는데 이때 여러 당국이 한마음으로 행동하고 투기자들보다 더 많은 자원을 동원한다면 승산이 있다. 당국이 최종 병기인 화폐 발행을 통제하고 있으므로 이 임무는 불가능한 일이 아니다. 중앙은행이 무제한으로 통화를 공급하려 한다면 강세를 띠고 있는 통화가 추가로 평가절상되는 것을 막을 수 있다. 그런데 흥미롭게도 중앙은행은 그렇게 할 만한 배짱이 없다.

당국이 환율을 성공적으로 안정시킨다면 핫 머니의 열기는 결국 가라앉고 세계경제의 건전성을 위한 필수 선행 조건인 장기 투자가 이어질 것이다. 그러나 주요 통화의 상대적 가치를 안정시키는 것만으로는 충분하지 않다. 전 세계적으로 과도한 인플레이션과 디플레이션을 피하려면 모든 통화의 가치도 안정적으로 유지되어야 한다. 금은 역사적으로 안정제 역할을 해왔고, 앞으로도 어떤 형태로든 그 역할을 다시 수행할 수 있다. 그렇지만 지금은 커다란 결점을 안고 있다. 바로 남아프리카공화국과 소련이라는 두 국가에서 대량 생산된다는 점이다. 어쨌든 문제는 적절한 통화 기반을 찾는 것뿐만 아니라 신용의 재귀성을 고려할 때 그 기반 위에 세워지는 신용 구조도 규제해야 한다는 데 있다. 전 세계적으로 신용 성장률을 조정하는 기관, 이른바 국제 중앙은행이 필요하다.

그리고 이 논점에서는 국제 부채와 특히 석유를 비롯한 원자재 가격 등 다른 주요 문제 영역도 고려해야 한다.

국제 부채

축적된 부채 부담은 대출자와 채무자에게 계속해서 가중되고 있다. 둘 다 이 문제에서 벗어나고 싶어 하지만, 부채가 청산될 때 발생하는 담보 가치의 잠식을 계산에 넣지 못했다. 국제수지 대출의 경우 수출이 담보로 잡힌다. 개발도상국은 주로 수요가 비탄력적인 상품을 수출하기 때문에 수출을 늘리려고 하면 상품 가격의 압박을 받게 된다.

주요 채무국 중 일부는 내가 앞서 일컬은 조정 과정의 3단계에 진입했지만, 나머지 국가는 영구적인 적자 상태에 빠져 있다. 전통적인 수출 상품의 생산을 늘리는 것은 한계에 이르렀기에 다른 성장의 길을 모색해야 한다. 더 정교한 제품을 만들어 수출하는 것도 한 가지 방법이지만, 이 역시 보호무역주의라는 장벽에 가로막힌다. 이로써 개발도상국의 내수 성장은 경기 회복으로 향하는 주된 경로가 된다. 정치적으로 이는 매우 바람직한 방향이다. 수출이 어느 정도 회복될 조짐을 보이면 미국이 수입을 더 가속화할 수 있기 때문이다. 게다가 채무국의 여론이 점점 내수 성장을 강조하고 있다.

베이커 플랜은 신규 대출을 늘려 부채가 많은 국가를 구제하도록 고안되었다. 자금의 일부는 세계은행과 미주개발은행Inter-American Development Bank을 비롯한 국제 금융기관에서, 그리고 일부는 상업은행에서 조달된다. 상업은행들은 3년 동안 200억 달러 자금을 지원하기로 약속해야 했다. 이 대출은 교차 채무불이행cross-default* 조항이 적용되어 일반적인 상업 대출보다 안전하다. 세계은행의 재원이 고갈되면 미국 정부는 의회에 자본금 증액을 요청할 것이다.

이 계획은 올바른 방향으로 나아가는 한 단계지만, 두 가지 문제가 해결되지 않은 채로 남아 있다. 하나는 채무국들이 이미 기존 채무를 이행할 수 없는 상황에서 추가로 부채를 축적한다는 점이고, 다른 하나는 상업은행들이 이미 대출을 너무 많이 하는 상황에서 장부상으로 의심스러운 대출을 축적한다는 점이다. 이 계획은 신규 대출의 상당 부분이 정부 기관에서 나오기 때문에 두 번째 문제를 완화할 수는 있어도 완전히 제거하지는 못한다. 한편 은행을 대상으로 하는 구제금융이라는 비판이 제기될 수 있다. 이러한 이유로 세계은행의 자본금 증액을 의회에서 승인받기는 쉽지 않을 것이다.

이 계획이 충분하지 않다는 사실은 분명히 드러난다. 과거 과도한 부채의 유산을 청산하지 못한 것이다. 정부의 개입이 없었다면 축적된 부채는 재앙과 같은 파괴적인 방식으로 청산되었을 것이다. 개입 정책이 성공하려면 축적된 부채를 질서 정연하게 축소해야 한다.

지난 몇 년간의 경험에 따르면, 축적된 부채가 특정 임계점을 넘어서면 정상적인 조정 과정으로는 축소될 수 없다. 대부분의 남미 국가에서 조정은 한계점에 도달했으며 음의 자원 이전이 이미 최대치를 넘

---

*　　● 한 채무 계약에서 채무불이행이 선언되면 다른 채권자도 같은 채무자에 대해 일방적으로 채무불이행을 선언하고 권리를 행사할 수 있게 된다.

어섰다. 그럼에도 대외 부채는 계속 축적되었고 부채 비율은 개선될 기미가 보이지 않았다. 더욱이 국내 부채가 급속도로 증가해 왔다.

모든 선진국에서 과도한 부채를 다루기 위해 특별한 법적 절차를 마련했다. 파산법은 경제에 지나친 혼란을 주지 않고도 악성 부채의 질서 있는 청산을 보장해 준다. 국제 부채에 대해서도 이와 같은 파산 절차가 적용되어야 한다. 파산 구조조정의 원칙은 간단하다. 특정 시점에 시계가 멈추는 것과 같다. 기존의 모든 자산과 부채가 한 그릇에 담겨긴 소송을 거치며 한꺼번에 정리된다. 그동안 법인은 생존 가능할 경우 과거의 부채 부담 없이 계속 운영될 수 있다. 존속 법인의 부채는 파산 법인의 부채보다 우선한다. 이 원칙에 따라 파산 법인을 계속해서 운영하는 것이 허용된다.

국제 대출은 이에 상응하는 악성 부채 정산 절차가 없으며 부채가 전액 상환되지 않은 선례가 많다. 일반적으로 미지급은 총채무불이행으로 이어졌고, 수십 년이 지난 후에야 대출 기관이 대출 1달러당 몇 센트를 받는 조건에 겨우 합의하면서 상황이 정상화되었다. 1924년과 1929년에 각각 독일에서 시행된 도스안Dawes Plan과 영안Young Plan*이 총

채무불이행 없이 채무재조정을 하기 위한 가장 포괄적인 시도였으나 결과가 썩 좋지는 못했다.

미국 내 파산 절차의 예는 현재 상황에 직접 적용하기 어렵다. 관련 금액이 너무 커서 일시적으로나마 지급이 중단되면 대출 기관마저 파산할 수 있기 때문이다. 그러나 과거의 문제를 종식시키고 앞으로 나아간다는 근본적인 원칙은 여전히 유효하다.

현재 모든 시장 참여자가 해결되지 않은 문제를 인식하고 있다. 외국 대출 기관들은 대출을 최소한으로 줄이려 하고, 국내 자본은 해외 피난처를 찾아 나서고 있다. 많은 부채를 진 국가들의 경제는 계속해서 침체되고, 정치적 압박은 극심해지고 있다. 이러한 추세는 반전되어야 한다. 우리는 재귀적 과정을 다루고 있다. 추세를 반전시키려면 지배적인 편향을 뒤집을 정도로 큰 영향을 끼칠 극적인 사건이 필요하다. 포괄적인 구조조정만이 그러한 사건에 해당한다.

나는 구체적인 실행 계획을 제시할 만한 위치에 있지 않다. 그러한 계획에는 엄청난 준비와 협상이 요구된다. 내가 여기서 할 수 있는 일은 그 계획의 대략적인 밑그림을 제시하는 것뿐이다. 그 계획은 적어도 다섯 가지 주요 논제를 다뤄야 한다. 첫째 기존 부채에 관한 조치, 둘째 새로운 신용 제공, 셋째 은행 제도 보존, 넷째 채무국의 경제 정책, 그리고 다섯째 도피 자본의 본국 송환과 외국인 투자 유치 등이다. 빌 브래들리Bill Bradley 상원의원은 1986년 6월에 이 모든 쟁점을 다루자고 제안했고,[1] 헨리 카우프만은 1986년 12월 4일에 내 견해와 매우 유사한 계획을 제시했다.[2] 이러한 노력이 모여 논의를 올바른 방향으로 이끌어갈 것이다.

기존 부채는 특혜성 금리를 적용한 협상 가능한 장기 채권으로 통합될 수 있다. 이 채권은 액면가보다 매우 낮은 가격에 매각될 것이고, 이 채권을 보유한 은행은 상당한 손실을 보게 될 것이다. 은행은 손실을 막기 위해 수년에 걸쳐 점진적으로 채권을 시장가치로 감가상각하는 것이 허용된다. 그 기간에 채권은 점차 평가절하되는 공정 가치로 중앙은행의 대출 창구에서 차입을 위한 담보로 사용될 수 있다. 이는 구조조정으로 재무 상태가 악화된 은행에 예금 인출 사태가 발생하는 것을 방지할 수 있고, 덕분에 은행은 자체적으로 곤경에서 빠져나올 수 있게 된다.

기존 부채를 재조정하는 것만으로는 충분하지 않다. 과도한 부채를 진 국가들이 회생하려면 새로운 신용이 지속적으로 공급되어야 한다. 하지만 상업은행에 의존해서는 안 된다. 애초에 상업은행들은 국제수지 목적으로 신용을 제공하지 말았어야 했다. 그들은 이미 이 경험으로 하나의 교훈을 얻었고, 기존 대출 약정에서 손실이 발생하지 않아도 대출을 꺼릴 것이다. 국제수지 대출은 차입국에 적절한 경제 정책을 따르도록 요구할 수 있는 영향력을 지닌 국제 대출 기관의 소관이어야 한다.

현재 많은 부채를 진 국가들이 주로 겪는 내부 문제는 인플레이션이다. 외채 상환으로 인해 대규모 재정 적자가 발생하는 한 이를 억제할 방법은 거의 없다. 하지만 일단 부채 부담이 줄어들면 국내 개혁이 성공할 가능성이 커진다. 인플레이션이 낮아지면 실질금리가 상승하고,

해외로 빠져나간 도피 자본이 돌아오도록 유인하며, 외국 자본도 다시 유치할 수 있을 것이다.

세계은행(또는 그러한 목적을 위해 설립된 새로운 기관)이 새로운 신용을 적절히 공급하려면 막대한 자본이 필요하지만, 현재로서는 필요한 자본을 마련하려는 정치적 의지가 부족하다. 국제 금융기관의 확대는 은행이나 채무국 또는 두 집단 모두에 대한 구제 금융으로 인식될 수 있다. 채권자와 채무자 모두 자체적 능력의 한도 내에서 기여할 것을 요구하는 포괄적인 계획이 수립되어 이러한 반대를 극복할 수 있어야 한다. 신규 대출은 기존 부채를 상환하는 데 쓰이지 않을 것이다. 대신 악성 부채 청산으로 경기 침체 효과가 발생하고 경기 부양이 절실히 필요한 시기에, 신규 대출은 세계경제에 활력을 불어넣는 역할을 할 것이다.

석유

세계은행에 필요한 자본을 쉽게 확보할 방법이 있다. 석유 안정화 계획과 국제 부채 문제 해결책을 결합한 원대한 구상이 여기에 포함된다. 나는 1982년에 이 방법을 처음 생각해 냈고 이 계획을 밝히는 기사를 썼지만 엄청난 혹평을 받았고, 결국 게재되지도 못했다. 당시 내 견해는 너무 터무니없다고 여겨졌고 아마 지금도 마찬가지일 것이다. 하지만 흥미롭게도 그 글을 쓴 동기가 되었던 문제는 아직도 해결되지 않았다. 당시 내가 작성한 글은 그때나 지금이나 여전히 시의적절하다. 당시 기사를 거의 그대로 아래에 옮겨놓았으니 직접 읽고 판단하길 바란다.

석유의 국제 완충재고 계획[*]

이 글에서는 협력할 의지만 있다면 국제 협력으로 무엇을 달성할 수 있을지에 대해 간략하게 설명할 것이다. 많은 가능성이 있는데, 그중에서도 협력으로 달성할 수 있는 최적의 조건에 초점을 맞추려 한다. 이를 통해 실행 가능한 해결책을 모색할 수 있다는 것을 보여주고 싶다. 이는 실행 의지를 불러일으키는 데에도 도움이 될 것이다.

최적의 해결책을 구현하려면 주요 석유 수입국과 수출국의 합의가 필요하다. 그 해결책은 바로 카르텔의 본질적 기능인 가격 담합과 생산 할당량을 국제 완충재고buffer stock 제도의 기능과 결합하는 하나의 조직을 설립해 OPEC을 대체하는 것이다. 모든 소비국과 생산국의 참여는 필요하지 않고 바람직하지도 않다. 선진국과 OPEC의 '온건' 회원국들의 협력은 필요하지만, 이란, 리비아, 알제리와 같은 산유국을 포함하지 않고도 실행할 수 있다.

이 제도는 다음과 같이 작동한다. 생산량과 소비량이 정해진

---

[*]　○1982년에 작성했다.

다. 총할당량이 현재 소비 수준을 초과하면 그 초과분은 완충 재고로 들어간다. 석유를 저장하려면 비용이 많이 들기 때문에 완충재고는 주로 서류상으로 존재하고 석유는 지하에 보관된다. 대금은 생산국에 직접 지급되지 않고 IMF에서 특별히 관리하는 봉쇄 계좌로 지급된다.

이 자금은 생산 할당량을 실제 판매로 채우지 못한 생산국을 위해 보관되고, 소비 할당량을 실제 구매로 채우지 못한 소비국이 석유를 지불한다. 이 석유는 완충재고 당국의 장부에 기록되어 비용을 지불한 국가가 처분할 수 있으며, 완충재고 당국은 필요할 시점까지 석유를 생산국의 지하에 보관한다. 물론 완충재고 당국은 지하에 있는 석유의 안정성을 확인해야 할 것이다.

소비국은 수입 석유에 세금을 부과한다. 이 계획에 참여하는 생산국에 석유세의 일부를 보상금 형식으로 환급하고 참여하지 않는 생산국에는 불참을 이유로 환급 자격을 박탈해 불이익을 준다. 환급액 역시 IMF의 특별 봉쇄 계좌에 입금된다. 봉쇄 계좌에는 1% 정도로 매우 낮은 금리가 적용된다. 멕시코, 베네수엘라, 나이지리아, 인도네시아 등 막대한 부채를 진 생산국은 봉쇄 계좌를 사용해 부채를 상환할 수 있고, 사우디아라비아와 쿠웨이트 등의 잉여 산유국은 예금 잔고를 늘릴 것이다.

개발도상국은 완충재고 계획에 참여하지 않아도 된다. 그러면 선진국보다 저렴한 가격에 석유를 구매할 수 있는 이점을 누릴 수 있다. 이들이 참여하지 않는다고 해서 계획의 실행이 위태로워지진 않을 것이다.

예를 들어, 기준 가격이 34달러로 유지된다고 가정해 보자. 세금은 17달러로 상당히 높고 그중 절반인 8.50달러가 생산국에 환급된다. 할당량은 아주 높은 수준으로 고정되어 완충재고가 매일 300만 배럴씩 쌓이기 시작할 것이다. 산업화 국가들의 석유 수입량이 하루에 1500만 배럴에 불과하고 그중 80%가 계획에 참여한 생산국에서 나오는 경우, 선진국은 세금에서 연간 558억 달러를 받고 280억 달러를 완충재고 구매 비용으로 지불할 것이다. 나머지는 재정 적자 감소에 기여하므로 산업화 국가들은 규모가 커진 세계은행에 필요한 자본을 제공할 수 있는 유리한 위치에 서게 한다. IMF의 특별 기구는 산유국들의 신용 대출 명목으로 산유국이 지불한 석유세에서 372억 달러, 완충재고에서 280억 달러를 포함해 매년 650억 달러를 받는다. 반면에 국제 대출의 순증가액은 1980년과 1981년에 약 600억 달러로 정점에 이르렀다.

석유 시세는 어떻게 될까? 봉쇄 계좌는 금리를 1%만 지급하므로 완충재고로 판매하기보다 실물 판매를 하려는 유인이 있다. 따라서 완충재고에 지불되는 가격이 상한선으로 작용해 자유 시장가격은 기준 가격에서 세금 중 환급되지 않은 부분만큼이 빠진 25.50달러 아래에서 결정될 것이다. 산업화 국가의 소비자와 생산자에게는 당연히 세금이 포함된 가격이 책정된다. 가격이 기준 가격 이상으로 상승하면 수요가 강력하다는 의미이므로 생산 할당량을 늘릴 시점이다.

할당량과 가격을 어떻게 조정하는가는 상당히 어려운 문제다. 시장 규제 시도가 실패하는 이유는 대부분 적절한 조정 메커니즘이 부족하기 때문이다. 이는 국제통화 체제에서도 마찬가지다. 브레턴우즈 체제는 금 가격이 유연하지 못한 탓에 붕괴하고 말았다. 완충재고 계획이 조정 메커니즘으로서 가격에 의존할수록 생존 가능성은 높아진다. 이 원칙을 인식한다면 완충재고는 가격 메커니즘이 작동할 시간을 주는 데에만 사용되어야 한다. 즉, 최초의 완충재고를 구축한 후 이를 소진하기 시작할 때마다 먼저 생산 할당량이 상향 조정되고 그다음으로 가격이 상향 조정될 것이다. 완충재고가 다시 축적되기 시작하면 생산 할당량은 처음에 설정된 최저치로 감소한다.

생산 할당량 배분은 가장 까다로운 문제 중 하나다. 최초의 할당량은 관련 국가들이 감소시킬 수 없는 재정적 수요를 기반으로 하며, 전 세계 생산량이 증가하면서 사용되지 않는 생산 능력, 보유량, 보유량의 증감률 등을 고려해 증가량을 할당해야 한다. 예컨대 사우디아라비아의 할당량은 알제리나 베네수엘라보다 더 증가해야 한다. 어떤 공식이 개발될지라도 재량적 판단이 개입할 여지가 크다.

결국 생산 능력이 더 많이 활용되면 개별 생산자가 할당량을 늘리지 않는 것이 가격 상승을 촉발하는 메커니즘으로 작용할 수 있다. 여기에도 판단 요소가 개입될 수 있다.

반면 소비 할당량 배분은 매우 간단하다. 실제 소비량 수치를 사용한 추정치가 기준이 될 수 있다.

재량권을 행사하려면 권한을 쥔 기관이 필요하다. 기관을 어떻게 구성하고 의결권을 어떻게 나눌지는 가장 어려운 문제다. 이 문제는 치열한 협상을 통해서만 해결할 수 있으며, 그 결과는 관련 당사자들의 협상력과 협상 기술에 달려 있다.

분명히 산유국에서 선진국으로 권력 이동이 일어날 것이다. 이러한 움직임은 OPEC의 붕괴를 막았을 경우에만 적절하다. 나는 OPEC의 붕괴가 재앙적인 결과를 초래할 것이므로 어떤 식으로든 막아야 한다고 생각한다. 여기에서 다룬 포괄적인 계획에 착수하기 위해 내세운 주요 주장 중 하나는 산업화 국가들이 어떤 식으로든 묵묵히 따라야 하는 어떤 진전된 단계가 있다면 그것을 통해 최대한의 이익을 얻을 수 있다는 점이다. 그들이 얼마나 많은 이익을 얻을 수 있는지는 기술과 용기, 결속력에 달려 있다. 여기에 제시된 계획은 OPEC을 구제하는 것보다 훨씬 많은 이점이 있다.

이 계획의 궁극적인 이점은 IMF 특별 기구에 축적된 자금이 어떻게 사용되는지에 달려 있다. 관련 자금은 국제 부채가 정점에 달했을 때 축적된 금액보다 많고, 완충재고의 증가세가 멈춘 후에도 매우 큰 규모로 유지된다. 전 세계적인 국채 재조정 계획을 지원하기에 충분한 자금이 마련되어야 한다.

IMF가 봉쇄 계좌에 보유한 자금은 세계은행에 대출되고, 이는 다시 많은 부채를 진 국가에 신용으로 공급된다. 이 자금은 미상환 부채를 할인된 가격으로 매입하는 데 사용될 수 있다. 또한 이러한 대출을 통해 얻은 현금 수입은 다시 IMF의 봉쇄 계좌를 해제하는 데 사용될 수 있다.

이 계획에 관련된 다양한 당사자는 어떻게 대응할까? 대응 방식은 협상에 따라 합의된 조건에 따라 크게 달라질 수 있지만, 대략적인 방향은 뚜렷하다.

산업화 국가들은 단기적인 유가 하락의 이점을 포기하는 대신 장기적인 가격 안정, 완충재고 축적, 국제 부채 문제 해결, 정부 수입 증대라는 이점을 얻게 된다. 또한 국내 에너지와 석유 서비스 산업을 보호하는 효과도 볼 수 있다.

계획에 참여한 산유국들은 현재보다 훨씬 많은 양의 석유를 생산할 수 있는 시장을 보장받게 될 것이다. 이들이 받는 가격은 현재 수준보다 낮을지라도 OPEC이 붕괴되는 경우보다는 높을 것이다. 이들에게는 석유세 환급과 완충재고 판매라는 두 가지 강력한 유인이 있다. 두 가지 모두 IMF의 봉쇄 계좌로 지급되지만, 부채가 있는 산유국들은 부채 상환 목적으로 봉쇄 계좌에 접근할 수 있고, 잉여 산유국들은 오랜 지체 후에 봉쇄 계좌에서 해제된 자금을 갖게 될 것이다.

석유를 생산하지 못하는 개발도상국은 산업화 국가보다 저렴한 가격으로 석유를 매입할 수 있으므로 상당한 지원을 받게 된다. 산유국과 소비국 모두 전 세계적인 부채 재조정 계획으로 혜택을 누릴 수 있다.

이 기사에서는 이처럼 포괄적인 계획을 차근차근 실현할 방법을 구체적으로 다루지는 않는다. 아마도 여러 관련 당사자들을 한데 모으기 위해서는 현재 예상되는 수준보다 더 심각한 위기가 발생해야 할 것이다.

위 글에서 설명한 계획은 변화하는 상황에 따라 수정되어야 할 것이다. 기준 가격과 세금 규모는 위에 사용된 수치보다 상당히 낮은 수준이어야 하며, 이는 계획이 수립된 이후 발생한 OPEC의 독점적 수익이 감소한 것을 반영한다.

나는 지배적인 편향을 고려할 때 이것이 완전히 비현실적인 계획임을 알고 있기에 이 계획을 수정하는 데 열중하고 싶진 않다. 어떤 완충재고 계획이 나오든 사람들은 그것을 웃음거리로 삼을 것이고 과거 완충재고 계획의 역사를 증거로 제시하며 묵살할 것이다. 하지만 이 논리를 뒤집어볼 수도 있다. 시장 메커니즘의 경험을 토대로 석유의 역사를 살펴보자. 공급과잉이 발생하고 카르텔 형태가 작동했을 때가 유일한 안정기였다. 여기에는 세 가지 일화가 있다. 첫째는 스탠더드오일이 확립한 독점 체제, 둘째는 텍사스철도위원회가 운영한 생산량 할

당 제도, 그리고 셋째는 OPEC이다.* 각각의 일화에는 앞뒤로 혼란이
나타났다. 어떤 안정화 계획이 필요하다면 그 과제를 생산자에게만 맡
겨야 할까? 국익이 좌우되는 소비국들이 이 계획에 참여하면 안 될까?
이러한 주장에 일리가 있다고 인식될 때 이 계획을 다시 꺼내놓으려
한다.

국제통화

석유와 관련된 완충재고 계획의 개념이 일단 받아들여지면 하나의 안
정적인 국제통화를 만드는 것이 상대적으로 간단해진다. 계산 단위는
석유를 기준으로 한다. 석유 가격은 완충재고 계획에 의해 안정적으로
유지되지만, 다른 재화와 서비스 측면에서 석유 가치는 수요가 공급을
넘어설 때 점진적으로 상승할 수 있다. 다시 말해, 각국의 통화는 국제
통화 대비 점차 평가절하될 것이다.

　새로 설립될 국제 대출 기관은 석유를 계산 단위로 사용할 것이다.
이 기관의 대출은 인플레이션으로부터 보호되므로 낮은 금리(예컨대,
3%)가 적용될 수 있다. 벌어들인 금리(3%)와 봉쇄 계좌에 지급된 금리
(1%)의 차액은 봉쇄 계좌를 해제하는 데 사용된다. 봉쇄 계좌가 줄어들

●모두 석유 공급을 인위적으로 통제해 시장의 급격한 변동을 막았던 시기다. 즉, 자유
시장보다 조정 메커니즘이 더 강력하게 작동할 때 석유 시장이 안정되었다는 걸 보여
주는 역사적인 사례들을 들고 있다.

면 대출 기관은 자체 자본을 축적하게 된다.

대출 기관에는 일반적으로 중앙은행에 적용되는 권한이 부여될 수 있다. 이 기관은 자체적으로 단기 채권과 장기 채권을 발행해 전 세계 통화 공급을 조절할 수 있으며, 자체 계산 단위로 국내 통화량을 조절하는 강력한 역할과 중앙은행이 수행하는 다양한 감독 기능을 수행할 수 있다. 이 기관의 계산 단위는 국제통화를 구성할 것이다.

상업 대출도 국제통화로 표시될 수 있다. 궁극적으로 석유 기반 통화가 모든 유형의 국제 금융 거래에서 달러와 다른 국가 통화를 대체할 수 있게 된다. 이러한 전환은 신중하게 조율되어야 하며 제도적인 틀이 개발되어야 한다. 이 책은 이런 포괄적인 계획을 설계할 만한 적절한 매체가 못 되고, 나 역시 그럴 만한 사람이 못 된다. 다만 석유 기반 통화가 국제 자본 이동에서 투기적 영향을 제거할 수 있다는 것은 분명하다.

그러한 통화의 확립이 모든 관련 당사자에게 받아들여질지가 관건이다. 특히 미국은 달러의 국제 기축통화 지위를 상실하게 되면 잃을 것이 많다. 기축통화국은 전 세계에 금융 서비스를 제공하는 데 유리한 위치에 있다. 무엇보다 현재 미국은 자국 통화로 자금을 무제한으로 빌릴 수 있는 유일한 국가다. 달러가 다른 국제통화로 대체되면 미국은 지금처럼 계속 차입할 수는 있지만 부채를 전액 상환해야 한다. 현재 자국 부채의 가치에 영향을 미치는 것은 미국 정부의 권한 안에 있고, 부채를 지게 된 시점보다 상환하는 시점에 부채 부담은 확실히 낮아진다.

미국의 재정 적자를 지원하려는 나머지 국가들의 의지에는 한계가 있고, 현재 우리는 이러한 한계에 도달하고 있다. 그러나 일본은 전액 상환받지 못한다는 사실을 알면서도 미국에 자금을 지원하는 데 만족하는 것으로 보인다. 그것이 일본이 세계에서 '일류' 국가가 될 수 있는 길이기 때문이다. 일본은 이미 전 세계에 자본을 공급하는 주요 국가로서 미국의 역할을 넘겨받았고, 엔이 주요 준비 통화로 자리 잡는 것은 시간문제다. 이러한 전환은 제1차 세계대전과 제2차 세계대전 사이에 영국 파운드에서 미국 달러로 전환이 이뤄졌던 것과 마찬가지로 많은 소동과 혼란을 수반할 가능성이 크다.

하지만 국제통화를 도입하면 그러한 혼란을 피할 수 있다. 게다가 현재 진행 중인 미국 경제의 쇠퇴를 막는 데도 도움이 된다. 미국은 더 이상 할인 조건으로 외채를 늘릴 수 없으므로 재정을 정비해야 할 것이다. 문제는 국제통화가 부과하는 규칙을 받아들일 만큼 미국 정부에 선견지명이 있고, 국민에게 의지가 있는가다. 부담이 적은 조건의 대출을 포기하는 것은 차입을 줄이기로 결심했을 때에만 의미가 있다. 이는 미국이 재정과 무역 적자를 모두 줄여야 한다는 것을 의미한다. 바로 이 점에서 제도 개혁과 경제 정책의 문제가 뒤얽히게 된다.

무역에 관해서는 두 가지 대안이 있다. 하나는 보호무역 조치를 통해 수입을 배제하는 것이고, 다른 하나는 수출을 늘리는 것이다. 보호무역주의는 공멸하는 지름길이다. 이는 많은 부채를 진 국가들의 대규모 채무불이행을 촉발하고 국제 금융 제도의 분열로 이어질 것이다. 금융 대란이 발생하지 않더라도 비교우위가 사라지면 전 세계의 생활

수준이 크게 낮아질 수 있다. 반면에 제도 개혁 없이 수출을 크게 늘릴 방법을 찾긴 어렵다. 부채 개혁은 채무국의 구매력을 높이고, 통화 개혁은 미국의 성공적인 조정 과정에 필수적인 안정성 요인을 제공한다.

과도한 금융 불안정성이 미국 경제 구조를 크게 훼손한다고 주장할 수 있다. 실물자산은 금융자산만큼 거시경제 변화에 빠르게 적응할 수 없으므로 실물자산을 금융 형태로 전환하려는 유인이 생기게 된다. 이러한 자산 이전은 그 자체로 '실물' 경제를 약화시키는 주요 요인이다. 금융자산이 활용되는 방식을 살펴보면 그 폐해가 얼마나 심각한지 알 수 있다. 자산의 상당 부분이 연방 재정 적자, 많은 부채를 진 국가에 대한 대출, 레버리지 바이아웃에 묶여 있다. '실물' 자본 형성은 실제로 감소하고 있다. 해외에서 꾸준히 유입되는 수입을 기대할 수 있다면 그것은 그리 심각한 문제가 되지 않을 것이다.

그러나 미국의 무역 적자는 부분적으로 개발도상국의 불안정한 부채 상황과 미국이 차례로 상환해야 하는 자본 유입으로 충당되고 있다. '금융' 경제를 유지하기 위해 '실물' 경제가 희생되고 있다고 해도 과언이 아니다.

자본 유입에 대한 의존도를 줄이려면 재정 적자 문제를 해결해야 한다. 소련과 유리한 조건으로 군비 축소 조약을 체결하는 것이 미국 정부가 취할 수 있는 가장 효과적인 조치로 보인다. 그러면 레이건 대통령 집권기에 행해진 막대한 국방비 지출은 성과를 올린 거대한 도박으로 정당화될 수 있을 것이며, 제국적 순환은 미국의 재정과 무역이 균형에 가까워지는 더욱 안정적인 구조로 대체될 것이다.

　물론 일본은 계속해서 소비량보다 더 많이 생산할 것이다. 일본이 저축하고 수출하려는 의지가 있는 한 세계 최고의 경제 강국으로 발돋움하는 것을 저지할 방법은 없다. 그러나 일본의 부상이 반드시 미국의 쇠퇴를 초래하는 것은 아니다. 국제통화의 도움으로 두 개의 주요 경제 강국이 공존할 수도 있다.

18장　　　제도 개혁의 역설

나는 실행 가능한 국제 금융 제도뿐만 아니라 미국을 위한 실행 가능한 경제 정책의 주요 특징을 제시했다. 이는 대략적인 밑그림이나 비전에 지나지 않지만 여기서 다루지 않은 측면을 살펴볼 수 있도록 정교하게 다듬을 수 있을 것이다.

여기에는 두 가지 근본적인 문제가 있다. 하나는 추상적인 문제이고 다른 하나는 개인적인 문제다. 추상적인 문제는 제도를 개혁하기 위한 시도와 관련이 있다. 인간이 본질적으로 불완전한 존재라는 점을 감안할 때 제도 개혁은 역설적이지 않을까? 어떻게 내부적으로 일관된 제도를 설계할 수 있을까? 개인적인 문제는 관료주의에 대한 내 반감에 기인한다. 국제 중앙은행은 관료주의를 불가피하게 만든다.

나는 제도 개혁의 역설이 비논리적일지라도 반드시 다뤄야 할 문제라고 생각한다. 영구적이고 완벽한 해결책은 그것을 요구할 수 있을 때만 타당할 수 있다. 하지만 영구적이고 완벽한 해결책이 닿을 수 없는 곳에 있다는 인식은 우리의 불완전한 이해에서 비롯된다. 삶은 잠깐이고 죽음만이 영원하다. 임시방편은 해결책이 전혀 없는 상황보다 훨씬 낫다. 이는 우리가 삶을 살아가는 방식에도 큰 변화를 가져올 것이다.

그렇지만 영구적인 해결책을 고집하고 싶은 마음을 버리긴 힘들 것이다. 그 근원을 이해하려면 삶과 죽음의 의미를 고려해야 한다. 죽음에 대한 두려움은 인간이 가장 깊이 느끼는 감정 중 하나다. 우리는 죽음에 대한 생각을 완전히 용납하지 못하고, 죽음을 피하려고 지푸라기라도 잡는다. 영속성과 완전함을 추구하는 것도 죽음을 피하기 위한 여러 방법 중 하나에 불과하다. 그것은 속임수일 뿐이다. 우리는 죽음이라는 생각에서 벗어나기는커녕 영속성과 완전함이 곧 죽음이라는 생각을 받아들이고 있다.

나는 삶과 죽음의 의미에 대해 오랫동안 열심히 생각해 왔고 개인적으로 만족할 만한 결론에 이르렀다. 그 결론이 다른 사람에게는 그다지 의미가 없을 수도 있지만 여기에 요약해 공유하려 한다. 핵심은 죽음이라는 '사실'과 '죽음에 대한 생각'을 구분하는 것이다. 죽음이라는 사실은 삶이라는 사실과 연결되어 있지만, 죽음에 대한 생각은 의식에 대한 관념과 나란히 놓인다. 의식과 죽음은 양립할 수 없지만 삶과 죽음은 그렇지 않다. 다시 말해, 죽음이라는 사실은 죽음에 대한 관념만큼 두려워할 필요가 없다.

죽음에 대한 생각은 아주 강렬하다. 죽음이라는 관점에서 보면 삶

그리고 그것과 관련된 모든 것이 의미를 잃게 된다. 그러나 죽음에 대한 생각은 관념일 뿐이며 사실과 생각은 완벽하게 일치할 수 없다. 생각과 사실을 동일시해선 안 된다. 사실에 관한 한, 우리가 살아 있다는 것은 현재 분명한 사실이다. 죽음은 하나의 사실로서 저 멀리 흐릿하게 남아 있지만, 우리가 죽음에 도달할 때 그것은 현재 우리가 갖는 생각과 똑같지 않을 것이다. 즉, 죽음에 대한 두려움은 죽음이라는 사건을 통해 검증될 수 없다.

우리는 삶과 죽음을 떠올릴 때 삶과 죽음을 출발점으로 삼는 선택을 할 수 있다. 삶과 죽음은 상호 배타적이지 않으므로, 둘 다 사실과 생각으로 다뤄야 한다. 하지만 우리는 둘 중 하나를 선호하는 경향이 있다. 우리가 발전시킨 편향은 생각과 존재의 모든 측면에 스며들어 있다. 이집트처럼 죽음을 헌신적으로 숭배하는 문명이 있는가 하면, 그리스처럼 신화 속 신들이 인간과 같은 일반적인 삶을 사는 문명도 있다. 대부분 두 관점은 서로 상충하고, 두 관점의 상호작용이 역사를 만들어 낸다. 기독교에서 말하는 영성과 속세 사이의 갈등이 바로 그러한 경우다. 이와 같은 극적인 사건은 현재 공산주의 이념의 요건과 군사력, 경제적 효율성의 요건을 조화시키기 어려웠던 소련에서 또다시 펼쳐지고 있다.

편향의 충돌은 훨씬 미묘한 방식으로 발현될 수 있다. 따라서 우리는 경제 규제에 대해 다양한 태도를 취할 수 있다. 한 가지 입장은 왜곡을 초래한 규제를 그대로 놔둔다면 결국 제도의 붕괴로 이어지므로 규제가 쓸모없다는 것이다. 이러한 견해는 시장 메커니즘이 자체적으로 균형을 향해 나아가는 경향이 있다는 주장에 의해 강화된다. 한편 이와 반대되는 견해는 시장이나 규제로는 완전함을 달성할 수 없다는 것이다. 시장은 너무 불안정하고 규제는 너무 경직되어 있다. 시장은 규제가 필요하지만, 규제 역시 그 자체로 방치해서는 안 되며 끊임없이 수정해야 한다. 어떤 제도도 완전하지 않다는 사실은 제도를 완전하게 만들려는 시도를 반박하기에 타당한 논리가 되지 못한다. 예컨대, 브레턴우즈 체제가 끝내는 무너졌다고 해서 그것이 25년 동안 번영의 기반을 제공했다는 사실이 바뀌지는 않는다.

영속성에 대한 환상을 버려라

두 가지 입장 중에서 하나를 선택해야 한다면, 나는 분명히 삶과 그 안에서 우리가 만들 수 있는 일시적이고 불완전한 구조를 선호한다. 금융 제도의 포괄적인 개혁을 옹호하지만, 새로운 제도가 이전 제도보다 더 완전하거나 영구적일 것이라는 환상을 가지고 있진 않다. 오히려 그 반대다. 나는 영속성과 완전함을 추구하는 것 자체가 환상이라고 생각한다. 제대로 작동하는 제도의 함정은 우리를 안주하게 만든다는 점이다. 브레턴우즈 체제가 그러했다. 그 뒤를 이을 다음 제도를 잘 설계해도 또다시 같은 현상이 발생할 것이다.

이것은 제도 개혁과 관련해 내가 안고 있는 개인적인 문제로도 이어진다. 제도는 관료에 의해 운영되고 나는 관료주의적 사고방식을 본능적으로 혐오한다. 더욱 규제된 국제 금융 제도를 옹호하면서도 동시에 내가 혐오하던 관료주의를 바라는 것 같아 복잡한 심정이다.

문제는 실재한다. 모든 관료주의는 자기 영속을 추구한다는 특징이 있다. 모든 제도는 그것을 관리하는 관료에 의해 경직될 위험을 내포하고 있다. 이는 공산주의뿐만 아니라 기독교 신앙도 마찬가지다. 관료주의의 압력에서 벗어나기는 어렵다. 마오쩌둥은 이를 위해 문화대혁명을 일으켰지만 결과는 참담했다.

하지만 이 문제를 극복할 수 없는 것은 아니다. 시장의 움직임은 시장을 관리하는 관료들이 정신을 바짝 차리게 만든다. 지난 경험을 돌이켜 보면 중앙은행은 가장 유연하고 혁신적이며 효율적인 기관으로 꼽힌다. 그 이유는 시장이 중앙은행의 행동으로 비롯된 결과를 판단할 수 있는 기준을 제공하기 때문이다. 중앙은행도 다른 주체와 마찬가지로 잘못된 이념에 영향을 받을 수 있다. 그러나 정책 효과가 없으면 잘못을 알아차릴 수밖에 없다. 예를 들어, 연준은 1979년에 통화주의적 입장을 채택했지만 1982년 8월에 이를 포기했다. 마찬가지로 IMF는 많은 부채를 진 국가들을 다소 엄격하게 다루었지만 그 방식이 점차 효력을 발휘하지 못하면서 포기할 수밖에 없었다. 중앙은행은 종종 잘못된 정책을 따른다고 비판받지만, 실패를 입증할 수 있다는 사실 자체가 강력한 규율을 제공한다. 게다가 중앙은행은 놀라울 정도로 위기에 혁신적으로 대응해 왔다. 1974년 영란은행은 '구명정'을 발명했고, 연준은 1982년 부채 위기에서 세계적인 규모로 이 방식을 적용했다. 특히 볼커는 위기를 극복한 인물이 되었다. 볼커 같은 인물이 중앙은행의 수장이 된 건 우연이 아니다.* 요컨대, 국제 중앙은행 설립은 영구적인 해결책이 될 수 없다. 사실 그것이 영구적인 해결책이 될 수 있다는 발상 자체가 다음 위기의 씨앗을 품고 있는 셈이다.

*　　○중앙은행은 다른 관료체계보다 상대적으로 적은 피해를 끼친다.

19장   1987년 시장 붕괴

1987년 주식시장 붕괴는 역사적으로 중요한 사건이다. 비교 대상을 찾으려면 1929년, 1907년 또는 1893년 폭락으로 거슬러 올라가야 한다. 여러 면에서 1929년이 가장 관련성이 높고 가장 널리 알려져 있지만, 비교할 때는 폭락 자체와 그 여파를 혼동하지 않도록 주의해야 한다.

1929년 폭락 때 뉴욕 주식시장은 약 36% 하락했는데, 이 수치는 1987년에 발생한 손실과 거의 동일하다. 그 후 주가는 손실의 절반 가까이 회복했으나, 1930년과 1932년 사이 장기 약세장에서 약 80% 더 하락했다. 이 약세장은 대공황과 연관되어 대중의 상상력을 자극한다. 그 역사는 기억에 생생하게 남아 있기에 반복되지 않을 것이라고 확신한다. 정부가 시장 붕괴를 막기 위해 즉각적으로 대응했다는 점에서 같은 역사가 반복되지 않을 것이라는 주장은 입증되었다. 1929년 대공황 이후 통화 당국은 충분한 유동성을 공급하지 않는 중대한 실수를 저질렀지만, 이번에는 다른 실수를 범할 것이다. 당국의 초기 반응으로 볼 때, 적어도 선거가 치러지는 해에는 경기 침체를 피하기 위해 모든 수단을 동원하려 할 것이므로 달러의 안정성을 파괴할 위험이 있다.

기술적으로도 1987년의 폭락은 1929년과 묘하게 닮았다. 하락의 형태와 정도, 심지어 일일 주가 변동까지 매우 유사하다. 주된 차이점은, 1929년에는 첫 번째로 절정에 이른 매도세에 이어 며칠 만에 두 번째 매도세가 절정에 달해 시장을 저점으로 끌어내렸다는 점이다. 1987년에는 이와 같은 두 번째 절정을 피할 수 있었고, 설령 시장이 미래에 새로운 저점을 형성하더라도 다른 양상을 보일 것이다. 이 차이는 1929년과 같은 실수를 반복하지 않으려는 당국의 결의를 보여준다. 시장이 폭락하기 시작했을 때 레이건 대통령은 대공황 초기에 제대로 대응하지 못한 허버트 후버Herbert Clark Hoover 대통령과 놀랍도록 비슷한 발언을 했지만, 10월 22일 목요일에 열린 기자회견에서는 그런 비슷한 인상을 주지 않으려고 애썼다.

1987년의 폭락은 1929년과 마찬가지로 예기치 않게 발생했다. 전 세계적으로 발생한 호황이 불건전하고 지속 불가능하다는 일반적인 인식이 있었지만, 폭락 시점을 제대로 맞힌 사람은 거의 없었다. 나 역시 다른 사람들처럼 잘못 걸려들었다. 나는 일본에서 공황이 시작될 것이라고 확신했는데, 이 같은 판단 실수로 값비싼 대가를 치러야 했다.

유동성의 팽창과 수축이 불러온 1987년의 붕괴

돌이켜 보면 폭락으로 이어진 일련의 사건들을 쉽게 재구성할 수 있다. 호황의 원동력은 유동성이었고, 폭락의 전제 조건이 된 것은 유동성 감소였다. 이러한 관점에서도 1987년은 1929년과 유사하다. 단기금리 상승이 1929년 폭락에 선행했다는 점을 떠올려 보자.

1987년에 유동성 감소가 정확히 어떻게 발생했는지는 많은 연구 없이는 확실한 답을 내릴 수 없는 어려운 질문이다. 한 가지 분명한 점은 달러 가치를 방어하기 위한 합의가 결정적인 역할을 했다는 것이다. 1987년 2월 루브르 합의Louvre Accord 이후 처음 몇 달 동안 달러는 불태화 개입을 통해 방어되었다. 즉, 국내 금리에 영향을 주지 않는 방식으로 개입이 이뤄졌다. 각국의 중앙은행은 원하는 규모보다 더 많은 달러를 확보해야 한다는 사실을 알게 되자 전술을 바꿨다. 1987년 4월 29일부터 5월 2일까지 일본의 나카소네 총리가 워싱턴을 방문했고, 이후 중앙은행들은 민간 부문이 기꺼이 달러를 보유할 수 있는 수준으로 금리 차이를 확대하도록 허용해 사실상 개입을 '민영화'했다.

하지만 유동성 감소를 초래한 것이 불태화 개입인지 태화 개입인지는 분명하지 않다. 불태화 개입은 많은 양의 달러를 중앙은행이 흡수하도록 했고, 연준은 그에 상응하는 금액을 국내 금융시장에 투입하지 못했을 수 있다. 이 경우 개입 효과는 몇 개월이 지난 후에야 나타났을 것이다. 또는 일본과 독일의 통화 당국이 태화 개입에 따른 인플레이션을 우려해 국내 통화 공급을 억제하려다 전 세계적인 금리 상승을 초래했을 수도 있다.

전자의 경우도 영향을 미쳤을 가능성을 배제할 수 없지만, 나는 후자의 설명을 선호한다. 독일은 인플레이션에 반대하는 편향이 강한 것으로 잘 알려져 있다. 일본은 더 실용적인 편이며, 실제로 나카소네는 도쿄에 귀국한 후 금리 하락을 용인했다. 그러나 완화적인 통화 정책이 부동산과 금융자산에 대한 불건전한 투기를 강화할 뿐이라는 사실을 알게 되자 생각을 바꾸었다. 일본은 국내 통화 공급과 은행 대출의 증가 속도를 낮추려 했지만, 이미 투기는 통제 불능 상태였다. 일본 은행이 통화 공급을 억제하기 시작한 후에도 채권시장은 계속 급등해 89번 선도종목bellwether 이표채(액면가로 채권을 발행한 후 이자를 일정 기간 동안 나누어 지불하고 만기에 원금을 상환하는 채권)의 수익률이 5월에 2.6%로 하락할 정도였다. 하지만 1987년 9월 채권시장은 폭락했다.

일본 채권시장의 붕괴는 1987년 붕괴로 역사에 기록될 일련의 사건 중 첫 번째를 장식했다. 9월물 채권 선물에는 청산될 수 없는 대규모 투기성 매수 포지션이 있었다. 헤지는 12월물 선물의 폭락으로 이어졌고, 89번 이표채의 수익률은 6% 이상 상승한 후 급락해 바닥을 찍었다. 나는 이 폭락이 채권시장보다 훨씬 고평가된 주식시장으로 옮겨 갈 것으로 내다봤지만 내 예상은 빗나갔다. 투기 자금은 실제로 손실을 만회하기 위해 채권에서 주식으로 이동했다. 그 결과 일본 주식시장은 10월에 소폭 상승해 최고치를 경신했다.

다른 국가들은 더 심각한 타격을 입었다. 미국 국채 시장은 일본 투자자들의 매입에 의존했다. 하지만 일본이 상대적으로 적은 양일지라도 매도세로 돌아서자 미국 채권시장은 경제 펀더멘털로 설명되는 변화를 넘어서는 수준의 심각한 침체기를 겪었다. 분명히 미국 경제는 예상보다 다소 탄탄한 모습을 보였지만, 그러한 호조세는 최종 수요보다는 산업 생산에서 비롯된 것이었다. 원자재 가격이 상승하면서 재고 축적을 부추기고 인플레이션이라는 망령을 길러내고 있었다. 인플레이션에 대한 두려움은 채권 가격 하락의 근본적인 원인이라기보다는 그러한 하락을 합리화하는 설명에 가까웠지만, 그럼에도 채권시장의 하락 추세를 강화하는 역할을 했다.

채권 가격의 약세는 1986년 말부터 나타난 채권과 주식 가격 간 괴리를 확대했다. 이러한 격차는 1960년대처럼 무한정 지속될 수 있지만, 격차가 벌어지면 결국 반전에 필요한 전제 조건이 갖춰진다. 실제 반전되는 시기는 다른 사건들이 일으키는 복합적인 작용에 따라 결정된다. 이 경우 정치적 고려가 중요한 역할을 했다. 마침 레이건 대통령의 지지율이 떨어지고 선거철이 다가오고 있었다. 달러에 대한 새로운 압력이 결정적인 요인이었다. 주식시장의 내부 불안정성은 주가 하락을 넘어 폭락으로 몰고 갔다.

첫 번째 균열은 유명한 주식 분석가인 로버트 프렉터가 10월 6일 개장 전에 하락세 신호를 보냈을 때 발생했다. 이때 시장은 90포인트가량 큰 폭으로 하락했다. 이는 근본적인 약세를 알리는 신호였다. 이와 비슷한 사건이 1986년에도 발생했는데 치명적인 결과를 초래하지는 않았다. 하지만 달러가 약세를 보이기 시작하면서 상황은 더욱 악화되었다. 10월 13일 화요일, 연준 의장 앨런 그린스펀Alan Greenspan은 무역수지가 "엄청난 구조적 개선" 조짐을 보이고 있다고 발표했다. 10월 14일 수요일에 공개된 수치는 매우 실망스러웠고, 달러는 극심한 매도 압력을 받았다. 태화 개입 원칙은 일본과 독일에서 발생한 금리 상승을 이유로 더 큰 금리 상승을 요구했을 것이다. 미국 당국은 그러한 긴축 정책을 취하려 하지 않았다. 주식시장이 목요일에도 계속 하락하자 제임스 베이커 재무장관이 달러 가치의 하락을 막기 위해 독일에 금리 인하 압력을 가했다는 기사가 보도되었다. 여기에 미국 하원 세입위원회House Ways and Means Committee가 레버리지 바이아웃으로 발행된 정크본드의 세금 공제를 제한할 계획이라는 보도가 나오면서 주식시장의 하락세는 가속화되었다. 금요일에 이 규정은 철회되었지만 인수 합병이나 상장 등 '기업 이벤트'에 대한 기대감으로 매수세를 보였던 주식이 크게 하락했다. 전문 차익 거래자들조차 증거금을 치르고 설정한 포지션을 청산해야 할 정도였다.

그 후《뉴욕타임스》일요판에는 재무부 관리들이 공개적으로 달러 하락을 옹호하고 주식 하락에 대해 독일을 비난하는 발언을 해서 주식시장 하락을 부추겼다는 선정적인 기사가 실렸다. 10월 19일 월요일에는 매도 압력이 불가피했다. 이미 구조적 불안정성이 내재되어 있었기 때문이다. 그러나《뉴욕타임스》기사는 그동안 축적된 불안정성을 더욱 악화시켜 극적인 효과를 불러왔다. 결국 다우존스 지수는 하루 만에 508포인트, 즉 22%나 하락해 사상 최대의 낙폭을 기록했다.

포트폴리오 보험과 옵션 발행, 기타 추세 추종 장치는 원칙적으로 개별 참여자가 제도의 불안정성을 높이는 대가로 위험을 제한할 수 있게 한다. 실제로 제도가 붕괴하면 개인은 손실을 보지 않은 채 무사히 시장을 빠져나올 수 없게 된다. 시장은 혼란에 빠졌고 공황이 시작되었으며 담보가 강제로 청산되면서 시장가치는 더욱 하락했다.

뉴욕 시장의 폭락은 해외에도 영향을 미쳤고, 다른 시장의 폭락도 뉴욕에 영향을 미쳤다. 런던은 뉴욕보다 더 취약하다는 사실이 드러났고, 평소 차분했던 스위스 시장이 크게 출렁였다. 그중에서도 홍콩은 가장 심한 타격을 입었다. 홍콩 선물 시장에 투기한 사람들은 인위적인 가격으로 선물 계약을 정산할 수 있을 것이라는 헛된 희망을 품으며 증권 거래소에 주말까지 거래 정지를 요청할 수 있었다. 그러나 이 전략은 실패로 돌아갔다. 투기자들은 전멸했고, 선물 시장은 정부의 개입으로 구제되어야 했다. 홍콩에서 시작된 매도세는 홍콩 시장의 거래가 중단된 그 주에 호주와 뉴질랜드, 런던 등지로 확산되었다. 매도 압력은 블랙 먼데이(1987년 10월 19일 뉴욕 주식시장이 대폭락한 암흑의 월요일) 이후 2주 동안 지속되었다. 다른 증권 시장은 계속해서 최저치를 경신했지만, 뉴욕 증시는 초기에 매도세가 절정에 달했을 때 기록한 저점 밑으로 하락하진 않았다.

시장 붕괴를 모면한 유일한 주식시장은 일본이었다. 블랙 먼데이 다음 날 하루 동안 공황이 발생했지만, 거래가 많이 이뤄지지 않았고 가격은 하한가로 떨어졌다(일본에서는 규정에 따라 일일 가격 변동폭이 제한된다). 다음 날 아침 일본 주식은 런던에서 큰 폭으로 할인된 가격에 거래되었다. 하지만 다음 날 일본 시장이 재개될 즈음에 일본 재무성이 몇 통의 전화를 돌리자 놀랍게도 매도 주문이 자취를 감추었고 대형 기관들이 공격적으로 매수에 나섰다. 결과적으로 시장은 전날 손실의 상당 부분을 회복했다. 주가는 공황 이후 약세를 보였지만, 일본전신전화 NTT가 대규모 주식 발행을 통해 370억 달러의 자금 조달에 나서자 시장은 또다시 무너질 위기에 처했다. 그러나 당국이 다시 개입했다. 이번에는 대형 증권사 네 곳의 자기 계좌 거래를 허용했는데, 이는 사실상 시장 조작을 할 수 있는 면허를 내준 셈이었다.

주도권 이동에 대한 해석

1987년 폭락장의 두 가지 특징은 당시 뉴욕에서 두 번째 매도 절정기가 없었고 도쿄가 상대적으로 안정적이었다는 점이다. 이 두 가지 특징은 폭락의 결과에 대한 통찰을 제공할 수 있기에 더 자세히 탐구할 만한 가치가 있다.

1929년 폭락의 역사적 의미는 대공황을 촉발했다는 사실에서 찾을 수 있다. 대공황은 경제와 금융 세력이 유럽에서 미국으로 이동하던 시기에 발생했다. 권력의 이동은 환율에 커다란 불안정을 야기했고, 그 결과 달러가 국제 준비 통화로서 영국 파운드를 대체했지만 1929년 폭락 자체는 그 과정에서 뚜렷하게 규정된 역할을 하지 못했다.

이와 대조적으로, 1987년 폭락은 역사적으로 경제와 금융 세력이 미국에서 일본으로 이동했음을 의미한다. 그동안 일본은 국내 소비보다 더 많이 생산했고, 미국은 국내 생산보다 더 많이 소비했다. 일본은 해외에 자산을 축적해 왔고, 미국은 부채를 축적해 왔다. 이 과정은 레이건 대통령이 취임했을 때 감세와 (군비도 소비의 한 형태라는 맥락에서) 국방비 지출을 늘리는 정책을 내세우면서 큰 지지를 얻었고, 그 이후로도 이러한 확장 정책은 계속 추진되었다. 미국과 일본은 모두 이 사실을 인정하기를 꺼린다. 레이건 대통령은 미국인들이 미국인으로서 긍지를 느끼게 하고 싶었고, 세계경제에서 미국의 주도적 위치를 내어주는 대신 군사적 우위라는 환상을 추구했다. 반면 일본은 가능한 한 오래 미국의 그늘에서 계속 성장하기를 원했다.

1987년 폭락은 일본의 저력을 드러냈고 경제와 금융 세력의 이동을 분명히 보여주었다. 미국 채권시장을 침체시키고 미국 주식시장의 붕괴를 이끈 건 바로 일본 채권시장의 붕괴였다. 하지만 일본은 자국의 주식시장 폭락을 피할 수 있었다. 무엇보다 미국 당국은 달러를 포기함으로써 두 번째 매도 절정기를 피할 수 있었다. 이번 폭락에서 내가 특히 주목한 두 가지 특징의 의미가 바로 여기에 있다. 일본은 사실상 전 세계로부터 예금을 유치하고 전 세계에 대출과 투자를 하는 세계적인 은행으로 부상했다. 달러는 더 이상 국제 준비 통화의 역할을 수행할 만한 자격을 충족하지 못한다. 새로운 국제통화 제도가 대공황 없이 확립될 수 있을지는 여전히 미지수다.

알다시피 사건은 설명하기보다 예측하기가 더 어렵다. 아직 내리지도 않은 의사 결정을 어떻게 예측할 수 있을까? 그러나 이미 내려진 의사 결정이 미치는 영향은 평가할 수 있다.

1987년 폭락을 겪으면서 미국 정부는 다음과 같은 질문에 직면했다.

경기 침체 방지와 달러 가치 보존 중 어느 것이 더 중요하다고 생각하는가? 답은 명백했다. 블랙 먼데이가 발생한 후 둘째 주 중반에 달러는 자유롭게 평가절하되었고 그 주말에 재무부 장관 제임스 베이커가 이 소식을 공식 발표했다. 달러 가치는 순순히 하락했고, 주식시장에서 두 번째 매도 절정기는 발생하지 않았다. 1929년과 같은 실수는 모면할 수 있었지만, 동시에 다른 종류의 실수를 저지를 위험을 각오해야 했다. 달러의 평가절하 결정은 1930년대에 각국에서 경쟁적으로 단행한 평가절하를 연상시킬 만큼 고통스러운 일이었다. 어쩌면 잠정적인 구제 조치는 나중에 더 큰 피해를 불러올 수 있었다.

적어도 가까운 미래에는 미국이 심각한 경기 침체를 피할 수 있을 것이라는 전망이 우세하다. 소비자 지출은 폭락 이전부터 이미 감소하고 있고, 폭락은 소비자들을 더욱 신중하게 만들 수밖에 없다. 그러나 산업 생산은 달러 약세로 이익을 보고 있고, 산업 고용은 강세를 보였다. 재정 적자의 감소 폭은 너무 작고 비현실적이어서 큰 효과를 거두기 어렵다. 미국 기업들이 자본 지출을 줄이면 미국으로 진출한 외국 기업들이 그 빈자리를 채울 수 있다. 따라서 소비 침체가 1988년 1분기나 상반기의 정체 수준보다 더 악화될 가능성은 낮다. 독일과 일본 모두 자국 경제를 부양하려 할 것이다. 결과적으로 1983년 이후로 세계 경제에 만연했던 저성장 기조가 지속될 것이다. 놀랍게도 주식시장이 실물경제에 직접적으로 미칠 영향은 적다.

이 시나리오의 문제점은 1987년 폭락을 촉발한 불균형이 해결되지 않은 채 남아 있다는 점이다. 미국의 재정 적자와 무역 적자는 사라지지 않을 것이다. 폭락의 여파가 일시적으로 소강 분위기를 불러올 수는 있지만, 결국 달러는 다시 압력을 받게 된다. 미국 경제가 탄탄하면 무역 적자가 지속되거나, 경제가 취약하면 경기 부양을 위해 더 낮은 금리가 필요하기 때문이다.

영국은 북해 석유를 발견하기 전에도 비슷한 상황에 놓여 있었다. 결국 경기 불황에도 물가가 계속 오르는 '스태그플레이션' 현상과 긴축과 완화를 번갈아 하는 일련의 '스톱고stop-go' 정책이 이어졌다. 이와 똑같은 상황이 지금 미국에서도 벌어지고 있다. 가장 큰 차이점은 미국이 세계에서 가장 큰 경제 대국이고 미국 통화가 여전히 국제 교환 수단으로 사용되고 있다는 점이다. 달러가 계속 불안정하면 국제 금융 시장은 사고가 터지기 쉬운 상태로 남을 것이다. 폭락의 전제 조건을 만든 것은 루브르 합의였지만, 폭락을 촉발한 것은 달러 가치의 실질적인 하락이었다는 점을 기억해야 한다.

달러 가치가 계속 하락하면 유동성 자산을 보유한 투자자들은 다른 투자처로 탈출하려 할 것이다. 일단 이러한 움직임이 탄력을 받으면 금리 인상으로도 이를 막을 수 없게 된다. 달러 가치의 하락 속도가 금리 차이를 넘어서기 때문이다. 결국 금리 상승은 정부가 피하려 했던 경기 침체보다 더 심각한 불황을 불러올 것이다.

이러한 상황은 이전에도 벌어졌다. 지미 카터Jimmy Carter 행정부의 마지막 2년 동안 투기 자본은 수수료를 내면서까지 계속해서 독일과 스위스로 이동했다. 1979년 카터 대통령이 경화 표시 채권을 강제로 매각한 후부터 달러 가치 급락에 대한 공포가 그 어느 때보다 현실적으로 다가오고 있다.

폭락 이후로 전 세계 주식시장은 달러가 약세를 보일 때마다 덩달아 하락세를 보였고, 그 반대의 경우도 마찬가지였다. 이는 달러 가치의 추가 하락은 역효과를 불러온다는 사실을 분명히 보여주며 정부도 이 사실을 이해한 것으로 보인다. 달러 평가절하에 대한 모든 논의가 중단되었고, 이제 일종의 예산 절충안이 이뤄졌으니 루브르 합의를 재확립하기 위한 준비가 진행되고 있다. 이러한 노력이 얼마나 성공하느냐에 따라 결과가 좌우될 것이다. 안타깝게도 정부가 제시할 수 있는 방안은 많지 않다. 밥 팩우드Bob Packwood 상원의원은 재정 축소를 "처량한 푼돈miserable pittance"이라고 표현했다. 1987년 폭락은 정부가 달러의 안정보다는 경기 침체를 막는 데 더 관심이 있음을 결정적으로 보여주었다. 달러 가치를 지탱해야 하는 부담은 주로 미국의 교역 대상국들의 몫으로 돌아갈 것이다.

일본이 수출 시장을 보호할 가장 좋은 방법은 달러를 쓰는 구역으로 생산 시설을 이전하는 것이다. 일본은 이미 폭락 이전부터 생산 시설을 옮기기 시작했다. 자동차 제조업체를 비롯해 많은 일본 기업이 미국과 멕시코에 제조 자회사를 설립하고 있다. 이러한 과정은 폭락과 달러 약세로 인해 가속화될 것이다. 두 요인은 미국 자산의 인수 비용을 낮추고 해외에서 미국 시장에 공급할 수익성을 떨어뜨린다. 궁극적으로 무역 적자를 해결한 방법은 일본 제조업체에 의한 수입 대체가 될 것이다. 이는 제2차 세계대전 이후 유럽에서 좀처럼 해결하지 못할 것 같았던 '달러 부족' 사태에 대한 해결책을 떠올리게 한다. 당시 많은 미국 기업이 '다국적기업'이 되었고 미국은 세계경제의 패권을 누리게 되었다. 이와 유사하게 일본 다국적기업의 탄생은 일본이 세계 금융과 경제를 주도하는 강대국으로 부상하는 시기와 맞물릴 것이다.

이미 일본은 대규모 투자를 통해 미국에서 상당한 정치적 영향력을 행사하고 있다. 미국의 거의 모든 주가 일본에 무역 진흥 사무소를 설립했다. 각 주를 대표하는 의원들이 보호무역주의 조치를 지나치게 지지한다면 일본과 무역을 늘리려는 노력은 큰 성과를 내지 못할 것이다. 이제 보호무역주의는 더 이상 실행 가능한 정책 수단이 아닐 수 있다. 몇 년 후 일본 기업들이 공장을 짓고 나면 한국, 대만과 경쟁을 벌이지 않기 위해 극렬한 보호무역주의를 표방할 수도 있다.

역사를 통틀어 한 국가에서 다른 국가로 경제와 금융, 나아가 정치와 군사 주도권이 넘어간 사례는 많았다. 최근 사례로는 제1차 세계대전과 제2차 세계대전 사이에 영국을 대체한 미국을 들 수 있다. 그럼에도 일본이 세계에서 지배적인 금융 강국으로 부상할 것이라는 전망은 미국뿐만 아니라 서구 문명 전체의 관점에서 볼 때 큰 충격으로 다가온다.

미국 입장에서는 그에 따른 손실이 너무도 명백해서 자세히 설명할 필요도 없을 것이다. 미국이 우월한 지위를 상실하면 국가 정체성의 위기를 불러올 수밖에 없다. 미국은 군사적 우위를 추구하기 위해 해외에서 자금을 빌려 막대한 비용을 충당한 상태이기에 경제적 우위를 잃는다는 사실에 대처할 준비를 하지 못했다. 미국의 국가 정체성은 영국만큼 확고하게 전통에 기반하고 있지 않으므로 그 위기가 더욱 깊이 느껴질 수밖에 없다. 미국의 정치적 행동이 대내외적으로 미칠 결과는 예측하기 어렵다.

미국 사회에 미칠 영향은 그만큼 중대하지만 불분명하다. 국제무역체제는 개방되어 있으며, 회원국들은 동등하게 서로를 대해야 하는 주권 국가들이다. 이는 일본이 주도권을 쥔다고 해도 바뀌지 않을 사실이다. 오히려 일본은 때때로 미국보다 더 조심스럽게 움직일 것으로 예상된다.

문제는 좀 더 복잡하다. 미국과 영국은 같은 문화권에 속하지만, 일본은 그렇지 않다. 일본인들은 엄청난 학습 능력과 성장 능력을 보여주었지만, 그들이 사는 사회는 서구 사회와 근본적으로 다르다. 일본인은 종속과 지배의 관점에서 생각한다. 이를 모든 인간이 평등하게 창조되었다는 개념과 대조해 보면 일본과 서구 문화의 차이점이 명확히 드러난다.

미국과 영국은 모두 개방된 사회다. 내부적으로는 사람들이 큰 자유를 누리고 있고, 외부적으로는 국경이 개방되어 상품과 사람, 자본과 생각이 다양한 수준으로 이동한다. 일본은 여전히 상당 부분에서 폐쇄적인 사회다. 현 정부의 민주주의 형태와 개방사회의 특징은 전쟁에서 패한 후 점령국에 의해 도입된 것이다. 그러나 일본 사회에 스며든 가치 체계는 폐쇄적이어서 개인의 이해가 사회 전체의 이해에 종속된다.

이러한 종속은 강압적으로 이뤄지는 것이 아니다. 일본은 전체주의 국가와 전혀 닮지 않았다. 단지 국가적 사명감과 사회적 결속력이 매우 강한 국가일 뿐이다. 일본인들은 기업이든 국가든 최고가 되기 위해 노력하는 집단의 구성원이 되길 원하며, 그 목표를 달성하기 위해 기꺼이 상당한 희생을 감수하려 한다. 이러한 가치관을 잘못되었다고 볼 수는 없을 것이다. 오히려 공동의 이익을 위해 어떠한 개인의 불편함도 감수하지 않으려는 미국인들을 비판하는 것이 더 적절할지도 모른다. 일본은 새롭게 부상하는 국가이고, 미국은 쇠퇴하고 있다.

문제는 특히 미국과 전 세계가 이처럼 강력한 국가 정체성을 갖춘 외국 사회에 지배권을 허용할 것인가다. 미국은 물론이고 일본도 이 문제를 고심하고 있다. 전 세계가 일본을 더 받아들일 수 있도록 일본이 개방해야 한다는 견해가 힘을 얻고 있다. 그러나 전통적 가치를 중요시하는 굳건한 신념과 일본이 일류 국가로 올라서기도 전에 추진력을 잃을지 모른다는 병적인 두려움이 특히 기성세대를 중심으로 번지고 있다. 일본은 과도기를 겪고 있으며 주도국의 역할을 맡게 되면 더욱 개방적인 사회가 될 것이다. 다만 일본은 내부적으로는 사회적 결속력과 위계적 가치관을 약화시킬 만한 갈등과 모순 요소가 많다. 전환이 얼마나 빨리 이뤄지느냐에 따라 많은 것이 달라질 수 있다. 미국이 최근보다 더 나은 성장 가능성을 보여준다면 열린 사회의 가치 체계는 일본인들에게도 더 매력적으로 인식될 것이다.

1987년 이후 미국이 바라보아야 하는 것

일본 사회의 폐쇄적인 특성은 여러 분야에서 나타난다. 일본은 형식적으로 민주주의 국가지만 현행 헌법이 제정된 이래로 줄곧 한 정당이 집권해 왔다. 다음 총리직을 계승할 사람은 비공개 협상을 통해 결정된다. 일본 국내 시장은 형식적으로 개방되어 있지만, 외국 기업은 일본 내 협력업체 없이는 일본 시장에 진출하기 어렵다. 그러나 서구권 체제의 개방성과 일본 체제의 폐쇄성의 차이점이 금융시장만큼 극적으로 드러나는 영역도 없다.

서방 세계는 금융시장이 정부 규제에 간섭받지 않고 원활하게 기능할 수 있도록 허용하는 데 많은 노력을 기울여 왔다. 그러나 이는 1987년 폭락에서 알 수 있듯 커다란 실수였다. 금융시장은 본질적으로 불안정하며, 안정성은 공공 정책의 목표로 삼을 때만 유지될 수 있다. 불안정성은 축적된다. 앞서 설명했듯 시장이 규제 없이 전개되도록 오래 방치할수록 더욱 불안정해지고 결국에는 붕괴되고 만다.

금융시장에 대한 일본의 태도는 이와 완전히 다르다. 일본은 시장을 목적을 위한 수단으로 여기고 그에 맞춰 시장을 조작한다. 당국과 기관들은 상호 책임이라는 복잡한 제도로 연결되어 있다. 최근에 벌어진 사건들은 제도 운영 방식에 대한 통찰을 제공했다. 블랙 먼데이 이후 처음으로 시장이 붕괴될 위기에 처했을 때 재무성이 돌린 전화 몇 통은 금융기관들을 결집시키기에 충분했다. 두 번째 예로 일본전신전화의 주식 공개 발행 당시 금융기관들은 미온적인 반응을 보였는데, 이는 아마도 재무성이 발휘할 수 있는 권한을 이미 첫 번째 통화에서 다 소모했기 때문일 것이다. 이제 직접적으로 생존을 위협받고 있는 증권사들에 의존할 수밖에 없었다. 당국은 이들에게 시장을 조작할 수 있는 면허를 부여해 재앙을 모면했다.

시장 붕괴를 무한정 모면할 수 있는가는 현재 금융 상황과 관련된 가장 흥미로운 질문이다. 이 질문은 여전히 답을 기다리고 있다. 일본 당국은 도쿄 부동산과 주식시장에서 역사상 유례를 찾기 힘든 투기적 거품이 형성되도록 뇌두었다. 예를 들어, 일본전신전화 주식은 이익의 270배에 달하는 가격으로 일반 투자자에게 매각된 반면 미국 전화 전신 회사인 AT&T 주식은 이익의 18배로 평가되었다. 만약 이러한 거품이 자유 시장에서 일어났다면 이미 한참 전에 터졌을 것이다. 역사적으로 이 정도 규모의 거품이 터지지 않고 질서 정연하게 수축한 사례는 없었다. 일본 당국은 일본 채권시장의 폭락을 막지 못했지만 주식시장에서는 가능할지도 모른다. 엔의 지속적인 강세는 당국에 유리하게 작용한다. 만일 성공한다면 이는 역사상 첫 사례이자 공익을 위해 금융시장을 조작하는 새로운 시대의 서막을 여는 것과 같다.

폭락의 영향으로 일본 주식시장은 더 폐쇄적인 체제에 가까워졌다. 외국인은 위기가 시작될 즈음에 일본 주식의 5% 미만을 소유했고, 위기 때와 그 이후에 많은 주식을 처분했다. 흥미롭게도 매도 물량은 일본 기관이 아닌 일본 대중이 흡수했는데, 이는 증권사가 개인 고객에게 막대한 대출을 받도록 권장한 결과였다. 실제로 일본 중개인들은 위기 상황에서 주식을 매수하는 것이 애국자의 의무이며 그것이 일본을 다른 나라와 차별화한다고 주장했다. 증거금 대출은 사상 최고치를 기록하고 있다. 증거금 계좌의 강제 청산을 촉발하지 않으면서 부채 부담을 줄이는 것이 현재 당국이 직면한 과제다.

왜 일본 당국은 애초에 투기 거품이 형성되도록 놔두었을까? 이는 또 다른 흥미로운 질문이다. 우리는 그저 그 이유를 추측만 할 뿐이다. 미국이 일본에 금리 인하를 요구하는 식으로 외부 압력이 있었지만, 일본은 그 요구가 국익에 부합하지 않았다면 선뜻 양보하지 않았을 것이다.

처음에는 금융자산의 인플레이션 덕분에 실물경제가 심각한 위기에 처했을 때도 일본 당국이 상업은행에 대한 의무를 이행할 수 있었다. 부동산과 주식시장에서 호황이 일어나지 않았다면 상업은행들이 제공한 많은 기업 대출이 부실화되어 수익에 타격을 입었을 것이다. 부동산과 주식시장에서 벌어진 투기로 은행들은 우량해 보이는 담보를 대상으로 대출 포트폴리오를 확대할 수 있었고, 기업들은 금융 조작인 '재테크財テク'*를 통해 얻은 수익으로 부족한 이익분을 메울 수 있었다. 부동산 호황은 또 다른 목적에도 기여했다. 엔의 가치가 상승할 때도 높은 국내 저축률과 양호한 무역수지를 유지하는 데 도움이 된 것이다. 주택 가격이 임금보다 빠르게 오르는 상황에서 일본의 임금 노동자들은 소득의 증가분을 저축할 만한 충분한 이유가 있었다. 국내 경제가 침체한 상황에서 저축은 해외 투자에 투입될 수 있었다. 이는 해외 투자 가치가 하락하더라도 전 세계에서 부와 권력을 쌓을 수 있

---

*　　● '재테크'는 1980년대 일본 버블 경제 시기에 유행한 용어로, 오늘날 한국에서 통용되는 '개인의 자산 관리'라는 의미와는 다르다. 부동산, 주식, 채권 등 자산 가격이 전반적으로 급등하던 당시 많은 일본 기업이 보유 자산을 담보로 대출을 늘리거나 단기 투자, 투기를 통해 장부상의 이익을 부풀렸다. 즉, 본업인 생산 활동보다 금융 거래와 자산 운용을 통해 수익을 추구하는 투기적 금융 조작 행위를 일컫는다.

는 이상적인 처방이었다. 적어도 일본 지배층의 일부는 투자자들이 손실을 보는 모습을 보고 상당히 기뻐했을 것 같다. 그래야 일본이 강대국으로 성장하기 전에 일본인들의 마음이 물러지지 않을 테니 말이다. 그렇지 않고서야 유권자들에게 뻔히 부풀려진 가격으로 주식을 매도하는 민주주의 정부의 의도를 달리 어떻게 설명할 수 있을까?

그러나 부동산과 주식 가격의 상승은 곧 부작용을 낳기 시작했다. 높은 저축률은 국내 경제를 부양하라는 외국의 압박을 불러왔고, 결국 정부는 굴복할 수밖에 없었다. 게다가 부동산을 소유한 자와 그렇지 않은 자의 자산 격차는 사회 통합을 위협할 정도로 크게 벌어졌다. 국내 경제가 회복하기 시작하자마자 은행들이 투기적 거래에 자금을 지원하는 것을 허용할 필요가 없어졌고 오히려 그러한 자금을 실물경제로 돌리는 것이 적절했다. 은행 대출과 통화 공급을 억제하려는 시도는 앞서 살펴본 일련의 사건들을 촉발시켰다.

일본이 서구권보다 금융시장의 재귀적 특성을 더 잘 이해한다는 사실은 역설적이다. 또한 일본이 이를 폐쇄적인 제도의 성공을 위해 이용하고 있다는 점은 유감스럽다. 미국은 현재 상황이 만족스럽지 않다면 실행 가능한 대안을 고민해 행동에 나서야 한다.

우리는 주식시장 호황에 도취된 나머지 미국의 재정 상태가 근본적으로 악화되고 있다는 사실을 깨닫지 못했다. 금융시장의 열광적인 투자 활동과 빠른 보상이라는 유혹 덕분에 레이건 행정부가 추구한 정책이 작동하는 것처럼 가장할 수 있었다. 하지만 1987년의 붕괴는 각성의 계기가 되었다. 많은 이익이 환상으로 드러났고, 광적인 활동은 머지않아 고요하게 시들해질 것이다. 전망은 암울하다. 어떤 식으로든 우리는 생활수준이 떨어질 위기에 직면해 있다. 어떤 길을 선택하는지에 따라 많은 것이 달라질 것이다.

앞서 내가 설명한 경로가 전개될 가능성이 가장 크다. 이는 미국보다 앞서 영국이 걸어온 길이며, 미국과 관련해 유사한 결과를 가져다줄 것이다. 달러의 중요성 때문에 전 세계 경제에 훨씬 더 부정적인 영향을 끼칠 수 있다. 보호무역주의 정책을 추구하고 싶은 유혹도 있지만, 앞서 언급한 이유로 그것은 더 이상 실행 가능한 대안이 아니다. 그럼에도 보호무역주의는 많은 해를 끼칠 수 있다.

마지막으로 미국이 행사하지 못했던 주도권을 되찾을 가능성도 있다. 여기에는 미국 내부 질서를 정리할 뿐만 아니라 달라진 환경에 적합한 새로운 국제 금융 질서를 확립하는 조치가 포함된다. 안정된 국제통화 없이는 국제 경제가 원활하게 작동할 수 없다. 통화 당국은 1985년 10월 플라자 합의를 통해 이 사실을 인식하기 시작했고, 1987년 2월 루브르 합의를 통해 재차 이를 확인했다. 하지만 안타깝게도 당국이 취한 조치는 충분하지 않았고, 루브르 합의는 1987년 폭락과 함께 무너지고 말았다. 달러를 안정시키려는 결정이 어떤 식으로든 폭락에 책임이 있기에 루브르 합의가 수정될 가능성은 낮다. 어떤 합의에 도달하든 위기가 닥쳤을 때 이전 합의가 폐기되었기에 새로운 합의에 대한 신뢰도는 떨어질 것이다. 또한 루브르 합의가 1987년 폭락의 원인이 되었다는 점에서 루브르 합의를 손봐야 할지도 의문이다.

통화를 지속 불가능한 수준에서 보호하려 하면 국가를 장기적인 불황으로 몰아넣을 수 있다. 이는 1926년에 전쟁 이전 수준의 금본위제로 되돌아간 영국이 경험한 것이다. 1달러당 1.65마르크와 132엔이 합리적인 환율이라고 평가할지도 모른다. 이러한 주장은 달러 가치가 더 하락할지라도 단기적으로 무역수지가 눈에 띄게 개선되지 않는다는 의미에서 사실이다. 그러나 이는 달러 가치가 10% 더 높았을 때도 이미 사실이었다. 시장이 적응하는 데 시간이 걸리는 반면 통화가치 하락은 즉각적으로 부정적인 영향을 미친다(그 유명한 J 곡선 효과가 바로 이것이다). 더욱이 환율이 불안정할수록 사람들은 시장이 적응하는 데 필요한 투자를 꺼리게 된다. 이는 달러가 국제 준비 통화로서 역할을 계속 수행할 수 있는 현실적인 환율이 없다는 방증이다. 달러는 어떤 가격에도 안정적이지 않다. 금융자산을 보유한 사람들은 최적의 가치 저장 수단을 찾지만, 달러는 더 이상 그런 자격을 충족하지 못한다. 재정 적자와 무역 적자 규모가 큰 국가는, 외국인들이 그 통화의 유입이 계속 늘어나는 것을 언제까지나 받아들이리라고 기대하기 어렵다. 국제 금융 제도는 안정적인 통화가 기반이 되지 않으면 작동할 수 없다. 이것이 1987년의 폭락이 주는 중요한 교훈이다.

우리에게는 달러에 기반하지 않는 국제통화 제도가 절실하다. 하지만 일본 엔은 아직 국제 준비 통화의 역할을 수행할 준비가 되어 있지 않다. 일본 금융시장은 아직 충분히 개방되어 있지 않고, 세계가 일본의 패권을 받아들일 준비도 되어 있지 않다. 가장 이상적인 해결책은 하나의 진정한 국제 은행에서 발행하고 통제하는 하나의 진정한 국제통화일 것이다. 이렇게 되면 국제수지 목적을 위한 국제 대출이 국제

통화로 표시되고, 통화가치는 금이나 주요 원자재를 가중 평균한 원자재 바스켓에 연동되어 부채의 전액 상환을 보장할 것이다. 달러가 특권을 누리는 지위를 상실해야만 미국이 찍어낸 달러가 전 세계에 넘쳐나는 현상을 멈출 수 있다. 이러한 전환을 빨리 달성할수록 미국 경제의 쇠퇴를 저지할 가능성이 커진다.

안타깝게도 우리는 아직 이번 폭락의 주된 교훈을 학습할 준비가 되어 있지 않다. 여전히 시장이 자체적으로 조정하고 환율이 균형 수준을 찾도록 놔두어야 한다는 통념이 우세하다. 1987년 폭락은 이러한 견해에 힘을 실어주었다. 결과적으로 금융시장의 혼란이 지속될 것으로 예상되며, 주식시장에서 통화시장과 채권시장 그리고 종국에는 귀금속 시장으로 관심이 옮겨 갈 것이다.

국제통화와 국제 중앙은행에 대한 개념을 지지하는 사람들은 거의 없다. 역설적으로 미국보다는 일본이 그러한 생각에 더 열광적으로 반응할 것으로 보인다. 일본에는 일본이 더 개방적인 사회로 발전하기를 바라는 사람들이 많다. 일본인들은 제2차 세계대전 당시 홀로 맞서 싸우려 했던 경험을 아직도 생생하게 기억하고 있다. 그들은 독자적인 제도를 구축해야 하는 불가능한 일에 착수하기보다 전 세계 무역과 금융 제도 안에서 번영하고자 한다. 일본은 후발주자로서 현재의 국력을 충분히 반영하지 못하는 합의라도 기꺼이 받아들일 것이다.

국제통화 제도의 개혁으로 가장 큰 이득을 보는 국가는 바로 미국이다. 개혁은 세계에서 미국의 입지를 공고히 해주며, 개혁을 실행하지 않으면 미국은 그러한 지위를 잃을 위험이 있다. 특히 미국은 군사력

관점에서 여전히 유리하게 협상할 수 있는 위치에 있다. 무엇보다 그 과정에서 일본이 더 개방적인 사회가 되고 주요 회원국 중 하나가 되는 개방체제를 미국이 만들고 유지할 수 있을 것이다. 그러지 못하면 또다시 금융 대란과 보호무역주의 정책이 전 세계적인 불황과 심지어 전쟁을 촉발했던 1930년대와 비슷한 시대가 재현될 것이다.

부록

The Alchemy of Finance

유럽의 해체

먼저 독일에서 강연할 기회를 준 아스펜 연구소에 감사드린다. 나는 독일인들이 특히 관심을 가질 만한 강연 주제를 택했다. 바로 유럽의 해체 가능성이다. 이 주제는 세 가지 면에서 내 관심을 사로잡았다. 첫째, 나는 개방적인 유럽 사회라는 개념을 열렬히 신봉한다. 둘째, 나는 유럽의 통합과 해체 과정을 조명하는 역사 이론을 만들었다. 셋째, 나는 그 과정에 참여하고 있다.

열린 사회는 누구도 진리를 독점할 수 없다는 개념에 기반한 사회, 국가나 특정 이념에 지배되지 않고 소수 집단과 소수 의견이 존중되는 사회를 의미한다. 이 기준에 따르면 유럽 공동체는 매우 바람직한 조직 형태다. 실제로 유럽 공동체는 모든 참여 국가가 소수파라는 매우 흥미로운 특징이 있어 어떤 면에서는 이상적이다. 소수에 대한 존중은 유럽 공동체 구성의 기초를 이룬다. 하지만 아직 답을 찾지 못한 문제가 있다. 바로 다수에게 얼마나 많은 권한을 위임해야 하는가에 대한 문제다. 유럽은 어디까지 통합되어야 할까?

유럽이 진화하는 방식은 과거 공산주의 진영에 속했던 동유럽에서 일어날 변화에 큰 영향을 미칠 것이다. 공산주의는 보편적인 폐쇄 사회를 구축했지만, 이제 공산주의 이념은 완전히 끝났다. 국가 또는 민족 정체성의 원칙에 따라 보편적인 폐쇄 체제가 여러 개의 폐쇄 사회로 해체되는 것이 가장 손쉬운 길일 것이다. 우리는 구舊 유고슬라비아에서 그 원칙이 상당히 진척되었음을 확인할 수 있다. 이 운명에서 벗어날 유일한 방법은 폐쇄 사회에서 열린 사회로 전환하는 것인데, 이를 구현하는 일은 그리 쉽지 않다. 열린 사회의 특징인 법치와 시민사회 제도, 비판적 사고방식을 확립하려면 시간과 노력을 들여야 한다. 공산주의로 황폐해진 사회는 스스로 전환하지 못한다. 개방적이고 수용적이며 그러한 노력을 지지해 줄 유럽이 필요하다. 동독은 지나치게 많은 지원을 받았고, 다른 동유럽은 지나치게 적은 지원을 받았다. 나는 동유럽을 지원하는 일에 깊숙이 관여하고 있다. 알다시피 지원에 전념하는 재단 조직을 설립했다는 점에서 나는 편향된 시선으로 유럽이라는 주제를 논할 수밖에 없다.

둘째로, 나는 금융시장에서 활동하고 재단 조직을 설립할 때 방향을 제시한 역사 이론을 개발했다. 이론의 핵심은 실수와 오해가 사건의 경로를 형성하는 과정에서 수행하는 역할에 있다. 참여자들의 생각과 실제 상황 사이에는 언제나 괴리가 있지만, 때로는 그 괴리가 상대적으로 작고 자체적으로 조정되는데 이를 '균형에 가까운 상태'라고 부른다. 한편 그 괴리가 크고 자체적으로 조정되지 않는 경우를 '균형에서 멀리 떨어진 상태'라고 부른다. 사건의 진행 경로는 이 두 균형 조건과 상당히 다른 특성을 보인다. 이는 일반적으로 이해되지 않는 부분이다. 내 이론은 균형에서 멀리 떨어진 상태와 관련이 있다. 나는 금융시장에서 종종 관찰할 수 있는 이른바 '호황과 불황의 과정'을 중점적으로 연구해 왔는데, 유럽 공동체의 통합과 해체에도 이 이론을 적용할 수 있다고 본다. 1989년 혁명과 독일의 통일 이후 유럽은 역동적인 불균형 상태에 놓여 있다. 현재 유럽 상황은 내 역사 이론에 매우 흥미로운 사례 연구를 제시한다.

마지막으로, 나는 전 세계에 투자하는 전문 투자자로서 이 역동적인 불균형에 참여하고 있다. 이전에는 스스로를 투기자로 자처하며 투자는 실패한 투기라는 농담을 던지곤 했지만, 사회적으로 투기자를 반대하는 운동이 벌어지고 있다는 사실을 떠올리면 더 이상 농담을 던질 수 없다. 국제 투자자들이 환율 조정 장치Exchange Rate Mechanism, ERM의 붕괴에 중요한 역할을 한 것은 사실이지만, 국제 자본이 이동하지 않는다면 유럽 경제 공동체를 갖기란 불가능하다. 투기자를 비난하는 것은 엉뚱한 데 화풀이를 하는 것이나 다름없다.

나는 내 역사 이론을 바탕으로 오늘의 주제를 논할 것이다. 내가 시장 참여자라는 사실이 이론을 적용하는 데 걸림돌이 되지는 않는다. 오히려 시장 참여자로서 이론을 실제로 검증할 수 있었다. 역사적 과정에 참여하는 사람은 언제나 편향에 근거해 행동한다는 것이 내 이론이지만, 여기서 내 편향은 문제 되지 않는다. 물론 이론 옹호자들에게도 똑같은 규칙이 적용된다.

그러나 고백하건대, 하나로 단합되고 개방되어 번영하는 유럽을 보고 싶다는 내 편향된 마음은 금융 시장 참여자로 활동하는 데 방해가 되고 있다. 내가 익명으로 시장에 참여했을 때 편향은 아무런 문제가 되지 않았다. 영국은 내가 파운드의 하락에 베팅하든 베팅하지 않든, ERM을 버렸을 것이다. 하지만 영국이 ERM을 포기하자 나는 언론의 관심을 받게 되었고 더 이상 익명의 참여자로 남을 수 없게 되었다. 나는 시장의 권위자가 되었다. 당시 나는 실제로 시장 행태에 영향을 줄 수 있었고, 영향을 주지 않는 척하면 부정한 투자자가 될 터였다. 이러한 변화는 기회를 창출하는 동시에 책임을 부여했다. 유럽에 대한 내 편향을 고려하면 나는 환율 조정 제도에서 프랑스 프랑을 밀려나게 만든 장본인이 되고 싶지 않았다. 결국 프랑에 투기하지 않는 대신 건설적인 해결책을 제안하기로 했지만, 그런 내 결정을 환영한 사람은 아무도 없었다. 사실 당국에서는 내 금융시장 활동보다 공개 발언을 골칫거리로 여기는 것 같았다. 그래서 내게 새롭게 주어진 전문가 역할을 잘하고 있다고 말할 수는 없을 것이다. 하지만 내 편향을 고려할 때, 나는 참여자로서 불편하더라도 할 말은 해야겠다.

통일 독일이 초래한 유럽 통화의 불균형

내 호황과 불황 이론의 핵심은 호황과 불황이 필연적으로 나타나지 않는다는 것이다. 전형적인 호황과 불황의 과정은 처음에 자기강화적인 양상을 띠다 결국에는 자기파괴적인 형태로 이어지지만, 언제든 중단되거나 방향이 바뀔 수 있다. 이 이론의 관점에서 유럽 통합의 호황과 불황 과정에 대해 언급하려 한다. 특히 그 과정에서 매우 중요한 역할을 한 ERM에 주목할 것이다. ERM은 독일이 통일되기 전까지 거의 균형에 가까운 조건에서 완벽하게 작동했다. 하지만 통일은 역동적인 불균형이라는 새로운 조건을 만들어냈다. 그 이후에 발생한 실수와 오해에 따라 사건의 진행 경로가 형성되었다. 가장 가시적인 결과는 ERM의 붕괴다. 이는 유럽 공동체의 해체 가능성을 높이는 중요한 요인이 되고 있다.

균형에 가까운 상태가 동적 불균형 상태로 바뀐 시점부터 살펴보자. 이 시점은 베를린 장벽이 붕괴된 때로 정확하게 고정될 수 있다. 이로써 독일 통일의 길이 열렸고, 서독의 총리 헬무트 콜Helmut Kohl은 역사적인 순간을 맞이했다. 그는 통일이 즉각적으로, 유럽 상황에 맞게 완전한 형태로 이뤄져야 한다고 생각했다. 사실 독일 헌법이 동독 시민들에게 독일 시민권을 부여했고 독일이 유럽 공동체의 회원국이었으므로 그에게는 결정권이 없었다. 하지만 사건을 주도하느냐 아니면 사건에 단순히 반응하느냐에 따라 문제는 달라진다. 콜 총리는 진정한 리더십을 발휘했다. 그는 프랑스 대통령 프랑수아 미테랑François Mitterrand을 찾아가 "즉각적으로 완전한 통일을 이루려면 프랑스 대통령과 유럽의 지지가 필요하다"라고 말했고, 이에 미테랑 대통령은 "통일 독일이 완전히 편입될 수 있는 더 강력한 유럽을 만들자"라고 답했다.

이는 통합을 향한 엄청난 동력을 제공했고, 호황과 불황의 과정에서 '호황' 단계가 시작되는 계기가 되었다. 영국은 강력한 중앙 기관을 설립하는 것에 반대했는데, 영국 총리 마거릿 대처Margaret Thatcher가 벨기에 브루게에서 한 연설에서 이러한 입장을 엿볼 수 있다. 험난한 협상이 이어졌고, 암묵적으로 정한 기한에 맞추려는 긴박감이 감돌았다. 결과적으로 마스트리흐트 조약Treaty of Maastricht이 체결되었다.

이 조약의 두 가지 주요 목표는 공동 통화를 만들고 공동 외교 정책을 수립하는 것이었다. 이 조약에는 여러 조항이 포함되었지만 그리 중요하진 않았다. 영국이 반대할 경우 일부 조항은 제외될 수 있었다. 대체로 이 조약은 소련의 붕괴로 파생된 혁신적인 변화에 대처할 수 있을 정도로 강력한 유럽을 만들기 위한 대담한 시도이자 통합을 향한 거대한 진전이었다. 이 과정은 여론이 예상했던 수준을 넘어 더 신속하게 진행되었다. 각국의 지도자들이 혁명적인 상황에 대처하기 위해 기회를 포착한 것이다. 나는 그것이 마땅히 지도자의 역할이라고 생각한다.

문제는 엉뚱한 곳에서 발생했다. 나는 독일이 부가적으로 크로아티아와 슬로베니아를 독립 국가로 인정하는 유럽 공동체의 합의를 얻어낸 것에 대해서는 자세히 언급하지 않으려 한다. 당시 이 문제는 거의 논의되지 않았고 주목도 받지 못했지만 끔찍한 결과를 초래했다. 나는 그보다 통일로 인해 독일 내부에서 발생한 불균형에 초점을 맞추려 한다. 그 불균형이 호황을 불황으로 바꿔놓았기 때문이다.

독일 정부는 통일 비용을 심각하게 과소평가했고, 어떤 경우에도 증세를 하거나 다른 정부 지출을 줄여 통일 비용을 전액 부담할 의향이 없었다. 이에 따라 두 가지 차원에서 분데스방크와 정부 사이에 긴장이 고조되었다. 하나는 정부가 분데스방크의 공개적인 조언에 반하는 행동을 했다는 점이고, 다른 하나는 매우 느슨한 재정 정책을 펼쳐 막대한 재정 적자가 발생했으며 통화 균형을 회복하려면 매우 긴축적인 통화 정책이 필요하다는 점이었다. 동독 통화를 액면가로 교환해 구매력을 제공한 탓에 인플레이션 호황이 발생했고, 재정 적자는 불에 기름을 부은 격이 되었다. 분데스방크는 법에 따라 마르크의 가치를 유지해야 했으므로 기준 금리를 9.7%까지 인상하며 기민하게 대처했다. 그러나 이러한 정책은 유럽 통화 제도 내 다른 회원국들에 매우 불리했다. 독일 내에서 균형을 회복하기 위해 고안된 통화 정책이 유럽 통화 제도 내에서 불균형을 초래한 것이다. 불균형이 생겨나기까지 다소 시간이 걸렸다. 분데스방크의 긴축 통화 정책은 점차 시간이 지나면서 유럽 전체를 제2차 세계대전 이래 가장 깊은 불황으로 몰아넣었다. 분데스방크는 두 가지 역할을 수행했다. 국내에서는 건전한 통화의 수호자였고, 동시에 유럽 통화 제도를 떠받치는 기축통화국이었다. 그러나 결국은 독일 경제의 내부 불균형을 유럽 통화 제도 해체의 동력으로 전환하는 전달 메커니즘 역할을 한 셈이 되었다.

분데스방크와 독일 정부 사이에는 세 번째로 더 깊은 차원의 갈등도 있었다. 콜 총리는 독일 통일에 대한 프랑스의 지지를 얻기 위해 마스트리흐트 조약을 체결했다. 이 조약은 유럽 통화 정책의 중재자로서 분데스방크의 제도적 우위와 제도적 생존에 심각한 위협이 되었다. 유럽 통화 제도에서 독일 마르크는 기축통화국의 역할을 맡는다. 그러나 마스트리흐트 조약에 따라 분데스방크의 역할은 유럽 중앙은행이 대체하고, 분데스방크는 의결권 열두 표 중 한 표만 갖게 되었다. 물론 유럽 중앙은행은 독일 중앙은행을 모델로 삼았지만, 모델이 되는 것과 실제 책임을 맡는 것에는 큰 차이가 있었다. 분데스방크가 이러한 제도적 변화에 반대한다는 사실을 공개적으로 밝힌 적은 없다. 따라서 그 변화를 막기 위해 어떤 조치까지 취했는지는 여전히 불분명하다. 다만 나는 한 명의 시장 참여자로서 그것이 분데스방크의 기본적인 동기라고 추정했고, 그 추정을 전제로 행동했다. 내 가설이 옳았는지는 증명할 수 없지만, 결과적으로 효과가 있었던 것은 사실이다.

예를 들어, 당시 독일 분데스방크 총재 헬무트 슐레징어Helmut Schlesinger는 이렇게 경고한 바 있다. 그는 시장이 유럽 통화 단위ECU를 열두 개국의 화폐로 구성된 고정된 통화 바스켓 단위로 착각하고 있다고 말했다. 나는 그에게 유럽의 미래 공동 통화로서 ECU에 대해 어떻게 생각하는지 물었고, 그는 그 통화가 마르크라고 불리면 좋겠다고 답했다. 나는 그에 따라 행동했다. 얼마 지나지 않아 이탈리아 통화인 리라가 유럽 ERM에서 강제로 퇴출되었다.

나는 폭넓은 역사적 관점을 확립하고 싶으므로, 당시 일어난 사건을 일일이 설명하고 싶진 않다. 몇 가지 주요 사건만 언급하자면, 덴마크에서는 마스트리흐트 국민투표가 부결되었다. 하지만 프랑스에서는 마스트리흐트 조약이 매우 근소한 차이로 통과되었으며, 영국에서는 의회를 간신히 통과했다. 유럽 ERM은 사실상 여러 차례에 걸쳐 무너졌다. 지난 8월 환율 변동 폭 확대는 유럽 공동체 내에서 독일과 프랑스를 묶는 가장 강력한 유대 관계를 느슨하게 할 정도로 지대한 영향을 끼쳤다. 장기적으로 중대한 문제는 바로 유럽이 즉각적으로 회복할 가망이 없는 깊은 경기 침체를 겪고 있다는 점이다. 실업률이 심각하게 증가하고 있다. 경기순환 국면을 고려할 때 통화 정책이 지나치게 제한적인 탓에 실업 문제는 계속 악화되었다. 나는 이러한 관찰을 통해 유럽의 통합으로 나아가는 추세가 정점을 지나 반전되었다는 결론을 내렸다.

정확히 반전된 순간은 덴마크 국민투표의 부결에서 확인할 수 있다. 마스트리흐트 조약을 지지하는 여론이 증가할 가능성도 있지만, 이 경우 상황은 반전되지 않았을 것이다. 국민투표 부결은 대신 ERM의 붕괴를 초래했다. 유럽은 현재 해체 과정을 거치고 있다. 호황과 불황이 번갈아 일어나는 상황에서 그 과정이 어디까지 이어질지 단언할 수 없다. 그러나 호황과 불황의 과정은 양방향으로 자기강화적인 양상을 보이므로 현재 우리가 생각하거나 상상할 수 있는 수준보다 훨씬 더 확대될 수 있다.

해체 압력의 다섯 가지 요인

나는 상호 자기강화적으로 작용하는 최소 다섯 가지 요소를 파악했다. 우선 가장 중요한 요소는 경기 침체다. 현재 실업률은 프랑스 11.7%,

벨기에 14.1%, 스페인 22.25%에 달할 정도로 좌시할 수 없는 수준이다. 이는 사회적으로나 정치적으로 불안을 야기한다. 어수선한 상황은 유럽 통합을 반대하는 분위기로 이어지기 쉽다. 두 번째 요소는 ERM의 점진적 해체다. 중장기적으로 환율이 안정되지 않으면 공동 시장이 살아남을 수 없다는 점에서 이는 매우 위험한 문제다.

ERM은 10년 이상 균형에 가까운 조건에서 완벽하게 작동했다. 그러나 독일의 통일 이후 분데스방크가 두 역할을 수행하는 메커니즘에서 근본적인 결함이 드러났다. 분데스방크는 국내 통화를 안정시키는 수호자이자 ERM을 떠받치는 기축통화국의 역할을 수행해야 했다. 두 역할이 조화를 이루는 한 아무것도 문제 될 게 없었다. 하지만 두 역할의 충돌이 발생하자 분데스방크는 국제적 의무를 저버리면서까지 국내 문제를 우선 고려하는 모습을 보였다. 7월 29일 목요일, 프랑스 프랑에 대한 압력을 완화하려면 할인율을 인하해야 했지만 분데스방크가 이를 거부하면서 역할의 한계가 분명하게 드러났다. 아마도 분데스방크는 기본법Grundgesetz에 규정된 대로 독일의 통화가치 보존을 절대적으로 우선순위에 놓아야 하므로 다른 선택지가 없었다고 주장할 것이다. 이렇게 되면 ERM과 기본법 사이에 타협할 수 없는 충돌이 발생하게 된다.

이 사건은 ERM의 또 다른 근본적인 결함을 드러냈다. 바로 기축통화의 의무와 압박을 받는 통화 사이에 비대칭성이 존재한다는 사실이다. 모든 의무는 약세 통화가 짊어져야 한다. 브레턴우즈 협정이 체결되었을 때 존 메이너드 케인스는 강세 통화와 약세 통화 간 대칭의 필요성을 강조했다. 그는 양 대전 사이 기간의 경험을 토대로 주장을 폈다. 현재 유럽의 상황은 케인스의 시대를 연상시킨다. 때로는 케인스라는 인물이 아예 존재하지 않았던 것처럼 느껴지기까지 한다.

이제 세 번째 요소인 잘못된 경제 정책과 통화 정책에 대해 알아보자. 책임을 져야 할 주체는 분데스방크가 아니라 독일 정부처럼 분데스방크에 반대했거나 영국과 프랑스처럼 분데스방크 정책의 희생양이 된 국가들이다. 물론 독일 정부는 애초에 내부 불균형을 초래한 책임이 있다. 영국은 독일이 통일한 이후인 1990년 10월 8일에 ERM에 가입하는 중대한 실수를 범했다. 영국은 1985년에 확립된 논리를 근거로 ERM 가입을 추진했지만, 마거릿 대처가 반대 의사를 굽히지 않았다. 그러나 대처는 정치적 입지가 흔들리자 결국 동의했는데, 그 무렵에는 이미 1985년에 유효했던 논거가 더 이상 유효하지 않았다. 결국 영국은 1985년과 1990년에 두 번의 실수를 저지른 셈이 되었다.

분데스방크 정책의 희생양이 된 국가들은 ERM에 가입할 당시에 이미 경기 침체를 겪고 있었기 때문에 분데스방크가 고금리 정책을 도입했을 때 특히 큰 타격을 입었다. ERM에서 퇴출된 통화는 해당 국가들에 단비 같은 안정을 가져다주었으니 환영해야 마땅한 일이었지만, 그들은 너무 당황한 나머지 제대로 대응하지 못했다. 뒤늦게나마 적절하게 대응하며 금리를 인하하긴 했지만, 정책적으로 주도권을 잡는 데에는 실패했다. 이제 신뢰를 쌓기가 더욱 어려워졌다. 경제가 회복할 때 다시 임금을 통제하기도 훨씬 힘들 것이다.

프랑스는 영국의 사례를 통해 교훈을 얻기는커녕 훨씬 융통성이 부족한 모습을 보여주고 있다. 자국 통화 프랑의 *요새화*franc fort 정책을 수립하고 이를 수호하기 위해 오랜 기간 힘겹게 맞서 싸웠지만, 안타깝게도 독일보다 높은 경쟁 우위를 누리기 직전에 프랑에 대한 공격이 반복적으로 이뤄지면서 그러한 혜택을 누릴 기회를 놓치고 말았다. 프랑스는 프랑의 요새화 정책이 더 이상 유지될 수 없다는 사실을 인지하자마자 새로운 상황에 맞게 접근법을 조정했어야 했다. ERM이 도입한 체제가 실패로 돌아갔는데도 프랑스는 여전히 그 체제를 자발적으로 고수하고 있다. 프랑스 중앙은행인 방크드프랑스Banque de France는 통화가치를 방어하기 위해 분데스방크에 진 부채를 상환하고 보유고를 다시 비축하는 데 열중하고 있다. 이러한 프랑스의 입장이 이해되지 않는 것은 아니지만 우선순위가 잘못되었다. 프랑스는 심각한 경기 침체에 빠져 있으니 금리를 인하해야 한다. 8월 위기를 초래한 원인이 바로 여기에 있다. 금리를 높게 유지해 프랑스 프랑의 가치를 독일 마르크와 엇비슷하게 유지하려는 시도는 자기파괴적인 결과를 낳는다. 프랑의 강세를 불러올 유일한 방법은 탄탄한 경제를 구축하는 것이다.

분데스방크는 놀랍도록 일관되게 목표를 추구해 왔고, 그중에서도 기관의 자기보존이라는 목표를 성공적으로 달성했다. 독일이 통일한 후 통화량과 재정 적자가 급증하면서 분데스방크는 기관의 존립을 위협할 만큼 곤란한 상황에 놓였지만 결국 승리했다. 하지만 유럽 전역에 걸친 경기 침체와 ERM의 붕괴라는 대가를 치를 만큼 가치 있는 결정이었는지는 별개의 문제다.

몇 달 전만 해도 나는 분데스방크가 국내 경제 상황을 감안하더라도 잘못된 통화 정책을 펴고 있다고 확신했다. 독일이 경기 침체를 겪고 있고, 통화 정책은 경기순환을 조정해야 하기 때문이다. 분데스방크는 중기적인 통화 목표를 고수하고 있지만, 나는 균형에 가까운 조건에서 잘 작동했던 M3 목표가 오늘날과 같이 균형에서 멀어진 조건에서는 적절하지 않으며, 분데스방크가 통화 긴축 정책을 너무 오래 유지했다고 생각했다.

하지만 이는 ERM의 변동폭이 확대되기 전 이야기다. 그 이후로 독일 마르크는 반등했고, 독일 장기 채권은 강세를 보였다. 무엇보다 독일 경제 역시 견고한 신호를 보내고 있다. 어쩌면 내 판단이 틀렸을지도 모른다. 이제는 분데스방크가 국내 정책 목표를 추진하는 데 성공했을 가능성을 인정해야 할 것 같다. 하지만 그것은 국내 경제에 대해 분데스방크가 지는 책임과 유럽 통화 제도의 기축통화국 역할 사이에 이해 상충이 있다는 내 주장에 힘을 실어준다. 지난 두 달 동안 벌어진 사건은 독일과 나머지 유럽 국가들의 요구가 매우 다르다는 점을 분명히 보여주었다. 독일은 장기간 자금을 빌려야 하므로 장기 채권에 낮은 금리가 적용되길 바라지만, 다른 국가들은 은행 제도의 유동성을 재건하고 경제를 부양하기 위해 단기적으로 더 낮은 금리가 필요하다. 독일은 원하는 조건을 얻어냈지만, 나머지 국가들을 그러지 못했다.

독일 마르크에 대한 내 판단이 틀렸을 수 있다는 사실은 네 번째 요인으로 이어진다. 당국뿐만 아니라 시장 참여자들도 실수를 저지를 수 있다. 시장은 종종 틀린다. 시장은 공동 통화를 확립하기 위한 여정이 순탄하게 흘러갈 것이라고 가정했지만, 그러한 예상은 빗나갔다. 국제 채권 펀드매니저들을 포함한 국제 투자자들은 환율 위험을 무시한 채 그저 가장 높은 수익률만 추구했다. 헬무트 슐레징어는 ECU가 고정된 통화 바스켓으로 구성되지 않는다며 정확하게 경고한 바 있다. 이탈리아, 스페인, 포르투갈 등 자국 통화가 약세를 보이는 국가로 대규모 자본 이동이 일어났다. 이러한 움직임은 처음에는 자기강화적으로 일어났지만 궁극적으로 자기파괴적인 결과를 초래했다. 초반에는 환율의 과도한 경직성을, 나중에는 과도한 불안정성을 초래했다. 이와 같은 시장의 오류는 동적 불균형을 일으키며 당국이 범한 오류를 더욱 악화시켰다.

마지막으로, 유럽의 해체 추세를 강화하는 다섯 번째 요인이 있다. 바로 감정을 증폭시키는 요인으로, 상황이 악화되어 실수를 연발하게 되면 누군가를 비난하고 싶은 충동이 들기 쉽다. 프랑스 정치인 자크 들로르Jacques Delors와 벨기에 재무장관, 새로 임명된 방크드프랑스 총재 등 유명 관료들이 영국이 프랑스와 독일의 동맹을 와해하려 한다는 음모론을 진정으로 믿을 줄 누가 상상이나 했을까? 이러한 태도는 GATT 협정(관세와 무역에 관한 일반 협정)의 경우처럼 후속 논의에 부정적인 영향을 준다.

동유럽과 특히 구 유고슬라비아의 불안정성이라는 여섯 번째 요소도 고려해야 한다. 나는 이 요인이 반대 방향으로 작용하고 있다고 생각한다. 불안정성의 위협과 난민 유입은 유럽을 하나로 묶어 강력한 '유럽 요새Fortress Europe'를 건설할 만한 타당한 이유가 되지만, 동시에 유럽 공동체의 부족한 단결력은 동유럽의 정치적 불안정과 경제적 쇠퇴를 강화하는 효과를 가져온다. 결과적으로 유럽 공동체는 내가 지지하는 동유럽 사람들이 열망하는 열린 사회와 거리가 먼 형태가 될 것이다.

호황과 불황에는 언제나 추세 반전이 있다

이 모든 요인은 대단히 불안정하고 암울하다. 이러한 표현이 전문가의 의견이라기보다는 어둠과 파멸을 운운하는 예언자의 경고처럼 들리겠지만, 호황과 불황의 과정에서 확정적인 요소는 아무것도 없으며 과정이 진행되는 방향은 언제든 뒤바뀔 수 있음을 명심해야 한다. 실제로 추세 반전은 호황과 불황의 과정에 꼭 필요한 부분이다. 즉, 현재 상황이 잘못된 방향으로 흘러가고 있다면 근본적인 문제를 인식하고 이를 바로잡기 위해 단호한 조치를 취하기 전까지는 계속해서 그 잘못된 방향으로 사건이 전개될 것이다.

현재 확립된 유럽 통화 제도에 근본적인 문제가 있다는 데는 의심의 여지가 없다. 첫째, 국내 경제를 관리해야 하는 분데스방크의 의무와 기축통화국의 역할이 양립할 수 없다는 사실이 입증되었다. 실제로 분데스방크가 국내 문제를 해결하기 위해 기축통화국의 역할을 악용한다는 주장도 나오고 있다. 둘째, 강세 통화와 약세 통화의 의무 사이에 비대칭성이 존재한다. 특히 국제 투자자, 즉 투기자가 감수하는 위험과 얻는 보상은 비대칭적이다. 이러한 구조적 결함은 처음부터 존재했으나 작년에 접어들어서야 뚜렷하게 드러났다. 이러한 결함이 일단 알려지고 나면 이전과 같은 지배적인 조건으로 되돌아가기는 불가능하다. ERM의 결함을 제거할 가장 좋은 방법은 환율 메커니즘을 아예 없애버리는 것이다. 그러나 자유 변동환율은 공동 시장을 무너뜨릴 것이다. 따라서 공동 통화가 필요하다. 이는 마스트리흐트 조약의 이행을 의미한다. 마스트리흐트 조약이 타결될 당시에는 공동 통화를 추진하는 과정이 점진적이고 거의 균형에 가까운 경로를 따라 이뤄질 것으로 예상되었다. 하지만 이 완만한 경로에 예상치 못한 장애물이 튀어나왔다. 계속 점진적으로 나아가려면 이제 반대 방향으로 향해야 한다. 추세 반전이 일어났고 유럽이 해체 과정을 겪게 되었기 때문이다. 따라서 우리는 다른 길을 찾아야 한다. 목적지로 이어지는 길이 완만하지 않을지라도 아예 가지 않는 것보다는 한 번에 함께 가는 것이 낫다.

8월 1일에 열린 긴급회의에서 포르투갈 대표가 공동 통화 도입에 속도를 내야 한다고 제안하자 한 독일 참석자가 "농담하지 마시죠!"라는 반응을 보였다. 내 논리가 맞다면 이제 공동 통화를 진지하게 받아들여야 할 때다. 이 제안은 너무나 간단하게 들릴 것이다. 내 주장이 진지하게 받아들여지려면 공동 통화로 나아갈 길을 제시해야 할 테니 말이다. 우리는 역동적인 불균형 상태에 있기에 그 길은 불안정한 길일 것이다. 현재 프랑스 통화 당국이 직면한 최우선 과제는 보유고를 다시 비축하는 것이다. 프랑스 당국은 프랑을 강세로 유지하려 노력하고 있지만, 이는 잘못된 판단이다. 프랑스는 경제 부양을 최우선 과제로 삼고, 당장 프랑스 금리를 낮출 수 있도록 분데스방크에 진 부채의 만기를 2년 정도 연장해야 한다. 여기서 내가 말하는 금리 인하는 3%를 의미한다. 금리 인하는 독일과 네덜란드를 제외한 유럽 통화 제도EMS의 다른 회원국들과 조율해야 한다. 이때 독일 마르크의 가치는 분명히 상승할 것이다. 독일 마르크의 과대평가는 독일 경제에 부정적인 영향을 끼치고 독일의 금리 하락을 앞당길 수 있다. 독일 경제가 취약해지고 다른 유럽 국가들이 회복하면 환율 추세가 반전되어 결국 변동폭이 확대되기 전보다 크게 벗어나지 않는 수준에서 안정을 찾을 것이다. 가장 큰 차이는 경제활동이다. 처음에는 독일이 희생하는 사이 나머지 유럽 국가들이 회복하겠지만, 종국에는 독일 경제도 덩달아 회복할 가능성이 크다. 그렇게 되면 동적 불균형을 바로잡고 거의 균형에 가까운 상태에서 공동 통화를 도입하려는 움직임이 재개된다. 이 모든 과정은 2년 이상 걸리지 않을 것이다. 그 후에는 변동폭을 다시 좁히지 않고 바로 공동 통화로 넘어가면 된다. 하지만 곧장 넘어갈 수는 없다. 현재 경제는 악순환에 갇혀 있으므로 추세를 반전시켜 선순환을 일으켜야 한다. 이미 이탈리아에서는 이러한 변화가 어느 정도 실현되었다. 다른 유럽 국가들도 충분히 해낼 수 있는 일이다.

이번 강연에서 나는 외교 정책과 나토NATO의 미래, 동유럽의 운명과 같은 문제를 언급하진 않았지만, 대신 다른 많은 분야를 이미 다루었다. 좌우간 이러한 문제들은 통화 정책과 복잡하게 연결되어 있다. 유럽의 통화 정책은 잘못되었지만 바로잡을 수 있다.

맺음말

이 책의 통일된 주제는 재귀성이라는 개념이다. 나는 이 개념이 사회과학 전반과 특히 금융시장에 미치는 영향에 초점을 맞추고 다른 분야는 거의 다루지 않았다. 이와 관련해 생각을 제대로 정립하지 못했지만 여기서 간략하게 언급하려 한다. 앞으로 또 다른 책에서 이 주제를 논하겠지만, 어쩌면 특히 금융시장에 계속 종사할 경우 이 영역에 대해 저술할 기회가 없을 것 같아 걱정도 된다.

첫째는 가치에 관한 문제다. 우리는 경제 이론에서 가치를 주어진 것이라고 배웠지만, 현실에서 가치가 재귀적 과정을 통해 형성된다는 증거를 접했다. 오늘날 대부분의 가치는 경제적 용어로 설명할 수 있다. 이를테면 최근 노벨 경제학상 수상자는 정치를 참여자들이 각자의 이익을 극대화하는 경제적 과정으로 해석해 상을 받았다. 하지만 항상 그런 것은 아니다. 지금도 세계 곳곳에서 이익을 극대화하는 행위가 다른 동기에 밀려 후순위로 취급되는 경우가 많다. 물질주의 문화에서 종교와 전통은 정치보다도 경제적으로 분석하기 쉽지 않다. 이슬람 근본주의와 같은 현상을 이해하기는 어렵다. 게다가 이슬람 근본주의와 정반대되고 미국인들이 경탄하는 폴란드의 자유 노조Solidarity도 사실 미국의 사고방식과는 거리가 멀다.

서구권과 서구화된 사회에서 경제적 가치가 우세한 것은 그 자체로 경제적 성공이 가져온 결과다. 가치는 재귀적 형태로 진화한다. 경제활동이 긍정적인 결과를 낳는다는 사실은 우리가 부여하는 경제적 가치를 향상시킨다. 과학적 방법도 마찬가지다. 자연과학이 이룬 업적은 과학적 방법의 위상을 지속 불가능한 수준까지 끌어올렸다. 반대로 다양한 형태의 예술은 미국 문화와 그리 동떨어지지 않은 문화권에서 훨씬 중요한 역할을 해왔는데, 그 이유는 경제활동보다 예술 분야에서 긍정적인 결과를 얻기가 더 수월했기 때문이다. 오늘날까지도 서구권에서는 인정받기 어렵다고 여겨지는 시詩가 소련을 비롯한 동유럽에 끼치는 영향력은 여전히 상당하다. 나는 서구 사회가 물질적 가치, 이익, 효율성을 지나치게 강조해 왔으며, 이러한 흐름이 극단으로 치닫고 있다는 확신이 든다.

재귀적인 과정은 과잉으로 이어질 수밖에 없지만, 가치의 문제에는 정상이라는 기준이 없기에 과잉을 정의하기는 불가능하다. 아마도 가치라는 주제에 접근할 최선의 길은 가치가 현실이 아닌 상상에 뿌리를 두고 있다는 입장에서 출발하는 것일 테다. 결과적으로 모든 가치 집합에는 결함이 있다. 그렇다면 우리는 특정 가치 집합에서 상상의 요소는 무엇이며 상상과 현실의 요소가 어떻게 상호작용해 왔는지 질문해 볼 수 있다. 그 외 다른 접근 방식은 결함이 있는 가치 집합에 유리한 편향을 불러일으킬 것이다.

가치는 자아라는 개념과 밀접하게 연관되어 있고, 그러한 개념이 존재한다면 그것은 곧 재귀적 개념이 된다. 우리의 생각은 우리를 둘러싼 주변 세상보다 우리의 정체성에 훨씬 큰 영향을 미친다. 우리의 정체성은 우리가 생각하는 정체성과 그대로 일치할 수는 없지만, 두 개념 사이에는 양방향으로 상호작용이 일어난다. 세상을 살아가면서 자아에 대한 인식이 진화하고, 우리가 생각하는 정체성과 현실 속 자아 사이의 관계가 행복으로 향하는 열쇠가 된다. 즉, 그 상호작용이 인생의 주관적인 의미를 제공한다.

나는 내 성장에 대해 재귀적 해석을 얼마든지 제공할 수 있지만, 그러면 나 자신을 너무 뽐내는 것처럼 보일 수 있으니 그렇게까지 하고 싶진 않다. 내가 그동안 과도한 자만심을 항상 마음속에 숨기고 살았다고 고백하더라도 독자들은 그리 놀라지 않을 것이다. 솔직히 나는 나 자신을 일종의 신이나 일반 이론을 정립한 케인스 같은 경제 개혁가, 더 나아가 아인슈타인 같은 과학자(재귀성은 상대성 이론처럼 들린다)라고 자부했다. 그러나 현실 감각이 뛰어났던 나는 그러한 기대가 과도했다는 것을 깨닫고, 죄스러운 마음으로 그러한 생각을 떳떳하지 못한 비밀로 숨겼다. 그것은 지금껏 내가 어른으로 인생을 살아오면서 느껴본 가장 불행한 감정이었다. 그러나 내가 세상에 나가 스스로 길을 개척하면서 현실은 내 환상에 충분히 가까워졌고, 적어도 내가 품고 있던 비밀을 스스로 인정할 수 있게 해주었다. 나는 결과적으로 훨씬 행복해졌다. 다행히 내 상상의 일부를 실행에 옮길 수 있었고, 특히 이 책은 내게 커다란 성취감을 안겨주었다. 보다시피 현실은 내 기대에 훨씬 못 미치지만, 더 이상 죄책감을 가질 필요는 없다. 나는 이 책을 집필하면서, 특히 지금 이 글을 쓰면서 이전에는 감히 드러내지 못했던 방식으로 나를 세상에 드러내게 되었지만 이제는 감당할 수 있으리라고 믿는다. 그동안 내가 거둔 성공이 내 주장을 입증해 줄 것이다.

나는 내 능력의 한계치가 어디까지인지 모르기에 그 능력을 한계치까지 자유롭게 탐구한다. 나에 대한 비평도 이러한 내 노력에 도움이 될 것이다. 성공에 취해 어린 시절에 품었던 전능함에 대한 환상으로 되돌아가지만 않는다면 내가 상처를 받을 일은 없다. 금융시장에 계속 종사하는 한 그런 일은 일어나지 않을 것이다. 금융시장은 내 한계를 끊임없이 깨닫게 해준다. 나는 운 좋게도 내 성격에 잘 맞는 직업을 선택한 것 같다. 물론 그것은 선택이라기보다 직업과 자아가 함께 진화하는 재귀적 과정이었다. 이를 주제로 더 많은 이야기를 풀어낼 수 있지만, 아직 내가 이 산업에 종사하고 있으니 미국 수정 헌법 제5조(누구도 자신에게 불리한 진술을 강요당하지 않아야 한다고 규정한 자기부죄거부특권)에 따라 이만 이야기를 줄이려 한다. 자기 폭로가 선을 넘으면 되레 해가 될 수 있다. 내가 완전히 파악하지 못한 내 성격의 결함 중 하나는 자신을 드러내려는 충동이다. 방금 전에 자신을 드러내는 것을 이제 두려워하지 않는다고 언급했는데, 어쩌면 과장된 표현이었을지도 모르겠다.

나는 객관적으로 인생의 의미라고 부를 만한 요소에 대해 몇 가지 견해를 가지고 있다(이 맥락에서 '객관적'이라는 단어를 쓰는 것이 모순이 아니길 바란다). 우선 인간의 모든 노력에는 결함이 있다. 결함이 있는 모든 것을 버려야 한다면 세상에는 아무것도 남지 않을 것이다. 따라서 자신이 가진 것을 최대한 활용해야 한다. 그러지 않는다면 대안은 죽음을 받아들이는 것뿐이다. 죽음은 여러 방식으로 받아들일 수 있으므로 선택은 현실적인 것이다. 어떤 형태로든 완벽과 영원을 추구하는 것은 인생보다 죽음이라는 생각을 선택하는 것과 같다. 이러한 주장을 논리적 결론으로 이어가자면, 인생의 의미는 자신이 가진 생각의 결함과 그 결함에 어떻게 대처하는지로 구성된다. 인생은 오류투성이다.

지금까지 나는 주로 개인의 관점에서 논했다. 그러나 개인은 고립된 상태로 존재하지 않으며 개인의 이해는 본질적으로 불완전하므로 자신이 속한 사회에 더욱 의존하게 된다. 재귀성 개념에 관한 분석은 개인과 사회의 관계도 조명한다. 서로 독립된 두 개체가 있다고 생각하면 오산이다. 관계는 부분과 전체를 연결한다. 우리는 이러한 관계를 인지하기가 쉽지 않음을 그동안 경험으로 터득했다. 개인이나 사회 모두 서로 관련되지 않고서는 정의될 수 없다. 우리가 사용하는 언어의 구조를 고려할 때 두 개체의 우연성을 인식하기가 매우 어렵고, 역사적 사실로 볼 때 이 주제에 관한 대부분의 담론은 전체 또는 부분 중에서 하나를 출발점으로 삼아왔다. 어떤 출발점을 선택하는지에 따라 나머지 토론에 편향이 생기기 마련이다. 사회를 하나의 유기체와 비교한 로마의 정치가 아그리파의 유명한 연설은 한 가지 극단을 보여주고,

루소의 사회적 계약은 다른 극단을 보여준다.

이러한 극단에 내재된 편향을 피하기 위해서는 새로운 범주의 언어가 확립되어야 한다. 컴퓨터 과학, 제도 분석과 관련해 적절한 언어가 등장하기 시작했지만, 널리 보급되기까지는 시간이 걸릴 것이다.* 재귀적 관계와 순환 관계의 관점에서 생각하는 법을 배우더라도 다음과 같은 실질적인 선택에 직면할 것이다. 사회는 미리 정해진 형태를 취할 것인가, 아니면 그 구성원들이 자신들이 살 사회의 형태를 결정하도록 허용할 것인가? 칼 포퍼는 전자와 같은 사회를 폐쇄 사회, 후자와 같은 사회를 개방사회로 묘사했다.

나는 이러한 문제로 극심한 갈등을 겪은 중국에서 이제 막 돌아왔다. 중국은 집단이 개인을 대규모로 탄압한 끔찍한 시절을 보냈다. 이제 탄압의 대상이 되었던 집단이 주축이 되어 국정을 운영하고 있다. 이들은 당연히 개인의 자유라는 대의를 위해 전력을 쏟아야 할 충분한 이유가 있지만, 오랜 전통인 봉건주의와 만연한 관료주의, 마르크스 이념이라는 제약에 봉착했다.

나는 재귀성 개념에 쏟아진 열렬한 관심에 깜짝 놀랐다. 이 책에서 언급했듯이 재귀성은 일종의 변증법으로 설명될 수 있지만, 나는 그 단어에 담긴 깊은 지적 신조 때문에 그 단어를 애써 피해왔다. 바로 그러한 맥락에서 재귀성 개념은 마르크스 이념을 무너뜨리지 않으면서

---

*   ○ 나는 그레고리 베이트슨Gregory Bateson의 저서 『마음의 생태학(Steps to an Ecology of Mind)』과 더글러스 R. 호프스태터Douglas R. Hofstadter의 저서 『괴델, 에셔, 바흐』를 읽고 많은 영감을 얻었다.

도 수정할 수 있다는 이유로 중국인들에게 매우 매력적으로 여겨졌다. 독일의 철학자 헤겔은 관념의 변증법을 제시했고, 마르크스는 그 관념을 뒤집어 변증법적 유물론을 옹호했다. 이제 참여자들의 생각과 그들이 참여하는 사건을 연결하는 새로운 변증법이 등장했다. 이 변증법은 관념과 물질적 조건 사이에서 작동한다. 헤겔의 개념이 정$_正$이면 마르크스주의가 반$_反$, 재귀성은 합$_合$이다.

하지만 마르크스주의와 새로운 변증법 사이에는 근본적인 차이가 있다. 마르크스는 어떤 이론이 과학적이려면 역사의 미래 경로를 결정해야 한다고 잘못 이해했다. 새로운 변증법은 확정적이지 않다. 사회 형태는 '과학적으로' 정해질 수 없으므로 참여자들이 직접 조직 형태를 결정하도록 해야 한다. 누구도 진리를 독점할 수 없기에 서로 충돌하는 견해가 자유롭게 토론되고 결국에는 현실에서 검증될 수 있는 비판적 과정을 허용하는 것이 최선의 제도다. 정치에서는 민주주의 선거 그리고 경제에서는 시장 메커니즘이 그러한 공론의 장을 제공한다. 시장과 선거는 모두 객관적인 기준을 구성하지 못하고 지배적인 편향을 표현할 뿐이지만, 불완전한 세상에서는 최선의 방법이다. 따라서 재귀성 개념은 열린 사회 개념으로 직접 이어지며 현대 중국에서 특유의 '매력'을 발휘한다. 내가 보기에 재귀성 개념과 금융시장에 대한 관심, 이상적인 열린 사회에 대한 애착은 호프스태터가 말하는 이른바 '순환 고리'를 완성한다.

주석

해제

1 조지 소로스, 이건 옮김, 『소로스 투자 특강』, 에프엔미디어, 2021, 73페이지.

서문

1 Roman Frydman and Edmund Phelps, *Individual Forecasting and Aggregate Outcomes: Rational Expectations Examined* (Cambridge: Cambridge University Press, 1983).

2 노먼 캔터Norman Cantor가 저술한 이 흥미로운 책은 역사가들이 어떻게 역사를 스스로 만들어내는지 설명한다. *Inventing the Middle Ages: The Lives, Works, and Ideas of the Great Medievalists of the Twentieth Century* (New York: HarperCollins, 1993).

3 Karl R. Popper, *The Poverty of Historicism* (London: Routledge & Kegan Paul, 1957), p. 130.

4 맨서 올슨, 이성규 옮김, 『정치권력과 경제번영』, 해남, 2025.

5 George Soros, *Open Society: Reforming Global Capitalism* (New York: PublicAffairs, 2000).

6 George Soros, "Bush's Inflated Sense of Supremacy," *Financial Times* (March 13, 2003).

7 나는 괴델의 정리를 괴델과 다르게 해석한다. 괴델은 산술의 세계를 플라톤식 관점에서 바라보며 수학자들의 생각과 상관없이 모든 진리와 증명이 이미 존재한다고 여겼다. 괴델은 괴델수Gödel number라는 개념을 도입해 산술의 세계를 넓혔다.

8 용어를 혼동하지 않으려면 인간의 불확실성 원칙은 인간의 보편적 조건으로

서 재귀성을 좀 더 쉽게 설명하는 또 다른 방법으로 생각하면 된다.

9   George Soros,"Don't Blame Brazil," *Financial Times* (August 13, 2002).

10   George Soros, *Opening the Soviet System* (London: Weidenfeld & Nicolson, 1990).

11   George Soros, "Bush's Inflated Sense of Supremacy," *Financial Times* (March 13, 2003).

12   Robert Solow, "The False Economies of George Soros," *New Republic* (February 8, 1999).

13   Joshua Chafin and Andrew Hill, "Enron & Wall Street," *Financial Times* (July 24, 2002).

14   Cf. Tivadar Soros, *Masquerade: Dancing around Death in Nazi-Occupied Hungary* (New York:Arcade Publishing, 2001), and *Soros on Soros: Staying Ahead of the Curve* (New York: John Wiley & Sons, 1995).

15   Michael T. Kaufman, *Soros: The Life and Times of a Messianic Billionaire* (New York:Alfred A. Knopf, 2002).

16   David Edmonds and John Eidinow, *Wittgenstein's Poker* (New York: Ecco/HarperCollins, 2001).

2장

1   Ragnar Nurske, *International Currency Experience: Lessons of the Interwar Period* (Geneva: League of Nations, Secretariat: Economic, Financial, and Transit Department, 1944).

2   Henry Kaufman, "Comments on Credit," May 3, 1985 (New York: Salomon Brothers Inc.).

4장

1   *The New York Times* (April 21, 1985).

2   Milton Friedman and Anna Schwartz, *A Monetary History of the United States, 1867–1960* (Princeton: Princeton University Press, 1963), and *Monetary Statistics of the United States* (New York: Columbia University Press, 1970).

5장

1   George Soros, "The International Debt Problem, Diagnosis and Prognosis," July 1983; "The International Debt Problem Revisited," March 1984 (New York: Morgan Stanley).

2   Anatole Kaletsky, *The Costs of Default* (New York: Twentieth Century Fund, 1985).

6장

1   Henry Kaufman, 앞의 책.

2   예를 들어, 1986년 2월 20일 상원 은행위원회에서 폴 볼커가 발언한 내용.

7장

1   International Monetary Fund, *World Economic Outlook* (September 1, 1986).

2   Jonathan E. Gray, "Financial Corporation of America: Strategic Analysis ≠ Forecast," *Bernstein Research*, Dec. 28, 1983 (New York: Sanford C. Bernstein & Co.).

17장

1   환율과 조정에 관한 국제 의회 실무 의제, 1986년 6월 28일, 29일, 30일, 스위스 취리히.

2   부채와 무역 문제를 다룬 미국 의회 정상회담, 1986년 12월 3일, 4일, 5일, 뉴욕.

옮긴이 송이루

호주 맥쿼리대학교 금융경제학과를 졸업하고 연세대학교 대학원에서 경제학 석사 학위를 받았다. 외국계 은행과 증권사에서 글로벌펀드 컴플라이언스와 리서치 업무를 담당했다. 바른번역 글밥아카데미를 수료한 후 번역가와 리뷰어로 활동하고 있다. 옮긴 책으로는 『어떻게 일을 사랑할 것인가』, 『메타버스 모든 것의 혁명』, 『변화하는 세계질서(공역)』, 『부자의 패턴』, 『레이 달리오의 금융 위기 템플릿(공역)』이 있다.

금융의 연금술

초판 1쇄 인쇄 2025년 12월 5일
초판 1쇄 발행 2025년 12월 17일

지은이 조지 소로스
옮긴이 송이루
펴낸이 김선식

부사장 김은영
콘텐츠사업본부장 임보윤
책임편집 문주연 **디자인** 윤유정 **책임마케터** 이고은
콘텐츠사업1팀장 한다혜 **콘텐츠사업1팀** 윤유정, 문주연, 조은서, 여소연
마케팅2팀 이고은, 지석배, 최민경, 이현주
미디어홍보본부장 정명찬
브랜드홍보팀 오수미, 서가을, 김은지, 박장미, 박주현
채널홍보팀 김민정, 정세림, 고나연, 변승주, 홍수경
영상홍보팀 이수인, 염아라, 이지연
편집관리팀 조세현, 김호주, 백설희 **저작권팀** 성민경, 이슬, 윤제희
재무관리팀 하미선, 임혜정, 이슬기, 김주영, 오지수
인사총무팀 강미숙, 이정환, 김혜진, 황종원
제작관리팀 이소현, 김소영, 김진경, 이지우, 황인우, 유미애
물류관리팀 김형기, 김선진, 주정훈, 양문현, 채원석, 박재연, 이준희
사진 셔터스톡, 연합뉴스

펴낸곳 다산북스 **출판등록** 2005년 12월 23일 제313-2005-00277호
주소 경기도 파주시 회동길 490
전화 02-704-1724 **팩스** 02-703-2219 **이메일** dasanbooks@dasanbooks.com
홈페이지 www.dasan.group **블로그** blog.naver.com/dasan_books
종이 스마일몬스터 **인쇄** 한영문화사 **코팅·후가공** 제이오엘앤피 **제본** 국일문화사

ISBN 979-11-306-7707-1 (03320)